Le reportage d'écrivain

Annie Bourguignon

Le reportage d'écrivain

Etude d'un phénomène littéraire
à partir de textes suédois
et d'autres textes scandinaves

PETER LANG

Bern · Berlin · Bruxelles · Frankfurt am Main · New York · Oxford · Wien

Information bibliographique publiée par «Die Deutsche Bibliothek»
«Die Deutsche Bibliothek» répertorie cette publication dans la «Deutsche National-
bibliografie»; les données bibliographiques détaillées sont disponibles sur Internet
sous ‹http://dnb.ddb.de›.

ISBN 3-03910-463-2

© Peter Lang SA, Editions scientifiques européennes, Berne 2004
Hochfeldstrasse 32, Postfach 746, CH-3000 Berne 9
info@peterlang.com, www.peterlang.com, www.peterlang.net

Imprimé en Allemagne

Remerciements

La présente étude constitue une partie des travaux de recherche que j'ai présentés en décembre 2002 à l'université de Paris IV-Sorbonne en vue de l'habilitation à diriger des recherches. Ces travaux ont été dirigés par le professeur Jean-François Battail, que je remercie pour sa lecture attentive des ébauches que je lui ai soumises et pour ses remarques et conseils.

Avant de réunir ces différentes études, j'ai eu l'occasion d'en présenter certaines dans des colloques, qui m'ont permis de progresser dans ma recherche. J'ai ainsi pu tirer profit des colloques de l'université Nancy 2, en particulier de ceux qui ont eu lieu grâce à l'initiative de mon collègue le professeur Marc Auchet, ainsi que de ceux qui ont été organisés par le professeur Jean-Marie Paul et par le professeur Philippe Alexandre. Le dynamisme du centre de recherches germaniques et scandinaves de Nancy 2, par les échanges qu'il a permis, m'a apporté une aide appréciable dans mon travail scientifique.

Je remercie également la «14. Arbeitstagung der deutschsprachigen Skandinavistik», qui s'est tenue à Munich en septembre 1999, et la 15e «International Strindberg Conference», qui a eu lieu à l'université Humboldt de Berlin en septembre 2001, de m'avoir permis de participer à leurs travaux.

Je remercie l'institut de journalisme, media et communication de l'université de Stockholm pour les contacts intéressants que j'ai eus avec plusieurs de ses membres, en particulier Britt Hultén, Madeleine Kleberg et Torsten Thurén.

L'étude de quelques reportages de Jörn Donner m'a été facilitée par des textes qu'il m'a communiqués et par la bienveillance avec laquelle il a répondu à mes questions, dont je lui suis reconnaissante.

Enfin, je suis reconnaissante à Magnus Bergh et Birgit Munkhammar de l'aide qu'ils m'ont apportée à différentes étapes de ma recherche, pour ce travail comme pour le précédent.

Table des matières

Introduction

En 1965, Peter Weiss note dans ses carnets: «Dante, der Reporter»[1] («Dante, le reporter»). Cette formule paradoxale invite à ne pas considérer comme incompatibles la création d'un univers fictif et le compte rendu du réel.

Le poète suédois Karl Vennberg avait tiré de l'œuvre de Kafka une philosophie de l'action. Stig Dagerman, dont les récits, à travers la description du quotidien, illustrent des problèmes existentiels, avait été journaliste. Il était l'auteur d'*Automne allemand*, paru en 1947, l'un des reportages les plus célèbres du 20ᵉ siècle. Son exemple montrait que l'on peut mettre le thème de la condition humaine, dans ce qu'il a de plus universel, au centre de son œuvre, tout en accordant un regard extrêmement attentif à l'actualité, aux affaires du monde, aux questions politiques et sociales. Il remettait en cause l'idée un peu schématique d'une opposition entre le poète enfermé dans sa tour d'ivoire et l'écrivain engagé qui intervient en tant que tel dans le cours des choses. La parabole intemporelle du *Condamné à mort* et *Automne allemand* sont en effet du même auteur, et ont été écrits presque au même moment.

Cette constatation incitait à se demander quels rapports entretenaient le récit de fiction et le reportage. L'expérience acquise par le reporter imprimait-elle sa marque au roman? Le reportage présentait-il des traits que l'on pouvait qualifier de romanesques? Avait-il une dimension littéraire, et pouvait-il être considéré comme partie intégrante de l'œuvre globale de Dagerman?

Ces premières questions posées par *Automne allemand* prenaient d'autant plus d'importance que ce texte ne constituait pas un cas unique. Entre 1946 et 1950, outre Dagerman et Weiss, plusieurs écrivains suédois avaient été reporters en Allemagne. D'autres l'avaient été en d'autres lieux à d'autres époques. Il apparaissait que ceux que j'appelle les écrivains-reporters étaient particulièrement nombreux en Suède, plus nombreux peut-être que partout ailleurs, y compris dans les autres pays nordiques. Les questions qui se posaient à propos de Dagerman les con-

---

[1] Peter Weiss: *Notizbücher 1960-1971*, Frankfurt/Main, Suhrkamp, 1982, p. 384.

cernaient évidemment tous. Or, elles avaient été dans l'ensemble assez peu étudiées. Un reportage produit par un écrivain était le plus souvent traité comme un texte parmi d'autres du même auteur, sans que sa spécificité soit relevée. Quant aux ouvrages théoriques sur le reportage – qui sont assez peu nombreux – ils ne faisaient généralement pas de différence entre les textes dus à des professionnels qui n'ont jamais été que reporters et ceux qui sont dus à des écrivains.

L'examen du reportage d'écrivain devait permettre de saisir au plus près des regards de créateurs sur une réalité inhabituelle pour eux, et le processus de littérarisation de l'expérience. Contrairement à l'autobiographie ou aux mémoires, qui mettent en forme le passé, le reportage retrace le vécu, sinon de manière immédiate, du moins avec un faible décalage dans le temps, qui peut constituer un gage d'authenticité. Mais contrairement au journal intime, qui tente de capter le vécu d'un destin individuel, il veut offrir une vision du réel dans sa dimension collective, en un lieu et à un moment déterminés. Il place l'écrivain devant des tâches, des problèmes et des contraintes qu'il ne rencontre pas lorsqu'il pratique d'autres genres.

En Suède, de nombreux reportages d'écrivains avaient été écrits pendant les années 1960 et 1970, dans le cadre du documentarisme, qui occupait une position dominante dans la littérature de cette période. Le genre paraît tellement lié à ces années qu'aujourd'hui encore le terme d'écrivain-reporter fait surgir dans la plupart des esprits des noms tels que ceux de Jan Myrdal, Sara Lidman, Sven Lindqvist et de quelques autres de la même génération, qu'il est effectivement impossible d'ignorer. Ils étaient nombreux et, d'une manière exceptionnelle dans l'histoire, leurs textes documentaires occupaient le devant de la scène littéraire. Il ne faudrait pas que pour cette raison ils fassent oublier leurs prédécesseurs ou leurs successeurs, dont les reportages ont sans doute été beaucoup plus rarement considérés comme des œuvres de premier plan, mais n'en ont pas moins de valeur pour autant. Il est difficile de parler, même brièvement, de Jan Myrdal sans citer au moins ses reportages sur la Chine, ou de Sara Lidman sans citer au moins *Gruva* («Mine de fer»), alors qu'il est courant d'omettre *Vagabondliv i Frankrike* («Vie de vagabondage en France») lorsqu'il est question d'Ivar Lo-Johansson ou *Tyska intryck 1936* («Impressions allemandes en 1936») à propos de Bertil

Malmberg. Cela ne peut s'expliquer, me semble-t-il, par une différence de qualité entre les textes concernés, et tient davantage au fait que la critique et le public des années 1920 et 1930 n'accordaient pas la même importance au reportage que ceux des années 1960.

Dans les années 1990, l'intérêt pour ce que l'on peut appeler, d'une façon générale, la littérature de voyage, s'est remarquablement accru. Malgré cela, le reportage d'écrivain restait un phénomène peu étudié. Mais il existe au moins un ouvrage qui y a vu implicitement un genre particulier et en a fait apparaître les caractères spécifiques. Il s'agit du livre de Karin Palmkvist sur les textes journalistiques de Stig Dagerman, paru en 1989, sous le titre révélateur de *Diktaren i verkligheten* («Le poète dans la réalité»)[2]. J'en ai retenu deux points essentiels. Ils concernaient *Automne allemand*, mais touchaient à deux questions qui me paraissaient fondamentales dans l'étude du reportage d'écrivain en général.

En comparant *Automne allemand* à d'autres reportages effectués en Allemagne à la même époque par la grande journaliste suédoise Barbro Alving, qui signait Bang, et par le journaliste britannique Victor Gollancz, Karin Palmkvist a montré que le premier se distinguait par des traits typiquement littéraires. Moins riche en informations que les autres, il peint en revanche de l'intérieur ce qu'éprouvent ceux qu'il décrit et entraîne le lecteur à s'identifier à leur misère et à leurs souffrances. Le reporter Dagerman utilise l'aptitude de l'écrivain à rendre sensible la réalité dont il traite.

Par ailleurs, l'une des thèses défendues par Karin Palmkvist concerne la crise de la créativité qui fera que Dagerman ne parviendra plus à produire de textes littéraires après 1949.

Dagerman ne s'est pas désintéressé de l'écriture après avoir terminé *Bröllops besvär (Ennuis de noce)*, son dernier roman. Jusqu'à sa mort, en 1954, il a au contraire accumulé les projets et les ébauches de romans et de nouvelles, mais sans jamais parvenir à écrire plus de quelques pages. Tous les spécialistes de Dagerman se sont interrogés sur les causes de ce tarissement. On a évoqué la facilité avec laquelle il avait produit ses premiers romans et le succès rapide qu'ils avaient rencontré, et supposé qu'il n'avait pas été capable de surmonter les difficultés auxquelles

---

2   Karin Palmkvist: *Diktaren i verkligheten. Journalisten Stig Dagerman*, Stockholm, Federativ, 1989.

il a été confronté au moment où, l'inspiration spontanée se faisant plus rare, il aurait dû apprendre à travailler méthodiquement ses textes. Johan Cullberg a proposé une explication psychanalytique: Dagerman aurait été victime d'une image négative de lui-même, liée à l'absence de figures parentales, qui aurait finit par l'emporter et par paralyser ses facultés créatrices[3]. Karin Palmkvist considère quant à elle que c'est le reportage en Allemagne qui est à l'origine de l'extinction de la productivité littéraire de Dagerman. Elle constate que ses premières difficultés à écrire se manifestent peu après son retour. Son activité de reporter, dans les conditions où elle s'est exercée, l'aurait tellement bouleversé que sa créativité en aurait été affectée.

Cette thèse peut sans doute être discutée, mais elle est intéressante. Je ne la comprends pas, ou pas seulement, comme une explication de l'œuvre – ou de la fin de l'œuvre – par la biographie. Elle ne présente pas simplement un épisode traumatisant de la vie d'un écrivain, qui aurait eu une répercussion directe sur sa production littéraire. Dans le livre de Karin Palmkvist, il apparaît en filigrane que Dagerman n'a pas subi passivement la réalité allemande. Il est allé la regarder de près, il s'y est délibérément exposé, il s'est efforcé de la traduire par les mots. Il a eu avec elle dès le début une relation d'ordre littéraire. Il n'est pas interdit de supposer que c'est le travail du reportage lui-même, l'élaboration d'un texte en relation étroite avec une enquête de terrain éprouvante, mais indispensable dans le cadre de son projet, qui a pu modifier le rapport que l'écrivain avait avec l'écriture.

Le reportage d'écrivain n'a heureusement pas toujours des conséquences aussi négatives sur son auteur que celles qu'il a éventuellement eues pour Dagerman. Mais il n'est pas difficile de concevoir qu'il puisse infléchir sa production ultérieure.

Le livre de Karin Palmkvist confirmait que le reportage d'écrivain constituait bien un phénomène doté de caractères spécifiques. Mes premières recherches ont rapidement fait apparaître que les textes suédois susceptibles d'y être rattachés étaient nombreux. Il fallait d'une part tenter de cerner ce qu'ils avaient en commun, d'autre part procéder à un

---

3   Cf. Johan Cullberg: *Skaparkriser. Strindbergs inferno och Dagermans*, Stockholm, Natur och Kultur, 1992.

examen de détail de certains d'entre eux, afin d'illustrer leur diversité et de mettre en évidence dans chacun la marque de son auteur.

Les textes auxquels j'ai consacré une étude particulière ont été choisis en fonction de deux critères principaux, partiellement contradictoires. Ils devaient d'une part être représentatifs, constituer des grands textes du genre. Mais il me semblait d'autre part utile de montrer l'intérêt que présentaient des œuvres qui, jusqu'à une date récente, avaient peu retenu l'attention de la recherche. J'ai ainsi traité de reportages des années 1960 et 1970, mais d'une manière relativement rapide, pour les raisons indiquées plus haut. Je les ai en outre abordés uniquement sous l'angle particulier de l'articulation entre l'expérience de l'étranger et le rapport au pays d'origine.

Il est presque impossible de faire un travail sur un aspect quelconque de la littérature suédoise au 20ᵉ siècle sans se référer à Strindberg. Sa présence s'imposait aussi parmi les écrivains-reporters. *Parmi les paysans français* n'avait pas été ignoré par la recherche. Mais mon propos était avant tout de montrer comment Strindberg, dans ce texte, applique de nouvelles normes esthétiques qu'il a progressivement élaborées au cours des années précédentes. Strindberg ne crée sans doute pas *ex nihilo* le reportage d'écrivain, qui a eu des précurseurs au 19ᵉ siècle, et même plus tôt, mais il paraît avoir été le premier à l'avoir établi consciemment comme genre, dont il fait la théorie avant de le pratiquer. C'est pourquoi il m'a paru bon d'examiner d'abord la poétique du reportage qu'il formule, puis le texte qui l'illustre.

Berlin som tysk Rigshovedstad («Berlin capitale du *Reich* allemand»), de Georg Brandes, est un peu antérieur à *Parmi les paysans français* et aux réflexions théoriques de Strindberg qui y ont abouti. Quelques chapitres y ressortissent davantage à l'essai qu'au reportage. Mais Brandes occupe une place absolument centrale dans le renouveau de la littérature scandinave à partir de la fin du 19ᵉ siècle, dans lequel s'inscrit la recherche de nouvelles formes littéraires, chez Strindberg et chez beaucoup d'autres. Par ailleurs, même si Brandes s'interroge assez peu sur la nature du texte qu'il produit, *Berlin som tysk Rigshovedstad* peut être considéré, malgré quelques digressions sur la philosophie allemande, comme un véritable reportage, dont la dimension littéraire est évidente. Ce texte donne aussi l'occasion de rappeler que Brandes n'était pas seulement un théoricien de la littérature, mais aussi un écrivain. On oublie parfois qu'il a écrit de nombreux poèmes, même si ceux-ci n'auraient vraisemblablement pas suffi à lui assurer la notoriété qui est la sienne. Bertil Malmberg n'a pas la stature d'un Strindberg ou d'un Brandes, mais c'est un nom important de la poésie suédoise du 20e siècle. Son reportage *Tyska intryck 1936* a été moins étudié que ses recueils de poèmes et son autobiographie. Il m'a paru intéressant à un double titre: par son contenu informatif – les témoignages de journalistes qui ont pu pénétrer dans un camp de concentration nazi comme celui de Dachau ne sont pas nombreux – et par le rôle qu'il semble avoir joué dans l'évolution des œuvres de son auteur.

Jörn Donner n'est pas très connu en dehors de Suède et de Finlande. Il est pourtant l'un des écrivains-reporters les plus importants de la seconde moitié du 20e siècle, bien qu'il soit un peu en marge de la génération dont Jan Myrdal est l'un des éléments les plus représentatifs. Il a commencé à écrire des reportages dès les années 1950, et il a continué jusque dans les années 1990. Il est l'un des rares écrivains à avoir pratiqué le genre pendant une longue période, et c'est en grande partie là qu'il a trouvé son style. Il a écrit de nombreux reportages, mais aussi beaucoup de romans et d'essais. Ses œuvres, quelquefois un peu négligées par la critique, m'ont paru devoir être prises en compte par une recherche sur le reportage d'écrivain.

Automne allemand, de Stig Dagerman, est sans aucun doute l'un des plus grands textes du genre. Comme je l'ai indiqué, il a fait l'objet d'une étude approfondie de Karin Palmkvist. C'est la raison pour laquelle je me contente de rappeler les principaux aspects qu'elle en a mis en évidence. J'ai également trouvé dans *Automne allemand* des passages qui permettent d'illustrer de façon particulièrement nette des spécificités du reportage d'écrivain, et j'en ai utilisé plusieurs dans mon examen du genre.

Je n'ai présenté qu'un nombre limité de textes. Mon choix a été guidé par deux idées directrices, il ne repose pas sur des critères de sélection véritablement objectifs. Ceux-ci resteraient à élaborer, peut-être dans le cadre d'une typologie du genre, que je n'ai pu qu'esquisser.

Les études de détail des reportages d'écrivains figurent dans l'ordre chronologique de la rédaction des reportages. Il serait possible de discerner une évolution du genre. Brandes en est le précurseur le plus immédiat. Strindberg le formalise. Chez Malmberg, il est devenu un genre établi. Il atteint un sommet avec Dagerman, et devient plus personnel et plus subjectif chez Donner, avant de s'imposer pendant quelques années, entre 1965 et 1975, comme un genre dominant.

Chapitre 1

Essai de définition

Le terme de reportage évoque aujourd'hui sans doute pour la plupart des gens un document audiovisuel. Mais il désigne évidemment aussi et a d'abord désigné un texte écrit. C'est exclusivement à cette forme de reportage que j'entends m'intéresser ici et à laquelle je me référerai désormais en utilisant le terme de «reportage», même s'il importe de relever la facilité avec laquelle ce qui appartenait à l'origine au domaine de l'écriture a été transposé à la radio, au cinéma et à la télévision, puis aux medias électroniques les plus récents.

Se demander si le reportage écrit peut être un texte littéraire supposerait que l'on puisse définir, outre le reportage, la littérature. La question de savoir ce qu'est la littérature, qui a fait l'objet, au cours des siècles, de nombreuses réflexions, n'a toujours pas reçu de réponse véritablement satisfaisante et définitive. Dire que la littérature est l'art dont le matériau est la langue est sans doute exact, mais renvoie à une définition de l'art, qu'il n'est pas plus aisé de formuler.

Les critères qui peuvent permettre de distinguer les textes littéraires des autres se répartissent généralement en deux catégories: ils sont soit extra-textuels, et reposent sur le statut que possède un texte donné dans une société donnée, soit intratextuels, et consistent en une série de traits spécifiques, qui vont de la qualité de la langue à la polysémie en passant par la fictionalité. Les deux types de critères ne sont pas indépendants les uns des autres. On peut ainsi constater qu'un écrit a un statut social d'œuvre littéraire parce que la tradition le considère comme tel, parce que, dans le cas d'un livre récent, le public ou la critique le lit comme de la littérature, parce que l'éditeur qui l'a publié ou la collection dans laquelle il a paru est «littéraire», parce qu'il est rangé dans la section «littérature» des bibliothèques. Mais on doit alors s'interroger sur ce qui, dans le texte lui-même, a conduit la tradition, le public, la critique, l'éditeur, spontanément ou après quelque réflexion, à le qualifier de littéraire. A l'inverse, un texte qui ne répond pas aux critères intratextuels qui définissent habituellement la littérature, mais qui est néanmoins socialement reçu comme littéraire, provoquera à plus ou moins longue échéance une révision, une modification de ces critères. Les définitions théoriques, comme les jugements et les goûts des lecteurs, varient avec le temps.

A cela s'ajoute le fait qu'il y a rarement, à une époque déterminée, un consensus absolu sur les critères intratextuels de littérarité, ou sur leur importance respective, tout comme il peut y avoir divergence d'appréciation entre le grand public et la critique, ou à l'intérieur de la critique. En pratique, cela signifie qu'il existe des textes que certains lecteurs considèrent comme littéraires et d'autres non. Dans une culture ou les arts et la conception que l'on en a sont en évolution constante, il y a une zone grise aux confins de la littérature, et non une ligne de partage nette qui séparerait cette dernière des écrits non littéraires.

Toutefois, s'il apparaît impossible de définir rigoureusement ce qu'est la littérature, d'innombrables écrits sont unanimement reconnus comme «littéraires». Faute de pouvoir proposer une véritable définition théorique, je considérerai donc comme littéraire ce qui est reconnu comme tel. Par «textes littéraires reconnus», j'entends les textes qui, à notre époque, au début du 21e siècle, sont considérés comme de la littérature par la grande majorité, sinon la totalité, des juges en matière d'esthétique, critiques, chercheurs, éditeurs, bibliothécaires. Nul ne conteste que *La danse de mort* soit une œuvre littéraire.

On s'accorde aujourd'hui généralement sur le fait que *Rapport från Berlin* («Rapport de Berlin»), de Jörn Donner, en est également une. Il n'y a toutefois pas le même consensus unanime à propos de ce reportage que dans le cas des drames de Strindberg. Il n'est pas universellement admis qu'un authentique reportage puisse être de la littérature. Tous les reportages ne sont évidemment pas des œuvres littéraires, pas plus que ne le sont tous les produits appelés «romans». Mais certains spécialistes de la littérature excluent explicitement ou implicitement le reportage en tant que tel du champ de leurs études. Ainsi, lorsque Lars Peter Rømhild examine l'autobiographie de Georg Brandes, *Levned*, il montre que les tomes II et III ne sont constitués pour l'essentiel que par une série de notes quasiment dépourvue de dimension littéraire, et il écrit à ce propos: «l'image de la culture se dessèche et devient reportage de voyage»[1]. Aux

---

1   Lars Peter Rømhild: *Georg Brandes og Gœthe*, Copenhague, Museum Tusculanums forlag, 1996, p. 55.

yeux de Rømhild, le reportage est donc un texte «sec», une simple énumération de faits.

S'il est peu contestable que les pages de *Levned* auxquelles se réfère
Rømhild sortent du cadre de la littérature, cela me paraît tenir pour l'essentiel à leur extrême sécheresse et à une insuffisante mise en forme du
texte. Là n'est pas cependant leur point commun avec le reportage, qui
est bien plutôt de ne relater que des faits réels. Cette relation n'est évidemment pas exhaustive, elle peut être plus ou moins fidèle à une hypothétique réalité objective, mais la référence au réel n'y est à aucun moment abandonnée, la fiction y est interdite. Or, sans doute parce que les
œuvres littéraires sont très majoritairement des œuvres de fiction, on
commet parfois l'erreur d'identifier la littérature aux textes de fiction,
alors que cette identification n'a évidemment pas lieu d'être, comme le
montrent, par exemple, toutes les autobiographies littéraires. Torsten
Thurén souligne qu'il est important de distinguer entre «valeur littéraire»
et «fiction»: «Le terme de ‹littérature› a pour beaucoup le double sens de
valeur artistique et de fiction. Mais il s'agit là de deux choses complètement différentes. Un texte d'un haut niveau littéraire n'est pas obligatoirement une fiction. Et tous les textes de fiction ne sont certainement pas
d'un haut niveau littéraire.»[2] La critique de langue anglaise a forgé le
terme de «faction» pour désigner, par opposition à la fiction, les écrits
qui ont le réel comme référent. Le fait que le reportage soit un texte
«factuel» ne constitue pas en lui-même un critère de non-littérarité.

Le théoricien danois de la littérature Morten Nøjgaard regroupe dans
ce qu'il nomme le «registre didactique» tous les textes non littéraires, de
la démonstration mathématique au journal intime. Il en propose des classifications selon différents critères, le premier étant l'intention du texte,
qui peut être soit d'instruire, soit de convaincre, soit de donner des ordres.[3] S'il va de soi que le reportage ne peut donner aucun ordre, il veut
en revanche toujours instruire, et il n'est pas rare qu'il cherche à convaincre. Mais sa visée ne se limite pas à la transmission d'un savoir et à

---

2   Torsten Thurén: *Reportagets rika repertoar. En studie av verklighetsbild och be-
     rättarteknik i sju reportageböcker*, Stockholm, Journalistik, medier och kommuni-
     kation, Stockholms universitet, 1992, p. 21.
3   Cf. Morten Nøjgaard: *Litteraturens univers. Indføring i tekstanalyse*, Odense,
     Odense universitetsforlag, 1975, p. 55.

la persuasion. Il s'efforce aussi de captiver l'intérêt du lecteur, de rendre sensibles des réalités qui lui sont étrangères, parfois de semer le doute dans son esprit, d'ébranler des convictions anciennes plutôt que d'en imposer de nouvelles, et sort ainsi du registre didactique tel que le définit Nøjgaard, devient, par la multiplicité et la variété des intentions qui le sous-tendent, un texte littéraire.

Gunnar Elveson, qui a été en Suède l'un des premiers à se livrer à une étude systématique du reportage comme genre littéraire, considère cependant que la frontière entre reportage et écrit scientifique n'est pas toujours nette. Lorsqu'un journaliste a enquêté à plusieurs reprises sur un même milieu, et s'il a en outre la chance de disposer d'un temps assez long et de ressources matérielles importantes pour son étude, il peut finir par acquérir une sorte d'expertise[4] dans un domaine déterminé.

Pour des raisons qui tiennent à son contenu, à sa soumission au réel concret empirique, Georg Lukács refusait d'inclure le reportage dans la littérature. Attaché au modèle du roman réaliste dans la tradition de Balzac ou Tolstoï, il polémique en 1932 contre le «roman-reportage», alors pratiqué par des écrivains qui – comme lui-même – se réclament du marxisme. Dans les articles qu'il écrit à cette occasion[5] apparaît sa conception du reportage proprement dit. Pour Lukács, le roman doit exprimer et mettre en forme *(gestalten)* ce qu'il appelle une totalité, c'est-à-dire non seulement des faits observables dans une société donnée, mais les mécanismes qui les produisent. Il le fait par l'imitation du monde réel, en peignant des individus particuliers et des destins individuels, qui donnent l'illusion de la vie, mais qui sont en même temps «typiques», représentatifs d'un type d'hommes ou d'un milieu. La mise en forme de l'interaction entre les personnages et les événements a pour objectif d'exprimer fidèlement la totalité du réel, dans sa complexité et sa profondeur, avec ce qui en lui échappe au regard superficiel. Le réalisme tel que le conçoit Lukács se distingue clairement d'une description minutieuse qui s'en tiendrait à tout ce qui est immédiatement perceptible. Il recherche la vraisemblance, non le vrai, non la conformité à la réalité

---

4   Cf. Gunnar Elveson: *Reportaget som genre*, Uppsala, Avdelningen för litteratursociologi vid Litteraturvetenskapliga institutionen, 1979, p. 66.

5   Certains de ces articles ont été repris en traduction suédoise dans *Ord och bild* 1-2/1974, pp. 49-56.

empirique. Le bon reportage, pour sa part, ne se contente pas de décrire, il analyse, met en évidence les causes cachées derriere les effets visibles. Il s'appuie sur des exemples eux aussi typiques. Mais son propos essentiel est de convaincre par la démonstration abstraite, et les descriptions, si concrètes soient-elles, n'y servent qu'à illustrer l'argumentation. Chaque exemple pourrait y être remplacé par un autre sans que le sens du texte s'en trouve sensiblement modifié. La peinture d'un fait singulier n'y renvoie à rien d'autre qu'à ce fait. Le reportage affecte notre sensibilité «au moyen de l'intense force de persuasion qu'il exerce sur notre raison. De ce point de vue, le reportage opère donc pour l'essentiel, comme le journalisme en général, avec les méthodes de la science».[6] Le reportage se rattache ainsi à la catégorie des écrits scientifiques. Ses descriptions sont tenues d'être en conformité avec la réalité empirique, il ne peut donner de la totalité du réel l'image stylisée, la mise en forme qui est pour Lukács le propre du roman et, plus généralement, de la littérature, à laquelle il ne peut donc appartenir. La différence entre les deux catégories de textes

> ne constitue en rien une critique du reportage. Il s'agit simplement d'une distinction entre deux méthodes spécifiques appliquées à deux domaines spécifiques [...] Les méthodes de représentation fondamentales utilisées par la science et la littérature s'excluent réciproquement [...] une représentation ‹artistique› à des fins scientifiques ne sera jamais rien d'autre qu'à la fois de la pseudo-science et du pseudo-art[7].

Ce que Lukács désigne par le terme de «typique» est assez proche de ce que Roland Barthes nommera plus tard «l'effet de réel»[8]. Le sociologue Bernard Lahire, tout en admettant qu'il puisse exister des passerelles entre la littérature et les sciences sociales, s'attache lui aussi à distinguer clairement la description sociologique de la description littéraire, en particulier de celle qui se dit réaliste: cette dernière produit «de nombreux effets de réel», alors que la première doit produire des «effets de connaissance»[9], et le sociologue qui s'inspirerait de la littérature réaliste

6   *Ord och bild* 1-2/1974, p. 49.
7   *Ord och bild* 1-2/1974, p. 50.
8   Cf. Roland Barthes: «L'effet de réel», in *Le bruissement de la langue*, Paris, éditions du Seuil, 1984 (recueil d'articles parus entre 1964 et 1980), pp. 167-174.
9   Bernard Lahire: «Décrire la réalité sociale? Place et nature de la description en sociologie», in Yves Reuter, éd.: *La description. Théories, recherches, formation,*

pour présenter ses observations risquerait de compromettre la scientificité de ses écrits. La distinction semble pertinente. Dans cette optique, il
conviendrait de se demander si le reportage crée des effets de réel ou des
effets de connaissance, et surtout si les deux types d'effets sont simplement distincts ou au contraire incompatibles.

L'exclusion du reportage du domaine littéraire à laquelle procède Lukács n'est acceptable que si l'on restreint ce domaine, comme il le fait
dans une large mesure, au roman réaliste tel qu'il le définit. Il est exact
que le reportage doit s'en tenir au vrai, qu'il doit obligatoirement em-
prunter à la réalité d'éventuels personnages et situations «typiques», et
qu'il ne peut pour cette raison représenter une totalité au sens où l'entend
Lukács, qu'il ne peut donner à voir que des parcelles du monde. Mais
l'idée selon laquelle la réalité ne peut être représentée, au mieux, que de
manière fragmentaire, est au cœur du modernisme littéraire, auquel les
théories de Lukács étaient, rappelons-le, radicalement opposées. Dans
une perspective moderniste, rien n'interdit plus a priori de considérer le
reportage comme de la littérature.

Mais on peut s'y refuser pour un certain nombre de raisons qui tiennent à la forme. D'abord soucieux de transmettre des informations, écrit
rapidement et destiné à être lu rapidement, apparemment peu intéressé
par les questions formelles, le reportage ne serait pas un écrit littéraire.
De telles remarques s'appliquent toutefois davantage aux articles assez
brefs qui paraissent dans la presse quotidienne qu'aux grands reportages,
ou reportages de voyage, qui supposent un travail de la matière linguistique.

En 1948, Jean-Paul Sartre, considérant que l'écrivain est nécessairement engagé politiquement et socialement, affirmait: «Le reportage fait
partie des genres littéraires et [...] il peut devenir un des plus importants
d'entre eux.»[10] Aux yeux de Sartre, il rend en effet perceptible et intelli-
gible un réel parfois complexe, dont il donne une image stylisée et synthétique.

---

        enseignement, Villeneuve d'Ascq, Presses Universitaires du Septentrion, 1998,
        pp. 171-179. Citations p. 175.
10   Jean-Paul Sartre: *Situations II*, Paris, Gallimard, 1948, p. 30.

En France, c'est seulement à la fin du 19ᵉ siècle que le «grand reportage» s'est professionnalisé, alors qu'auparavant, c'étaient pour l'essentiel des écrivains et des gens de lettres qui fournissaient les articles publiés par la presse. Thomas Ferenczi, lui-même journaliste, note cependant que les meilleurs de ces reporters professionnels savent évoquer une atmosphère et construire un récit comme de véritables écrivains, et que «Le journalisme n'a échappé à la littérature que pour mieux y revenir.»[11] En Suède, Tomas Forser, Per Lysander et Agneta Pleijel écrivaient en 1974: «Le reportage [...] ne pose pas moins de problèmes de rigueur formelle que le roman, il devrait être élaboré avec autant de soin qu'une strophe de poésie.»[12]

S'il est vrai que la référence à des faits réels est commune au reportage et au texte scientifique, ce dernier n'est par ailleurs pas toujours lui-même, sur le plan de la forme, aussi clairement distinct du texte littéraire qu'il y paraît. Dans les sciences humaines en particulier, celles dont le reportage est naturellement le plus proche, on voit depuis assez longtemps des praticiens s'interroger sur la spécificité des écrits qu'ils produisent, sur la manière dont ils les structurent et sur les moyens linguistiques et les figures rhétoriques auxquels ils recourent.

Jocelyn Létourneau doute qu'il existe une différence de nature entre l'écrit historique à visée scientifique et la littérature, et considère au contraire qu'il s'agit dans les deux cas d'actes de communication, qui s'inscrivent dans un «intertexte» plus vaste, lui-même inscrit dans une société déterminée, le texte scientifique étant celui qui est socialement reconnu comme tel, d'après des critères qui peuvent varier selon les lieux et les époques. Ces vues sociologisantes à l'extrême paraissent contestables, mais l'histoire est sans doute l'un des domaines qui se prêtent le mieux à leur illustration.

Selon Jocelyn Létourneau, le texte historique est presque toujours structuré soit par une narration, soit par une argumentation. Dans un cas comme dans l'autre, il se caractérise par un cheminement linéaire entre un point de départ et un point d'arrivée, le récit relatant une chaîne

11 Thomas Ferenczi: *L'invention du journalisme en France. Naissance de la presse moderne à la fin du XIXᵉ siècle*, Paris, Plon, 1993, p. 62.
12 Tomas Forser, Per Lysander, Agneta Pleijel: «Reportaget», in *Ord och bild* 1-2/1974, p. 2.

d'événements successifs et l'argumentation partant de prémisses pour parvenir à une conclusion. Le texte historique se conforme ainsi à un schéma fondamental dans la pensée occidentale, qui est celui de la progression vers une fin, et que l'on retrouve dans la littérature. C'est pourquoi il est possible d'appliquer aux textes historiques les méthodes de l'analyse littéraire, en particulier de la narratologie, «qui cherche à mettre au jour la structuration interne d'un récit»[13].

Il est possible que la structure de progression linéaire, narrative ou argumentative, qui semble constituer aux yeux de Jocelyn Létourneau une caractéristique essentielle à la fois de la littérature et de l'histoire, soit celle de nombreux ouvrages historiques, encore qu'elle ne soit sans doute pas celle de tous. Dans d'autres types d'écrits scientifiques, en revanche, psychologiques, sociologiques, ethnologiques, on trouvera vraisemblablement plus fréquemment d'autres structures, même s'il arrive aussi parfois que la progression linéaire, absente d'un ouvrage considéré dans sa globalité, structure les différentes parties ou chapitres qui le composent. Pour ce qui est des reportages, il est rare qu'ils présentent une structure narrative ou argumentative. Le genre pourrait même, je reviendrai sur ce point, être défini comme non narratif. Quant à l'argumentation de type traditionnel, elle y est souvent mise à mal par la confrontation avec la réalité, qui modifie les postulats de départ en cours de démonstration, et c'est là aussi un trait intéressant du reportage que je me propose d'examiner plus loin. Son éventuelle littérarité ne réside donc pas dans une structure particulière, qui serait celle de la progression linéaire, qui d'ailleurs, tout en étant effectivement très fréquente dans les écrits littéraires, n'y est pas universellement présente, puisqu'elle est notamment étrangère à beaucoup de poèmes.

Sara Lidman, écrivain et reporter, remarquait en 1973:

> Et pourquoi ne fait-on presque jamais l'analyse de la langue des reportages? Une analyse où l'on examinerait les images [...] Que nous disent le rythme, le ton, de la connaissance qu'a le rapporteur de son sujet? [...] *Voit-il quelque chose – qu'il par-*

---

13   Jocelyn Létourneau: «Le texte historique comme objet de l'analyse littéraire» in Claude Duchet, Stéphane Vachon, éd.: *La recherche littéraire. Objets et méthodes*, Montréal, XYZ et Paris, Presses Universitaires de Vincennes, 1993, pp. 131-142. La citation se trouve p. 140.

vient à recréer avec des mots d'une manière si forte que le lecteur voit la même chose, qu'une chose éloignée devient proche, sensible[?][14]

Sara Lidman considère qu'une utilisation particulière des mots constitue un critère de littérarité. Des formalistes russes aux théoriciens de la déconstruction, le 20ᵉ siècle a défini à maintes reprises la littérature par la spécificité de sa langue. Il existe sans doute peu d'énoncés linguistiques qui soient exclusivement référentiels, qui ne renvoient à rien d'autre qu'à une réalité particulière. Beaucoup jouent, d'une manière plus ou moins perceptible, avec le rythme de la phrase, ou la sonorité des mots, les allitérations ou les répétitions, avec ce que Roman Jakobson appelle la «fonction poétique». Celle-ci est l'une des six fonctions que Jakobson attribue au langage, les cinq autres étant la fonction dénotative, ou cognitive, centrée sur la réalité extérieure visée par l'énonciation, la fonction expressive ou émotive, centrée sur celui qui émet le message, la fonction conative, centrée sur le destinataire du message, la fonction phatique, qui sert à établir, maintenir ou interrompre la communication, et la fonction métalinguistique, centrée sur le code linguistique lui-même, le langage sur le langage. La fonction poétique vise le message lui-même, la forme qu'y prend le langage considéré en tant que tel. Selon Jakobson, la littérature se caractériserait par un usage de la langue dans lequel cette dernière fonction devient dominante[15]. Pour lui, «la poésie ne consiste pas à ajouter au discours des ornements rhétoriques: elle implique une réévaluation totale du discours et de toutes ses composantes quelles qu'elles soient».[16]

Jakobson entend ainsi définir la «poésie» au sens étymologique, l'art qui a le langage comme matériau. En pratique cependant, il tire ses exemples de la «poésie» au sens que le français contemporain donne le plus souvent à ce terme, c'est-à-dire de la poésie lyrique, de poèmes, un

---

14   Sara Lidman: «Brev från andra stranden», *Dagens Nyheter* 12/9/1973. Cité par Gunnar Elveson: *Reportaget som genre*, Uppsala, Avdelningen för litteratursociologi vid Litteraturvetenskapliga institutionen, 1979, p. 47. Les italiques sont de S. Lidman.

15   Cf. Roman Jakobson: «Closing statements: Linguistics and Poetics», in T. A. Sebeok, ed.: *Style in Language*, New York 1960. Traduction française: «Linguistique et Poétique», in R. Jakobson, *Essais de linguistique générale I*, Paris, éditions de Minuit, 1963, pp. 209-248.

16   Roman Jakobson 1963, p. 248.

domaine dans lequel le rôle de premier plan que tient la forme apparaît effectivement de manière claire. Mais tel est aussi le cas dans certains énoncés non littéraires, comme les proverbes, les dictons, ou les slogans publicitaires[17]. En revanche, dans la littérature en prose, et particulièrement dans les œuvres qui utilisent volontairement une langue proche de la langue courante, la prédominance de la «fonction poétique» est nettement plus difficile à établir, et Jakobson reconnaît que «dans des formes littéraires de ce genre les procédés linguistiques sont très sobres et la langue semble n'être plus qu'un vêtement presque transparent».[18] Tout est évidemment dans le «presque»: ce vêtement, cette forme dont s'habille le message, il ne peut «jamais s'en dépouiller complètement, mais seulement l'échanger contre un autre plus diaphane».[19] Le vêtement poétique sera d'autant plus diaphane que, comme le remarque Morten Nøjgaard, la dénotation prendra le pas sur la connotation: «lorsqu'il s'agit de la relation du signe à la réalité, il faut parler de transitions fluides. Il y aura des textes littéraires qui insistent à un très haut degré sur la dénotation, donc utilisent la fonction référentielle du signe.»[20]

Le reportage est un texte référentiel, caractère qu'il partage, comme le rappelle Lukács à juste titre, avec les écrits scientifiques. Il doit impérativement communiquer de l'information, et on peut se demander si la fonction poétique n'y est pas pour cette raison reléguée à l'arrière-plan au profit de la fonction cognitive[21]. Les ethnologues étant sans doute, par le champ de leurs investigations, de tous les chercheurs, ceux qui sont les plus proches des reporters, c'est chez certains d'entre eux que l'on

---

17   Citons, à titre d'exemples, en français, «A Sainte Catherine, tout prend racine», en allemand, «Morgenstunde hat Gold im Munde», en suédois la formule publicitaire «klick klack tack Kodak».

18   Roman Jakobson 1963, p. 243.

19   Roman Jakobson 1963, p. 243.

20   Morten Nøjgaard: *Litteraturens univers. Indføring i tekstanalyse*, Odense, Odense universitetsforlag, 1975, p. 41.

21   Chez Lukács aussi, c'est l'importance du factuel qui empêche le reportage d'être littéraire, mais, chez lui, ce qui s'oppose au factuel, ce n'est pas la «fonction poétique» de Jakobson, c'est-à-dire tout ce qui dans la langue dit à la fois plus, moins et un autre chose que le référent visé, mais c'est le «typique», c'est-à-dire un effet de réel construit à partir d'une analyse en profondeur de la réalité et de ses mécanismes, supposés pouvoir être fidèlement représentés par le langage.

trouve, me semble-t-il, des réflexions sur la langue comme outil de transmission de leur savoir, sur ses fonctions, ses possibilités et ses limites, qui peuvent apporter des éléments de réponse à cette question.

Pour l'ethnologue François Laplantine, la différence entre texte scientifique et texte littéraire réside principalement dans la visée esthétique de ce dernier, qui doit donner par les mots une sorte de présence sensible à des choses physiquement éloignées et susciter des affects. Sur ce point, sa conception de la littérarité est analogue à celle qu'exprime Sara Lidman. Mais Laplantine montre, en s'appuyant sur des exemples, que certains grands textes ethnologiques parviennent à produire un effet esthétique similaire, à faire sentir la réalité lointaine qu'ils décrivent[22].

Mais surtout, Laplantine remet profondément en cause la vision positiviste du texte qui a été longtemps dominante chez les ethnologues, et qui repose sur le postulat selon lequel la perception peut donner une image objective du monde extérieur et l'écriture une représentation fidèle de la perception. Pour lui, on ne peut dissocier l'objet observé de l'œil qui observe, et la langue n'est pas une simple transcription codée de la perception. Ne pas en tenir compte, c'est manquer de rigueur scientifique. Or la littérature, qui privilégie la «fonction poétique» de la langue, permet de prendre conscience de la non coïncidence des mots avec les choses. Elle ne se détourne pas systématiquement de la réalité, elle n'en fait pas systématiquement abstraction, mais pour elle l'expression linguistique d'un fait réel ne va jamais de soi, pas plus que la formulation d'un sens stable, clair et univoque. «Ces textes [littéraires]», poursuit Laplantine, «nous permettent de réaliser à quel point, dans notre travail apparemment modeste d'ethnographe, le rapport entre le signifiant et le signifié [...] n'est jamais donné, mais fait chaque fois jaillir une série de questions inédites pour lesquelles il n'existe pas de solution unique.»[23] Ce n'est donc pas seulement pour rendre la lecture de leurs ouvrages plus agréable que les ethnographes doivent prendre les écrivains comme modèles, mais aussi et avant tout pour des raisons épistémologiques.

---

22   Cf. François Laplantine: *La description ethnographique*, Paris, Nathan, 1996, pp. 51-52.

23   Laplantine 1996, p. 53.

Cette conception de l'écriture des sciences humaines s'oppose au «principe d'étanchéité»[24] qui sépare radicalement science et littérature. Elle met fin à l'idée qu'il y aurait, d'une part, une langue qui produit des photographies du réel, d'autre part une langue qui peint des tableaux en recomposant des éléments de ce réel au gré de son inspiration. Elle considère qu'il est possible, voire dans certains cas souhaitable, de communiquer des connaissances et des informations à travers une forme esthétique, et rappelle par là que la littérature peut aussi avoir une fonction informative. Mais si les deux domaines se recouvrent partiellement, même dans une modeste mesure, on ne peut plus exclure l'existence de textes qui se rattacheraient à l'un comme à l'autre, qui auraient à la fois une visée référentielle et une visée poétique, et le «reportage littéraire» devient théoriquement possible.

En pratique, rares sont ceux qui contestent aujourd'hui la valeur littéraire des œuvres les plus marquantes de reporters tels que Barbro Alving, Egon Erwin Kisch ou Günter Wallraff, et, en Suède, on peut dire qu'il y a un consensus pour reconnaître celle de textes comme *Tysk höst (Automne allemand)* de Stig Dagerman, mais aussi *Katedralen i München (La cathédrale olympique)* de Per Olov Enquist ou *Kina inifrån* («La Chine vue de l'intérieur») de Sven Lindqvist. Certains reportages sont ainsi désormais mentionnés dans les histoires de la littérature. Dans son livre de 1979, *Reportaget som genre*[25], Gunnar Elveson constate que le reportage est devenu un genre littéraire.

Les genres littéraires sont presque aussi difficiles à définir que la littérature. Cependant, pour distinguer les reportages des autres textes littéraires, pour saisir en quoi ils ont apporté à la littérature quelque chose de nouveau, il faut tenter de cerner la notion à laquelle renvoie le terme de reportage, à défaut de pouvoir véritablement le définir.

A première vue, les définitions des genres littéraires semblent être de deux types, normatif ou descriptif: la définition normative énonce les règles auxquelles un genre doit se conformer, tandis que la descriptive part des œuvres existantes du genre pour faire apparaître leurs caractères

---

24   Laplantine 1996, p. 43.
25   Gunnar Elveson: *Reportaget som genre*, Uppsala, Avdelningen för litteratursociologi vid Litteraturvetenskapliga institutionen, 1979.

communs. Mais chacune des deux recèle sa propre contradiction, comme l'a relevé Wayne C. Booth à propos du roman:

> Ou mes définitions sont descriptives, ou elles sont normatives. Si elles se contentent de décrire, alors elles ne me fournissent aucune base sur laquelle condamner une œuvre qui ne correspond pas à la description. Si elles sont ouvertement normatives, mon problème est alors évidemment de donner des raisons qui justifient mes critères[26].

La définition descriptive permet de rendre compte de l'évolution historique. Elle serait à la définition a priori des genres ce que la linguistique descriptive est aux grammaires normatives.

Il est toutefois évident que cette comparaison ne peut être poussée très loin. La linguistique qui examine la langue, et souvent la langue parlée, telle qu'elle est, cherche à en dégager les lois, lesquelles existent à l'insu du locuteur, qui les applique sans avoir conscience de les connaître. Aux yeux d'un linguiste comme Chomsky, l'aptitude à faire fonctionner le système complexe des règles de la langue est innée chez l'être humain, elle existe a priori et possède très vraisemblablement une base biologique[27]. Dans cette hypothèse, la démarche consistant à observer les phénomènes linguistiques pour en induire les mécanismes qui les régissent est légitime. Il serait plus hasardeux d'affirmer qu'une théorie des genres préexiste aux œuvres particulières, et que les écrivains la mettent automatiquement en pratique, parfois sans le savoir, même si une telle supposition n'est pas totalement dénuée de fondement: tout comme un enfant qui apprend à parler dans une langue particulière en assimile intuitivement la syntaxe, un romancier peut se conformer aux règles du genre romanesque en vigueur à son époque sans les avoir jamais étudiées systématiquement, simplement parce qu'il est immergé dans la culture qui les a produites.

Mais alors qu'il existe, au-delà des variations diachroniques des langues, quelques lois linguistiques immuables, valables de tout temps pour toutes les langues, il ne semble pas y avoir de lois équivalentes dans le domaine de la création littéraire, où les règles n'ont jamais un caractère contraignant et général, mais constituent plutôt des usages, qui, en tant

---

26   Wayne C. Booth: *The Rhetoric of Fiction*, Chicago & London, The University of Chicago Press, 1961, p. 31.
27   Cf. Noam Chomsky: *Reflections on Language*, New York, Random House, 1975. Traduction française: *Réflexions sur le langage*, Paris, Flammarion, 1981.

que tels, peuvent être enfreints ou durablement modifiés. Les théoriciens considèrent aujourd'hui les genres comme des formes historiques, et non comme des concepts intemporels. La théorie littéraire, qui, à partir des années 1960, s'est beaucoup inspirée des méthodes et des découvertes de la linguistique, est désormais consciente de ce qui distingue les deux champs. Plutôt que des lois absolues, elle s'efforce de dégager de grandes tendances. On ne peut sans doute pas définir la tragédie, le drame, le roman, le pamphlet en général, mais au mieux la tragédie grecque, la tragédie française classique, le drame élisabéthain, le roman réaliste du 19ᵉ siècle, le pamphlet de l'époque des Lumières.

Si l'on entreprend de donner une définition descriptive, par exemple, du roman réaliste du 19ᵉ siècle, on s'appuiera sur des œuvres particulières qui sont des romans réalistes écrits pendant la période considérée. La datation est une donnée objective extra-littéraire qui, sauf exception, ne sera jamais remise en cause, mais le choix des textes dont on tirera par induction une définition du «roman réaliste du 19ᵉ siècle» pose problème. Comment reconnaître en effet, parmi toutes les œuvres littéraires du 19ᵉ siècle, les romans réalistes, si l'on ne dispose pas encore d'une définition du genre? Et comment donner, à l'inverse, une définition descriptive du genre, si l'on ne dispose pas d'un corpus de textes? Ignorer cette difficulté risque de condamner les définitions descriptives à n'être que des définitions normatives inavouées: on sélectionne des textes en fonction de critères implicites, que l'on découvre ensuite comme étant ceux auxquels satisfait l'ensemble des textes concernés. En fait, le genre littéraire n'a pas véritablement d'existence objective indépendante de la conception qu'on en a, il est davantage un concept qu'un phénomène observable. C'est pourquoi ses caractéristiques sont le plus souvent, explicitement ou implicitement, déduites d'une définition préalable.

Les définitions normatives font en principe abstraction des œuvres existantes et énoncent simplement les conditions que doit remplir un texte pour appartenir à un genre déterminé. La narratologie de la fin du 20ᵉ siècle a proposé des classifications des récits, selon qu'ils étaient faits à la première ou à la troisième personne, que le narrateur était ou non un personnage du récit, qu'il était ou non le personnage principal, que le récit se faisait au présent ou au passé, qu'il présentait les événements dans l'ordre chronologique ou non, qu'il était donné pour une fiction ou comme rapportant des faits réels, etc. Des tableaux où l'on inscrit par exemple horizontalement les personnes grammaticales (récit à la première ou troisième personne, éventuellement à la deuxième) et verticalement le statut du narrateur dans le récit (personnage principal ou secondaire, ou narrateur extérieur au récit) permettent d'envisager toutes les combinaisons possibles, qui peuvent ensuite se combiner à nouveau avec d'autres variables[28]. A chaque case des tableaux ainsi constitués correspond un genre ou un sous-genre.

Il est théoriquement possible de définir de cette manière des genres auxquels n'appartient aucune œuvre connue. Certains chercheurs ont même forgé le concept de «genres théoriques»[29], par opposition aux «genres historiques», représentés par des œuvres. Mais cela reste une pure abstraction. Dans la pratique, les critères de définition, même normatifs, des genres, sont empruntés à des écrits qui servent de référence, et dont l'examen et la comparaison font apparaître des différences et des traits communs. Aristote, fondateur, dans la tradition occidentale, de la poétique en tant que branche du savoir, qui définissait déjà quatre genres en combinant les modes dramatique et narratif avec des personnages aux sentiments élevés ou bas, et qui est généralement considéré comme un théoricien normatif, ne s'en réfère pas moins fréquemment à Homère et à Sophocle, qu'il élève souvent, il est vrai, au rang de modèles insurpassables, ce en quoi il se montre effectivement normatif.

Il fait preuve en outre d'une certaine incohérence. Sur la base de sa combinatoire, il définit en effet la tragédie comme une *mimèsis*, une imitation stylisée de la nature, qui présente des personnages nobles sur le mode dramatique. Mais il affirme également que la tragédie doit impérativement éveiller chez le spectateur ou l'auditeur des sentiments de crainte et de pitié, impératif qui constitue une sorte de définition secondaire, qui ne se déduit pas de la première, puisque l'on pourrait concevoir un drame qui mettrait en scène des personnages nobles sans pour autant susciter crainte ou pitié. En outre, la définition du genre par les

---

28   Cf., par exemple, Jean-Marie Schaeffer: *Qu'est-ce qu'un genre littéraire?* Paris, Seuil, 1989, ou Philippe Lejeune: *Le pacte autobiographique*, nouvelle édition augmentée, Paris, Seuil, 1996.

29   Cf. Tzvetan Todorov: *Introduction à la littérature fantastique*, Paris, éditions du Seuil 1970 («Points Essais» Seuil, 1976, pp. 18-20).

sentiments qu'il doit faire naître ne peut être qu'assez imprécise, car elle repose sur des notions subjectives et ne peut donc permettre qu'un véritable accord se fasse sur le point de savoir si une œuvre donnée appartient ou non au genre tragique. Cette caractéristique de la tragédie comme drame éveillant la crainte et la pitié constitue aussi, en même temps qu'un élément de définition du genre au sens strict, un critère de qualité, en fonction duquel une œuvre tragique au sens de la première définition peut être considérée comme plus ou moins réussie. La *Poétique* ne dit pas seulement ce qu'est une tragédie, mais aussi comment une tragédie doit être construite pour en être une bonne, sans faire de distinction vraiment nette entre les deux propos, ce qui ne serait d'ailleurs peut-être pas possible, car il paraît difficile de distinguer la «bonne littérature» à l'intérieur de ce qui serait la littérature en général, le terme de littérature impliquant le plus souvent une notion de qualité, et celui de poésie, chez Aristote, une notion de plaisir et d'agrément. Mais la coexistence d'au moins deux définitions hétérogènes de la tragédie dans le texte théorique fondateur ouvre dès l'origine la voie aux remises en cause et aux transgressions futures des règles du genre, puisqu'il est possible de se conformer à une partie des principes posés par Aristote – et d'utiliser la dénomination de tragédie – tout en en refusant d'autres. La définition secondaire donnée par la *Poétique* est toutefois indispensable dans le contexte de sa rédaction, elle se dégage comme un élément dominant des œuvres qu'Aristote a lues.

Aristote part d'une littérature qui existe depuis quatre siècles environ, pour l'épopée, et depuis plus d'un siècle, pour la tragédie, mais qui est toujours vivante de son temps et considérée par le plus grand nombre comme la meilleure qui soit, et sans laquelle la *Poétique* n'aurait certainement jamais vu le jour. Il est sans doute vain de se demander si Aristote admire l'*Iliade* ou *Œdipe roi* parce que ces œuvres satisfont aux exigences formulées dans sa *Poétique*, ou s'il énonce les principes qu'il énonce parce qu'ils se dégagent des œuvres auxquelles il voue une admiration immédiate.

On peut faire une remarque similaire à propos d'autres théoriciens. L'*Art poétique* de Boileau est inséparable du théâtre classique français, la *Dramaturgie de Hambourg*, de Lessing, présente les réflexions d'un dramaturge. Dans la préface de *Mademoiselle Julie*, de 1888, Strindberg énonce les principes de la tragédie naturaliste, qui sont à la base de la conception de sa pièce. Son attitude est d'une certaine manière encore plus normative que celle d'Aristote. Comme tous les modernes, il se définit largement par une rupture avec ses prédécesseurs et ne part donc pas des drames existants, dont il entend au contraire se démarquer en formulant des préceptes nouveaux. Mais *Le père*, écrit un an plus tôt, brièvement mentionné dans la préface de *Mademoiselle Julie*, est à bien des égards une tragédie naturaliste, qui préexiste ainsi à l'exposé théorique qu'elle permet en partie d'illustrer. La théorie d'un genre semble émaner des œuvres avant d'en susciter de nouvelles. S'il y a bien entre textes littéraires et poétique des relations de cause à effet, il n'est possible de désigner ni le traité théorique ni les productions littéraires comme cause ou comme effet. Lorsque l'on s'intéresse aux genres, on peut donc peut-être envisager l'ensemble formé par les écrits théoriques et le corpus des œuvres auxquelles ils se réfèrent ou qui s'y rattachent comme un tout indissociable. C'est précisément un tel ensemble qui signale l'existence, à une certaine période de l'histoire de la littérature, d'un phénomène particulier que l'on peut appeler «genre» – et qui inclut souvent, par sa pluralité de dimensions, formelles et thématiques, qui ne se déduisent pas toujours nécessairement les unes des autres, la potentialité de son évolution, de sa transformation ou de sa disparition.

Il n'y a pas de grand texte théorique sur le reportage. On peut toutefois relever que le chapitre de *Bland franska bönder (Parmi les paysans français)* intitulé «Inledning» («Introduction») propose, sous la forme d'un dialogue de type platonicien, une définition du genre[30].

Dans les théories des genres, le reportage ne fait l'objet, lorsqu'il n'est pas omis, que de mentions marginales. Les spécialistes de la littérature s'y intéressent peu. Quant aux reporters eux-mêmes, ils réfléchissent rarement sur la dimension littéraire de leur production. La plupart des livres qui traitent de leur activité, comme les ouvrages destinés aux étudiants en journalisme, décrivent les conditions de travail des reporters sur le terrain et considèrent d'un point de vue pratique les différents aspects du métier. Ils donnent des conseils sur les modes de déplacement, l'équipement, la manière de conduire une interview, etc. Les quelques

---

30   Voir le chapitre «La poétique du reportage chez Strindberg».

chercheurs qui ont étudié des reportages en tant qu'œuvres littéraires constatent la rareté des études de ce type.

Parmi celles-ci, dans le domaine suédois, _Reportaget son genre_ et _Bilden av Indien. Ulandsreportaget i tidningen Vi och 1960-talets världsbild_ de Gunnar Elveson[31], et _Reportagets Rika Repertoar_, de Torsten Thurén[32], combinent analyse de reportages et recherche de modèles d'analyse du genre. Gunnar Elveson commence par l'examen théorique de la question, tandis que Torsten Thurén, après avoir proposé une définition du reportage dans un chapitre liminaire, étudie des textes, avant de présenter, dans la dernière partie de son livre, un exposé systématique des notions qu'il a utilisées dans ses analyses. Dans _Reportaget som genre_, Elveson s'intéresse essentiellement à ce qu'il appelle le «reportage social», qui, au moment où il écrit, venait de connaître une apogée en Suède. Thurén examine pour sa part sept _resereportagen_, «reportages de voyage» ou, selon le terme couramment utilisé en français, «grands reportages», tous parus dans les années 1980, à une époque où ce type de textes écrits à la suite d'un déplacement à l'étranger et d'une observation minutieuse de la réalité locale occupait une position en vue sur la scène littéraire suédoise. Ni Elveson ni Thurén ne font de différence fondamentale entre les reportages dus à des écrivains et les autres, mais tous deux accordent de fait une place relativement importante aux premiers, sans doute parce qu'il s'agit de textes élaborés, de modèles du genre.

Gunnar Elveson aborde en premier lieu la question de la définition, et formule ce qu'il appelle une «définition de travail»[33], pour indiquer son caractère empirique, provisoire et susceptible de modifications. Il relève également que les différentes définitions du reportage qui ont pu être proposées ou suggérées associent, en leur donnant plus ou moins d'im-

---

31 Gunnar Elveson: _Reportaget som genre_, Uppsala, Avdelningen för litteratursociologi vid Litteraturvetenskapliga institutionen, 1979, et _Bilden av Indien Ulandsreportaget i tidningen Vi och 1960-talets världsbild_, Uppsala, Avdelningen för litteratursociologi vid Litteraturvetenskapliga institutionen, 1979.

32 Torsten Thurén: _Reportagets rika repertoar. En studie av verklighetsbild och berättarteknik i sju reportageböcker_, Stockholm, Journalistik, medier och kommunikation, Stockholms universitet, 1992.

33 Gunnar Elveson: _Reportaget som genre_, p. 15.

portance, plusieurs aspects des œuvres, leur contenu, leur forme, leur mode de diffusion, le public auquel elles s'adressent[34].

Tous ces éléments ne sont pas indépendants les uns des autres, mais ils n'entretiennent pas non plus entre eux de simples relations de causalité: s'il est incontestable que contenu et forme sont en partie indissociables, on ne peut affirmer pour autant qu'à un contenu donné corresponde une forme et une seule, et réciproquement. On peut faire une remarque analogue à propos du mode de diffusion et du public. Les différents aspects d'un texte sont certes liés entre eux, mais jouissent en même temps d'une certaine autonomie les uns par rapport aux autres. C'est pourquoi le reportage, comme les autres genres littéraires, se définit essentiellement par des combinaisons de traits formels et de traits du contenu, auxquels s'ajoutent éventuellement des caractéristiques de la relation du texte avec la société dans laquelle il est produit. Une modification de l'un ou de plusieurs de ces paramètres peut entraîner, là comme ailleurs, une évolution, ou même une transformation profonde du genre. Néanmoins, le reportage n'étant apparu qu'au 19e siècle, il a jusqu'à maintenant assez peu changé.

La «définition de travail» proposée par Gunnar Elveson est la suivante: le reportage est «un compte rendu d'une réalité contemporaine (extérieure), fondé sur l'expérience propre et directe de l'observateur, consignée dans un délai assez bref sous la forme d'un exposé de faits dont il a été témoin, qui précise aussi clairement le moment et le lieu où ils se sont produits».[35]

Cette phrase correspond assez bien à la conception intuitive du genre qui est celle de la plupart des lecteurs sur la simple base de leurs lectures, et est assez largement en accord avec nombre de définitions proposées par d'autres chercheurs. Alors que Gunnar Elveson parle en termes vagues de «réalité contemporaine extérieure», le journaliste français Thomas Ferenczi précise que «le reportage [...] traite d'informations sérieuses et les vérifie soigneusement avant de les livrer au public. S'il

---

34 Cf. Gunnar Elveson: *Reportaget som genre*, pp. 18-19.
35 Gunnar Elveson: *Reportaget som genre*, p. 15: «en redovisning som återger en samtida (yttre) verklighet och bygger på iakttagarens egna direkta upplevelser registrerade inom ganska kort tid i det självupplevdas form samt med tidpunkt och plats väl preciserade.»

ne néglige pas les effets de style, ce n'est pas sa préoccupation première:
il rapporte, décrit, donnant à voir et à entendre avec le plus d'exactitude
possible. Il s'intéresse aux faits importants, non à la petite histoire. Son
but n'est pas d'amuser, mais d'informer».[36] Dans son étude sur Stig Dagerman, Karin Palmkvist insiste sur le fait que le texte journalistique est
écrit en général plus rapidement que le texte littéraire traditionnel, et
qu'il «devrait donc être plus proche de la perception immédiate de la
réalité qu'a celui qui écrit»[37]. Même si le grand reporter peut disposer
d'un peu plus de temps que le journaliste qui doit quotidiennement fournir un article d'actualité, une relative rapidité de l'écriture semble nécessaire pour que l'on puisse parler de reportage. Cela ne signifie pas, ou
pas essentiellement, pas obligatoirement, que le reporter consacre moins
de temps que le romancier ou l'essayiste à l'élaboration de son texte,
mais que la période qui sépare l'enquête sur le terrain de la rédaction du
compte rendu doit être la plus brève possible. En pratique, beaucoup de
reporters commencent à écrire avant la fin de leur voyage ou de leurs
investigations, et tous prennent des notes au moment même où ils inter-
rogent, écoutent, observent la réalité étrangère.

La condition la plus généralement reconnue comme nécessaire pour
que l'on puisse parler de reportage semble être, comme le remarque Elveson, que celui qui écrit ait été en contact avec la réalité qu'il entend
montrer[38]. Torsten Thurén, reprenant à son compte le point de vue de
Lars J. Hultén, considère lui aussi qu'un texte ne peut être qualifié de
reportage que si son auteur s'est trouvé sur les lieux dont il parle et rapporte explicitement les impressions qu'il y a reçues, les expériences qu'il
y a vécues[39]. Il peut éventuellement recourir à des informations de seconde main et, dans la pratique, il le fait souvent, aucun individu n'étant
capable de représenter une réalité dans sa complexité uniquement à partir
de ses propres observations, mais celles-ci restent indispensables. Il est

36 Thomas Ferenczi: _L'invention du journalisme en France. Naissance de la presse moderne à la fin du XIXᵉ siècle_, Paris, Plon, 1993, pp. 34-35.
37 Karin Palmkvist: _Diktaren i verkligheten. Journalisten Stig Dagerman_, Stockholm, Federativ, 1989, p. 10.
38 Gunnar Elveson: _Reportaget som genre_, p. 18.
39 Cf. Torsten Thurén: 1992, p. 12, et Lars J. Hultén: _Reportaget som kom av sig_, JKM skriftserie, Stockholm, 1990, pp. 52-53.

sans doute possible de décrire un pays où l'on n'est jamais allé, des milieux sociaux ou professionnels que l'on n'a jamais fréquentés, mais le texte ainsi produit ne sera pas un reportage[40].

Cette affirmation doit toutefois être nuancée. Il n'existe pas aujourd'hui à ma connaissance de reportages dignes de ce nom qui ne s'appuient sur une forme ou une autre d'enquête de terrain. Mais il n'est pas impossible que les progrès constants des medias électroniques, qui augment la quantité, la qualité, la diversité de l'information à laquelle chacun peut avoir accès sans sortir de chez lui et sans décalage dans le temps, permettent un jour de réunir les articles de journaux, les entretiens personnels, les scènes de rue, l'atmosphère des lieux publics, ct tous les éléments à partir desquels s'élabore le reportage, sans avoir à se déplacer physiquement. Dans les années 1880, Georg Brandes et August Strindberg étaient obligés de se rendre, respectivement, à Berlin et en France pour se procurer les multiples informations destinées à figurer dans leurs livres de reportage. Il n'est pas interdit de supposer que dans un avenir proche, on pourra avoir accès à des informations d'une précision équivalente sur l'Allemagne et la France sans quitter Copenhague ou Stockholm. Même si l'information transmise par les medias électroniques et la communication qu'ils rendent possible ne peut remplacer le vécu, en tant qu'il est expérience, elle peut peut-être suffire à produire une image précise, détaillée et originale d'une réalité donnée, une image satisfaisant, donc, sauf sur le point de l'expérience directe, à la «définition de travail» du reportage proposée par Elveson. Ou peut-être ne le peut-elle pas. Il serait vain de vouloir répondre aujourd'hui par avance à cette question. Il convient simplement de se souvenir qu'aucun élément de la définition d'un genre, pas même lorsqu'il est accepté comme tel par tout le monde, ne peut être considéré comme immuable, et que le reportage pourrait connaître de profondes transformations au cours des prochaines décennies.

---

40 L'expérience vécue peut bien sûr être simulée et non authentique. Dans la pratique, cela arrive. Il y a des faussaires en reportage comme il y en a dans d'autres domaines. Le faux reportage, qui est un texte faussement référentiel, est d'une nature différente du faux en peinture, qui est un faux Van Gogh ou un faux Delacroix, mais un vrai tableau.

Pour la période 1875-2000, qui m'intéresse ici, je proposerai ma propre définition de travail, qui doit beaucoup à celle de Gunnar Elveson: Le reportage est un texte qui présente, sans recourir à la fiction, une réalité précisément située dans l'espace et dans le temps, en en privilégiant les aspects sociaux, politiques et économiques, qui s'appuie sur une expérience personnelle directe des réalités présentées, et dont l'écriture suit immédiatement la confrontation avec ces réalités.

Il y a dans l'ensemble un consensus sur ce qu'est un reportage, avec tout au plus quelques divergences sur des points de détail, alors qu'il n'y en a pas sur le statut qu'il convient de lui accorder. Il est intéressant à cet égard de comparer ce qui figure à l'article «reportage» de différents dictionnaires et encyclopédies. Là aussi, des jugements de valeur, explicites ou implicites, se mêlent à la description du genre. Le mot est le même dans la plupart des langues. Le norvégien utilise l'orthographe «reportasje», tandis que l'anglais, l'allemand, le danois et le suédois orthographient le mot comme le français, qui est la langue qui l'a forgé, à partir du terme emprunté à l'anglais «reporter», qui désigne celui qui rend compte par écrit, généralement dans un journal, de faits qu'il a lui-même observés. Le nom d'agent «reporter» est d'abord employé en français dans les années 1860 comme synonyme de «rapporteur», avant de prendre le sens qu'il a aujourd'hui. On parle ainsi, selon Littré, du «reporter des tribunaux». Ce mot vient lui-même du verbe anglais «to report», qui signifie «rapporter», «rendre compte», «faire un rapport», et qui est de toute évidence d'origine française.

Littré présente le reportage en des termes assez négatifs. Il cite le *Journal officiel*, qui parle de «ce siècle de reportage et de cancans littéraires»[41]. Il voit dans le reportage un bavardage superficiel, éphémère, encourageant la curiosité un peu malsaine d'un certain public, et considère qu'il représente une menace pour la véritable littérature, qui recherche des vérités profondes et s'efforce de créer des œuvres durables.

Le *Grand Larousse universel* de 1985 n'a plus le ton méprisant du Littré, il définit le reportage objectivement et brièvement comme «1. Ensemble des informations écrites, photographiées ou filmées re-

---

41   Emile Littré: *Dictionnaire de la langue française* (paru de 1863 à 1873), Versailles, Encyclopedia Britannica France, 1994-1999, tome 5, p. 5468.

cueillies par un journaliste sur le lieu même de l'événement. – 2. Partie d'un programme de radio ou de télévision produite en dehors d'un studio et destinée à informer le public sur un événement d'actualité ou sur une activité humaine ou de la nature. – 3. Métier de reporter.»[42] On trouve une présentation analogue à l'article «Reportage» du grand dictionnaire allemand Duden de 1994: «aktuelle Berichterstattung mit Interviews, Kommentaren o ä in der Presse, im Film, Rundfunk und Fernsehen»[43], définition suivie de trois courtes phrases illustrant l'emploi du mot.

Il semble que pendant longtemps l'anglais n'ait pas eu de terme spécifique pour désigner ce que les autres langues appellent «reportage», et qu'il appelait simplement «feature» ou «story». L'*Encyclopaedia Britannica* de 1947 n'a pas d'article «reportage», *The Oxford Reference Dictionary* de 1986 non plus. The *Oxford English Dictionary* de 1961 signale l'origine française du mot, se réfère explicitement à Littré et donne ainsi comme sens principal «Reported matter; gossip»[44]. Il faut attendre l'édition de 1989 de ce même dictionnaire pour voir ces trois mots complétés par une définition plus neutre et plus objective, proche de celle du *Grand Larousse universel* ou du *Duden*, ou de celle que l'on trouve dans le dictionnaire américain *International Dictionary of the English Language* de 1986. Ce dernier, contrairement aux ouvrages précédemment mentionnés, établit brièvement un lien entre reportage et littérature, en citant George Orwell: «straightforward reportage is the only branch of literature that matters»[45].

Il n'y a pas de corrélation directe entre l'existence ou la non existence d'un mot dans une langue et l'importance du phénomène correspondant dans la culture qui s'exprime dans cette langue. Le mot «reportage», adopté un peu partout, est certes d'origine française, mais le genre n'est

---

42   *Grand Larousse universel*, Paris, Larousse, 1985, tome 13, p. 8884.

43   *Das große Wörterbuch der deutschen Sprache in 8 Bänden*, Mannheim, Duden-verlag, 1994, Bd. 6, p. 2761: «compte-rendu d'actualité comportant des interviews, des commentaires ou autres éléments de ce type, fait dans la presse, au cinéma, à la radio et à la télévision.»

44   *The Oxford English Dictionary*, Oxford 1961, vol. VIII, p. 475: «Matière rapportée; cancans».

45   *Webster's Third New International Dictionary of the English Language*, Chicago, Merriam-Webster Inc., 1986 vol. 2, p. 1926: «le reportage sans détours est la seule branche de la littérature qui importe.»

pas né en France, et il n'y a jamais joui d'un prestige particulier ni produit en abondance des œuvres d'une qualité exceptionnelle, même s'il y
a eu et s'il y a parmi les Français de grands reporters. Historiquement, le
reportage est d'abord apparu et a connu une fortune particulière en
Grande-Bretagne et aux Etats-Unis, pays dont la langue, jusqu'à une date
récente, ne possédait pas de terme spécial pour le désigner.

La place accordée à l'article «reportage» par certaines encyclopédies
scandinaves mérite toutefois de retenir l'attention. Si le «Grand dictionnaire norvégien» de 1998 se contente du laconique: «reportasje (til reporter), nyhetstjeneste; nyhetsartikkel»[46], le dictionnaire de l'Académie
Suédoise de 1959 consacre une douzaine de lignes à la notion, en insis-
tant sur la nécessité, pour le reporter, de disposer d'informations de première main et de se rendre sur les lieux des événements qu'il entend
rapporter. Ce même dictionnaire définit en outre le reportage par opposition à la «note», à «l'entrefilet» («notis»), comme «une description
assez détaillée»[47], offrant ainsi implicitement la possibilité de le rattacher
à la littérature. Pour «L'encyclopédie nationale» suédoise de 1994, qui
lui consacre des développements particulièrement longs, comme pour
«La grande encyclopédie danoise» de 2000, il paraît acquis que le reportage peut être un genre littéraire. Cette dernière écrit que

> par opposition aux analyses et aux manifestations d'opinions, le reportage donne
> l'impression de présenter d'authentiques tranches de réalité, mais il va de soi qu'il
> met aussi en jeu une main qui sélectionne et met en forme, et la voix d'un narrateur.
> [...] C'est pourquoi chez les écrivains aussi, certains en sont facilement venus à
> s'essayer au reportage, ainsi, au Danemark, Holger Drachmann, Johannes V. Jensen
> et Herman Bang.[48]

46 Aschehoug og Gyldendals *Store Norske Leksikon*, Oslo 1998, bd. 12, p. 424: «re-
    portage (de reporter), service d'information; article d'information.»
47 *Ordbok över svenska språket* utgiven av Svenska Akademien, Lund 1959, bd. 22,
    R 1219: «en något utförligare skildring».
48 *Den Store Danske Encyklopædi*, København, Danmarks Nationalleksikon A/S,
    Gyldendalske Boghandel, Nordisk Forlag A/S, 2000, bd. 16, p. 124: «Modsat ana-
    lyser og opinionstilkendegivelser virker reportagen som autentiske klip af virkelig-
    heden, men der er selvsagt en udvælgende og redigerende hånd og en fortællers-
    temme med. [...] Det har derfor været nærliggende også for skønlitterære forfattere
    at forsøge sig med reportager, i Danmark således Holger Drachmann, Johannes V.
    Jensen og Herman Bang.»

«L'encyclopédie nationale» suédoise cite pour sa part, parmi les grands noms du reportage, John Reed, Egon Erwin Kisch, Hemingway et Günther Wallraff et, en Suède, «Strindberg, Barbro Alving, Ivar Lo-Johansson et Jan Olof Olsson»[49]. Elle ne fait donc aucune différence entre August Strindberg et Ivar Lo-Johansson, essentiellement connus comme écrivains, et Barbro Alving et Jan Olof Olsson, qui étaient exclusivement journalistes.

Si cette encyclopédie considère spontanément Strindberg et Lo-Johansson comme des reporters à part entière, cela tient sans doute à un trait particulier de la littérature nationale. Torsten Thurén constate en 1986: «Beaucoup des choses les plus intéressantes, les plus captivantes et les plus innovantes dans le domaine du journalisme ont été faites par des écrivains ou par des journalistes qui ambitionnaient de devenir écrivains»[50]. Dans les années 1960, on a vu, en Suède, beaucoup de romanciers, poètes, dramaturges reconnus abandonner – provisoirement – la fiction pour le reportage, mais le phénomène n'avait à cette époque rien de nouveau. Comme le remarque Jonas Anshelm, «Sara Lidman, Sven Lindqvist, Jan Myrdal et Göran Palm étaient à cet égard des figures de premier plan, qui voulaient reprendre une tradition de la littérature suédoise dont les ancêtres remontent à August Strindberg».[51] A partir de la fin du 19e siècle, on voit en effet de nombreux écrivains, qui se rattachent à des esthétiques et à des courants littéraires variés, se faire reporters, au moins pendant quelques temps. Tel est le cas du poète classicisant Bertil Malmberg dans les années 1930, du romancier, novelliste et dramaturge disciple de Kafka Stig Dagerman dans les années 1940, de l'auteur de romans philosophiques Willy Kyrklund dans les années 1950, puis, plus tard, de l'auteur de récits de style baroque Lars Andersson dans les années 1980 et 1990, pour ne citer que quelques uns des noms les plus connus. On trouve sans doute des écrivains-reporters ailleurs qu'en Suède, comme le montrent les exemples de George Orwell et d'Ernest Hemingway, mais la littérature suédoise est dans ce domaine,

---

49   *Nationalencyklopedin*, Höganäs 1994, bd. 15, p. 504.
50   Torsten Thurén: *Vinklad verklighet*, Solna, Esselte studium, 1986, p. 113.
51   Jonas Anshelm: *Förnuftets brytpunkt. Om teknikkritiken i P C Jersilds författarskap*, Stockholm, Bonnier, 1990, pp. 45-46.

pendant tout le 20ᵉ siècle, d'une richesse que l'on peut dire exceptionnelle.

Dans la mesure où l'on n'a pas affaire à quelques œuvres isolées,
mais bien à un ensemble de textes qui prennent modèle les uns sur les
autres, se répondent, débattent entre eux, il paraît légitime de parler à
leur propos d'un véritable genre, que j'appellerai le reportage d'écrivain,
en suédois *författarreportage*, en allemand, *Schriftstellerreportage*.
Cette appellation me semble plus adéquate que celle de «reportage littéraire», qui désigne un reportage possédant des qualités littéraires, sans
que son auteur se soit toutefois obligatoirement illustré auparavant dans
d'autres genres.

J'entends donc par «reportage d'écrivain» un texte 1) qui est un reportage, selon les critères qui figurent dans la définition de travail du
reportage que j'ai proposée, 2) dont l'auteur est un écrivain reconnu, et
3) que son auteur comprend comme partie intégrante, ou prolongement,
ou renouvellement, de son œuvre littéraire considérée dans son ensemble. J'entends par écrivain reconnu un auteur qui s'est déjà fait un nom
en littérature en pratiquant d'autres genres, en général plus traditionnels,
avant de passer au reportage.

Il n'est évidemment pas nécessaire d'être écrivain pour produire
d'excellents reportages. *En piga bland pigor*[52] («Une servante parmi les
servantes»), d'Ester Blenda Nordström, paru en 1914, présente à la fois
un grand intérêt journalistique et des qualités littéraires incontestables.
Ester Blenda Nordström y applique ce que l'on pourrait appeler la «méthode Wallraff»[53] avant la lettre: journaliste, elle se fait embaucher
comme servante dans une ferme sans révéler sa véritable profession, et
fait ainsi pendant plusieurs mois l'expérience de la condition des travailleurs agricoles, pour en rendre compte ensuite dans son livre. Mais
En piga bland pigor n'est pas un reportage d'écrivain – pas plus que ne
le sont les œuvres de Günter Wallraff – car son auteur n'a pas pratiqué

---

52   Ester Blenda Nordström: *En piga bland pigor*, Stockholm, Wahlström & Wids-
      trand, 1914.
53   Les journalistes suédois ont créé le verbe *wallraffa*, «wallraffer», pour désigner
      cette façon d'enquêter.

d'autres genres littéraires que le reportage ou l'article de journal[54]. Pour des raisons analogues, des livres tels que *Sista tangon i DDR*[55] («Dernier tango en RDA») de Per Landin ou *Europeisk höst*[56] («Automne européen») de Per Svensson, qui ont été beaucoup lus et appréciés dans les années 1990, ne sont pas non plus des reportages d'écrivains.

En Suède, il n'était pas rare qu'un écrivain débutant qui ne parvenait pas à se faire publier ou à se faire connaître du public gagne sa vie comme journaliste, parfois à un niveau modeste, local. Tel fut le cas, par exemple, de Vilhelm Moberg ou d'Eyvind Johnson. Strindberg publie des articles dans la presse dès le début des années 1870[57], à une époque où il n'a pas encore réussi à s'imposer comme dramaturge, pour pourvoir à sa subsistance. Il déclare ainsi en mars 1872 à l'un de ses amis, à propos des articles qu'il écrit pour le quotidien de Stockholm *Aftonposten*: «c'est seulement pour pouvoir écrire du théâtre que je ponds ce genre de papiers sans intérêt, qui en attendant me permettent de subsister»[58]. Bien qu'il ne soit pas impossible de discerner ici ou là dans cette production journalistique de jeunesse des traits strindbergiens, on ne peut la qualifier de reportage d'écrivain, dans la mesure où son auteur non seulement est encore largement inconnu du grand public, mais encore, de son propre aveu, ne cherche pas à y faire œuvre d'écrivain, lui dénie lui-même toute valeur littéraire, et n'entend exercer sa créativité que dans le domaine du drame. Il est sans doute prêt à répondre du contenu de ces articles comme journaliste, mais l'écrivain Strindberg refuse d'en assumer la responsabilité.

Il n'est évidemment pas toujours possible de distinguer clairement les textes écrits avec une ambition littéraire de ceux dont la fonction principale est de rapporter de l'argent, et les deux types de textes ne s'excluent

---

54 Ester Blenda Nordström a écrit quelques romans, mais des années après son reportage. En 1914, elle est encore exclusivement journaliste.

55 Per Landin: *Sista tangon i DDR. Ett PS*, Stockholm, Brutus Östlings Symposion, 1992.

56 Per Svensson: *Europeisk höst*, Stockholm, Norstedt, 1996.

57 Cf. August Strindberg: *Nationalupplagan, Samlade verk*, tome 4: *Ungdomsjournalistik*, Stockholm, Norstedt, 1991.

58 August Strindberg: Brev 1, p. 97 sq. cité dans *Samlade verk*, tome 5, p. 474: «det är blott för att kunna skrifva dramatik jag kastar ut sådant skräp som ger mig bröd under tiden.»

pas mutuellement, comme le montrent, par exemple, les articles de Georg Brandes sur Berlin. L'une des caractéristiques de l'écrivain reconnu est précisément qu'il peut «vivre de sa plume». Encore lui faut-il, pour rester écrivain, continuer à se prendre au jeu de la création littéraire, quelles qu'aient pu être les considérations matérielles ou psychologiques à l'origine de sa décision d'écrire tel ou tel texte. Il est difficile de ranger dans le domaine de la littérature des écrits produits uniquement dans un but lucratif, sans que leur auteur ait jamais cherché à s'y montrer créatif. Si la volonté de créativité n'assure pas à elle seule la qualité littéraire de l'œuvre entreprise, cette qualité ne peut toutefois sans doute pas exister sans cette volonté.

Au journalisme alimentaire qu'il pratique sous la contrainte des circonstances matérielles, Strindberg oppose, dans la lettre précédemment citée, l'élaboration du drame *Mäster Olof*, un travail que rien ne l'oblige à effectuer, sinon la conception qu'il a de sa vocation. Le reportage d'écrivain, selon la définition que j'en ai proposée, suppose un choix de l'auteur en faveur de ce genre plutôt que d'un autre à un moment donné de l'évolution de son œuvre. C'est pourquoi le terme ne peut s'appliquer à ce que publient dans les journaux des jeunes gens encore inconnus, qui n'ont pas d'autres ressources pour vivre. On a dans ce cas affaire, au mieux, à du bon journalisme, ou à du bon reportage, qui peut constituer une préparation au métier d'écrivain, mais n'est en aucune façon marqué par une activité littéraire créatrice antérieure.

Il est toutefois évident que quelqu'un qui n'a pas encore été reconnu comme écrivain peut malgré tout avoir déjà écrit des poèmes, des drames ou des romans, qui n'ont pas été publiés, ou n'ont pas trouvé de public, mais ont donné à leur auteur l'expérience de la création littéraire et une identité d'écrivain à ses propres yeux, qui ne sont certainement pas sans effet sur ce qu'il produit en tant que reporter. La frontière entre simple reportage et reportage d'écrivain n'est pas absolument nette, et ne peut l'être, dans la mesure où celle entre écrivain non reconnu et écrivain reconnu, et celle entre écrit «alimentaire» et écrit littéraire ne l'est pas. Il existe toutefois suffisamment de reportages qui soit constituent clairement des reportages d'écrivain, soit sont clairement à exclure de cette catégorie, pour que la distinction soit légitime.

Le reportage ne doit pas être identifié avec l'écrit journalistique. Tout ce qui paraît dans la presse n'est pas du reportage. On trouve par exemple dans les quotidiens des articles de simple information, qui ne font que reprendre des dépêches d'agences, des éditoriaux, mais aussi des rubriques consacrées aux arts, des prises de position dans des débats ou des polémiques. Il n'est pas rare que des écrivains reconnus commentent leurs œuvres dans un journal, ou qu'ils y expriment leur point de vue sur une question d'actualité, ou qu'ils y exercent la fonction de critique littéraire. Ce ne sont pas pour autant des écrivains-reporters. Olof Lagercrantz a été pendant de nombreuses années rédacteur culturel à *Dagens Nyheter*, mais il n'a pas été, sauf à titre exceptionnel, écrivain-reporter[59], et si Sven Lindqvist l'est, ce n'est pas pour avoir travaillé pendant des années à ce même journal, mais en raison de ses livres sur l'Asie et l'Amérique Latine, qui sont de véritables reportages.

Si le reportage ne se confond pas avec l'article de journal, il convient aussi de le distinguer d'un autre genre littéraire avec lequel il a des points communs, l'essai, qui ne recourt en principe ni à la fiction ni à la narration. L'essai exprime une opinion, communique des réflexions, présente des observations sur des sujets très variés, dans un style qui peut être proche du langage quotidien ou au contraire s'en écarter sensiblement. La référence à une expérience vécue ou à une enquête de terrain n'y est pas obligatoire. Il s'agit d'un genre dont les règles sont peu contraignantes, et qui regroupe des textes divers. Les thèses défendues par Jan Myrdal dans ses reportages des années 1960 et dans l'essai *Samtida bekännelser av en europeisk intellektuell*[60] *(Confessions d'un Européen déloyal)* sont à peu près les mêmes, mais ce dernier livre privilégie

---

59   Il faut toutefois rappeler qu'à l'automne 1970, O. Lagercrantz, alors rédacteur à *Dagens Nyheter*, a été le premier journaliste occidental autorisé à entrer en Chine après que la révolution culturelle eut commencé à diminuer en intensité. Il en a rapporté quatorze articles, qui sont tout à fait des articles de reportages, et qui ont été publiés dans son journal. Il ne les a toutefois jamais réunis en un volume en Suède. Ils ont été publiés en traduction allemande (Olof Lagercrantz: *China-Report: Bericht auf Reise*, Frankfurt/Main, Suhrkamp, 1971). Il en a en outre repris quatre dans le volume d'articles: O. Lagercrantz: *Mina egna ord. Ett urval DN-artiklar från åren 1952-1975*, Stockholm, Wahlström & Widstrand, 1994.

60   Jan Myrdal: *Samtida bekännelser av en europeisk intellektuell*, Stockholm, Norstedt, 1964.

l'argumentation abstraite et la polémique, et la référence à des réalités directement observées n'y occupe qu'une place modeste. *Hemmaresan*[61], de Sven Lindqvist, est un essai, et ne peut être qualifié de reportage, car l'auteur n'y parle de la Grèce, où il vit au moment où il écrit, que pour en arriver à ce qui fait l'essentiel de son propos, une réflexion sur la re-cherche de soi-même, l'identité et la langue, tout comme est un essai *På ett sjukhus*[62] («Dans un hôpital») de Jörn Donner, car le service civil effectué à l'hôpital par l'objecteur de conscience qu'est Donner ne sert que de point de départ à une interrogation sur la condition humaine, la liberté et la servitude, et ce qui fait la valeur de la vie d'un individu sin-gulier.

Il va de soi que le reportage, qui ne se contente pas de décrire des phénomènes, mais les commente et tente de les interpréter, s'apparente par là-même à l'essai, et s'en rapproche d'autant plus que la place qu'y prennent la réflexion et le raisonnement théoriques est importante. Entre le texte purement descriptif et le texte purement spéculatif, tous les in-termédiaires sont concevables, et il existe effectivement un grand nom-bre d'écrits qui associent dans des proportions variables observation concrète et argumentation abstraite. Certains articles de *Berlin som tysk Rigshovedstad* de Georg Brandes, comme par exemple celui qui expose et critique la philosophie d'Eduard von Hartmann, ressortissent davan-tage à l'essai qu'au reportage, mais figurent dans un livre qui, dans son ensemble, appartient malgré tout incontestablement à ce dernier genre. Il n'y a pas de frontière nette entre reportage et essai, mais il existe en re-vanche de nombreux textes que l'on peut clairement ranger dans l'une ou l'autre de ces catégories.

La différence entre le reportage d'écrivain et le roman réaliste, un autre genre qui se propose de présenter le réel, semble évidente. Il n'est pas rare que le roman réaliste ait un contenu informatif riche. Décrire concrètement certaines couches de la société, familiariser le lecteur avec des phénomènes qu'il ignorait auparavant est l'un de ses objectifs prin-cipaux. Mais il le fait par l'intermédiaire d'un récit qui le structure du début à la fin et auquel tous les éléments de la description doivent être reliés. L'histoire racontée et les personnages mis en scène ne sont pas

---

61   Sven Lindqvist: *Hemmaresan,* Stockholm, Bonnier, 1959.
62   Jörn Donner: *På ett sjukhus,* Stockholm, Bonnier, 1960.

obligatoirement fictifs, ils peuvent être plus ou moins directement empruntés à la réalité, comme dans les romans autobiographiques des autodidactes suédois, tels que *Nässlorma blomma (Les orties fleurissent)* de
Harry Martinson, ou *Nu var det 1914 (Le roman d'Olof)* d'Eyvind Johnson, ou *Sänkt sedebetyg* («Baisse de la note de conduite») de Vilhelm
Moberg. Mais le récit, même lorsqu'il est au service de la peinture d'un
milieu, a ses exigences propres, qui doivent être respectées, faute de quoi
le roman serait esthétiquement un échec. Il n'est jamais directement didactique et n'enseigne qu'en éveillant l'intérêt pour ce qu'il narre, tandis
que le reportage s'adresse sans intermédiaire au désir de savoir.

Il arrive que le personnage principal d'un roman soit un journaliste ou
un reporter, à l'instar d'Arvid Falk, le héros de *Röda rummet (Le salon
rouge)* de Strindberg, paru en 1879. Les exemples sont assez nombreux
dans la littérature suédoise. *Jag, Erik Anders*[63] («Moi, Erik Anders»), de
Jörn Donner, *Efter regntiden*[64] («Après la saison des pluies») d'Erik
Eriksson et *Sista dagar*[65] («Derniers jours») de Carl-Henning Wijkmark
racontent à la première personne des expériences supposées être celles
d'un reporter dans l'exercice de son métier, et qui doivent effectivement
beaucoup à ce que leurs auteurs ont eux-mêmes vécu. Ces romans apportent des informations intéressantes en tant que telles, respectivement
sur la situation politique de l'Italie en 1953, sur le Vietnam du Nord en
guerre, au début des années 1970, et sur la France de de Gaulle, mais ils
les combinent avec une intrigue. Le «roman de journaliste» met particulièrement clairement en évidence ce qui constitue le paradoxe, le caractère insaisissable du roman réaliste, qui est structuré selon un schéma
narratif, semble répondre d'abord au désir du lecteur de se faire raconter
des histoires, mais qui est fondamentalement porté par l'intention de
décrire un milieu, où l'intrigue est au premier plan, en même temps
qu'elle n'est pour l'essentiel qu'un moyen de communiquer de l'information. Ce type de romans présente des observations, selon le mot de
Strindberg, «dans les bonbonnières» de la narration de type tradition-

63 Jörn Donner: *Jag, Erik Anders*, Stockholm, Wahström och Widstrand, 1955.
64 Erik Eriksson: *Efter regntiden*, Stockholm, Prisma, 1985.
65 Carl-Henning Wijkmark: *Sista dagar*, Stockholm, Norstedt, 1986.

nel[66]. Dans le reportage au contraire, le propos du texte et sa structure, qui est une structure descriptive, sont en harmonie. C'est l'une des raisons pour lesquelles Strindberg estimait, au début des années 1880, qu'un naturalisme conséquent devait privilégier le genre du reportage, car il était celui qui convenait le mieux à l'écrivain qui choisissait de montrer la réalité plutôt que de divertir[67].

Le roman réaliste, ou naturaliste, est, de tous les genres qui lui sont apparentés, celui qui se distingue le plus aisément du reportage. Il n'est pas rare en revanche que ce dernier soit confondu avec le récit de voyage, car tout reportage est un récit de voyage. Mais l'inverse n'est pas vrai: tous les récits de voyage sont loin d'être des reportages.

Dans sa forme traditionnelle, de la fin du XVIe siècle au milieu du XIXe, le récit de voyage est souvent constitué par le récit des aventures qu'a vécues le voyageur pour pouvoir découvrir un monde encore inconnu, difficile d'accès et dangereux. Les périls affrontés par l'explorateur et les obstacles qu'il a dû surmonter y comptent souvent autant, voire plus, que les connaissances factuelles qu'il a ainsi acquises[68]. L'attitude de Carl von Linné qui, dans son *Iter lapponicum Dei gratia institutum 1732*[69] («Voyage en Laponie effectué par la grâce de Dieu en 1732»), s'attache avant tout à présenter la flore, la faune et les mœurs des habitants du nord de la péninsule scandinave, fait plutôt figure d'exception que de règle. Son suédois émaillé de latin indique qu'il s'adressait davantage aux savants qu'à un large public, et le texte se situe à la limite entre l'écrit littéraire et l'écrit scientifique.

Les anthologies de récits de voyage, compris au sens traditionnel, de même que les études consacrées au genre, s'arrêtent en général autour de 1900. A cette date, il n'y a presque plus de terres inexplorées, les déplacements sont devenus beaucoup plus faciles, les voyages ont largement

---

66   Cf. August Strindberg: *Likt och olik*t, Stockholm, Bonnier, 1884, tome 2, p. 51: «i skönlitteraturens konfektaskar».

67   Voir le chapitre «La poétique du reportage chez Strindberg».

68   Cf. Réal Ouellet: «Qu'est-ce qu'une relation de voyage?» in Claude Duchet, Stéphane Vachon, éds: *La recherche littéraire. Objets et méthodes*, Montréal, XYZ et Paris, Presses Universitaires de Vincennes, 1993, pp. 235-246 et 250-252.

69   Réédité en 1957: Carl Linnæus: *Lappländska resan 1732*, Stockholm, Wahlström & Widstrand. Paru dans la collection «WW pocket» en 1995.

cessé d'être de grandes aventures. A l'explorateur succède le reporter, qui accède sans grands problèmes aux lieux de ses investigations.

Les écrivains reporters sont historiquement les héritiers des écrivains voyageurs des siècles précédents. Un récit tel que *Livet i gamla världen. Dagsboksanteckningar under resor i söder- och österland. Palestina*[70] («La vie dans le vieux monde. Notes quotidiennes prises au cours de voyages dans les pays du Sud et en Orient. La Palestine») de Fredrika Bremer, paru en 1861, est à la charnière entre le récit de voyage et le reportage. Il contient de nombreuses notations qui avaient certainement une forte valeur informative pour les lecteurs suédois dans les années 1860. Mais Fredrika Bremer y insiste sur les difficultés qu'elle rencontre pour se rendre d'un lieu à un autre. Son voyage de Jaffa à Jérusalem se fait à cheval, dans un terrain montagneux où se cachent des brigands, il dure deux grandes journées et constitue en soi une aventure, alors qu'une vingtaine d'années plus tard Georg Brandes et August Strindberg parcourent l'Allemagne et la France en chemin de fer, ce qui abolit la distance comme obstacle. L'apparition du reportage est liée à celle des moyens de transport modernes, et aussi à celle de l'ethnologie scientifique, dont il est plus proche que ne l'était le récit de voyage traditionnel. Ce que note Marie-Jeanne Borel à propos de l'ethnologue vaut aussi un peu pour le reporter: «En anthropologie, comme en science en général, ce n'est pas l'aventure du savant qui intéresse l'enquête, mais les choses (des hommes parfois) qu'il a rencontrées.»[71]

Fredrika Bremer n'hésite pas à exprimer les sentiments qu'elle éprouve lors de son arrivée et pendant son séjour en Palestine. Pour elle qui est chrétienne, ce voyage est un «pèlerinage»[72]. Son texte est ainsi d'une autre nature que *Jorsalafärder. Ett reportage 1984-1991*[73] («Expéditions à Jérusalem. Un reportage, 1984-1991»), de Lars Andersson, centré sur la situation en Israël au moment où il écrit.

---

70   Fredrika Bremer: *Livet i gamla världen. Palestina*, Stockholm, Atlantis, Svenska Akademien, 1995.
71   Marie-Jeanne Borel: «Le discours descriptif, le savoir et ses signes», in Jean-Michel Adam, Marie-Jeanne Borel, Claude Calame, Mondher Kilani: *Le discours anthropologique. Description, narration, savoir*, Paris, Méridiens Klincksieck, 1990, p. 38.
72   Fredrika Bremer: *Livet i gamla världen. Palestina*, p. 40: «min pilgrimsfärd».
73   Stockholm, Norstedt, 1991.

Au XXe siècle, le récit de voyage change de nature, mais subsiste sous des formes nouvelles. Comme le montre bien le numéro de la revue *Germanica* consacré à ce thème[74], la plupart des écrivains qui voyagent partent à la recherche d'eux-mêmes, dans ce que Torsten Thurén nomme «le voyage comme ‹egoparcours›»[75]. Marc Auchet intitule ainsi l'article qu'il consacre à I Æventyrland. *Oplevet og drømt i Kaukasien (Au pays des contes. Choses rêvées et choses vécues en Caucasie)* de Knut Hamsun[76] «un voyage intérieur aux sources de son inspiration»[77]. Le titre du récit de Hamsun indique lui-même avec insistance qu'il n'a pas pour objectif de présenter «une réalité contemporaine extérieure». Dans le Caucase, Hamsun ne perçoit que ce qui lui rappelle son passé, le révèle à lui-même, ou le conforte dans des convictions qui sont déjà les siennes avant qu'il n'arrive dans le pays, à l'inverse du reporter Strindberg lisant *L'écho de la Haute-Marne* et d'autres quotidiens régionaux, qui éclairent sans doute peu les profondeurs de son âme, mais le renseignent sur le monde rural français. Knut Hamsun utilise la rencontre avec une société autre que celle dans laquelle il vit habituellement comme un procédé permettant de faire apparaître sa vie intérieure, tandis que le reporter met ses facultés intellectuelles, sa sensibilité, ses réactions, au service de la découverte de réalités extérieures.

Le récit de voyage peut ressortir à l'autobiographie, lorsque les contrées visitées servent essentiellement de décor aux événements de la vie que relate l'auteur, il peut se rapprocher de l'essai si le voyage donne lieu à des réflexions d'ordre assez général, il peut rassembler des anecdotes, servir de prétexte à des descriptions plus pittoresques qu'informatives. Il peut aussi mettre l'accent sur la géographie et l'histoire, les traditions, au détriment des faits politiques et sociaux, décrire les paysages et les monuments du passé plutôt que les structures de la société et la vie

---

74   *Germanica* 29/2001: *Le voyage dans les littératures scandinaves au XXe siècle*, textes réunis par Jean-Marie Maillefer, Villeneuve d'Ascq, Université Charles-de-Gaulle – Lille III, 2001.

75   Torsten Thurén: 1992, p. 317: «resan som ‹egotripp›».

76   Paru à Copenhague en 1903. Figure dans: Knut Hamsun: Samlede verker, tome 3, Oslo 1976.

77   Cf. Marc Auchet: «*Au pays des contes*, récit de Knut Hamsun: un voyage intérieur aux sources de son inspiration», in *Germanica* 29/2001, pp. 11-35.

quotidienne des différentes couches de la population, ce qui est relativement immuable plutôt que la situation du moment.

Le livre d'Ulla-Lena Lundberg *Öar i Afrikas inre*[78] («Iles à l'intérieur
de l'Afrique») présente la géologie, les paysages, la faune du centre de
l'Afrique, les techniques agricoles utilisées par ses habitants, leurs rites,
et fait aussi le récit de la découverte par l'auteur d'une part de sa propre
identité. «Il me suffit», écrit-elle, «de descendre de l'avion sur le haut-
plateau zambien pour comprendre que le paysage que j'avais sous les
yeux était le mien, tout autant que celui de l'archipel d'Åland.»[79]

Un autre Suédois de Finlande, Henrik Tikkanen, a écrit – et illustré
lui-même – un certain nombre de livres qui se situent entre le reportage
et ce qui s'appelle en suédois *kåseriet*, une réflexion conduite sur un ton
léger, à partir de l'observation de détails pittoresques, qui recourt volontiers à l'anecdote. Ses livres sur l'Italie[80], ou *Paddys land* (1957), qui
évoque l'Irlande, appartiennent plutôt à cette dernière catégorie, tandis
que *Texas* (1961) et *I Sovjet* («En Union Soviétique», 1969) peuvent être
considérés comme des reportages. On retrouve des textes du même type,
à la limite du reportage, de l'autobiographie, de l'essai et de la *kåseri,*
chez Stig Claesson, avec *Berättelse från Europa* («Récit d'Europe»,
1956), repris et prolongé en 1994 par *Till Europa; en åter-komst* («En
Europe; un retour), ou *Från nya världen* («Du nouveau monde», 1961),
sur le Québec.

Torsten Thurén considère *Indien – en vinterresa*[81] («L'Inde – un
voyage d'hiver») de Göran Tunström comme un reportage, «dans la mesure où le livre fournit de l'information sur l'Inde et «se [...] veut une
description de faits qui se sont effectivement produits au cours de voyages qui ont effectivement été effectués».[82] Thurén n'oublie pas qu'il y a
autre chose dans le livre, que l'auteur y parle de sa propre vie et y exprime par exemple à plusieurs reprises son attachement à son Värmland

78   Ulla-Lena Lundberg: *Öar i Afrikas inre*, Stockholm, Alba, 1981.
79   Ulla-Lena Lundberg: *Öar i Afrikas inre*, p. 8.
80   *På jakt efter etrusker* («A la recherche des Etrusques», 1967), *Dödens Venedig*
     («La Venise de la mort», 1973), *Med ett leende i Toscana* («Avec un sourire en
     Toscane», 1981).
81   Göran Tunström: *Indien – en vinterresa*, Stockholm, Bonnier, 1994.
82   Torsten Thurén: 1992, p. 66.

natal et à la petite ville de Sunne, mais il déclare: «Je fais abstraction de tous les récits et réflexions qui ne concernent pas l'Inde ou la situation en Inde.»[83] Il serait donc peut-être plus exact de dire que *Indien – en vinterresa* comporte une part de reportage, mais n'en est pas un dans son intégralité, et plus adéquat de le qualifier de relation de voyage.

Thurén déclare qu'il «a choisi de lire ce texte comme un reportage, mais qu'on peut aussi le lire comme une œuvre littéraire»[84] qui n'a pas pour objectif de présenter des faits réels. Il estime que dans certains cas c'est le mode de lecture qui range un livre ou ne le range pas dans la catégorie des reportages. «Si l'on lit un texte comme un reportage, on part du principe selon lequel *il se veut* description d'une réalité factuelle, et non fictive.»[85] En revanche, si on le lit comme un simple texte littéraire, la question de savoir si ce qu'il rapporte est fictif ou factuel n'a plus d'importance. Karin Palmkvist a un point de vue assez semblable[86] – auquel on peut cependant objecter que nombre de romans réalistes peuvent facilement être lus comme des textes qui se veulent, en partie au moins, description d'une réalité factuelle. Il me paraît utile d'opérer une distinction entre des textes qui présentent des traits de reportage et les véritables reportages, les textes qui ne sont rien d'autre. Je m'en tiens ainsi à la définition du genre, volontairement assez étroite, que j'ai proposée plus haut.

Aux termes de cette définition, je dois enfin distinguer le reportage de tout ce que l'on peut regrouper sous le nom de «littérature documentaire», la différence principale étant que la littérature documentaire ne relate pas obligatoirement les faits immédiatement après qu'ils se sont produits, mais peut s'intéresser à des événements qui remontent à plusieurs décennies. Dès les années 1930, Ture Nerman publie ce qu'il nomme des «reportages historiques»[87] qui reconstituent des moments du passé à partir de documents, mais l'appellation de reportage me paraît ici contestable. D'une manière générale, il faut faire la différence entre le reportage, qui s'intéresse au monde qui lui est contemporain, et le texte

---

83   Torsten Thurén: 1992, p. 67.
84   Torsten Thurén: 1992, p. 23.
85   Torsten Thurén: 1992, p. 22. Les italiques sont de Thurén.
86   Cf. Karin Palmkvist: 1989, p. 9.
87   Cf. Gunnar Elveson: 1979, p. 22 et p. 78.

historique, qui se veut description d'une réalité sans doute factuelle, mais passée.

L'une des meilleures œuvres littéraires documentaires que la Suède ait produites est *Legionärerna (L'extradition des Baltes)*[88], de Per Olov Enquist, que son auteur propose de qualifier de roman ou de reportage, alors qu'elle n'est pas plus l'un que l'autre, ce qui est une manière d'indiquer qu'elle est inclassable, qu'elle est simplement «en bok», «un livre»[89]. Ce n'est pas un reportage dans la mesure où il s'agit d'une recherche sur une affaire qui a eu lieu plus de 20 ans avant la rédaction du texte, où la source principale d'information n'est pas l'observation directe mais le témoignage, la consultation de textes antérieurs et de documents d'archives. Et ce n'est pas un roman, car l'auteur affirme son intention «de s'en tenir à la réalité, jusque dans les petits détails insignifiants»[90]. Le livre peut être vu comme une illustration de la difficulté que semble éprouver la littérature suédoise à décrire directement la réalité des pays baltes en tant que telle[91].

La définition du reportage que j'ai choisie me conduit à exclure du genre des textes qui peuvent y être rattachés si l'on applique des critères moins étroits. Mais ces critères, qui ont sans doute quelque chose d'un peu arbitraire, me semblent d'autant plus nécessaires que l'on passe du reportage à d'autres genres par des transitions fluides, qu'il s'agit d'un genre que l'on peut dire instable, dans un sens quasiment chimique, en particulier lorsqu'il est pratiqué par des écrivains, qui sont supposés être tentés de mettre en scène leur propre personne, sous une forme ou une autre, ou de laisser le commentaire prendre le pas sur le compte rendu de leurs observations. Si le reporter, en même temps qu'il décrit les sociétés qu'il découvre, évoque son destin individuel, le reportage devient de l'autobiographie. S'il se livre à de longues réflexions abstraites, le reportage devient un essai. S'il s'attache à des détails sans grande impor-

---

88 Per Olov Enquist: *Legionärerna* (paru en 1968), Stockholm, Norstedt, pocketutgåva 1996.

89 Cf. Per Olov Enquist: *Legionärerna*, p. 5.

90 Per Olov Enquist: *Legionärerna*, p. 5.

91 Je renvoie à ce sujet à mon article «‹Loin et tout près›: les Pays baltes dans la littérature suédoise après 1945», in Marc Auchet, Annie Bourguignon, éd.: *Les pays nordiques dans le contexte de la Baltique*, Nancy, Presses Universitaires de Nancy, 2001, pp. 71-86.

tance et les met en avant, s'il donne une trop grande place à l'anecdote, il se transforme en scène de genre, en historiette, en *kåseri*. Il n'en est que plus intéressant de constater que des écrivains, a priori toujours un peu suspects de narcissisme et de penchants pour les beaux développements et les histoires bien construites, réussissent à écrire des reportages, au sens étroit du terme, qu'ils conçoivent comme partie intégrante de leur œuvre littéraire.

Chapitre 2

Les articles de Georg Brandes
sur «Berlin, capitale du Reich allemand»[1]

En 1988, Jørgen Knudsen notait:

> La France a été, dans la vie de [Georg] Brandes, l'amour le moins payé de retour. On nous a parlé de son [...] enthousiasme, à la fois pour la merveilleuse richesse de la production littéraire de la France et pour cette ville, Paris, ses boulevards, ses théâtres – Mais dans l'autre sens? Les Français ont toujours manifesté une indifférence agaçante envers le monde qui les entoure! Brandes a eu lui aussi l'occasion de s'en apercevoir.[2]

Pour ce qui concerne l'Allemagne, la situation semble à première vue avoir été exactement inverse, même si l'idée selon laquelle Brandes aurait voué à la France une admiration sans réserves demande évidemment à être nuancée. Alors que le critique danois a émis à de nombreuses reprises des jugements sévères sur la société allemande et sa culture, nulle part en dehors de la Scandinavie on n'a donné aussi tôt et aussi durablement une place aussi importante à ses œuvres que dans les milieux intellectuels allemands. Rares sont celles qui n'ont jamais été traduites en allemand, et la traduction allemande d'un livre de Brandes paraissait généralement quelques mois, au plus un an après l'original danois. Cela

---

1   Des extraits de ce chapitre ont été publiés précédemment sous le titre «De la perte du Schleswig à la conquête des théâtres berlinois. Les articles de Georg Brandes sur la capitale du *Reich* bismarckien», in Marc Auchet, éd.: *Le secret d'Odin. Mélanges offerts à Régis Boyer,* Nancy, Presses Universitaires de Nancy, 2001, ISBN 2-86480-856-0, pp. 151-166.

2   Jørgen Knudsen: *Georg Brandes*, bd. 2: *I modsigelsernes tegn 1877-83*, Copenhague, Gyldendal, 1985-1988, p. 340: «Frankrig har været den mest ugengældte kærlighed i [Georg] Brandes' liv. Vi har hørt om hans [...] begejstring, både af disse vidunderligt rige forfatterskaber og af denne by, Paris, dens boulevarder, dens teatre –
   Men den anden vej?
   Franskmænd har altid været irriterende ligeglade med deres omverden! Det fik Brandes også at mærke.»

vaut aussi pour les douze premiers volumes des œuvres, les *Samlede Skrifter*, publiées par Brandes en 1899[3]. En février 1882, Georg Brandes écrit à son frère Edvard qu'il est considéré à Berlin par la plupart des observateurs impartiaux comme le premier critique d'Allemagne[4] et Thomas Mann considérait que les *Hovedstrømninger i det 19de Aarhundredes Litteratur* («Les courants principaux dans la littérature du 19e siècle») étaient, à la fin du 19e siècle, la «Bible de la jeunesse intellectuelle d'Europe»[5].

Georg Brandes avait avec l'Allemagne des liens particuliers. De tous les pays non scandinaves, c'était sans doute celui qu'il connaissait le mieux – ce qui ne signifie pas que c'était celui qu'il aimait le plus. Il y fit de fréquents séjours, et vécut à Berlin d'octobre 1877 à février 1883, période pendant laquelle il écrivit les articles[6] réunis dans un volume et publiés en 1885 sous le titre *Berlin som tysk Rigshovedstad. Erindringer fra et femaarigt Ophold* («Berlin capitale du *Reich* allemand. Souvenirs de cinq années de séjour»)[7]. Le théoricien de la «percée moderne» y observe le «grand voisin» («det store Naborige», *Berlin*, p. 2) et commente de multiples aspects des réalités allemandes dans les années qui suivent l'unification et la fondation du nouveau *Reich*[8].

Il est intéressant d'analyser ce texte, entre autres parce qu'il s'élabore à partir d'intentions et de sentiments dans certains cas divergents et contradictoires, dont il rend d'ailleurs compte. «Si dans ma jeunesse»,

3   Parus en allemand entre 1902 et 1904.

4   Cité par Flemming Hansen: «Georg Brandes in der literarischen Öffentlichkeit Berlins», in Peter Wruck, Hrsg.: *Literarisches Leben in Berlin 1871-1933*, Berlin/ DDR, Akademie-Verlag, 1987, Bd. I, pp. 126-156. Cité p. 139.

5   Cité, entre autres, par Hans-Joachim Sandberg, in Hans Hertel, Sven Møller Kristensen, ed.: *The Activist Critic. A symposium on the political ideas, literary methods and international reception of Georg Brandes*, Copenhague, Munksgaard, 1980, p. 186.

6   Ces articles paraissaient à mesure qu'ils étaient écrits dans des journaux scandinaves, *Dagbladet* en Norvège, *Morgenbladet* au Danemark, *Stockholms Morgonblad*, auquel succède *Stockholms Dagblad, Aftonposten* et *Göteborgs Handels- och Sjöfartstidning* en Suède. Voir à ce propos Jørgen Knudsen, *op. cit.*, bd. 2, p. 33.

7   Dans ce qui suit, je désigne ce texte par l'abréviation *Berlin*, et je le cite d'après l'édition: Georg Brandes: *Samlede Skrifter*, Bd. XIV, Copenhague, Gyldendal, 1903-1910.

8   J'utilise ici le mot de *Reich* pour désigner l'Allemagne unifiée d'après 1871.

écrit Brandes dans la préface, «une voyante m'avait prédit qu'en tant qu'homme adulte j'élirais domicile, de ma propre initiative, à Berlin, je n'aurais sûrement pas tenu pour possible la réalisation de cette prédiction. Je ne ressentais à l'époque que peu d'attirance pour l'Allemagne et en particulier aucune pour la Prusse». («Hvis i min Ungdom en Sandsigerske havde forudsagt mig, at jeg som Mand skulde komme til af egen Drift at tage fast Ophold i Berlin, saa vilde jeg visselig ikke have trœt Opfyldelsen af denne Spaadom mulig. Jeg følte den Gang kun ringe Tiltrækning till Tyskland og slet ingen til Prøjsen.» *Berlin*, p. 2.)

A l'automne 1877, Georg Brandes, qui s'est vu refuser une chaire à l'université de Copenhague, s'installe à Berlin. Il a alors 35 ans, et il est célèbre au Danemark, où son départ fait l'objet de débats dans la presse en septembre 1877[9]. Il est également très connu en Allemagne, où les quatre premiers volumes des *Hovedstrømninger* sont déjà parus, ainsi que son livre sur Lassalle[10]. Il a également publié des articles dans la *Deutsche Rundschau*, la revue nouvellement créée de la bourgeoisie libérale. Cette intelligentsia progressiste constitue le milieu qu'il va fréquenter le plus à Berlin. Elle lui fait très bon accueil. Il vit de sa plume, de conférences et de cours. Ses activités restent dans l'ensemble les mêmes que celles qu'il avait au Danemark avant son départ. Brandes n'est pas coupé de son pays: il est en relation épistolaire avec des correspondants danois, mais il se rend aussi à Copenhague à plusieurs reprises, en particulier pour y donner des cours. Son séjour berlinois n'a rien d'un exil.

La présentation du *Reich* allemand autour de 1880 que l'on trouve dans *Berlin som tysk Rigshovedstad* n'est pas indépendante des circonstances dans lesquelles elle s'élabore. Je tenterai donc d'abord de mettre en lumière les principaux facteurs qui la déterminent. Par ailleurs, comme toute œuvre littéraire, *Berlin som tysk Rigshovedstad* est aussi une expression de son auteur, non pas, certes, de l'homme, mais de l'écrivain et du critique, de ses positions et de son évolution idéologiques et littéraires. Il conviendra enfin de se demander si le *Berlin* de Georg Brandes, l'un des pères de la littérature scandinave moderne, constitue

---

9   Cf. Jørgen Knudsen, 1985-1988, bd. 1, pp. 437-441.
10 *Ferdinand Lassalle. En kritisk Fremstilling*, qui ne paraîtra au Danemark qu'en 1881, a d'abord paru en traduction allemande en 1877.

déjà un reportage au sens strict, c'est-à-dire un texte qui n'est pas un simple essai, mais une présentation de faits politiques, sociaux, culturels, qui s'appuie sur une expérience directe.

Quelques facteurs qui interviennent dans l'élaboration du reportage

Un reporter qui se rend dans un pays étranger n'y arrive jamais l'esprit vierge de toute représentation a priori. Il est affecté d'une manière ou d'une autre par les images qui en existent dans son propre pays. Il peut aussi avoir délibérément cherché à acquérir des connaissances par des lectures systématiques, ou s'être formé un jugement plus personnel à partir de l'expérience de séjours antérieurs dans le pays concerné.

Tout cela est particulièrement vrai dans le cas des articles berlinois de Georg Brandes. On sait que dès sa jeunesse il avait étudié la philosophie idéaliste allemande, d'abord Hegel, puis Feuerbach. Il avait lu Heine et Goethe. En février et mars 1873, il avait fait à l'université de Copenhague le cours sur «l'école romantique allemande» qui allait devenir le second volume des *Hovedstrømninger*. Il était souvent allé en Allemagne, en particulier à Berlin, où il avait de nombreuses relations. En 1876, il avait épousé Henriette Strodtmann, Allemande originaire de la région de Hanovre.

Le fait que Brandes est Danois n'est pas sans incidence sur le regard qu'il porte sur l'Allemagne. C'est en Danois qu'il proteste, dans un article de 1878 (*Berlin*, pp. 228-230), contre l'abrogation de l'article 5 de la paix de Prague[11] et qu'il s'indigne de la popularité de cette mesure en Allemagne. Il a placé au début de *Berlin*, juste après la préface et avant

---

11   La paix de Prague avait été signée en 1866 entre l'Autriche et la Prusse. Aux termes de ce traité, l'Autriche reconnaissait le rôle dirigeant de la Prusse en Allemagne, et renonçait à tous les droits qu'elle avait eu jusqu'alors, conjointement avec la Prusse, sur le Schleswig et le Holstein. En contrepartie, l'Autriche avait obtenu que figure au traité l'article 5, qui laissait ouverte la possibilité pour la population du Schleswig du nord de décider par référendum de son appartenance nationale.

le premier chapitre, un texte de deux pages intitulé «Premières impressions», écrit en juillet 1868, lors de son premier voyage en Allemagne et à Berlin, et qui donne de la ville et de ses environs une image extrêmement négative. Berlin n'est alors pas encore la capitale de l'Allemagne, c'est celle de la Prusse, le pays qui, quatre ans auparavant, a infligé au Danemark la défaite militaire à la suite de laquelle il a dû lui céder le Schleswig, ce qui a sans aucun doute blessé dans ses sentiments patriotiques un homme qui insistera toujours sur la danité de la province annexée par la Prusse[12]. En 1868, il présente Berlin comme une ville où tout est subordonné à la puissance militaire, où le militarisme imprègne l'activité humaine, et qui paraît dépourvue d'attrait si on la compare non seulement à Paris, mais encore à des villes, scandinaves à l'origine, comme Stralsund et «Flensborg», avec leurs belles maisons anciennes à pignons. «La ville est conforme à la réputation qu'elle a d'être ennuyeuse.» («Byen svarer til sit Ry som kedelig.» *Berlin*, p. 3) Ces premières impressions berlinoises sont donc la confirmation d'idées préconçues. Elles présentent la Prusse telle que beaucoup de Danois, y compris ceux qui ne l'ont jamais visitée, la voient vraisemblablement à cette époque. Les seuls lieux de Berlin qui suscitent de l'émotion chez l'auteur sont ceux auxquels sont liés des Danois, comme la pâtisserie Spargnapani, car il se souvient «que Kierkegaard en parle dans une lettre à Spang comme d'un endroit qu'il avait l'habitude de fréquenter» («at Kierkegaard nævner dette Sted i et Brev til Spang som et, han plejede at besøge.» *Berlin*, p. 5).

De même, les bâtiments de l'université lui inspirent un profond respect, car «C'est ici que Heiberg a entendu Hegel, Kierkegaard Schelling. A cette époque, on se rendait dans le Berlin de la philosophie et des révolutions de l'esprit, aujourd'hui on parcourt le Berlin de Bismarck, la capitale de la politique et du despotisme militaire.» («Her har Heiberg hørt Hegel, Kierkegaard Schelling. Dengang besøgte man Filosofiens og Aandsrevolutionernes Berlin, nu gennemfarer man Bismarcks Berlin, Politikens og Militærdespotiets Hovedstad.» *Berlin*, p. 4)

---

12   Voir, par exemple, le texte de 1899, «Danskheden i Sønderjylland», in Georg Brandes: *Samlede Skrifter*, Copenhague, Gyldendal, 1899-1902, Bd. XII, pp. 205-219.

L'opposition du Berlin militarisé à celui qui avait été le lieu des «révolutions de l'esprit» indique que la vision du monde, les positions idéologiques de l'auteur du texte impriment elles aussi leur marque à l'image qu'il donne de la ville. Défenseur des idées de 1848, politiquement proche du libéralisme, antimilitariste, hostile au conservatisme sous toutes ses formes, Georg Brandes ne peut qu'être frappé par les manifestations d'autoritarisme ou de servilité dont il est témoin, et les décrire longuement, tout en donnant aux courants progressistes une place vraisemblablement plus grande que celle qu'ils occupent dans la société. De même, l'ami et admirateur d'Ibsen montre ce qu'a encore de conventionnel et de rigide le théâtre allemand, l'amateur de peinture impressionniste relève que les tableaux de Makart manquent de vie.

Mais Brandes est conscient de la partialité que la subjectivité de l'observateur risque de conférer à la description des faits observés, et il n'est pas rare qu'il s'efforce de la corriger, au moins dans une certaine mesure. Le compte rendu qu'il fait des représentations des *Soutiens de la société* d'Ibsen dans différents théâtres berlinois en février 1878 (*Berlin*, pp. 34-44) est peu élogieux. Mais il note ensuite que certains acteurs interprètent excellemment leurs rôles, et qu'un critique, Karl Frenzel, a très bien analysé l'œuvre. Il ajoute en outre que la mesquinerie dénoncée par *Les soutiens de la société* est un trait typiquement nordique et pas du tout allemand, la société allemande ayant «des défauts et des vices, mais ne connaissant pas la mesquinerie» («Mangler og Laster, men ingen Smaalighed.» *Berlin*, p. 43). La conscience qu'il a de ses propres préjugés conduit l'auteur à remettre en cause ses jugements. Ce phénomène est particulièrement net lorsqu'il est question de «l'esprit prussien», envers lequel Georg Brandes éprouve spontanément beaucoup d'aversion, une aversion qu'il ne dissimule pas, mais dont il fait aussi délibérément abstraction lorsqu'il constate que les Prussiens sont très conservateurs dans leurs principes et leurs déclarations, mais progressistes et modernes dans la pratique, que «la Prusse a un visage moderne, à demi caché sous un casque à pointe rigide et archaïque» («Prøjsen har et moderne Ansigt halvt skjult under en stiv og gammeldags Pikkelhue.» *Berlin*, p. 29). D'une manière générale, si les premiers chapitres du livre – qui présente les articles dans l'ordre chronologique de leur rédaction – donnent de l'Allemagne une image presque exclusivement négative, on voit l'auteur nuancer, modifier son point de vue au fil des mois et pratiquer de plus en plus systématiquement l'autocorrection.

Changer de perspective, présenter les choses sous des jours différents répond également à une nécessité immanente à l'œuvre littéraire, qui, en tant que telle, doit éviter d'être ennuyeuse, éviter la répétitivité. Des vues trop simplistes ou manichéennes lui feraient perdre une partie de son intérêt, alors que des vues originales et variées augmentent souvent sa qualité. La dimension esthétique du texte fait partie des facteurs qui déterminent l'image qu'il donne de la réalité.

Dans la mesure où le reportage se veut littérature, il doit procurer un plaisir intellectuel ou, plus généralement, susciter des émotions, ce qui signifie que, comme tout texte littéraire, et peut-être comme tout texte, il prend en compte ses lecteurs éventuels.

Ce n'est pas un hasard si, lorsqu'il parle de Moltke[13] (*Berlin*, pp. 44-59), dont il brosse un portrait admiratif, Brandes insiste sur le fait qu'il a été formé à l'école des cadets de Copenhague et qu'il a vécu de nombreuses années au Danemark. Dans un tout autre domaine, il peut décrire l'atmosphère qui règne au *Reichstag* allemand sans expliquer au préalable quelle est la fonction politique du Parlement, car ses contemporains scandinaves n'ont pas besoin d'explications sur ce point. En revanche, il faut leur faire comprendre la grande diversité culturelle qui existe à l'intérieur du *Reich* allemand, en particulier le biconfessionalisme. Il faut aussi leur montrer ce qu'est une métropole, car, autour de 1880, le phénomène n'existe pas encore dans le Nord, alors que les mêmes explications seraient inutiles si Brandes écrivait pour des Parisiens ou des Londoniens.

La première tâche du reporter, la plus immédiate, est, comme son nom l'indique, de rapporter des faits jusqu'alors inconnus du lecteur. L'information factuelle est abondante dans *Berlin*. Toutefois, le lecteur ne se réduit pas à une mémoire absorbant de l'information. C'est aussi un être humain avec son histoire et sa culture. Il a des sympathies et des antipathies, des convictions et des préjugés, que le reporter peut choisir de flatter, de renforcer, de ménager, ou au contraire de choquer, mais qu'il lui est difficile d'ignorer, précisément parce qu'il s'agit de «son»

---

13   Helmuth von Moltke était le maréchal chef de l'état-major prussien qui avait conduit les troupes allemandes à la victoire contre la France en 1870.

public, d'un public particulier. On imagine difficilement Georg Brandes écrivant dans des journaux scandinaves autour de 1880 en faisant totalement abstraction de la perte du Schleswig par le Danemark en 1864. Il ne peut parler de l'Allemagne de la même façon qu'il parlera quelques années plus tard de la Pologne, dont la plupart des Scandinaves n'avaient certainement qu'une image vague.

Il arrive ainsi à plusieurs reprises qu'un article qui insiste sur certains aspects positifs des réalités allemandes soit immédiatement suivi d'un autre qui juge le pays avec une sévérité particulière, comme si Brandes, conscient d'avoir peut-être heurté une partie de ses lecteurs, souhaitait ensuite leur montrer que les côtés les plus déplaisants de la société prussienne ne lui échappent pas non plus. A la date du 30 novembre 1878, il affirme que, malgré les lois d'exception, les emprisonnements pour motifs politiques et le militarisme, il règne à Berlin une liberté d'esprit sans égale ailleurs. D'une part, les idées socialistes s'y répandent et triompheront, selon lui, dans un avenir relativement proche, d'autre part «Il n'y a pas une ville en Europe où l'on pense avec plus de hardiesse, avec moins de préjugés, sur plus de sujets que ne pensent les têtes les plus claires et les plus savantes de Berlin. [...] On fait plus d'un cours à l'université de Berlin dont le contenu est tel qu'il serait inconcevable à la Sorbonne ou au Collège de France, et même à Londres» («Der er ikke en By i Europa, hvor der tænkes dristigere, fordomsfriere, fuldstændigere, end der tænkes af de lyseste og kundskabsrigeste Hoveder i Berlin. [...] Her holdes mangen Forelæsning paa Berlins Universitet, som er saaledes beskaffen, at den var utænkelig ved *Sorbonnen* eller *Collège de France*, end sige i London.» *Berlin*, pp. 176-177). On sent l'attrait qu'exerce Berlin sur un homme qui a la passion du débat d'idées. Brandes a écrit au début de l'article: «Et pourtant c'est bon d'être ici – extrêmement bon. Pourtant ici on respire librement, plus librement que partout ailleurs dans l'Europe civilisée» («Og dog er her godt at være – saare godt. Dog er her frit at aande, friere end nogensteds i det civiliserede Europa» *Berlin*, p. 174).

Six jours plus tard, il change totalement de ton, pour expliquer que l'Allemagne souffre de deux grands maux, «Klaverspil og Underdanighed» (*Berlin*, pp. 178-182), la présence d'un piano dans tous les foyers et un esprit de soumission servile aux pouvoirs en place, à l'empereur et à

Bismarck. La musique jouée six heures par jour par des pianistes ama-
teurs dépourvus de tout sens musical devient insupportable pour les voisins. En même temps, la stricte équivalence établie par l'article entre
l'omniprésence des pianos et l'esprit de soumission, outre l'ironie qui
résulte du rapprochement de deux phénomènes sans rapport entre eux,
permet à l'auteur de souligner la gravité du second en faisant semblant
de se plaindre du premier, en soi relativement anodin: «on ne séjourne
pas impunément chez le peuple le plus musicien du monde» («man
opholder sig ikke ustraffet iblandt Verdens mest musikalske Folk» *Berlin*, p. 178) signifie en fait que les Allemands sont au monde le peuple
qui obéit le plus aveuglément à ses dirigeants, attitude que le propos de
l'article est d'illustrer par quelques exemples tirés de l'actualité.

Tout en témoignant de la tendance à l'autocorrection dont il a été
question plus haut, le contraste entre ce chapitre et le précédent s'explique sans doute aussi par le désir de l'auteur de ne pas passer auprès de
ses lecteurs pour un admirateur inconditionnel de l'Allemagne. A une
époque où la majorité de ses compatriotes semblent avoir manifesté leur
hostilité envers ce pays en ignorant volontairement sa culture, il n'était
pas possible de leur en donner une image intégralement positive, moins
parce que cette image aurait éventuellement choqué que parce qu'elle
n'aurait pas été crédible. Seul un reporter qui se montrait conscient des
travers et des vices de l'Allemagne pouvait faire reconnaître ses qualités.

L'attitude habituelle des Danois envers l'Allemagne dans les années
1870 et 1880 fait aussi que Brandes éprouve le besoin de justifier le fait
qu'il lui consacre un gros livre, et de le justifier par des motifs patriotiques. «Nous les Danois», écrit-il dans sa préface,

> n'avons généralement connu de l'Allemagne, au cours des cinquante dernières an-
> nées, que le côté le plus déplaisant, celui que sa politique nous a présenté. D'autres
> que moi ressentiront vraisemblablement aujourd'hui la nécessité qu'il y a de connaî-
> tre le plus puissant de nos voisins de l'intérieur, par expérience. C'est en tout cas la
> meilleure manière d'éviter la partialité et les préjugés, choses qui accroissent certes
> en apparence l'amour de la patrie, mais nuisent sans aucun doute à la patrie. («Vi
> Danske har i de sidste halvhundrede Aar i Reglen kun kendt Tyskland fra dets uels-
> kværdigste Side, den, det politisk har vendt ud imod os. Flere end jeg vil rimeligvis
> nutildags føle det som en Nødvendighed at lære vor mægtigste Nabostat at kende in-
> denfra, midtfra. Det er i ethvert Tilfælde den lige Vej bort fra Ensidighed og Fordom,
> Magter, som vel tilsyneladende forøger Fædrelandskærligheden, men som ganske
> sikkert skader Fædrelandet.» *Berlin*, p. 2)

Brandes développe l'idée de la nécessité de faire connaître l'Allemagne au Danemark dans l'article du 10 avril 1879, intitulé «Renan et l'Allemagne» («Renan om Tyskland» *Berlin*, pp. 249-254). Si les Français servent souvent de modèles aux Danois en matière de germanophobie, ils s'efforcent en revanche, contrairement à ces derniers, de connaître les voisins qu'ils haïssent, pour mieux se défendre contre eux. Brandes va jusqu'à estimer que la défaite danoise de 1864 a été due à une méconnaissance de l'Allemagne chez les Danois. Il ajoute: «On ne voit pas que la première condition pour pouvoir se défendre véritablement contre l'Allemagne est de connaître véritablement l'Allemagne, et je ne veux pas dire uniquement sur le plan militaire, ce qui peut déjà être en soi très instructif, mais sur tous les plans.» («Man ser ikke, at den første Betingelse for et grundigt Forsvar mod Tyskland er et grundigt Kendskab til Tyskland, hvormed jeg ikke mener et blot militært, som jo kan være lærerigt nok, men et alsidigt.» *Berlin*, p. 253)

Considère-t-il réellement que si l'état-major danois avait mieux connu les structures des armées austro-prussiennes, il aurait évité la défaite, malgré l'écrasante disproportion numérique? Pense-t-il qu'une bonne connaissance de la culture allemande aurait permis d'éviter la guerre, ou qu'elle peut permettre d'éviter une guerre future? Cela semble assez peu crédible, et le propos de Brandes, qui s'exprime d'ordinaire avec clarté, est ici un peu confus. Il est vraisemblablement en partie dicté par les lecteurs. Sans chercher à savoir, ce qui serait impossible, si l'homme qui a écrit ces lignes était sincère, adhérait véritablement au point de vue qu'il semble défendre, on peut constater qu'elles présentent une certaine incohérence, qui contraste avec la rigueur habituelle de l'exposé.

S'il est difficile de croire que c'est uniquement ou essentiellement par patriotisme que Georg Brandes rédige ses nombreux articles berlinois, il n'est en revanche guère douteux que la recherche d'une image de l'Allemagne qui tende à être conforme à la réalité constitue à ses yeux une fin en soi. Il s'efforce parfois de se justifier au yeux du lecteur, mais il entend aussi l'éduquer. Renan, savant d'une grande intelligence, mais aveuglé par le patriotisme lorsqu'il tourne ses regards vers l'Allemagne, et déclarant qu'il n'y a pas en Allemagne de grands hommes dont l'histoire se souviendrait (cf. *Berlin*, p. 252), constitue une sorte d'exemple à ne pas suivre, l'illustration d'une attitude que le reporter doit contribuer à combattre, et que l'on retrouve au Danemark et en Allemagne: «Il est devenu presque impossible pour un Danois de dire quelque chose de vrai sur l'Allemagne au Danemark ou quelque chose de vrai sur le Danemark en Allemagne sans s'exposer à être accusé de haute trahison.» («det er blevet næsten umuligt for en Dansk at sige noget Sandt om Tyskland til Danmark eller noget Sandt om Danmark til Tyskland uden at udsætte sig for en Beskyldning for Landsforræderi.» *Berlin*, p. 254) Le texte doit montrer à quel ridicule peuvent conduire les préjugés et inviter à placer l'aspiration à la vérité plus haut que les sentiments, il enseigne l'usage de la raison souveraine contre les idées reçues, dans la tradition des Lumières. Les formules comme «contrairement à ce que l'on croit», ou «malgré une opinion répandue» sont fréquentes dans *Berlin*.

Les images données par les articles berlinois se constituent ainsi sous l'influence de facteurs liés à l'auteur et aux circonstances dans lesquelles il écrit. Elles ne peuvent toutefois en aucun cas être de simples résultantes de ces différentes forces, car elles sont aussi largement déterminées par ce qui fait la spécificité du reportage, la confrontation directe avec une réalité dont il s'agit de s'imprégner et qui doit être transcrite sans délai, un rapport au réel que l'on peut sans doute retrouver à l'occasion dans d'autres genres littéraires, romans, récits, essais, voire drames, mais qui a ici un caractère central et obligatoire. L'expérience vécue, imprévisible par définition, peut à tout moment modifier le texte.

Les images de l'Allemagne

Dans le volume de 1885 qui porte le titre de *Berlin som tysk Rigshovedstad*, Georg Brandes a placé ses articles, devenus chapitres, dans l'ordre chronologique de leur publication, ce qui signifie qu'il n'y a pas de classement thématique. On constate simplement, au fil des pages, qu'il privilégie certains thèmes, qui sont repris tout au long du livre: la mentalité allemande, les différences entre l'Allemagne et la Scandinavie, l'analyse de la situation politique de l'Allemagne, sa littérature et sa pensée.

Berlin donne du caractère allemand une image qui peut parfois sembler proche du cliché. Les Prussiens physiquement et psychologiquement rigides, les fonctionnaires exagérément imbus de leur fonction et les «jongleurs dialectiques blanchis sous le harnais» («den i Tjenesten graanede dialektiske Jonglør» *Berlin*, p. 18) n'y manquent pas. Même chez les prostituées, on retrouve le sérieux et la lourdeur «germaniques». Mais le livre s'efforce le plus souvent d'approfondir les vues superficielles, d'apporter des nuances et surtout de mettre en évidence la complexité de la réalité, en montrant comment un même trait de caractère, une même habitude a à la fois des aspects positifs et des aspects négatifs.

Le chapitre 48 décrit le mariage du futur Guillaume II, le 7 mars 1881. L'organisation de la cérémonie, la ponctualité sont exemplaires. Même la foule qui borde les rues où passe la calèche du prince a exactement le comportement qu'on attend d'elle, personne ne se laisse aller à des gestes impulsifs. «Ceci est dû à une administration remarquable, certainement la meilleure d'Europe, mais cela donne des fêtes qui manquent indéniablement de gaieté.» («Dette bevirker en fortræffelig Forvaltning – sikkert den bedste i Evropa – men det frembringer unegtelig ikke lystige Fester.» *Berlin*, p. 295) «C'est un peuple qui ne rit pas.» («Dette er et Folk, som ikke ler.» *Berlin*, p. 296) Dans les banquets d'étudiants aussi, voire dans les beuveries, tout se déroule selon un programme précis. Partout, le manque de spontanéité est le revers de l'organisation, les deux qualités étant difficilement compatibles.

L'efficacité allemande, le perfectionnisme, le goût du travail bien fait et la recherche de l'excellence dans tous les domaines peuvent s'avérer à la fois admirables et terribles. L'habileté de Brandes consiste à illustrer cette idée qui n'a rien d'original – encore qu'elle l'était sans doute plus en 1881 qu'elle ne l'est aujourd'hui – par des exemples particulièrement frappants. Il parle en termes élogieux des pompiers berlinois, à ses yeux plus compétents que tous les autres, qui incarnent les qualités prussiennes de discipline, d'efficacité et de dévouement, mises au service d'une bonne cause, et lui font même entrevoir un monde futur et meilleur: «quand je vois la *Berliner Feuerwehr* passer à vive allure dans les rues, j'ai l'impression de voir un symbole fugitif des légions de l'avenir conduites par l'esprit de l'avenir» («naar jeg ser *Berliner Feuerwehr* suse gennem Gaderne, forekommer det mig, som saa jeg i et flygtigt Sindbillede Fremtidens Hærskarer ført af Fremtidens Aand.» *Berlin*, p. 278). L'ironie de la formulation n'enlève rien à la sincérité du propos.

Le dernier chapitre du livre revient sur le haut niveau atteint par l'Allemagne dans tous les domaines du savoir et de la technique et sur son dynamisme et ses réalisations extraordinaires. Mais hélas, cette excellence n'est nulle part aussi immédiatement et incontestablement visible que chez les militaires. La prestance incomparable des officiers allemands n'a en soi rien d'inquiétant, mais ils savent aussi manier les armes comme personne. Brandes raconte comment un tireur d'élite américain internationalement connu voit ses performances surpassées plusieurs soirs de suite à Berlin par de modestes ex-sous-officiers. Le chapitre, et le livre, se terminent par la phrase: «La dernière impression que laisse Berlin est d'être la ville où, quand un sous-officier congédié tire, il atteint un point sur une cible trente fois en une minute.» («Det sidste Indtryck af Berlin er det, at det er Byen, hvor den afskedigede Underofficer skyder tredive Skud i Minuttet paa en Prik.» *Berlin*, p. 410)

«Chaque ville», note ironiquement Brandes, «a son fléau, comme chaque pays a le sien: le Danemark a le bavardage vide, l'Angleterre les dimanches, l'Allemagne le militarisme.» («hver Stad har sin Landeplage som hvert Land har sin: Danmark Vrøvlet, England Søndagene, Tyskland Militarismen.» *Berlin*, p. 314) La fausse équivalence entre les travers danois et anglais, assez anodins, et le militarisme, en fait un phénomène emblématique de l'Allemagne. Tout paraît lui être subordonné.

En 1882, Brandes parle avec admiration de la *Stadtbahn*, vaste réseau de chemin de fer urbain,[14] impressionnante réalisation technique qui s'intègre très bien à la ville. Il est sensible à sa beauté moderne et fonctionnelle, à la lumière électrique qui l'éclaire la nuit et dans laquelle il voit un symbole de l'approche de temps moins barbares, plus «éclairés». Mais il rappelle que «la véritable destination de cette œuvre titanesque est uniquement d'être un gigantesque moyen de transport pour les troupes» («dette Kæmpeværk efter sin egentlige Hensigt kun er et storartet Befordringsmiddel for Tropper», *Berlin*, p. 341).

Les fréquents duels entre étudiants, considérés à l'étranger comme une tradition allemande pittoresque et sans réel danger, sont une expres-

---

14   Contrairement au métro, qui sera construit plus tard, la *Stadtbahn* est un réseau de transport de surface, qui circule surtout sur des remblais et des ponts.

sion de l'esprit militaire. Contrairement à ce que l'on croit, il n'est pas rare qu'ils provoquent des décès ou des blessures graves. Se protéger les poignets ou les yeux avant un duel passe pour une conduite efféminée, de même que de se faire soigner tout de suite après avoir été blessé ou de suivre les conseils du médecin. Il serait faux de s'imaginer que les étudiants se battent pour des femmes ou pour des idées. «Ils se battent par brutalité, parce qu'ils ont envie d'en découdre» («De slaas af Brutalitet, af Kamplyst» *Berlin*, p. 315).

Chez les étudiants comme dans la plupart des autres milieux, le modèle militaire constitue la référence suprême. Les membres de l'armée sont conscients de leur prestige et imbus de leur supériorité. Les règles ordinaires de la vie en société ne s'appliquent pas aux officiers ou sous-officiers. Dans la rue et les lieux publics, tout le monde s'efface pour les laisser passer ou leur céder la place. Ils forment une aristocratie incontestée. L'esprit de soumission au pouvoir dont il a été question plus haut va de pair avec la prépondérance de l'élément militaire et une hiérarchisation marquée de la société.

Brandes est frappé par le fait qu'en Allemagne les différences entre les classes sociales sont fortes, plus fortes qu'en France, où la Révolution a proclamé l'idée d'égalité. Il emploie même à plusieurs reprises le mot de «castes». Pour la bourgeoisie «les socialistes, c'est-à-dire le quart état, ne sont pas une autre classe, mais une autre race [...] Dans les milieux favorisés, la guerre des classes a étouffé tout sentiment d'une responsabilité humaine collective partagée par les différentes couches de la société» («For det [Borgerskabet] er Socialisterne, >: fjerde Stand, ikke en anden Klasse, men en anden Race [...] Klassekrigen har hos de begunstigede Stænder fortrængt enhver Følelse af menneskeligt Samansvar mellem Samfundets forskellige Lag.» *Berlin*, p. 321). Brandes explique cette situation par le fait que la plupart des philosophes allemands ont été des professeurs, donc des fonctionnaires à l'abri du besoin matériel, qui, pour cette raison, ne se sont pas intéressés à l'ordre social. Ils n'ont eu ni l'énergie qui caractérise les philosophes anglais, ni l'audace des philosophes français (cf. *Berlin*, p. 237).

Berlin parle aussi de l'antisémitisme, qui connaît une recrudescence dans le *Reich* allemand autour de 1880. Brandes traite de cette question dans un article de janvier 1881 (*Berlin*, pp. 278-285). Il explique le phénomène essentiellement par le besoin populaire de boucs émissaires: après avoir, quelques années plus tôt, rendu les socialistes responsables de la dureté de leurs conditions de vie, bien des Allemands accusent à présent les Juifs d'en être cause. La haine ainsi manifestée risque de devenir une épidémie morale aussi contagieuse que le choléra et la peste et de mener à des scènes de folie collective (cf. *Berlin*, p. 281). Brandes estime peu probable que les Juifs soient exclus des emplois publics par une loi, mais il constate que dans la pratique ils se voient souvent refuser des postes auxquels ils auraient droit.

L'antisémitisme a selon lui deux sources principales, le conservatisme politique, qui constate qu'un nombre relativement important de dirigeants libéraux étaient juifs, et le nationalisme, qui reproche à des Juifs comme Heinrich Heine ou Ludwig Börne d'avoir vivement critiqué l'Allemagne. Effectivement, beaucoup de Juifs allemands sont libres penseurs et ne sont redevenus Juifs, selon leur formule, que «par la grâce de Stöcker» (*Berlin*, p. 282), qui les attaque publiquement en tant que tels[15]. Brandes leur recommande de veiller à avoir une conduite irréprochable, car chaque travers individuel constaté chez un Juif est attribué à l'ensemble des Juifs. Il reproche à quelques uns d'entre eux d'avoir participé activement au *Kulturkampf*[16] et d'avoir écrit des articles violemment anticatholiques, alors qu'ils devraient contribuer à répandre la tolérance.

Brandes ne sous-estime pas la gravité de l'antisémitisme qui se manifeste à Berlin au moment où il écrit, mais il fait également valoir qu'il n'est pas le fait de l'ensemble de la société. Selon lui, les ouvriers socialistes ne sont pas antisémites. Alors qu'il était lui-même d'origine juive, il indique qu'à Berlin il n'a jamais été personnellement victime de discrimination, ce qui laisse entendre que les milieux intellectuels libéraux qu'il fréquentait n'étaient pas antisémites. Il a cependant été attaqué nommément par Stöcker, qui a dit «quelques idioties contre [lui] à la tribune du *Reichstag*» («Herr Hofpastor Stöcker sagde et Par Taabeligheder imod mig fra Rigsdagens Tribune», *Berlin*, p. 278) – ce qui indi-

---

15   Stöcker était alors le prédicateur de la cour, c'était un homme très conservateur et violemment antisémite.

16   Le *Kulturkampf*, «combat pour la culture», est le terme par lequel on désigne un ensemble de mesures prises par Bismarck contre l'Eglise catholique.

que d'ailleurs le degré de notoriété dont devait alors jouir Brandes à Berlin.

A cette époque, ce n'est pas en Allemagne, mais en Russie qu'ont lieu de graves persécutions antisémites. A Kiev, les pogromes ne sont pas seulement tolérés, mais suscités par les autorités en place. Brandes considère que si en Allemagne on n'en est pas arrivé à une telle violence, c'est en grande partie grâce à la classe ouvrière, à sa culture politique et à la dette de reconnaissance qu'elle a envers les fondateurs juifs de la social-démocratie, Marx et Lassalle (cf. *Berlin*, p. 323). Ce sont les Juifs russes qui émigrent afin d'échapper aux persécutions dont la misère est décrite au chapitre 60 (*Berlin*, pp. 353-360). Ils ont tout perdu et sont vêtus de haillons, leurs enfants «partent pour l'Amérique sans chaussettes ni chaussures» («rejser til Amerika uden Strømper og Sko.» *Berlin*, p. 357). Une sincère compassion s'exprime dans cette description, où il apparaît toutefois clairement que les gens dont il est question viennent d'un autre monde que celui qui est généralement présenté dans le livre.

A propos des Juifs ou des Allemands, Brandes utilise assez fréquemment le terme de «race». Ce mot a toutefois très vraisemblablement sous sa plume un sens différent de celui qu'il a pris au vingtième siècle. Il est emprunté à Hippolyte Taine[17] et désigne plutôt ce que l'on entend aujourd'hui par «culture». Dans le chapitre consacré aux différents types de femmes allemandes, Brandes parle de «race germanique», mais présente en fait surtout des comportements féminins dictés par une culture et des structures sociales. Dans un autre contexte, il emploie à propos des Germains le terme «Stamme», qui signifie «tribu», «groupe ethnique» et remarque qu'un «groupe ethnique ne peut évidemment pas changer ce qu'il est en l'espace d'une vingtaine d'années» («en Stamme kan jo ikke forandre sit Væsen i Løbet af en Snes Aar» *Berlin*, p. 328), ce qui suppose implicitement qu'il peut le faire s'il dispose d'un temps plus long et que son identité n'est pas biologiquement déterminée.

Cela étant, la notion de race n'est pas toujours vraiment claire dans *Berlin*, dont l'auteur est un homme du 19ᵉ siècle, d'une époque qui faisait encore sans doute mal la différence entre le culturel et le biologique et ne disposait dans ces domaines que de concepts assez vagues. Que

---

17   Brandes avait suivi les cours de Taine à Paris. Taine considère que ce sont «la race, le milieu, le moment» qui expliquent l'œuvre littéraire.

veut-il dire lorsqu'il écrit que le peuple prussien est «foncièrement nordique et foncièrement guerrier» («grundnordisk og grundkrigersk», *Berlin*, p. 295) et que les étudiants de Berlin qui festoient, assis à de longues tables, se comportent exactement comme les anciens Germains, leurs ancêtres (cf. *Berlin*, pp. 295-296)? Les Prussiens ont-ils, selon une expression qui n'existait pas à l'époque, un patrimoine génétique qui les prédestine aux conduites guerrières – et à l'aversion envers les tables rondes – ou sont-ils les héritiers d'une tradition qui s'est transmise à travers d'innombrables siècles? Le livre ne permet pas de répondre à cette question. On ne peut pas non plus tout à fait exclure la possibilité que ce rapprochement que fait Brandes ne recèle un peu d'ironie.

L'image des anciens Germains qui est ici proposée est d'ailleurs elle aussi fortement marquée par le 19$^\mathrm{e}$ siècle et s'appuie sans doute moins, dans son schématisme, sur des études scientifiques que sur des représentations romantiques du passé ou une vision nationaliste qui entend se doter d'ancêtres prestigieux et conformes à ses aspirations. Les Germains guerriers et disciplinés sont en grande partie à l'image des Prussiens contemporains de Bismarck. L'idée selon laquelle les Prussiens seraient «foncièrement nordiques» n'empêche d'ailleurs absolument pas Brandes de mettre explicitement en lumière une série de différences qui existent entre les Allemands et les Scandinaves.

A l'étranger, chacun remarque bien sûr tout particulièrement ce qui est pour lui inhabituel. Les contrastes relevés par Brandes entre son pays et l'Allemagne n'ont toutefois rien d'anecdotique, puisqu'ils concernent essentiellement le domaine de la politique et celui de la culture.

A l'occasion d'un séjour dans un village du Hanovre, il constate que les paysans n'y ont pas le même esprit d'indépendance ni le même amour de la liberté que les paysans danois:

> Si on les compare, sur le plan politique, avec les paysans danois, il apparaît nettement que leur conscience politique n'a été que très peu éveillée, et lorsqu'elle s'éveille, elle se tourne beaucoup plus souvent vers la réaction agraire que vers l'aspiration à la liberté. En règle générale, ils ne sont pas indépendants. («Sammenligner man dem i politisk Henseende med danske Bønder, saa er det tydeligt nok, hvor lidet vakte de er, og naar de vækkes, saa vækkes de langt snarere til agrarisk Reaktion end til Frihedsstræben. De er som Regel uselvstændige.» *Berlin*, p. 144)

Dans la bonne société de Berlin, remarque Brandes, on a peu l'esprit critique, parce qu'on est sûr de soi et de l'avenir de sa patrie, qui devient de plus en plus puissante, alors que les Danois critiquent tout, parce qu'ils n'ont plus confiance en leur pays, qui est devenu de plus en plus petit, dont l'importance en Europe diminue constamment et que certains disent parfois condamné à mort (cf. *Berlin*, pp. 97-98).

L'opposition entre les deux peuples semble encore plus grande dans le domaine du théâtre. Commentant plusieurs représentations berlinoises des *Soutiens de la société* d'Ibsen, Brandes estime que ni les metteurs en scène ni les critiques n'ont compris la pièce, et qu'ils se sont en particulier mépris sur le personnage de Hilmar Tønnesen. Cela tient sans doute à ce que les Berlinois ne prennent pas encore suffisamment au sérieux le drame nordique pour l'étudier attentivement, mais «la raison profonde est qu'il y a un abîme entre la sensibilité allemande et la sensibilité nordique» («det har den dybere Grund, at der er et Svælg mellem den tyske Følemaade og den nordiske.» *Berlin*, p. 41). La littérature dano-norvégienne, fondée par Holberg, est fondamentalement comique, satirique, irrévérencieuse, alors que la littérature allemande se caractérise par sa solennité. «Dans toutes les traductions du norvégien ou du danois en allemand, le piquant se trouve affadi, tout comme dans toutes les traductions de l'allemand en danois ce qui est sublime, terrible et effréné se trouve exprimé plus platement.» («I enhver Oversættelse fra Norsk eller Dansk till Tysk bliver Saltet fordummet, som i enhver Oversættelse fra Tysk til Dansk Udtrykket for det Høje, det Frygtelige og Vilde udplattes.» *Berlin*, p. 41)

Il est intéressant de remarquer que dans cet article Brandes consacre autant, voire plus de place à ce qui fait la spécificité de la littérature nordique qu'à ce qui fait celle de la littérature allemande. Il suppose peut-être que ses lecteurs scandinaves ont besoin de ces explications. Mais il se peut aussi qu'il s'adresse ici indirectement aux Allemands, qui sont dans son esprit ceux qu'il s'agit de convaincre du fait que les Danois ont une toute autre culture que leurs voisins du sud. C'est en effet explicitement pour les «Allemands sans préjugés» qu'il écrira en 1899 le texte intitulé «Danskheden i Sønderjylland»[18] («La danité dans le Schleswig»)

---

18   Georg Brandes: *Samlede Skrifter*, Copenhague, Gyldendal, 1899-1902, Bd. XII, pp. 205-219.

et qui reprend et développe les thèmes que l'on trouve déjà dans l'article berlinois de février 1878. «Pour autant qu'en Allemagne», note-t-il, «on porte aux Danois un intérêt bienveillant, on voit toujours les écrits allemands souligner la ressemblance supposée des Danois avec les Allemands. La parenté incontestable, bien qu'assez lointaine, ne devrait pas faire ignorer la profonde différence, qui n'est pas moins indubitable.»[19] A défaut de réclamer un rattachement politique du Schleswig au Danemark, qu'il sait impossible, il met ici l'accent sur ce qui sépare les deux peuples, parce qu'il souhaite que ses interlocuteurs comprennent la nécessité de respecter la langue et la culture des habitants danois de la province. L'insistance sur la différence semble procéder d'une sorte d'instinct de conservation culturelle, et on la trouve déjà chez Brandes en 1878, lorsqu'il constate, non sans une légère nuance de satisfaction, qu'il est «extrêmement difficile» pour les Allemands de comprendre Ibsen. On retrouvera une attitude analogue chez d'autres Scandinaves[20].

Notons que la distance mentale qui sépare l'Allemagne de la Scandinavie n'honore pas toujours cette dernière. J'ai déjà mentionné le fait que pour Brandes, la mesquinerie est un trait de caractère quasiment inconnu en Allemagne, alors que le Nord semble être l'une de ses terres d'élection. «Ici [à Berlin] on entend les gens se plaindre de bien des inconvénients, mais il y a une plainte que l'on n'entend jamais, un mot qui n'est jamais prononcé, et c'est un mot qui à Copenhague, et dans d'autres villes qui ne sont pas vraiment grandes et qui sont situées dans de petits pays, vient constamment aux lèvres: *Petit! Mesquin!*» («Her høres Klager over mange Ulemper, men der er én Klage, som aldrig høres, et Ord, som aldrig nævnes, og det er et, som i Kjøbenhavn og

---

19 *Ibid.*, p. 211: «Forsaavidt man i Tyskland overhovedet sysselsætter sig venskabeligt med de Danske, ser man i tyske Skrifter altid fremhævet Danskernes formentlige Lighed med de Tyske. Man burde ikke over det uomtvistelige, men dog ret fjerne Slægtskab, overse den dybe Forskel, der er ikke mindre utvivelsom.»

20 La dissymétrie entre la vision allemande et la vision scandinave des ressemblances ou dissemblances entre les deux cultures telle qu'elle se manifeste dans «Danskheden i Sønderjylland» semble réapparaître à plusieurs reprises tout au long du 20ᵉ siècle. La grande exposition «l'Allemagne et la Scandinavie 1800-1914», présentée en 1997-1998 à Berlin, Stockholm et Oslo, avait pour sous-titre à Berlin «Wahlverwandtschaften» («Affinités électives»), à Oslo «Impulser og brytninger» («Impulsions et réfractions», ou «Impulsions et luttes»).

andre halvstore Byer i smaa Lande uafladeligt springer fra Læberne: *Smaat! Smaaligt!*» *Berlin*, p. 309. Les italiques sont de Brandes.)

C'est par son caractère de métropole que Berlin se distingue le plus radicalement de toutes les villes scandinaves et peut être comparée à Londres ou Paris. Des gens de toutes origines, les personnalités les plus diverses s'y côtoient. L'individu n'y subit pas la surveillance constante, le regard malveillant ou railleur de ses semblables, il peut «respirer librement» («her [er] frit at aande» *Berlin*, p. 174). Cette liberté physique et mentale est sans doute aux yeux de Georg Brandes ce que la capitale de la Prusse offre de plus précieux, c'est elle qui permet le brassage des idées et l'audace intellectuelle qui s'y manifestent. On sent l'attrait qu'exerce Berlin sur un homme qui a la passion des idées, en particulier des idées nouvelles. «La chance que l'on a quand on habite à Berlin, c'est d'être au confluent de tout ce qu'il y a de meilleur, les objets d'art les plus rares aussi bien que les hommes les plus éminents.» («Det er Lykken ved at bo i Berlin, at man her er paa et Sted, hvor alt det Ypperste strømmer sammen, de sjældneste Kunstsager som de betydeligste Mennesker.» *Berlin*, p. 91)

Lorsque Brandes arrive à Berlin en 1877, la ville est depuis plusieurs décennies un grand foyer de la pensée européenne, et il constate, et rappelle à ses lecteurs qu'elle l'est encore, même si l'époque la plus prestigieuse de la philosophie allemande est déjà passée. Ce rappel est sans doute nécessaire, car la métropole de la spéculation abstraite vient de se transformer en quelques années aux yeux du public scandinave en capitale d'une grande puissance politique, et elle est ainsi supposée avoir totalement changé de nature. L'une de ses fonctions les plus importantes est désormais d'incarner le pouvoir du *Reich*.

En juin et juillet 1878, à l'initiative de Bismarck, les chefs de gouvernement d'un grand nombre de pays se réunissent à Berlin. «Pour la première fois dans l'histoire de Berlin, la ville est le siège d'un congrès politique européen; ce fait révèle à lui seul l'essor qu'elle a connu en tant que capitale de l'Allemagne.» («For første Gang i Berlins Historie er Byen Sædet for en politisk, europæisk Kongres; selve Kendsgerningen røber, hvilket Opsving den som Tysklands Hovedstad har taget.» *Berlin*, p. 132) Le titre du livre de reportage de Georg Brandes, «Berlin capitale du *Reich* allemand» indique d'ailleurs clairement que c'est à ce Berlin nouveau et à cette nouvelle Allemagne qui vient de naître qu'il est consacré. La politique y occupe une place relativement importante, qui peut étonner si l'on se souvient que l'auteur était avant tout un spécialiste de littérature, mais qui s'explique facilement par le lieu où il se trouve, lieu où, dans les années 1870 et 1880, c'est incontestablement la politique qui occupe le devant de la scène, et par la destination de ces textes, publiés dans des quotidiens.

En mai et juin 1878 ont lieu deux attentats contre Guillaume I, qui sort indemne du premier, mais est assez grièvement blessé lors du second, ce qui suscite une très grande émotion dans le public, d'autant plus que l'empereur était un homme aimé en Prusse et qu'il était alors âgé de plus de 80 ans. Cela permet à Bismarck et aux conservateurs de limiter la liberté d'association et de réunion et de réussir à faire adopter par le *Reichstag* des lois d'exception contre la social-démocratie, bien que les auteurs des attentats aient été arrêtés et que l'on sache qu'ils n'avaient aucune relation avec ce parti. Comme au même moment le pays prépare des élections législatives, les réunions organisées par les sociaux-démocrates sont systématiquement dispersées par la police.

Brandes lui-même paraît avoir de la sympathie pour le vieux monarque «qui dans sa vie n'a jamais signé une condamnation à mort» («der aldrig i sit Liv har undertegnet nogen Dødsdom.» *Berlin*, p. 127). Mais il voit dans l'utilisation politique qui est faite des événements un signe de «l'immaturité politique du peuple allemand» («det tyske Folks politiske Umodenhed», *Berlin*, p. 130), qui ne semble pas encore capable de s'acquitter des tâches qui incombent aux citoyens d'un grand Etat:

> Un grand homme [...] peut réussir à fonder un Etat puissant avec un tel peuple, mais personne ne peut en quelques années le remodeler ou par un coup de baguette magique transformer un peuple divisé en petites entités, provincial, soumis et peu intéressé par les questions pratiques en une nation douée d'envergure politique et du sens des réalités. («Det kan lykkes en stor Mand [...] at grunde en mægtig Stat med et saadant Folk, men Ingen kan i nogle faa Aar omskabe det, eller med et Trylleslag forvandle et smaadelt, provinsielt, underdanigt og upraktiskt Folk til en Nation med politisk Storsind og Virkelighedssans.» *Berlin*, p. 130)

Le grand homme auquel il est fait allusion ici est évidemment Bismarck. Plus que tout autre, il incarne la nouvelle Allemagne. Il est extrêmement autoritaire, et sa présence à la tête du *Reich* rend toute démocratisation impossible. Ni l'empereur, âgé et affaibli, ni les ministres, choisis pour leur aptitude à se soumettre, ni le parlement n'exercent un véritable pouvoir. Brandes reconnaît et admire le génie de Bismarck, mais il juge inquiétant le rôle politique qu'il a joué et continue de jouer et qui est «un malheur pour l'Europe» («en Ulykke for Evropa», *Berlin*, p. 81). Brandes résume le lien qui existe entre le pouvoir quasi dictatorial que détient Bismarck en Allemagne et le manque de conscience politique du peuple par une image souvent citée: «Il est pour l'Allemagne ce qu'une paire d'excellentes lunettes extrêmement fortes sont pour celui qui a une mauvaise vue. C'est une grande chance pour cet homme que d'avoir d'aussi excellentes lunettes, mais une grande malchance pour lui d'en avoir besoin.» (Han er for Tyskland hvad et Par udmærkede, uhyre stærke Briller er for den Svagsynede. Det er en stor Lykke for Manden at han har saa udmærkede Briller, men en stor Ulykke for ham, at han har dem nødig.» *Berlin*, p. 82)

En s'appuyant notamment sur la constatation que le vote des lois anti-socialistes par le *Reichstag* à l'été 1878 a eu pour effet la scission du parti national-libéral[21], Brandes considère dès ce moment que les mesures prises par Bismarck contre la social-démocratie servent en fait une politique destinée à diviser et affaiblir les libéraux. Il suppose que dès le début des années 1860, Bismarck a laissé la social-démocratie se développer, d'une part parce qu'elle ne pouvait que devenir l'ennemie des libéraux, d'autre part parce que la peur qu'elle ne pouvait manquer d'inspirer devait pousser la bourgeoisie libérale vers le conservatisme. Cette analyse, sur laquelle la plupart des historiens s'accordent aujourd'hui, n'allait certainement pas de soi à l'époque et montre que le grand connaisseur de la littérature qu'était Brandes savait aussi interpréter avec sagacité les faits politiques.

Ce qui constitue à ses yeux le principal changement dans la situation politique intérieure de la Prusse et de l'Allemagne depuis les éclatantes victoires militaires et la fondation du *Reich*, c'est le ralliement d'une écrasante majorité de la population à la politique bismarckienne, l'évolution des anciens libéraux vers le conservatisme, le revirement idéologique de toute une classe sociale, de la bourgeoisie libérale qui avait été à l'origine de la révolution de 1848. Elle était jadis européenne, mais au-

---

21   Le parti national-libéral était celui sur lequel Bismarck s'était appuyé pour réaliser l'unité allemande.

tour de 1880 elle affiche un patriotisme qui est en fait du nationalisme. Dans les milieux cultivés, il est de bon ton en Allemagne, contrairement à ce qui se passe dans les autres pays d'Europe, de professer des opinions conservatrices et nationalistes. Le philosophe Eduard von Hartmann, disciple de Schopenhauer, illustre cette attitude: «c'est un Allemand moderne par l'excès de foi patriotique qu'il a dans la supériorité inconditionnelle de l'esprit allemand» («han er moderne tysk ved sin fædrelandske Overtro paa den tyske Aands ubetingede Overlegenhed», *Berlin*, p. 85).

Le phénomène est particulièrement marqué chez les intellectuels de la jeune génération, qui rejettent tous les idées libérales. «L'amour de la liberté au sens anglais de l'expression n'existe plus aujourd'hui en Allemagne que dans la génération qui aura disparu dans dix ans.» («Frihedskærlighed i Ordets engelske Forstand findes nu for Tiden i Tyskland kun hos den Slægt, der om ti Aar vil være døet ud.» *Berlin*, p. 325)

A cela s'ajoute le fait que l'Allemagne, à cause de sa puissance nouvelle, est crainte, mais n'est pas aimée par ses voisins. C'est pourquoi Brandes prédit à l'Europe un avenir sombre. Lorsque les libéraux allemands auront totalement disparu,

l'Allemagne se retrouvera seule, isolée, haïe des Etats voisins, bastion du conservatisme au milieu de l'Europe. Tout autour de ce pays, il y aura en Italie, en France, en Russie, dans le Nord, un peuple animé par des idéaux cosmopolites et qui s'emploiera pleinement à les réaliser; mais l'Allemagne se retrouvera vieille et fanée, armée jusqu'aux dents, blindée, équipée de toutes les armes meurtrières et défensives mises au point par la science. Il s'ensuivra de grands affrontements et de grandes guerres. Si l'Allemagne gagne, l'Europe deviendra politiquement, comparée à l'Amérique, ce qu'est aujourd'hui l'Asie, comparée à l'Europe, mais si l'Allemagne est vaincue, alors... («saa vil Tyskland ligge ene, afsondret, forhadt af Nabostaterne midt i Europa som Konservatismens Fæstning. Rundt om dette Land vil man i Italien, i Frankrig, i Rusland, i Norden finde en Slægt, der har verdensborgerlige Idealer for Øje og vil være i fuldt Arbejde med at virkeliggøre dem; men Tyskland vil ligge der gammelt og afblomstret, væbnet til Tænderne, pansret, rustet med alle Videnskabens Mord- og Forsvarsvaaben. Og saa vil der følge store Kampe og Krige. Sejrer Tyskland, saa vil Europa i Sammenligning med Amerika politisk blive hvad Asien nu er i Sammenligning med Europa, men overvindes Tyskland, saa...» *Berlin*, p. 325)

Lorsque Brandes écrit ces lignes en juillet 1881, il est conscient de ce que toute prédiction est incertaine, et il lui paraît sans intérêt d'essayer d'imaginer comment l'histoire de l'Europe évoluera si l'Allemagne perd la guerre qu'il prévoit. En 1900, il constatera d'ailleurs qu'il s'était trompé: «une guerre mondiale [semblait] constamment s'annoncer. Elle n'a pas eu lieu.»[22] L'histoire du 20ᵉ siècle a malheureusement montré qu'il avait vu juste.

L'accession de l'Allemagne au rang de «première grande puissance du monde» («Verdens første Stormagt» *Berlin*, p. 329) a donné aux Allemands une énergie et un dynamisme qui leur permettent d'accroître constamment leur supériorité dans la plupart des domaines de la vie matérielle, mais la priorité désormais donnée à l'efficacité pratique, dictée par la volonté politique de suprématie, a abouti, dans les années 1880, à un pragmatisme qui a aboli toute autre forme de pensée. La *Bildung* allemande, mot intraduisible en français ou en anglais, qui désigne une combinaison de culture générale et de formation de la personnalité individuelle, caractéristique de l'Allemagne de la première moitié du 19ᵉ siècle, de «l'époque de l'humanisme», est en train de se perdre (cf. *Berlin*, pp. 98-99). La disparition de la *Bildung* va de pair avec le conservatisme: «Il fut un temps où la bourgeoisie allemande comprenait encore ses penseurs et ses poètes; c'était à l'époque où, sur le plan politique aussi, les idées la touchaient et l'animaient.» («Det var en Tid, da den tyske Borgerstand endnu forstod sine Tænkere og Digtere; det var, da den ogsaa politisk var berørt og bevæget af Ideer.» *Berlin*, p. 208)

On ne voit plus un homme renoncer à une carrière parce que la fonction qu'il devrait remplir est en contradiction avec ses convictions, ce qui était une attitude fréquente dans les années 1840. En-dehors de la sphère privée, les Allemands ne sont plus capables de sentiments. «Ce qui est spécifiquement humain s'est perdu chez les Allemands moyens.» («Det Menneskelige er kommet de tyske Gennemsnitsmenneske afhænde.» *Berlin*, p. 332) Or l'absence de sentiments se traduit sur le plan culturel par l'absence de littérature. S'il y a en Allemagne de grands savants et s'il y a toujours de grands penseurs, il n'y a plus de grands écrivains, et la grande littérature des décennies précédentes ne reçoit plus l'attention et le respect qu'elle mériterait.

Brandes, qui a toujours compté Goethe parmi les grands génies de l'humanité, est consterné de constater que l'empereur n'assiste que de

---

22   «Tanker ved Aarhundredskiftet», in *Samlede Skrifter*, Bd. XII, p. 143. «En Verdenskrig [syntes] stadigt forestaaende. Den er udeblevet.»

loin à la cérémonie d'inauguration du monument qui lui est dédié à Berlin. Cela illustre selon lui le fait qu'il y a toujours eu de mauvaises relations entre Goethe et la capitale de la Prusse, qui était aussi le lieu où dominait «l'esprit prussien», alors que le poète était un éminent représentant de ce que Brandes appelle «l'esprit allemand». Goethe avait été «Fritzisch» dans sa jeunesse, c'est-à-dire qu'il avait eu des sympathies politiques pour Frédéric II, mais il s'était ensuite éloigné de lui, et il n'avait jamais partagé ses goûts esthétiques. Frédéric II admirait les tragédies de Voltaire, mais il détestait Shakespeare, qu'il considérait comme un barbare. Il avait en toutes choses la passion de la clarté et de l'ordre, de la transposition volontariste des principes de la raison dans la pratique.

> Goethe et Frédéric: ils représentent l'idée allemande et l'idée française en Allemagne.
>
> L'idée allemande, c'est l'authenticité et l'autonomie personnelles, le devenir et la croissance naturels, l'évolution.
>
> L'idée française, c'est la pensée et l'action fondées sur l'intelligence, la création humaine, l'esprit universel, la société ordonnée, la discipline de la volonté et des actes, la contrainte exercée par l'Etat.
>
> La vie spirituelle allemande qui s'exprimait dans la poésie, la musique et la philosophie reposait sur la première idée; l'Etat allemand repose sur la seconde qui, au cours de ce siècle, a refoulé la première.
>
> («Goethe og Friedrich: det er den tyske og den franske Idé i Tyskland.
>
> Den tyske Idé er personlig Oprindelighed og Selvstændighed, naturlig Vorden og Grœn, Udvikling.
>
> Den franske Idé er forstandig Tænken og Handlen, menneskelig Frembringen, Almenaand, Samfundsorden, optugtet Villen og Gøren, Statstvang.
>
> Det tyske Aandsliv i Pœsi, Musik og Filosofi har hvilet paa den første Idé; den tyske Stat hviler paa den anden, der i Aarhundredets Løb har fortrængt den første.» *Berlin*, p. 259)

L'esprit prussien est donc directement issu de l'esprit français. Pour Brandes, l'antagonisme entre l'esprit prussien et l'esprit allemand est profond et ancien. Parmi les grands représentants de la culture dont l'humanité doit être reconnaissante à l'Allemagne (cf. *Berlin*, p. 117), il n'y a pas ou peu de Prussiens. Ni Beethoven, ni Hegel, ni Schopenhauer ne l'étaient. Le Prussien, en revanche, «Macédonien à demi barbare, dont le pays n'avait produit aucune poésie, possédait la force d'accomplir des exploits inouïs les armes à la main» («Den halvt barbariske Makedoner,

hvis Land ingen Pœsi havde frembragt, ejede Kraften til uhørt Vaaben-
daad» *Berlin*, p. 118). L'empire de Bismarck représente le triomphe de la
conception militaire de l'Etat caractéristique de la fin du règne de Frédéric II (cf. *Berlin*, p. 260) sur la culture allemande, désormais étouffée et
menacée de disparition. Cette idée est l'un des thèmes centraux de *Berlin*, où elle est reprise plusieurs fois. Bien des chapitres illustrent
l'agonie de la culture allemande à la suite des victoires des armées allemandes.

D'autres que Brandes ont fait une constatation semblable, l'un des premiers ayant été Friedrich Nietzsche, qui écrivait dès 1873 au début de la
première *Considération inactuelle* à propos de la victoire allemande de
1870 sur la France: «une grande victoire est un grand danger.»[23] La plupart des Allemands, explique Nietzsche, s'imaginent à tort que leur victoire militaire signifie aussi la victoire de leur culture. Or cette erreur est
pernicieuse, car elle peut «transformer notre victoire en une défaite totale: elle peut aboutir à la défaite, et même à l'élimination de l'esprit
allemand au profit du ‹Reich allemand›».[24]

Nietzsche ne met certes pas en avant, comme Brandes, le rôle de la
Prusse, mais l'analogie entre les deux regards portés sur les débuts du
Reich bismarckien n'en est pas moins frappante. Lorsqu'on connaît
l'importance qu'a eue la pensée de Nietzsche pour celle de Brandes, on
peut être tenté de voir dans certains articles berlinois de ce dernier le
reflet direct de la réflexion du premier. Mais en fait, il s'agit très vraisemblablement d'une rencontre fortuite. Brandes et Nietzsche ont analysé la situation indépendamment l'un de l'autre. Nietzsche n'avait pas lu
en 1873 *Berlin*, pour des raisons de dates, Brandes n'a apparemment
commencé à lire Nietzsche qu'après son séjour à Berlin. Il n'est en effet
jamais question de Nietzsche dans *Berlin*, sinon dans la postface de
1903, où il est dit que, dans la littérature allemande, depuis l'époque de
la rédaction du livre, «un seul nom a acquis une importance mondiale,

---

23   Friedrich Nietzsche: *Unzeitgemäße Betrachtungen*, in *Werke*, Kritische Gesamt-
      ausgabe, Berlin, New York, Walter de Gruyter, 1972, Bd. III, 1, p. 155: «ein gro-
      ßer Sieg ist eine große Gefahr.»
24   *Ibid.* pp. 155-156. La mise en relief et les guillemets sont de Nietzsche. «Unseren
      Sieg in eine völlige Niederlage zu verwandeln: in die Niederlage, ja Exstirpation
      des deutschen Geistes zugunsten des ‹deutschen Reiches›.»

celui de Friedrich Nietzsche» («kun ét Navn faaet Verdensbetydning, Friedrich Nietzsche's.» *Berlin*, p. 412).

Dans le tome 3 de son autobiographie, *Levned*, Georg Brandes raconte dans quelles circonstances il a fait connaissance avec l'œuvre de Nietzsche. A l'automne 1887, ce dernier lui avait envoyé ses livres et une lettre le priant de l'aider à élargir le cercle de ses lecteurs[25]. Auparavant, il avait simplement entendu parler, lorsqu'il vivait à Berlin, de son écrit contre David Strauß[26] et, sans l'avoir lu, il l'avait jugé cruel, car il avait lui-même beaucoup d'estime pour la pensée de Strauß, puis, quelques années plus tard, il avait lu un livre de Nietzsche, mais sans lui accorder une attention particulière. C'est donc seulement en 1887 que Georg Brandes va découvrir en Nietzsche «un esprit apparenté»[27] et comprendre aussitôt l'importance de son œuvre, ce qui le conduira l'année suivante à faire à l'université de Copenhague le cours sur «le philosophe allemand Friedrich Nietzsche», dont l'annonce a donné à l'intéressé, selon Ivo Frenzel, un pressentiment de sa célébrité future[28].

Cela indique que l'on peut difficilement faire de Brandes un «disciple» de Nietzsche. Il faut plutôt admettre que les réflexions des deux hommes ont suivi au même moment des voies en partie analogues, ce qui peut bien sûr s'expliquer par certaines sources d'inspiration communes, Darwin, Taine, Renan, Goethe. Cela rappelle aussi que la pensée de Nietzsche ne constitue pas une nouveauté absolue et qu'elle s'ancre à ses débuts dans des courants d'idées du 19ᵉ siècle. Brandes décrit sa relation intellectuelle avec Nietzsche de la façon suivante: «Je rencontrais à présent [fin 1887] dans les livres de Nietzsche des pensées que j'avais moi-même conçues dans un esprit polémique et qui m'étaient familières, et qui apparaissaient comme en haut-relief, et d'autres qui m'étaient étran-

---

25   Cf. Georg Brandes: *Levned*, Bd. 3, Copenhague, Gyldendal,1908, pp. 228-230.

26   Cet écrit est la première *Considération inactuelle*, dont il a été question précédemment.

27   Georg Brandes: *Levned*, Bd. 3, *op. cit.*, p. 229, «en beslægtet Aand».

28   Cf. Ivo Frenzel: *Friedrich Nietzsche in Selbstzeugnissen und Bilddokumenten*, Reinbek bei Hamburg, Rowohlt, 1966, p. 130. Cf. aussi Georg Brandes: *Levned*, Bd. 3, *op. cit.*, p. 230: Frenzel semble avoir tiré son information de ce passage.

gères, mais que j'étais tenté de rejeter pour de bonnes raisons ou d'adopter.»[29]

Le caractère brandesien
de *Berlin som tysk Rigshovedstad*

Dans *Berlin*, certains thèmes communs à Brandes et Nietzsche sont déjà présents. Tel est notamment le cas, outre la vision pessimiste de l'avenir de la culture allemande, de l'importance particulière accordée aux grandes personnalités, à ceux que Brandes appellera quelques années plus tard les grands hommes. On trouve plusieurs références à *Berlin* dans «Det store Menneske, Kulturens Kilde»[30] («Le grand homme, source de la culture»), écrit en 1890 et remanié en 1901. Ce texte développe l'idée selon laquelle «Le but de l'humanité est de produire de grands hommes»[31]. Ceux-ci sont «des penseurs et des éducateurs, des visionnaires et des hommes qui font des découvertes, des artistes et des créateurs, et ceux qui agissent plus par ce qu'ils sont que par leurs actions»[32], comme Eschyle, César, Jésus, Léonard de Vinci, Michel-Ange, Spinoza, Copernic, Newton, Goethe, Beethoven. Le choix de ces exemples indique bien ici une influence directe de Nietzsche. Brandes cite toutefois aussi Bismarck, en renvoyant à ce qu'il a écrit à son propos dans *Berlin*.

Lorsque dans le texte de 1890 Brandes classe les grands hommes en trois catégories, il range Bismarck dans la troisième, celle de ceux qui ont sauvé l'humanité ou leurs compatriotes d'un malheur, mais leur ont aussi causé du tort. C'est peut-être la raison pour laquelle il n'écrira jamais la monographie qu'il avait pensé lui consacrer, alors qu'il est

---

29   Georg Brandes: *Levned*, Bd. 3, *op. cit.*, p. 229. «Nu mødte mig i Nietzsches Bøger Tanker, jeg selv polemisk havde tænkt og med hvilke jeg var fortrolig, ligesom prægede i højt Relief, andre, som var mig fremmede, men som fristede mig til begrundet Afvisning eller Tilegnelse.»

30   In Georg Brandes: *Samlede Skrifter*, Copenhague, Gyldendal, 1899-1902, Bd. XII, pp. 3-22.

31   *Ibid.*, p. 4. «Menneskehedens Maal er at frembringe store Mennesker.»

32   *Ibid.*, p. 4. «Tænkere og Opdragere, Seere og Opdagere, Kunstnere og Frembringere, og de, som virker mere ved deres Væsen end ved deres Virken.»

l'auteur de nombreux ouvrages sur d'autres grands hommes. C'est dans *Berlin* que se trouve l'essentiel du portrait qu'a fait Brandes de Bismarck.

Il est clair que Brandes ne partage nullement le conservatisme de Bismarck, ni sur le plan politique, ni sur le plan social, ni sur le plan religieux. Il attaque ses idées à de nombreuses reprises. Nous avons vu qu'il était conscient des aspects négatifs de son action. Ce qui fait à ses yeux sa grandeur, c'est la force de sa personnalité, son charisme, son mépris ou son ignorance des usages courants, tout ce qui le distingue des hommes ordinaires.

Un long chapitre lui est entièrement consacré (chap. 10, «Rigskansleren», *Berlin* pp. 64-83). Bismarck est de haute stature, aussi bien physiquement que politiquement. A côté de lui, tout le monde semble petit. Il est extrêmement autoritaire. Aucun homme politique, même s'il partage ses vues, ne souhaite gouverner avec lui, car sa personnalité est écrasante et fait de l'ombre à tous. Il est doué d'un sens aigu des réalités et sait à la perfection apprécier clairement une situation. Il agit ensuite en fonction des objectifs qu'il veut atteindre, en employant tous les moyens qu'il juge adéquats, sans se laisser arrêter par de quelconques scrupules. Il peut conclure des alliances pour parvenir à ses fins et se retourner ensuite contre ses anciens alliés si cela sert sa politique. Il parle toujours avec beaucoup de franchise et sans détours, y compris des hauts personnages et des souverains. Il est aussi capable de reconnaître ses propres erreurs. Il n'est pas marqué par la grande culture allemande, il ne comprend pas grand-chose à la philosophie, et vraisemblablement pas non plus grand-chose à Goethe. Sa vision du monde se résume à un christianisme traditionnel, à une foi «droite comme un soldat quand le colonel passe les troupes en revue» («hans tro er en stram Retning som Soldatens i Geleddet, naar Obersten rider ned ad Fronten» *Berlin*, p. 81).

Mais ce génie peut aussi manquer de grandeur et faire preuve de mesquinerie, comme par exemple lorsqu'il défend âprement ses intérêts matériels de grand propriétaire terrien et de fabricant de poudre. Une telle attitude lui fait partiellement perdre, aux yeux de Brandes, sa qualité de grand homme: «Il est triste qu'un grand homme soit si mesquin, mais c'est la *vérité*, et cela n'est qu'une nouvelle expression de son tempérament dominateur et coléreux.» («Det er trist at en stor Mand er saa smaalig, men det er *sandt*, og det er kun et nyt Udtryck for hans herriske og oprørske Sindelag.» *Berlin*, p. 245. Les italiques sont de Brandes.)

Dans un article du 6 octobre 1881, qui figure dans *Berlin* (pp. 334-337), Georg Brandes déclare que s'il était Allemand il voterait pour Bismarck aux prochaines élections, malgré tout ce qui lui déplaît dans son gouvernement. Dans une note ajoutée quelques années plus tard, il indique que les services de presse du chancelier ont fait imprimer cet article dans tous les journaux allemands et étrangers qui lui étaient favorables, en en supprimant toutefois le début et la fin, où Brandes énumère ses nombreuses et graves réserves face à la politique de Bismarck. Il s'agit d'un texte qui a évidemment suscité l'émotion des libéraux, qui se sentaient trahis par Brandes. Il serait cependant sans doute erroné d'expliquer la rédaction de cet article par l'admiration que son auteur portait au grand homme. Il met certes en avant son génie et sa capacité d'innovation, mais Brandes justifie sa prise de position avant tout par des raisons politiques: au «socialisme d'Etat» proposé par Bismarck, ses adversaires libéraux n'ont rien à opposer. Seul le chancelier est en mesure de faire de véritables concessions aux socialistes, car la petite bourgeoisie n'a pas à craindre que ceux-ci se servent ensuite de lui pour imposer leur propre pouvoir.

Bismarck n'est pas le seul grand homme présenté en tant que tel dans *Berlin*, qui contient aussi un portrait élogieux de Molkte, figure qui a beaucoup moins de traits négatifs que Bismarck. On sent que le fait qu'il ait vécu de nombreuses années au Danemark et ait reçu sa formation militaire à Copenhague n'est pas étranger à la sympathie que manifeste Brandes à son égard. La grandeur de Molkte réside dans la conscience qu'il a de ce qui le dépasse. Agé, il croit que ses succès furent dus pour une part à des forces qui lui échappaient totalement et dont il n'avait aucun mérite, qu'on les appelle Dieu, destin ou hasard. Aux yeux de Brandes, «Il y a quelque chose d'authentiquement allemand et du meilleur de l'esprit allemand dans cette religiosité philosophique et ce doute secret.» («Det er noget ægte Tysk og af det bedste Tyske i denne filosofiske Religiøsitet og denne stille Tvivl.» *Berlin* p. 59)

La seconde catégorie des grands hommes, selon la classification proposée par le texte de 1890, à laquelle appartiennent ceux qui, comme Pasteur, sauvent leurs semblables d'un malheur sans leur porter tort par ailleurs, est représentée dans *Berlin* par le médecin de la petite ville du Hanovre où Brandes séjourne à l'été 1878. La population locale est constituée d'êtres frustes, mesquins, querelleurs, uniquement soucieux de s'enrichir matériellement, mais le médecin est un homme cultivé, très compétent sur le plan professionnel et entièrement dévoué à sa tâche. Brandes insiste sur ce qui fait de lui un être exceptionnel et le distingue des autres: «Et pourtant il y a dans cette ville une personnalité remarquable et éminente, une seule, le médecin» («Og dog findes der i Staden en enkelt udmærket og fremragende Personlighed, det er Lægen.» *Berlin* p. 143).

La façon dont le thème du grand homme est introduit et illustré dans *Berlin* est l'un des éléments qui impriment au livre son caractère brandesien, elle constitue l'un des signes qui permettent au lecteur de reconnaître l'auteur, et qu'il est intéressant de relever dans une œuvre dont le genre diffère de ceux qu'il a le plus fréquemment pratiqué, la critique littéraire et la biographie.

Un autre trait fondamentalement brandesien de *Berlin* est le soutien qu'il apporte à la littérature scandinave de la percée moderne. Il observe avec attention les premières mises en scène allemandes d'Ibsen. Lorsqu'il constate que les Berlinois apprécient peu ses pièces, il ne pense pas un instant que leur qualité littéraire pourrait être en cause, il explique cette relative incompréhension par des différences culturelles, et considère que l'esthétique d'Ibsen est trop moderne pour pouvoir être comprise par un public et une critique encore attachés à un théâtre plus traditionnel et académique.

En Allemagne, au 19ᵉ siècle, les grands dramaturges, Goethe et Schiller, ont écrit des drames classiques, en vers, sur des sujets empruntés à l'Antiquité ou à l'histoire, tandis que le drame bourgeois, en prose, réaliste et trouvant ses sujets dans la réalité contemporaine, était le fait d'auteurs mineurs. Dans ce pays, la distance est plus grande qu'ailleurs entre la véritable poésie et la littérature de simple divertissement, car les grands artistes y ont du mal à percevoir ce qui est de l'ordre du quotidien. Une telle opposition n'existe pas, ou est beaucoup moins marquée dans le Nord, où les meilleures œuvres dramatiques, celles d'Ibsen et de Bjørnson, ressortissent au drame bourgeois, genre qui n'est pas intrinsèquement inférieur au drame classique, et qui est appelé à un grand essor s'il parvient à s'édifier «sur de nouvelles fondations morales» (paa en ny sædelig Grundvold.» *Berlin*, p. 377).

Le déclin de la littérature allemande fait apparaître par contraste la vigueur et la richesse de la nouvelle littérature scandinave, qui donne l'exemple d'œuvres adaptées à leur temps. Dans la postface à *Berlin* de 1903, Brandes indiquera que les Allemands ont désormais compris l'importance d'Ibsen et son rôle de précurseur, qui a permis au genre dramatique de se renouveler, en particulier en Allemagne. «Depuis ce fameux soir [du 20 novembre 1880] où un public berlinois siffla *Une maison de poupée*, Henrik Ibsen a acquis droit de cité chez les lecteurs et les spectateurs allemands, et il a contribué au nouvel épanouissement de la littérature dramatique.» («Siden hin Aften, da et Berlinsk Publikum udhyssede *Et Dukkehjem*, er Henrik Ibsen blevet lyst i Kuld og Køn af den tyske Læser- og Tilskuerverden, og han har været medvirkende til den dramatiske Literaturs nye Blomstring.» *Berlin*, p. 412) A la faveur du déclin de la culture allemande, le théâtre scandinave a pu conquérir les scènes berlinoises, à la fois directement et en s'imposant comme modèle[33].

Il ne faudrait pas se méprendre sur ce qu'entend Georg Brandes par modernisme. Comme l'a montré Sven Møller Kristensen[34], il n'a jamais vraiment été un tenant du naturalisme, il a exprimé des réserves à l'égard des romans de Zola, dans lesquels manquaient, selon lui, l'engagement social et politique, et, plus tard, il a jugé plus sévèrement encore le naturalisme allemand[35], il s'est rapidement détourné du positivisme, une théorie trop déterministe à ses yeux. Il a peu apprécié, et en fait sans doute mal compris, le modernisme post-naturaliste, celui de Baudelaire et de Mallarmé. Pour Møller Kristensen, l'esthétique de Georg Brandes

---

33   Pour abonder dans le sens suggéré par Brandes, on peut rappeler que l'expressionnisme, le courant artistique dominant dans l'Allemagne des années 1910 et 1920, est d'origine nordique, aussi bien en peinture, avec Edvard Munch, qu'au théâtre, avec August Strindberg.

34   Cf. Sven Møller Kristensen: *Georg Brandes. Kritikeren, liberalisten, humanisten*, Copenhague, Gyldendal, 1980.

35   Cf., par exemple, Bengt Algot Sørensen: «Georg Brandes als ‹deutscher› Schriftsteller», in Hans Hertel, Sven Møller Kristensen, ed.: *The Activist Critic. A symposium on the political ideas, literary methods and international reception of Georg Brandes*, Copenhague, Munksgaard, p. 141.

se situe entre l'esthétique classique et romantique et l'esthétique réaliste et naturaliste. Il serait resté attaché aux idées de 1848, à l'idéal de liberté et de progrès et, sur le plan littéraire, il aurait conservé son admiration pour Byron, Victor Hugo et Heine – auxquels il conviendrait sans doute d'ajouter Goethe. Moins moderniste qu'il n'y paraît en matière d'art, Brandes semble bien être par ses idées un libéral et un humaniste, un héritier direct des Lumières.

Lorsqu'il admire, en 1878, la grande liberté d'esprit qui règne à l'université de Berlin, il constate que ceux qui la portent «considèrent que l'état présent des choses n'est dû qu'aux derniers remous de la grande réaction romantique, ils croient fermement qu'un nouveau grand mouvement analogue à celui du 18ᵉ siècle a commencé, mais sans les erreurs évidentes qu'il a faites ça et là» («De betragter den nuværende Tingenes Tilstand kun som de sidste Ringe, der kastes af den store romantiske Reaktion, de tror fuldt og fast, at en ny stor Bevægelse av lignende Art som det 18de Aarhundredes, om end uden enkelte af dens iøjnefaldende Misvisninger, er begyndt», *Berlin*, p. 177). C'est dans le même esprit que, tout en reconnaissant ce qu'ont d'admirable les vertus prussiennes d'abnégation, de courage, de dévouement inconditionnel à la patrie, et en regrettant qu'elles n'aient pas été plus répandues au Danemark, il place au-dessus de l'amour de la patrie l'amour de la vérité (cf. *Berlin*, p. 117).

Brandes se prononce en humaniste en faveur de la tolérance. Bien que ne partageant pas la vision du monde des jésuites, il s'indigne de voir leur ordre interdit à l'instigation de Bismarck et critique sévèrement les journalistes qui ont écrit des articles violemment anticatholiques dans le contexte du *Kulturkampf*. Dans un souci de combattre les préjugés, il déclare avoir connu plusieurs jésuites qui ne correspondaient pas du tout à l'image qu'ont d'eux leurs adversaires (cf. *Berlin*, pp. 283-284).

Le souci d'éviter les images toutes faites, les jugements hâtifs, qui risquent de s'avérer erronés, et les généralisations, le plus souvent abusives, est aussi, au moins en théorie, au centre de sa méthode journalistique, telle qu'il l'expose dans la préface de *Berlin*:

> Une profonde aversion envers les jugements trop précoces m'a empêché ici comme ailleurs de transformer allègrement mes impressions en affirmations d'ordre général et m'a privé de l'aptitude à tirer prestement des conclusions de ce que j'ai vu et vécu. Je préfère de beaucoup m'abstenir purement et simplement de juger plutôt que de généraliser à la légère une observation. («En dybliggende Uvilje mod at dømme for

tidigt har her som ellers berøvet mig Letheden til at forme mine Indtryk til Almen-
sætninger og Evnen til hurtigt at uddrage Resultater af det Sete og Oplevede. Langt
heller lader jeg rent være med at dømme end jeg letsindigt almindeliggør en Iagtta-
gelse.» *Berlin*, p. 2)

Il ne réussit certes pas à produire un texte totalement exempt de préjugés, car il s'agit là d'un idéal impossible à atteindre, mais la tendance à
l'autocorrection qui s'y manifeste procède de la volonté de ne pas être
prisonnier de schémas de pensée préétablis.

Brandes ne se garde pas seulement des généralisations hâtives, il refuse aussi de considérer comme immuables les traits qu'il observe dans
une société ou chez un peuple. Rappelons par exemple que le terme de
«race» ne semble pas désigner chez lui un donné biologique qui impose-
rait une identité. Il considère comme un résultat de l'évolution historique
de leur pays le militarisme qu'il constate chez les Allemands et «l'esprit
prussien» dominant comme une caractéristique de l'époque, dont la disparition n'est pas exclue. Lorsqu'il écrit que l'Allemagne souffre de
deux maux, la servilité et l'omniprésence des pianos, il ajoute que «la
première est un mal passager, la seconde un mal durable» («Det første er
et forbigaaende, det sidste et varigt Onde.» *Berlin*, p. 178). Au-delà de
l'ironie de la formulation apparaît la volonté de rappeler que les caractères nationaux ne sont pas fixés une fois pour toutes. Comme d'autres
penseurs de son époque, comme Renan, et comme Nietzsche, Brandes a
une vision du monde marquée par le transformisme.

Berlin som tysk Rigshovedstad comme reportage d'écrivain

Texte brandesien qui s'intègre dans le corpus des œuvres de son auteur,
Berlin constitue en même temps à bien des égards un véritable reportage.

Lorsque Brandes s'interroge sur les raisons du déclin de la littérature
allemande, il présente plusieurs explications possibles, l'une d'entre elles
étant le mode de diffusion des ouvrages littéraires, qu'il expose en journaliste, de manière détaillée, concrète et précise: les Allemands ont perdu l'habitude d'acheter des livres, même les plus fortunés – même l'im-

pératrice – empruntent les romans qu'ils veulent lire au lieu d'en faire l'acquisition. La littérature se vend donc mal, seules les bibliothèques achètent des livres. Les œuvres littéraires sont en général d'abord publiées dans les journaux, les écrivains sont ainsi dépendants des organes de presse, et ils peuvent difficilement espérer pouvoir vivre de leur plume. Brandes indique le montant des honoraires perçus par différentes catégories d'écrivains. Dans son texte figure une quantité assez importante de chiffres et de statistiques.

Fournir de l'information au lecteur est ici un objectif prioritaire. On peut bien sûr supposer que les éléments d'information fournis ont pour fonction de renforcer et d'étayer une argumentation. Mais, d'une part, les données concrètes qui figurent dans le texte sont suffisamment nombreuses pour avoir une valeur intrinsèque, d'autre part, dans le cas présent, la description que fait Brandes du marché du livre en Allemagne vers 1880 et qui montre comment le système de diffusion peut avoir un effet négatif sur la production littéraire, ne renforce en rien la thèse fondamentale de *Berlin*, qui est que le déclin de la littérature dans le *Reich* est le reflet de la victoire de «l'esprit prussien» sur «l'esprit allemand», elle tendrait plutôt à en relativiser la pertinence[36]. L'auteur fait de l'observation de la réalité l'une des bases de son travail et multiplie donc délibérément les objets observés et les points de vue à partir desquels il les observe. Il parvient ainsi parfois à des résultats imprévus, qui enrichissent ou nuancent le propos général, et qui sont l'une des caractéristiques du reportage.

Les détails concrets abondent dans *Berlin*, où ils ont plusieurs fonctions: ils indiquent que l'auteur a été lui-même témoin de ce qu'il rapporte, ou qu'il a été en contact avec des témoins directs, ils contribuent,

---

36 Il semble bien que le mauvais système de diffusion de la littérature reste pour Brandes une cause marginale du tarissement de la production littéraire. Il ne lui consacre que quelques pages, dans un seul chapitre, la cause principale restant pour lui celle sur laquelle il revient à maintes reprises, la «prussianisation» de la société allemande. Il paraît donc douteux que Brandes mette les deux causes sur le même plan, comme l'écrit Flemming Hansen en 1987, dans un article destiné à une publication officielle en Allemagne de l'est à l'occasion du 750ᵉ anniversaire de la fondation supposée de Berlin. Cf. Flemming Hansen: «Georg Brandes in der literarischen Öffentlichkeit Berlins», in Peter Wruck, Hrsg.: *Literarisches Leben in Berlin 1871-1933*, Berlin/DDR, Akademie-Verlag, 1987, Bd. I, p. 134.

lorsqu'ils sont pittoresques ou anecdotiques, ce qui est souvent le cas, à rendre la lecture plaisante, ils sont les éléments qui stimulent la faculté de représentation mentale du lecteur, qui peut ainsi entrer en esprit dans un monde qui lui est étranger. Beaucoup savent sans doute que Bismarck vit dans son manoir de «Friedrichsruhe». *Berlin* en propose une sorte de visite, en privilégiant ce qui peut surprendre et frapper, comme par exemple le fait que la maison est un ancien hôtel et qu'il y a encore des numéros au-dessus des portes des chambres (cf. *Berlin*, p. 186). Le même article rend sensible l'atmosphère qui règne à Berlin lors de la fête célébrée à l'occasion du retour de l'empereur, guéri de ses blessures, dans la capitale, en décembre 1878. Toute la ville est décorée de guirlandes en branches de sapin. La veille de la cérémonie, il a plu, ce qui a eu l'heureux effet de raviver toute cette verdure, et «le jour de la fête toute la ville et toutes les rues étaient imprégnées d'une odeur de sapin» («paa Festdagen var der en Granlugt over hele Byen og i alle Gader» *Berlin*, p. 182). Le journaliste s'attache aussi à l'aspect pratique des choses, et indique que de nombreuses voitures ont dû, au cours des jours précédents, faire la navette entre Berlin et les forêts environnantes pour transporter les énormes quantités de branchages nécessaires à la décoration des rues.

La description est tout aussi concrète lorsqu'elle porte sur un sujet grave, comme dans le chapitre 60, qui traite des Juifs de Russie passant par Berlin pour émigrer en Amérique, montre leur dénuement extrême, visible à leurs vêtements, qui sont des haillons, et à leur apparence physique, qui reflète leur mauvais état de santé et les persécutions qu'ils ont subies.

La grande diversité des aspects de la vie berlinoise présentés dans le livre correspond de toute évidence à une intention du reporter, qui va du «bal» où opèrent les prostituées au bal à la cour, de la conférence publique d'un vieux philosophe à la salle à manger de Bismarck, des galeries de peinture et des théâtres aux débats du *Reichstag* et aux lilas en fleurs dans le *Thiergarten*.

Il est cependant rare que la restitution d'une atmosphère ou la peinture d'un milieu constitue une fin en soi. La description de manifestations apparemment sans grande importance sert souvent d'introduction à des considérations d'ordre politique, l'anecdote amusante se charge

d'une valeur symbolique, révèle un état d'esprit, la mentalité d'une société. Après avoir décrit les rues de Berlin décorées de branches de sapin, Brandes en vient à parler de l'homme auquel la fête rend hommage,
l'empereur Guillaume Ier, et explique qu'il y a des dissensions entre ce
dernier et le prince héritier et sa femme, proches des libéraux et des libres penseurs[37]. Cet antagonisme rend l'avenir incertain. Le sentiment
dominant à Berlin est le découragement, que la joie de façade met en
évidence par effet de contraste. Le sens du texte semble basculer lorsque
les branchages omniprésents se transforment en mauvais présage: «c'est
comme si la forêt elle-même – comme la forêt de Birnam dans *Macbeth*
de Shakespeare – était entrée dans la ville.» («som var Skoven selv – lig
Birnam Skov i Shakespeares *Macbeth* – vandret ind i Staden.» *Berlin*,
pp. 182-183) Comme les soldats de l'armée anglaise dissimulés derrière
des feuillages cueillis dans la forêt de Birnam vont provoquer la chute du
roi – usurpateur – Macbeth, l'entrée des sapins dans Berlin pourrait annoncer la fin du règne des Hohenzollern, ou au moins de la monarchie
autoritaire.

Dans l'article consacré au mariage du futur Guillaume II, le 7 mars
1881, Brandes indique que la princesse, derrière la fenêtre de sa voiture
qui parcourt lentement les rues, salue la foule en s'inclinant vers l'avant.
Son geste se répète un nombre incalculable de fois, plusieurs heures
durant. Mais le public ignore que le dossier de son siège a été équipé
d'un dispositif spécial constitué de ressorts qui poussent automatiquement son buste vers l'avant et le tire ensuite à nouveau vers l'arrière.
«Pour les rares personnes qui connaissaient ce secret, le spectacle avait
indéniablement quelque chose de comique; mais la foule [...] prit tout au
sérieux» («For de faa, der var indviede i denne Hemmelighed, havde
dette unegtelig et Stænk af noget Komisk; men Mængden [...] optog alt
som Alvor», *Berlin*, p. 295).

On voit que l'auteur du texte fait partie du groupe restreint des initiés.
Il est de ceux qui sont capables de déceler ce qui est dissimulé derrière
les apparences. Le bon journaliste ne se contente pas de décrire fidèlement et précisément la réalité telle qu'elle s'offre immédiatement aux
yeux de tous, il montre aussi ce qui est moins visible, il révèle les «res-

---

37 Ce prince était le futur Frédéric III, qui règnera quelques mois avant de mourir, en
    1888. Il était marié avec une fille de la reine Victoria d'Angleterre.

sorts» cachés qui produisent des effets trompeurs. En cela, il est aussi écrivain, l'une des fonctions traditionnelles de la littérature étant de permettre au lecteur de se défaire de ses illusions et de progresser vers la connaissance de la vérité, tout comme ressortit aussi à la littérature le pouvoir évocateur du texte dont il a été précédemment question, sa capacité de faire surgir dans l'esprit du lecteur un monde dans lequel il n'est pas physiquement présent.

Il est notable que Brandes recourt assez systématiquement dans *Berlin* à une série de procédés qui permettent d'éviter l'ennui: grande variété des thèmes, présentation de faits inattendus, idées provocantes, humour, scènes et anecdotes comiques, formules et images frappantes.

Il est intéressant à ce propos de comparer certains chapitres de *Berlin* avec les pages de *Levned*, l'autobiographie de Georg Brandes, consacrées à ses années berlinoises. *Levned* ne se situe pas dans la tradition des *Confessions* de Rousseau, qui s'intéressent essentiellement à la personne et à la vie du narrateur, mais reprend la conception de l'autobiographie qui est à la base de *Poésie et vérité* de Goethe: le récit de la vie de l'écrivain n'est pas une fin en soi, il a pour fonction d'éclairer la naissance de l'œuvre, de fournir des éléments qui permettront de mieux la comprendre[38]. Les tomes II et III de *Levned* appliquent ce principe à la lettre et se réduisent quasiment à une énumération d'informations factuelles dont la lecture n'a aucun intérêt en elle-même. Ces deux derniers volumes sont exclusivement destinés aux lecteurs de l'œuvre littéraire de Brandes, pour laquelle ils jouent le rôle d'une sorte d'appareil de notes.

Dans le second tome de *Levned*, Georg Brandes écrit à propos du philosophe Eugen Dühring:

> Un distingué propriétaire terrien russe, Mr. von Leeden, qui avait été officier, mais avait quitté l'armée car, avec ses opinions extrêmistes, il ne pouvait accepter la discipline, m'emmena à une série de conférences faites par le philosophes Eugen Dühring sur les persécutions que les adorateurs professionnels de la science ont de tout temps fait subir aux penseurs indépendants. Mr. von Leeden connaissait Dühring personnellement et l'admirait. Bien que j'aie lu avec profit un certain nombre d'écrits de ce philosophe, bien qu'en outre sa cécité et son exclusion récente de l'université aient suscité la compassion, et bien que la force avec laquelle il affirmait la valeur de la vie malgré tous les revers qu'il avait personnellement connus ait révélé une force d'esprit

---

38   Cf. Lars Peter Rømhild: *Georg Brandes og Goethe*, Copenhague, Museum Tusculanums forlag, 1996, pp. 54-55.

sympathique, ses exposés étaient trop imprégnés d'une amertume maladive et de ran-
cœurs personnelles pour pouvoir faire impression sur moi. Quel que soit le sujet dont
parlait Dühring, Socrate ou Giordano Bruno, Auguste Comte ou Robert von Mayr, il
voyait toujours ce qui était arrivé à ces hommes à la lumière de son propre destin.
Même la mort de Socrate, les professeurs («qui à cette époque s'appelaient sophis-
tes») en étaient les véritables responsables.

C'était contre Helmholtz qu'était dirigée l'accusation de s'être approprié la découverte de Robert von Mayr, mais c'était à Madame Augusta Helmholtz que Dühring
en voulait en fait, car c'était elle qui était supposée l'avoir fait chasser de son poste
d'enseignant au lycée Victoria. Il y avait dans sa hargne quelque chose à quoi bien
des années plus tard August Strindberg pouvait faire penser, lorsqu'il croyait faire
l'objet de menées hostiles ou être persécuté.

Dühring était un esprit original et extrêmement acéré, mais dans ses polémiques il
révélait parfois un manque de raison qui était presque de la démence (ainsi dans ses
attaques contre Lessing et Goethe), en même temps qu'un fond de brutalité qui faisait
peur. Mr. von Leeden ne réussit donc pas à me convertir à Dühring.

(En fornem russisk Godsejer, *Hr. von Leeden*, der havde været Officer, men var
traadt ud af Hæren, da han med sine radikale Anskuelser ikke kunde finne sig i Dis-
ciplinen, tog mig med til en Række Forelæsninger, som Filosofen *Eugen Dühring*
holdt om den Forfølgelse, de professionelle Videnskabsdyrkere til alle Tider havde
udøvet mod selvstændige Tænkere. Hr. von Leeden kendte Dühring personligt og
beundrede ham. Skønt jeg med Udbytte havde læst adskilligt af denne Filosof, skønt
endvidere hans Blindhet og hans nyligt stedfundne Fjernelse fra Universitetet vakte
Medfølelse, og skønt hans stæeke Betoning af Livets Værd trods al hans personlige
Modgang røbede en tiltalende Aandsstyrke, var Foredragene altfor gennemtrængte af
sygelig Bitterhed og personligt Nag til at kunne gøre noget Indtryk paa mig. Hvad
Dühring end talte om, Sokrates eller Giordano Bruno, Auguste Comte eller Robert
von Mayr, altid saa han hvad der var hændt disse Mænd i Lys af sin egen Skæbne.
Selv for Sokrates's Død havde Professorerne («der i Datiden kaldtes Sofister») det
egentlige Ansvar.

Det var mod Helmholtz at Anklagen for at have tilranet sig Robert v. Mayrs Opda-
gelse var rettet, men det var Fru Augusta Helmholtz, hvem Dühring egentlig vilde
tillivs, da det var hende, der skulde have fordrevet ham fra hans Stilling som Lærer
ved Victoria-Lyceet. I hans Bidskhed var der noget, som mange Aar senere August
Strindberg kunde minde om, naar han trøede sig modarbejdet eller forfulgt.

Dühring var en original og højtudviklet Aand, men i sin Polemik røbede han un-
dertiden en næsten vanvittig Uforstand (saaledes i sine Anfald paa Lessing og Goethe) og samtidigt en Grundsum af Raahed, som skræmte. Det lykkedes da ikke Hr.
von Leeden at omvende mig til ham.)[39]

---

39 Georg Brandes: *Levned*, Bd. 2, Copenhague, Gyldendal, 1907, pp. 279-280.

A ces lignes de *Levned* sur Dühring, reproduites ici dans leur intégralité, correspond un passage de *Berlin* environ huit fois plus long – mais qui ne fournit pas plus d'informations sur le philosophe, et fournit les mêmes.

L'extrait de *Levned* ci-dessus ne peut être qualifié d'objectif, car le jugement porté par l'auteur y apparaît clairement. Son caractère non littéraire tient plutôt à sa sécheresse, au fait que tout est dit de la manière la plus simple possible, sans que cette simplicité soit suffisamment systématique pour devenir à son tour une caractéristique du style. L'auteur dit tout de suite et clairement ce qu'il lui importe de communiquer. Les choses sont simplement affirmées, mais non montrées, il n'y a pas d'effet de surprise. *Levned* nous explique sans détours et en termes neutres que Dühring n'est pas capable de faire abstraction de son expérience personnelle et de ses sentiments, et que pour lui tous les penseurs indépendants qui, au cours de l'histoire, ont été persécutés, l'ont été du fait des détenteurs du titre officiel de professeur. Lorsqu'il aborde ce point dans *Berlin*, Brandes cite d'abord littéralement le titre de la conférence, «Les persécutions que les adorateurs professionnels de la science ont fait subir aux penseurs indépendants», puis il continue ainsi: «Articulant bien, d'une voix claire, totalement dépourvue de passion, mais qui pouvait cependant souvent exprimer la raillerie la plus amère et la haine la plus ardente, l'orateur parcourut pendant la première heure toute l'histoire du monde, afin de démontrer l'existence de martyrs de l'intolérance professorale.» («Med en klar, tydelig, aldeles lidenskabsløs Stemme, der dog ofte kunde antage Udtrykket af den bitreste Spot og det mest indtændte Had, gennemgik Taleren i den første Time den hele Verdenshistorie for at paavise Martyrer for Professor-Ufordrageligheden.» *Berlin*, p. 15) Le début de la phrase, qui décrit la voix de Dühring, est sans relation avec le véritable propos de l'auteur, mais contribue à placer ce qui est rapporté dans un cadre concret, à le faire vivre. L'amertume et la haine ne sont plus des traits abstraits, elles apparaissent sous forme de modulations de la voix. Enfin, Brandes n'écrit pas d'abord: «je trouvais Dühring ridicule, parce qu'il me paraissait manquer de mesure»; au lieu de cela, il illustre cette démesure, soit en caricaturant légèrement les propos de l'orateur, soit en n'en retenant que les plus excessifs. Le rapprochement des mots «professeur», qui évoque l'activité intellectuelle, et «martyr», qui désigne une victime de graves tortures physiques, comme le parallèle entre l'histoire universelle et l'intolérance professorale, produisent un effet comique qui doit empêcher de prendre tout à fait au sérieux la thèse de Dühring. Brandes montre ensuite par des exemples ce qui en fait la faiblesse: il est évidemment difficile d'affirmer de manière crédible que les «professeurs» furent responsables du procès intenté à Galilée ou de la misanthropie de Rousseau, une telle affirmation nécessite le recours à un «tour de passe-passe» («Taskenspillerstykke», *Berlin*, p. 15) intellectuel. Le choix de l'expression «tour de passe-passe» vise lui aussi à jeter le doute sur le sérieux de l'argumentation. Dans *Levned*, l'auteur se contente de faire connaître son opinion. Dans *Berlin*, son rapport au lecteur est plus complexe. Il est évident qu'il cherche à susciter en lui d'une manière ou d'une autre des réactions d'ordre affectif. Il se peut que le lecteur soit convaincu à l'avance de la faiblesse de la pensée de Dühring. Dans ce cas, l'ironie de Brandes lui fera plaisir. S'il est au contraire un admirateur de Dühring, il s'indignera. Quant aux lecteurs, sans doute les plus nombreux, qui ignorent tout du philosophe allemand, le texte de *Berlin* cherche à leur faire partager le jugement de son auteur, non seulement par la force de conviction intellectuelle, mais aussi en les faisant sourire.

Dans *Berlin*, Brandes décrit Dühring avançant à tâtons, guidé par sa femme, et portant sur le public un regard vide, avant de dire qu'il est aveugle. Sa cécité est moins mentionnée que montrée. D'une façon analogue, on constate que Madame Dühring est mal habillée, et qu'elle nettoie elle-même les escaliers de sa maison, ce qui, pour la bourgeoisie du 19ᵉ siècle, était certainement une activité dégradante, avant d'apprendre que le statut professionnel précaire de son mari a maintenu la famille dans la pauvreté (cf. *Berlin*, pp. 14-15). L'un des objectifs de ce texte est de faire naître, par le recours aux notations concrètes, des images mentales, la représentation d'un monde, que ne permet pas le passage correspondant de *Levned*.

Dans *Berlin*, Dühring est présenté par l'intermédiaire d'un récit. Au début du chapitre, Brandes raconte comment un ancien officier russe de ses connaissances l'a invité à l'accompagner à une conférence donnée par le philosophe. Puis on voit les deux hommes entrer dans la salle, ce qui donne lieu à une description détaillée du public, constitué par la bohême berlinoise et des intellectuels qui ne sont pas officiellement reconnus en tant que tels. L'examen de l'assemblée est interrompu par le spectacle saisissant de l'entrée du vieux philosophe aveugle guidé par sa femme. Lorsqu'il a pris place derrière son pupitre, la conférence proprement dite commence. Dühring devient ainsi un personnage inséré dans un milieu, l'exposé de ses idées se transforme en une scène de genre.

La représentation d'un monde par l'écriture, la technique qui consiste à donner à voir un phénomène plutôt qu'à l'énoncer sur un mode abstrait et l'appel aux affects du lecteur, toutes choses que l'on trouve incontestablement dans *Berlin*, me paraissent être des traits qui distinguent le texte littéraire d'autres types de textes. Le reportage, qui n'est évidemment pas de la fiction, s'avère être ici de la littérature. Pour s'acquitter pleinement de sa tâche, l'écrivain-reporter doit faire œuvre de reporter à part entière; cela étant acquis, il est rare qu'il cesse totalement d'être écrivain.

Berlin est à bien des égards un véritable reportage: Brandes y décrit un lieu précis à un moment précis, il s'intéresse essentiellement aux phénomènes politiques, sociaux et culturels, qu'il a lui-même observés sur le terrain, les textes sont écrits «à chaud», au moment où se produit ce qu'ils rapportent, ou très peu de temps après.

Outre qu'il satisfait à ces conditions minimales, Brandes s'avère être un bon reporter, dans la mesure où il sait se procurer l'information, y compris celle qui n'est pas aisément accessible. Il s'efforce de fréquenter tous les milieux, connaît personnellement des hommes politiques et entretient des relations avec ceux qui côtoient les gouvernants et les princes. Ainsi, lorsqu'un grand quotidien, la *Vossische Zeitung*, annonce, en se référant aux déclarations de Bismarck lui-même, que les négociations entre le chancelier et la Curie romaine sont dans l'impasse, Brandes est en mesure de corriger cette information en indiquant ce qu'il tient d'un homme politique qui a assisté à un déjeuner au cours duquel Bismarck s'est entretenu avec des représentants de différents partis et où il est apparu qu'il avait besoin des voix du *Zentrum*, le parti catholique, pour faire accepter sa politique commerciale, et que, pour cette raison, il était prêt à mettre fin au *Kulturkampf* (cf. *Berlin*, pp. 238-239).

Ce qui distingue Brandes de beaucoup de journalistes professionnels est moins la qualité de son travail journalistique que la conscience qu'il a des difficultés de son entreprise. Pour lui, il ne va pas de soi qu'un étranger puisse dépeindre correctement un pays et sa société. Au dernier chapitre, il remarque que souvent, les observations faites par l'étranger saisissent moins la réalité dont elles prétendent rendre compte qu'elles ne révèlent certains traits de la nation à laquelle appartient l'observateur, et il cite l'exemple d'un livre sur la France, *Französische Zustände* de Heinrich Heine, dont l'intérêt principal réside à son avis dans l'analyse en profondeur de l'âme allemande qu'il contient (cf. *Berlin*, pp. 401-402).

Brandes indique qu'il soumet pour sa part ses premières impressions à des procédures de vérification, qui ne sont pas sans rappeler les méthodes scientifiques. Il cherche à savoir si une observation faite dans des circonstances particulières se trouve confirmée ou infirmée dans des circonstances différentes, si les conclusions auxquelles il parvient sont compatibles les unes avec les autres (cf. *Berlin*, p. 402). Tels sont les principes qu'il énonce. Dans la pratique, on ne s'étonne pas de le voir, pour s'assurer de la fidélité de l'image qu'il donne, la comparer à celle qui se dégage de la littérature allemande contemporaine (cf. *Berlin*, p. 402).

On peut estimer que la méthode qu'il utilise ne constitue pas une garantie suffisante de la conformité de ses descriptions et de ses analyses à la réalité, mais elle a le mérite de mettre en évidence le problème qu'elle résout sans doute imparfaitement. Brandes peut être considéré comme un moderniste dans la mesure où il pressent que reproduire le réel par l'écriture n'est pas chose simple, et que son œuvre ne peut pas être, selon la formule de Stendhal, un miroir qu'il promène pour que la réalité vienne s'y reflèter. Son modernisme n'est certes qu'embryonnaire, puisqu'il continue à voir dans la littérature contemporaine une bonne source d'information sur la société, et qu'il croit à la possibilité du roman «réaliste», mais à l'occasion de son travail de reportage, il se trouve confronté en pratique à ce qui fait obstacle à l'écriture réaliste.

Par ailleurs, si les difficultés qu'il relève étaient insurmontables, le reportage n'aurait pas de sens, d'où la nécessité de convaincre le lecteur – et de se convaincre lui-même – qu'elles peuvent être au moins partiellement maîtrisées. Chez Brandes apparaît déjà le dilemme sous-jacent à la plupart des reportages d'écrivains au 20ᵉ siècle: l'évolution de la littérature oblige à remettre en cause la capacité de l'écriture à reproduire le réel, mais le reportage est un texte qui veut donner à voir des réalités. Dans la préface de *Berlin*, Brandes se propose de définir ce qu'il entend que soit son livre. Celui-ci ne donnera pas une image complète de la ville et du pays, pour plusieurs raisons: toute personnalité a ses limites, et un individu n'est pas capable de décrire une chose dans sa totalité et sous tous ses aspects, la forme de vie qu'il a menée à Berlin, dont il était un habitant et où il travaillait, détermine l'angle sous lequel il a vu la ville, et il n'a enfin jamais entrepris d'observer la capitale du *Reich* de manière systématique, il s'est au contraire laissé imprégner par son atmosphère (cf. *Berlin*, p. 1). On ne pourra donc reprocher à *Berlin* un manque d'exhaustivité ou d'objectivité, auxquelles l'auteur ne prétendait pas. Mais Brandes indique aussi les raisons patriotiques pour lesquelles il juge utile un livre sur l'Allemagne destiné aux Scandinaves, et en particulier aux Danois. Il y a dans la préface une contradiction partielle. Si les Danois ont besoin de connaître l'Allemagne, il faut leur en donner une connaissance objective, alors que le livre de Brandes ne sera pas objectif. L'intérêt de *Berlin*, note-t-il simplement, est que son auteur a vécu plusieurs années en Allemagne, comme un «enfant adoptif» du pays, qu'il a pu voir de l'intérieur. Il ne résout pas totalement la contradiction sousjacente à la préface. Il faut sans doute ici établir une distinction entre objectivité et exhaustivité. Si Brandes renonce clairement à la dernière, la première ne lui semble pas complètement inaccessible, il pense pouvoir fournir dans un certain nombre de domaines de l'information «exacte». Chez lui, le problème de l'objectivité en littérature, même s'il commence à s'esquisser, n'en est pas encore vraiment un.

La préface, écrite en 1885 – c'est-à-dire, comme la plupart des préfaces, après les textes qu'elle présente – s'adresse implicitement à des lecteurs qui savent qui est Brandes, ce qui se remarque aux allusions rapides qu'il fait à son œuvre en général et à l'absence d'explications sur les raisons et les circonstances de son séjour à Berlin. Il n'est guère douteux que la notoriété de l'auteur contribue à rendre crédibles ses affirmations, au moins aux yeux de ses admirateurs.

Dans *Berlin*, si l'on excepte la postface de 1903 qui mentionne une fête d'adieu donnée en son honneur, l'auteur n'apparaît jamais en tant que personne. Le «je» qui figure fréquemment dans le texte n'est pas un individu en train de vivre un destin particulier. Il n'a qu'une fonction instrumentale, il se réduit à une entité qui perçoit et analyse une portion de la réalité, laquelle constitue le véritable centre d'intérêt de l'article ou du passage. La conférence de Dühring ne sert pas de cadre au récit d'un épisode de la vie de Georg Brandes à Berlin, c'est au contraire la brève mention des relations du reporter avec Mr. von Leeden et du désir de celui-ci de lui faire connaître Dühring qui sert d'introduction à la description de la salle conférence et à l'exposé des théories du philosophe.

Si le «je» du reportage n'est pas un personnage, il n'est pas non plus un sujet totalement abstrait. Nous avons vu que *Berlin* était écrit pour un public scandinave, par un auteur qui connaît «l'encyclopédie implicite» de ce public. Il doit constamment saisir ce qui frapperait ses lecteurs s'ils se trouvaient là où il est, ce qui lui est d'autant plus facile qu'il est lui-même Scandinave. Sur les lieux du reportage, il examine et perçoit la réalité environnante à travers les filtres de la culture scandinave, il devient une sorte d'archétype du regard scandinave.

En même temps, il s'adresse aussi à ses compatriotes de l'extérieur, non pas seulement parce qu'il leur parle depuis l'étranger, mais surtout parce qu'il se voit, au moins à certains moments, comme appartenant au monde qu'il décrit. Il déclare dans la préface qu'il a vécu à Berlin «comme un enfant adoptif de la ville» («som et adopteret Byesbarn», *Berlin*, p. 1), et insiste sur le fait qu'il connaît l'Allemagne de l'intérieur. En octobre 1878, il écrit «nos jeunes artistes» («Vore unge Kunstnere», *Berlin*, p. 166) pour parler des jeunes artistes allemands. Il semble posséder la capacité paradoxale d'être à la fois à l'intérieur et à l'extérieur de la culture scandinave et de la culture allemande. Une combinaison semblable d'appartenance et d'extériorité se retrouvera plus tard chez bien des écrivains-reporters suédois. Elle est en particulier caractéristique du reportage de Strindberg sur Grez-sur-Loing[40].

Berlin répond, on le voit, à la définition du reportage, et présente déjà certains traits qui en font un «reportage d'écrivain», genre qui devait

---

40   Cf. August Strindberg: *Bland franska bönder*, in *Samlade verk* (Nationalupplagan), tome 23, Stockholm, Norstedt, 1985.

produire de nombreuses œuvres dans la littérature suédoise du 20ᵉ siècle. Le Jörn Donner qui écrit en 1958 *Rapport från Berlin* a appris à regarder l'Allemagne entre autres à la lecture du livre de Brandes.

Il faut toutefois remarquer que les arts, la musique, et surtout la peinture et le théâtre, occupent dans *Berlin* une place d'une importance inhabituelle dans un reportage. Certains articles, peu nombreux, il est vrai, appartiennent même à un autre genre, celui de l'essai, que Georg Brandes a pratiqué toute sa vie. Cela vaut pour le long chapitre 21 (*Berlin*, pp. 146-160), qui présente et commente la philosophie d'Eduard von Hartmann, disciple de Schopenhauer, ou pour le chapitre 62 (*Berlin*, pp. 366-379), consacré à la différence entre drame classique et drame bourgeois, et qui est avant tout l'œuvre d'un historien de la littérature. Ces réserves n'enlèvent cependant rien au statut de texte inaugural d'un genre que l'on peut, me semble-t-il, lui reconnaître.

A cette valeur paradigmatique s'ajoute le fait que *Berlin* est un véritable document historique riche d'informations concrètes, en même temps qu'un texte qui s'intègre dans le corpus des œuvres de son auteur et reflète son évolution. La rédaction des articles qui composent *Berlin* s'étale sur plus de cinq années. Les images données par le livre sont variées, parfois inattendues, et procèdent clairement de la volonté de remettre en cause les idées reçues, mais expriment dans l'ensemble indéniablement un certain pessimisme, qui paraît s'affirmer au fil des pages: si le début montre volontiers le ridicule des travers prussiens, les faits relevés sont plus anecdotiques que réellement inquiétants, alors que la fin exprime une vision assez sombre de l'avenir de l'Allemagne et de l'Europe.

Chapitre 3

La poétique du reportage chez Strindberg[1]

Lorsque Strindberg, à la mi-janvier 1884, s'installe dans le village d'Ouchy, en Suisse, près de Lausanne, il est déjà un écrivain connu en Suède. Son roman *Röda rummet (Le salon rouge)*, paru en 1879, a obtenu un grand succès, à la suite duquel sa pièce *Mäster Olof (Maître Olof)*, dont les différentes versions, plusieurs années durant, avaient été refusées par tous les théâtres, a enfin été jouée. Peu de temps après, la publication de *Det nya riket* («Le nouveau pays») avait toutefois valu à Strindberg de nombreuses attaques dans son pays, qu'il avait alors estimé, à tort ou à raison, devoir quitter. La révolte contre le conservatisme de la Suède d'Oscar II, et contre la société en général, inspire son œuvre dès le début, et détermine dans une large mesure ses prises de position politiques. Proche de l'anarchisme dans les années 1870, il évolue en 1882-83 vers une critique de la civilisation qui doit beaucoup à Rousseau. Son «Rousseauisme» culmine au cours des premiers mois qu'il passe au bord du lac de Genève, dans le paysage de Jean-Jacques.

Fin janvier et début février 1884, il travaille à un écrit polémique, qu'il intitule finalement «Om det allmänna missnöjet, dess orsaker och botemedel»[2] («De l'insatisfaction générale, de ses causes et des remèdes que l'on peut y apporter»). Il se contente d'y exposer des idées, sans raconter d'histoire ni décrire de personnages. Il a en effet décidé, comme il l'explique dans une lettre au peintre Carl Larsson, d'abandonner ce qu'il nomme la «littérature»[3].

---

1   Une version allemande de ce chapitre a été publiée sous le titre «Die Poetik der Reportage bei Strindberg» dans: Kirsten Wechsel, ed., in cooperation with Ann-Lill Körber: *Strindberg and His Media. 15th International Strindberg Conference*, Leipzig und Berlin, Edition Kirchhof & Franke, EKF Wissenschaft, Skandinavistik 1, 2003, ISBN 3-933816-21-1, pp. 69-93.

2   In August Strindberg: *Likt och olikt*, bd 1, Stockholm, Bonnier, 1884.

3   Cf. Sven-Gustaf Edqvist: *Samhällets fiende. En studie i Strindbergs anarkism till och med Tjänstekvinnans son,* Stockholm, Tidens förlag, 1961, p. 239.

«Det allmänna missnöjet» justifie cette intention. Se référant d'abord à Rousseau, mais aussi à de Quesnay et aux physiocrates, Strindberg voit dans la nature la mesure de toute chose. Le développement de la technique, dont les conséquences sont visibles partout dans l'Europe des années 1880, constitue à ses yeux une évolution négative, car, d'une part, elle éloigne l'homme de la nature, d'autre part elle provoque un gaspillage des ressources dont il dispose. L'industrie «avale, pour exister, tout ce qui est utile sur la terre».[4] La recherche récente a montré que Strindberg avait dès cette époque mis en garde contre les risques de destruction de l'environnement liés à l'industrialisation[5].

Dans l'Europe de la fin du 19ᵉ siècle, il y a, selon Strindberg, deux catégories d'hommes, *naturmenniskorna*, les hommes de la nature, et *kulturmenniskorna*, les hommes de la culture. Les hommes de la nature sont «indispensables», ils «nourrissent» l'humanité, ce sont les «productifs», tandis que les hommes de la culture sont «superflus», «dévorent» et sont «improductifs». «Je ne peux pas trouver d'intérêt plus haut que le bien de nos frères humains»[6] écrit Strindberg.

Parmi les inutiles, il y a évidemment les princes, mais aussi leurs serviteurs, ainsi que les fonctionnaires, les médecins et les marchands. Les gens utiles sont essentiellement les paysans. Dans «Det allmänna missnöjet», le raisonnement s'appuie sur l'opposition entre *det nöjsamma*, ce qui est divertissant, et *det nyttiga*, ce qui est utile. Cette opposition sert aussi à analyser le rôle et la fonction de la littérature, ou plus exactement de l'expression verbale écrite. L'homme de la culture attend traditionnellement du poète qu'il le divertisse, qu'il détourne son attention de ce que la réalité a de désagréable, et non pas qu'il recherche la vérité et fasse apparaître les illusions en tant que telles.

Pour désigner celui qui écrit, la langue suédoise dispose de trois termes, auxquels correspondent des degrés de valorisation différents. Tout en haut, on trouve *skalden*, le poète, en dessous de lui *författaren*, l'écrivain, et en bas *litteratören*, le littérateur. Rejetant l'ordre établi dans ce

---

4   *Likt och olikt,* bd 1, p. 95: «slukar för sin tillvaro alla jordens nyttigheter».
5   Cf., par exemple, Martin Kylhammar: *Maskin och idyll. Teknik och pastorala ideal hos Strindberg och Heidenstam,* Malmö, Liber förlag, 1985.
6   *Likt och olikt,* bd 1, p. 88: «Jag kan icke finna något högre intresse än våra medmenniskors väl.»

domaine comme dans les autres, Strindberg inverse l'échelle des valeurs traditionnelle. Il condamne le poète qui écrit des vers et peint l'image trompeuse d'un monde où règne la beauté et l'harmonie et qui ne connaît ni la laideur ni le mal. Il entend par «écrivain» un auteur de romans ou de drames. Celui-ci doit montrer les hommes tels qu'ils sont, rechercher les causes de leurs malheurs, indiquer des manières d'y remédier. Toutefois, la tradition et la vanité font qu'il aspire souvent à «l'idéal», à la «beauté» et préfère entretenir ou créer des illusions plutôt que de s'efforcer de découvrir la vérité. En revanche, le littérateur écrit pour les journaux sur des questions d'actualités, et il a peu de temps à consacrer à la réflexion. Le terme de «littérateur» est dans ce contexte synonyme de «journaliste».

Strindberg admet qu'il y a de mauvais littérateurs, qui mentent, ou qui déforment les faits. Mais le bon littérateur a pour unique préoccupation d'établir la vérité. Il révèle les travers des individus, des institutions, d'une couche sociale, à un stade suffisamment précoce pour que des remèdes puissent leur être apportés. Il ne cherche pas à divertir. Il fait au contraire partie, comme le paysan, des hommes utiles. C'est pourquoi les écrivains doivent le prendre comme modèle. Strindberg considère que les meilleurs écrivains de son temps sont des littérateurs: «Dickens a appris son grand art en étant reporter pour les journaux, et ce qui fait la grandeur de Zola, c'est qu'il est reporter.»[7]

On doit évidemment se demander si l'activité du littérateur ainsi comprise peut être qualifiée d'activité littéraire, dans la mesure où les notions de beauté, d'agrément, ou au moins d'émotion, quelle qu'en soit la nature, font intrinsèquement partie de la littérature en tant qu'art. Strindberg n'élude pas la question. La réponse qu'il lui donne dans «Det allmänna missnöjet» consiste à dévaloriser fortement l'art en général. Dans la culture occidentale, les arts sont artificiellement surestimés, considère Strindberg, et on chercherait en vain chez les «sauvages», au sens que donne Rousseau à ce mot, c'est-à-dire chez les hommes proches de la nature et, de ce fait, bons, une tradition comparable. L'un des trois textes rédigés immédiatement après «Det allmänna missnöjet», qui constituent le second volume de *Likt och olikt*, est intitulé «Kulturarbetets

---

7   *Likt och olikt*, bd 1, p. 56: «Dickens lärde sig sin stora konst som tidningsreferent och Zolas storhet består i att vara referent.»

öfverskattning», «La surestimation du travail culturel». Ce texte constate
ironiquement que les œuvres d'art les plus grandes et les plus célèbres ne
sont connues en réalité que d'une infime minorité de personnes, et ne
peuvent pour cette raison ni exercer une influence notable, ni transformer la société. «Essayez de vous représenter ce à quoi le monde aurait
ressemblé si Raphaël et Shakespeare n'avaient jamais vécu»[8], écrit
Strindberg, qui laisse entendre que le monde aurait dans ce cas été le
même que celui que ses contemporains ont sous les yeux. Puis il remarque: «Comme il est contraire à la nature de prétendre que *Les brigands*
de Schiller et le *Götz* de Goethe ont réveillé toute l'Allemagne! ‹Toute
l'Allemagne›, c'était sans doute un assez grand nombre d'étudiants et
d'universitaires.»[9]

Les attaques dirigées contre la littérature n'épargnent pas le dramaturge et romancier August Strindberg. Dans «Det allmänna missnöjet»,
on trouve la phrase: «A présent, j'ai dit tout ce que je sais de mal des
écrivains, entre autres de moi-même.»[10] L'auteur indique ainsi implicitement son intention de renoncer à la poésie et d'être désormais exclusivement littérateur. Il se réfère explicitement à cette décision au début de
l'article «Nationalitet och svenskhet» («Nationalité et identité suédoise»), également écrit en avril 1884 et inséré dans le second volume de
Likt och olikt, en déclarant qu'il prend la plume en tant que journaliste,
et non en tant qu'écrivain. Il n'a ainsi nul besoin, estime-t-il, de se sou-
cier du jugement des critiques, ni de tenir compte des exigences de lecteurs qui veulent être divertis. Cela lui permet de s'exprimer dans un
langage clair, direct, débarrassé des normes formelles de la poésie, il
peut «formuler des pensées concernant les questions du temps, sans être
obligé de les faire entrer dans les bonbonnières de la littérature»[11].

---

8   *Likt och olikt*, bd 2, p. 34: «Försök att konstruera fram, hur verlden skulle sett ut
    om Rafael och Shakespeare aldrig lefvat.»
9   *Likt och olikt*, bd 2, p. 43: «huru onaturligt låter det icke att Schillers Räuber och
    Goethes Götz väckte hela Tyskland! ‹Hela Tyskland› är väl en större myckenhet
    studenter och privatdocenter.»
10 *Likt och olikt*, bd 1, p. 60: «Nu har jag sagt allt ondt jag vet om författarne, icke
    minst om mig sjelf.»
11 *Likt och olikt*, bd 2, p. 51: «nedsätta tankar i tidens frågor utan att behöfva inlägga
    dem i skönlitteraturens konfektaskar.»

La rupture avec la littérature se fonde sur la vision du monde qui est alors celle de Strindberg, et elle joue un rôle central dans l'évolution de sa production. Il la justifie longuement et prétend la mettre en pratique de manière conséquente. Celui qui publie sous le nom d'August Strindberg rompt effectivement avec quelque chose, qu'il nomme «littérature». Mais cette dénomination s'avère n'être rien de plus qu'une convention de vocabulaire, car ce qu'il entend par «littérature» dans *Likt och olikt* ne peut se définir autrement que comme ce avec quoi l'auteur est en train de rompre. Il veut exprimer verbalement des pensées sans être contraint, comme il fait semblant de le croire, de les parer des inévitables figures de la poésie, ni surtout de les présenter sous forme d'histoires. Cependant, malgré les apparences, les limites étroites qu'il impose à son écriture ne signifient pas que celui qui écrit en les respectant quitte le domaine de la poésie au sens originel. Cela n'a certainement pas échappé à Strindberg. La lecture de *Likt och olikt* ne laisse aucun doute sur le caractère littéraire des textes, qui se manifeste entre autres par des images nombreuses et très expressives, par l'ironie, ainsi que par la structure élaborée des articles qui composent le recueil, même si la littérature ainsi produite est d'un autre type que celle dont Strindberg prend à ce moment congé, si elle n'a ni la forme du roman ou de la nouvelle, ni celle du drame, ni celle du poème.

Dès juin 1881, Strindberg avait déclaré dans une lettre à Edvard Brandes: «[je pars] en exil à Genève ou Paris et je vais devenir écrivain pour de bon! Pas quelqu'un qui fait de la littérature, mais quelqu'un qui écrit pour dire ce dont il ne peut parler! sans égards pour rien ni personne!»[12] Il renonçait ainsi sans doute à la «littérature», mais pour mieux assumer la fonction «d'écrivain pour de bon», pour se consacrer à une autre littérature, plus sérieuse, nouvelle, qui était aussi sans aucun doute à ses yeux supérieure à l'ancienne. La littérature devait disparaître, afin de pouvoir se régénérer, et se soumettre ainsi à un impératif caractéristique du modernisme qui, chez Strindberg, s'est avéré particulièrement

---

12   Strindbergssällskapet, utg.: Strindbergs brev II, p. 267. Cité par Sven-Gustaf Edqvist: «Strindberg i Schweiz», in Harry Järv, red.: *Fenix* n° 4, 1987, Stockholm, Atlantis, pp. 112-159, citation p. 113: «[jag går] i landsflykt till Genève eller Paris och blir författare på allvar! Icke en sån der som gör skönlitteratur utan en som skrifver för att säga hvad han icke kan tala! hänsynslöst!»

fécond. Tout comme dans le roman du 20ᵉ siècle l'antihéros reste d'une certaine manière un héros, Strindberg conçoit dans les années 1880 la figure de l'antipoète, qui écrit de l'antilittérature. Ce qu'il rejette alors, ce n'est pas, en dépit du vocabulaire qu'il emploie, la poésie en général, ce sont les genres traditionnels. Après avoir renouvelé le drame historique avec *Maître Olof*, il semble vouloir faire un pas supplémentaire: il s'agit à présent pour lui de redéfinir la poésie elle-même, de déterminer les critères auxquels devront satisfaire les textes de «l'écrivain pour de bon».

Strindberg ne s'en est pas tenu à des déclarations d'intentions. Il est parvenu, d'une part, à formuler les règles de base d'un *nouveau genre littéraire*, d'autre part à les mettre en pratique.

Cela a toutefois nécessité un certain temps. Sa production littéraire, au sens traditionnel du terme, ne prend pas fin en 1884. Cette année-là, elle diminue à peine. Il écrit à peu près au même moment que les textes qui composent le second volume de *Likt och olikt* les nouvelles publiées à l'été dans la première partie de *Giftas (Les mariés)*. Tout à fait conscient de la contradiction, il place au début du recueil de nouvelles une «interview», dans laquelle un intervieweur le somme, en tant qu'auteur, de s'expliquer sur ce point. Il se nomme lui-même «författaren», «l'écrivain». Il reconnaît sans ambages qu'il a écrit «en roman-bok», un livre romanesque, et que «c'est manquer de conséquence que de s'acharner contre l'activité des écrivains pour se mettre ensuite soi-même à faire un livre d'écrivain».[13] Il ne tente pas de se justifier, mais se contente de se trouver des excuses en rappelant la loi qui veut que toute évolution exige du temps et comporte des retours en arrière. Il explique en quelque sorte que, bien que conscient du caractère néfaste de la «littérature», il n'a pu résister à la tentation de la pratiquer. Il présente quasiment l'activité «littéraire» comme une mauvaise habitude dont il ne s'est pas encore défait. Il n'est pas certain de parvenir jamais à s'amender, et ne peut que protester de sa bonne volonté: «Dans deux ou trois ans, j'en finirai

---

13   August Strindberg: *Samlade verk*, *Nationalupplagan*, band 16: *Giftas*, Stockholm, Almqvist & Wiksell, 1982, p. 9: «det är inkonsekvent att hugga på författeri och sedan själv gå och författa.»

avec les romans, les pièces de théâtre et les poèmes, si c'est possible!»[14] Cela étant, il ne remet pas en cause l'idée selon laquelle un nouveau type de littérature est souhaitable, et même indispensable. Si «l'écrivain» devait réussir à ne plus l'être, il voudrait devenir intervieweur, et demander directement aux gens ce qu'ils pensent, afin d'éviter les malentendus.

Dans l'interview fictive placée en tête de *Giftas*, Strindberg, avec un mélange d'honnêteté et d'ironie, explique par une «rechute» la contradiction entre ses théories et sa pratique en matière de littérature. D'autres explications auraient été possibles. Il aurait pu par exemple affirmer que le livre n'était pas de la littérature au sens traditionnel. Cette explication lui est d'ailleurs effectivement venue à l'esprit un an plus tard, lors de la parution de l'édition française de la première partie de *Mariés*, pour laquelle il a écrit une nouvelle préface, où il affirme ne pas avoir l'intention «d'entrer comme romancier dans le domaine des belles-lettres» et vouloir simplement proposer «un ensemble de faits, de documents»[15]. L'auteur du recueil de nouvelles entend ici se présenter comme littérateur, selon la définition de ce terme donnée par *Likt och olikt*, et il déclare: «En renonçant à toutes les vanités d'écrivain, je me réserve le droit d'être jugé non comme un faiseur d'art mais plutôt comme un *reporter* me posant par là hors la portée de toutes les lois esthétiques, position moins glorieuse, mais plus affranchie et je m'en pique, plus *utiliste*.»[16]

Notons que la préface en français n'a finalement pas été publiée. On peut estimer qu'elle était assez peu convaincante, qu'il est difficile de nier la dimension «littéraire» – au sens traditionnel – de *Giftas*. D'un autre côté, dans les années 1880, les naturalistes fournissaient un exemple de la manière dont des faits et des questions d'actualité pouvaient être exposés par l'intermédiaire de récits de fiction. Les naturalistes

---

14   A. Strindberg: *Giftas*, p. 9: «Om ett par år skall jag sluta med romanböcker, pjäsböcker och versböcker, om det är möjligt!»

15   Cité par Eva Ahlstedt et Pierre Morizet: «Postface», in August Strindberg: *Parmi les paysans français*, traduit par E. Ahlstedt et P. Morizet, Arles, Actes Sud, 1988, pp. 259-278. Citation p. 262.

16   Cité par E. Ahlsted, P. Morizet: «Postface», p. 262. Les italiques sont de Strindberg. Le mot *utiliste* utilisé par Strindberg est emprunté au suédois. Il désigne une attitude qui consiste à rechercher ce qui est immédiatement et pratiquement utile et efficace.

avaient eux aussi rompu avec l'esthétique de la beauté comme fin en soi, ils entendaient d'abord instruire et élargir le champ du savoir. Dans «Le roman expérimental», Emile Zola déclare que le roman moderne doit étudier le psychisme humain et la société d'une manière analogue à celle dont la médecine expérimentale étudie le corps humain, et ce pour le plus grand bien de l'humanité[17]. Le fait que l'auteur du roman expérimental invente des personnages et des événements au lieu de les tirer directement de l'observation de la réalité ne semble pas avoir constitué un problème pour Zola.

Il en va sans doute autrement de Strindberg dans les années qui précèdent 1886. De la volonté déclarée dans *Likt och olikt* d'abandonner les genres traditionnels et de remplacer les récits de fiction par des comptes rendus de faits naissent dès le début de 1884 des projets concrets: Strindberg avait l'intention de décrire les paysans d'Europe. Il se proposait de voyager et de noter ses observations et ses impressions, sans chercher à les couler dans le moule d'une histoire, donc de rédiger des récits de voyage, mais en renonçant à l'exotisme, aux aventures, aux considérations sur les cultures passées qui faisaient à l'époque généralement partie du genre. Ses récits de voyage devaient avoir un contenu naturaliste. Il expose son projet dans une lettre du 29 février 1884, souvent citée, adressée au peintre Carl Larsson, qui devait l'accompagner. Il ne veut pas s'intéresser aux musées, aux monuments, aux théâtres, à la culture ni à la vie urbaine, mais à «la population et sa vie, sur lesquelles reposent toute la ville et toute la société».[18] Par «population», Strindberg entend la population rurale, qu'il veut considérer autrement qu'avaient alors l'habitude de le faire les écrivains et les voyageurs instruits. Il ne parlera pas des us et coutumes, ni du folklore. Il portera son attention sur le présent et les questions d'actualité:

---

17   Cf. Emile Zola: «Le roman expérimental», in *Œuvres complètes*, tome 41, Paris 1928, pp. 27-28. Mais, chez Zola non plus, on ne doit pas prendre à la lettre la notion de roman expérimental «scientifique». Voir à ce propos: Jean-François Battail: «Naturalismens s. k. vetenskaplighet», in *Samlaren* 104/1983, pp. 49-60.

18   Cité dans August Strindberg: *Samlade verk*, *Nationalupplagan*, band 23, Stockholm, Almqvist & Wiksell, 1985, p. 191: «befolkningen och dess lif på hvilka hela staden och samhället hvilar.»

Je veux écrire pour montrer la manière dont il [le paysan] vit et ce qu'il pense, ses conditions d'existence, et ce à quoi ressemblent sa province, ses champs et ses prairies; je veux qu'il me donne son avis sur la culture et l'avenir! [...] [Je devrais] lire tout ce qui a été écrit sur la question et étudier des cartes, des statistiques, etc.! [...] j'abandonne à leur propre sort les souvenirs du passé, les églises et les choses du même genre![19]

Au moment où Strindberg concevait *Bland franska bönder (Parmi les paysans français)*, Emile Zola parcourait la France. Il visitait des mines, se rendait dans les grands magasins, interviewait des vendeurs et des clients, voyageait dans des locomotives. Il considérait la recherche de terrain comme un travail préliminaire indispensable à l'écriture d'un roman. Mais ses *Carnets d'enquêtes* n'ont été publiés qu'en 1986. Ce sont beaucoup plus que de simples blocs-notes. Ils correspondent à l'étape du processus de création qui suit la prise de notes rapides sur le lieu des observations. Ce sont des textes littérairement élaborés. L'éditeur, Henri Mitterand, considère leur auteur comme un reporter et un ethnographe[20]. On ne sait pas si Zola avait envisagé de publier ces carnets. Dans l'introduction à l'édition de 1986, l'ethnologue Jean Malaurie constate leur valeur littéraire, et ajoute: «Peut-être aurait-il [Zola] préféré, parfois, se suffire du noyau dur de son œuvre [les *Carnets d'enquêtes*]. [...] La fiction, le contenu fabuleux n'ayant peut-être, dans certains cas précis, qu'une valeur superfétatoire.»[21]

Strindberg a fait ce que Zola, à l'époque, n'a pas osé ou pas pu faire. Il a créé un nouveau genre pour traiter des sujets sociaux et politiques, un genre qui constitue d'une certaine manière l'expression la plus conséquente de l'esthétique réaliste, et tout particulièrement naturaliste, dont les premiers éléments de définition se trouvent dans *Likt och olikt* et dans la lettre à Carl Larsson: il s'agit de rapporter de manière directe ses pro-

---

19 *Nationalupplagan*, band 23, p. 191: «Jag vill skrifva om hur han [bonden] lefver och hvad han tänker, hur han har det och hur han och hans landskap, hans åkrar och ängar se ut; Jag vill höra hvad han menar om kulturen och framtiden! [...] [Jag skulle] Läsa allt som var skrifvet i saken och studera kartor, statistik med mera! [...] alla forntidsminnen, kyrkor och sådant lemnas åt sitt öde!»

20 Cf. Henri Mitterand: «Avant-propos», in Emile Zola: *Carnets d'enquêtes. Une ethnographie inédite de la France*, textes établis et présentés par Henri Mitterand, Paris, Plon, 1986, p. 12.

21 Jean Malaurie: «Introduction», in Emile Zola: *Carnets d'enquêtes*, p. III.

pres recherches et ce que l'on a vu de ses propres yeux. L'auteur est un antiécrivain, qui n'écrit ni roman ni drame ni poème, mais reste écrivain au sens large et ne se transforme jamais en pédagogue ou en scientifique, tout en ayant des points communs avec ces derniers. La lettre à Carl Larsson citée plus haut contient une phrase clé: «nous serions à la fois des artistes et des gens utiles.»[22]

La combinaison de l'information, de l'instruction et de l'art est un élément essentiel de la notion de reportage comme genre élaborée par Strindberg. En août 1886, juste avant son voyage à travers la France, Strindberg, qui était toujours à la recherche de financements, s'adresse à l'éditeur berlinois Bloch. Mais celui-ci lui fait comprendre qu'il attend de lui un écrit scientifique, et ils ne parviennent pas à se mettre d'accord. Strindberg écrit à Bloch:

> Je [ne] voulais [...] [pas] écrire de façon scientifique = pesante. Vous savez que j'ai produit des écrits scientifiques, mais personne ne pouvait les lire. Le style, le coloris, tout se perd quand je suis obligé d'écrire ainsi. Les choses deviennent sèches comme du tabac à priser, et décousues. Le lecteur se fera mieux une image à travers mes impressions que par des *généralisations fausses*, car la science est généralisation, et pour cette raison fausse.[23]

Ces lignes indiquent que Strindberg, dans le reportage, ne renonce pas à l'art: il ne veut pas ennuyer le lecteur, il veut avoir un style, c'est-à-dire imprimer au texte une marque personnelle, se faire reconnaître comme celui qui écrit. Cette volonté s'exprime dans le sous-titre qu'il donne à *Parmi les paysans français*, «Subjektiva reseskildringar», «Descriptions de voyage subjectives». En outre, il ne fait pas totalement confiance à la science pour donner une image d'une réalité complexe et qui ne peut jamais être intégralement saisie. Tirer des règles générales d'observations particulières ne peut selon lui que conduire à des erreurs.

---

22   Cité par Carl Olov Sommar: *Strindberg på resa. August Strindbergs resor i Europa 1883-87 skildrade av honom själv och andra*, Stockholm, Carlsson, 1995, p. 31: «vi skulle både vara artister och nyttiga.»

23   Cité dans A. Strindberg: *Nationalupplagan,* bd 23, p. 199: «Jag [...] ville [ej] skrifva vetenskapligt = tjockskalligt. Ni vet att jag har skrifvit vetenskapligt, men det kunde ingen läsa. Stil, färg, allt går förloradt när jag skall skrifva så. Det blir torrt som snus och osammanhängande. Läsaren skall bättre få fram bilden af mina impressions än af *falska generaliseringar*, ty vetensk. är generalisering och alltså falsk.» (Les italiques sont de Strindberg.)

Au chapitre IX de la *Poétique*, Aristote traite brièvement de l'histoire. Le mot grec «historia» signifie étude, recherche, savoir. Le but de l'écrit historique est de transmettre du savoir. Aristote distingue soigneusement entre histoire et poésie, littérature. La différence ne se situe pas pour lui au niveau de la langue, des œuvres historiques en vers seraient concevables, estime-t-il. Elle réside bien davantage dans le fait que l'historien doit raconter ce qui s'est effectivement produit, tandis que le poète imite ce qui peut se produire selon la nécessité et la vraisemblance. Le poète doit faire porter son attention sur l'action – le «mythos». Celle-ci constitue le centre de l'œuvre poétique, ses différents moments doivent se succéder d'une manière nécessaire et vraisemblable, ce qui ne s'y rattache pas doit être écarté. C'est ainsi que l'épopée et le drame, conformément à leur destination, peuvent faire naître des sentiments[24]. L'œuvre de l'historien rend en revanche compte d'événements en tant que tels, elle ne recherche pas l'harmonie mais l'exhaustivité, elle montre tout ce qui s'est passé au cours d'une période de temps limitée, y compris des choses qui se succèdent d'une manière fortuite, et non nécessaire[25]. La poésie représente le général, l'histoire des cas particuliers. C'est pourquoi Aristote estime que la poésie est plus philosophique et plus noble que l'histoire[26].

Il me semble que la poétique du reportage de Strindberg se propose de franchir et de faire partiellement disparaître la ligne de démarcation soigneusement tracée par Aristote. Elle ne privilégie ni l'esthétique, la recherche de l'effet, la mise en forme, ni la fidélité au réel et l'exactitude, mais exige les deux simultanément et instaure une sorte de double priorité.

Aristote et Strindberg n'accordent pas la même valeur à la notion de général. Chez le premier, elle constitue une caractéristique positive de l'art, tandis que le second considère la généralisation comme une méthode scientifique, qui donne du monde une image fausse. Mais les déformations et les défauts inhérents aux représentations généralisantes de la science se retrouvent dans les œuvres d'art qui prétendent à l'universalité. Que ce soit en tant qu'héritier du romantisme, ou lecteur de Kier-

---

24　Cf. aussi chapitre XXIII de la *Poétique*.
25　Cf. chapitre XXIII de la *Poétique*.
26　Cf. chapitre IX de la *Poétique*.

kegaard, ou darwiniste, Strindberg ne peut que se montrer méfiant envers la conception aristotélicienne de la poésie, ou tout au moins la relativiser fortement. A ses yeux, l'artiste ne peut peindre qu'une partie du monde telle qu'elle est à un moment déterminé. Le reportage prend ses distances aussi bien envers l'universel humain de la poésie classique qu'envers la théorisation scientifique. Il se tourne vers le concret, qu'il représente avec un style. De là découle la fonction centrale de l'observation immédiate et de l'expérience personnelle dans ce genre.

Dans *Parmi les paysans français*, Strindberg ne s'abstient sans doute pas totalement de théoriser. Tous les chercheurs sont cependant aujourd'hui d'accord pour considérer qu'il a véritablement réussi à écrire un authentique reportage. Les différentes études qui ont été faites de ce texte permettent d'affirmer qu'il satisfait à la double priorité esthético-cognitive qui caractérise, me semble-t-il, la conception strindbergienne du reportage. Il y avait eu avant Strindberg des écrivains qui racontaient des voyages, mais il s'agissait alors le plus souvent d'autobiographies ou de réflexions sur l'art. Il y avait eu des journalistes et des savants qui examinaient la réalité extérieure, mais ils ne produisaient pas d'œuvres littéraires. Il y avait aussi eu des écrivains qui étudiaient des questions d'actualité, mais pour les présenter ensuite sous la forme de récits de fiction. L'auteur de *Parmi les paysans français* a peut-être été le premier, ou en tout cas le premier créateur important, à être à la fois reporter et écrivain.

Dans le reportage sur la France, les deux figures se confondent, en pratique comme en théorie. Strindberg y expose d'une manière plus systématique la poétique esquissée dans *Likt och olikt* et dans quelques lettres. Le premier chapitre, intitulé «Inledning», «Introduction», tient lieu de préface. Il ne fait pas partie du reportage proprement dit, mais justifie sa rédaction. Lorsque Mathilde Prager, sa traductrice autrichienne, fit valoir que l'introduction défendait des positions trop extrêmes et ne pouvait pour cette raison être acceptée par le quotidien viennois *Neue Freie Presse*, Strindberg la remplaça par un texte d'une page et demie qui porte le titre de «Förord», «Préface», et qui résume, sur un ton plus modéré, les principales idées exposées dans l'introduction. Cela confirme que l'introduction, dont le second titre est «Land och stad», «Campagne et ville», remplit bien la fonction d'une préface.

Au début de «Campagne et ville», c'est un narrateur à la première personne qui prend la parole. Il se trouve à Paris, sur la butte Montmartre, d'où il contemple la ville. Un vieil homme se joint à lui. Il s'agit peut-être d'un anarchiste, ou d'un communard, qui ressemble par certains traits au comte russe Tolstoï, mais qui pourrait aussi représenter Strindberg, ses convictions antérieures, ou une partie de ses convictions, diverses et contradictoires. La conversation qui s'instaure entre les deux hommes est tout sauf naturelle. Elle rappelle bien davantage un dialogue de Platon qu'une scène tirée du théâtre de Strindberg. Elle sert exclusivement à exposer une vision du monde. C'est d'abord le narrateur qui pose des questions. Ses objections permettent au vieil homme de présenter clairement son point de vue. Puis les deux protagonistes échangent leurs rôles. Le vieil homme pose les questions, et le narrateur déclare et justifie son intention d'entreprendre un voyage de reportage à travers la France rurale.

Le vieil homme défend les idées rousseauistes qui s'exprimaient dans *Likt och olikt*, en utilisant parfois les mêmes exemples. On peut ainsi lire à nouveau dans «Campagne et ville» que le monde ne serait pas plus mauvais si Raphaël n'avait jamais vécu[27]. Le vieil homme considère que la ville dévaste la campagne par sa consommation de produits de luxe, et que son «excès de culture» représente une menace pour l'humanité. C'est pourquoi il est à ses yeux urgent de venir en aide aux paysans, proches de la nature et utiles. Il apparaît alors soudain que le narrateur, qui, tel une sorte d'avocat du diable, a jusqu'alors pris la défense de la culture et du mode de vie urbain, partage en réalité les vues du vieil anarchiste. D'une manière tout à fait inattendue, il déclare: «Je vais justement partir en voyage pour examiner la question, j'ai depuis longtemps l'intention d'étudier ‹les fondations de la société› [...] en un mot, les paysans.»[28]

Les paroles du vieil homme doivent justifier le contenu du reportage et expliquer pourquoi l'auteur s'intéresse aux paysans et non à d'autres classes sociales ou d'autres groupes professionnels. Le choix de la forme

---

27   Cf. A. Strindberg: *Nationalupplagan*, band 23, p. 18.

28   A. Strindberg: *Nationalupplagan*, band 23, p. 19: «jag vill just gå ut och undersöka, det har länge varit min avsikt att studera ‹samhällets grundvalar› [...] med ett ord bönderna.»

du reportage est préparé par la condamnation du théâtre et de «l'excès de culture», par l'affirmation de l'inutilité des beaux arts et des belles lettres. Il apparaît clairement que le reportage doit traiter de thèmes d'actualité, dont l'examen doit avoir des conséquences positives pour un grand nombre de personnes. C'est au narrateur qu'il revient de décrire la forme particulière qui caractérise le reportage.

Gunnar Brandell mentionne une première version de «Campagne et ville», qui se termine par l'exhortation du vieil homme à venir en aide aux paysans, sur quoi le narrateur prend congé, à demi convaincu. Cette conclusion donne l'impression que les expériences que fera le narrateur pendant son voyage ne pourront que confirmer les vues de l'anarchiste rousseauiste.

C'est peut-être parce que la première version semblait trop peu crédible que Strindberg a complété l'introduction par la seconde partie du dialogue. Brandell explique la modification par le fait que Strindberg, en 1886, commençait à se distancier de la pensée de Rousseau et était en train de devenir darwiniste, mais ne partageait pas l'optimisme des évolutionnistes et avait au contraire une conception pessimiste de la théorie de l'évolution[29]. Les mots du vieil homme: «Il n'est pas bon de croire quelque chose, mais il est bon d'examiner les choses avant de porter un jugement!»[30] constitueraient le début d'une remise en cause de l'image du monde de Rousseau et refléteraient la perplexité de Strindberg dans la phase transitoire où il se trouve alors.

Mais on peut aussi constater que la dernière partie de «Campagne et ville», qui est aussi la partie qui a été écrite en dernier, présente l'activité du reporter telle que la comprend Strindberg. La phrase citée ci-dessus conduit le narrateur à mentionner le reportage qu'il prévoit d'effectuer, puis à expliquer ce qu'il sera et ne sera pas. Ce passage énonce ainsi les principales caractéristiques du genre, sur le plan de la forme et sur celui du contenu, que l'on peut résumer ainsi:

Premièrement: le reporter ne doit pas avoir d'opinions préconçues. Cela a pour conséquence que la conclusion du texte est ouverte, ou au

---

29   Cf. Gunnar Brandell: *På Strindbergs vägar genom Frankrike*, Stockholm, Wahlström & Widstrand, 1949, pp. 8-10.

30   A. Strindberg: *Nationalupplagan*, band 23, p. 19: «Det är icke gott att tro någonting, men gott är att undersöka innan man dömer!»

moins qu'elle ne peut être fixée préalablement au travail de terrain. Si celui-ci enseigne quelque chose – ce qui ne saurait être toujours le cas – cela n'apparaîtra qu'au fil de l'enquête. Le reporter affirme: «Mon grand mérite est de ne pas avoir d'opinions toute faites, d'arcanes. Si je réussis à en avoir une pendant mon voyage, j'en serai heureux, sinon, je serai heureux malgré tout si je vous ai un peu fait voir les choses de l'intérieur.»[31] Deuxièmement: pour étudier une question, le reporter se rend obligatoirement sur le terrain. Troisièmement: il est inutile qu'il éprouve de l'amour pour l'objet de son étude, et il n'a pas à rendre compte des motifs personnels éventuellement à l'origine de son entreprise, il n'est présent dans le texte que comme chercheur. «Que vous importent mes motivations ou mon amour», déclare le narrateur, «pourvu que mes chiffres soient exacts et mes descriptions vraies.»[32] Il y a une séparation nette entre le reporter et la personne privée, et par là entre le reportage de voyage et le récit de voyage plus ou moins autobiographique. Quatrièmement: avant le voyage, le reporter doit préparer soigneusement son enquête. Il doit en particulier lire ce qui a été écrit sur le sujet dont il va traiter. La fin de l'introduction précise: «Je n'ai pas l'amour [...] mais j'ai mieux, car j'ai une excellente bibliothèque sur les conditions de vie des paysans.»[33]

Dans la préface rédigée en 1886 pour la *Neue Freie Presse*, Strindberg ajoute une cinquième et une sixième caractéristique: cinquièmement, le reportage s'écrit rapidement, mais, sixièmement, il porte sur un sujet objectivement important qui doit être traité sans retard. Il gagne en actualité ce qu'il perd en scientificité: «[mes descriptions rapides] ne prétendent pas à la scientificité, mais d'autant plus à la rapidité, et ma tâche se limite à [...] donner un compte rendu de ce qui est en train de se

---

31   A. Strindberg: *Nationalupplagan*, band 23, p. 20: «Att jag icke har några åsikter färdiga, något arcanum, det är min stora förtjänst. Om jag lyckas förskaffa mig någon på min resa, skall jag bli glad, varom icke får jag vara glad ändå om jag skaffat er lite insikter.»

32   A. Strindberg: *Nationalupplagan*, band 23, pp. 19-20: «Vad har ni med mina motiv eller min kärlek att göra, bara mina siffror äro riktiga och mina skildringar sanna.»

33   A. Strindberg: *Nationalupplagan*, band 23, p. 20: «Jag har icke kärleken [...] men jag har bättre, ty jag har ett förträffligt bibliotek rörande bondeförhållanden.»

produire, et on dit qu'il se produit vraiment une évolution importante dans la classe sociale que je vais à présent décrire.»[34]

La cinquième caractéristique du reportage est rappelée dans l'introduction de la seconde partie de *Parmi les paysans français*, dans un passage qui constitue lui aussi une sorte de préface, où Strindberg rend compte en tant qu'auteur de ses méthodes de travail et explique comment il entend voyager et rédiger le texte: «Premièrement, le voyage devrait être le plus rapide possible, afin qu'on ne perde pas l'effet d'ensemble en s'attardant trop sur des détails.»[35] C'est pourquoi il voyagera par le train, bien qu'il ait, dans *Likt och olikt*, condamné le chemin de fer, qu'il considérait comme une menace envers la nature.

Il rappelle que l'historien Henry Doniol a écrit l'histoire du paysan français, et que Léonce de Lavergne a procédé à une évaluation scientifique de sa situation économique. Ces travaux existant déjà, il est inutile d'entreprendre une nouvelle étude des sujets concernés. Par ailleurs, l'examen scientifique de tous les domaines de la vie rurale dans toutes les provinces de France demanderait, selon les calculs de Strindberg, 99 ans[36]. La méthode scientifique est donc ou bien redondante et inutile, ou bien incapable de répondre à l'exigence de rapidité lorsqu'il s'agit de traiter d'un sujet d'actualité. En tant que reporter, Strindberg veut produire ce qu'il désigne par le mot allemand «Momentaufnahme», des «instantanés».

Mais au cours de la rédaction – et c'est là la septième caractéristique du reportage – il s'autorisera des corrections et des modifications mineures:

> Le plus beau pays d'Europe [...] se trouve sous forme de *Momentaufnahme* dans la cassette de l'œil reposé, et je veux maintenant essayer de développer les photos avec tous les moyens qui sont à ma disposition, en retouchant les négatifs: par des notes

---

34 A. Strindberg: *Nationalupplagan*, band 23, p. 221: «[mina hastiga skildringar] göra icke anspråk på vetenskaplighet, men dess mera på hastighet och min uppgift inskränker sig till [...] att referera vad som just försiggår, och det lär verkligen försiggå en betydelsefull evolution inom den samhällsklass som jag nu går att skildra.»

35 A. Strindberg: *Nationalupplagan*, band 23, p. 80: «För det första skulle resan gå så hastigt som möjligt att totalverkan ej förlorades genom dröjande vid detaljer.»

36 Cf. A. Strindberg: *Nationalupplagan*, band 23, p. 79.

prises pendant ce voyage et au cours de voyages précédents [...] avec des cartes et des livres.[37]

Comme c'est surtout la vue d'ensemble qui importe, de petites divergences par rapport à la réalité observée sont admissibles. Les «retouches» ne concernent que des détails. Elles servent d'une part l'exactitude de la représentation, donc une sorte de scientificité. Elles peuvent d'autre part évidemment aussi dans certains cas rendre cette représentation, d'une manière ou d'une autre, plus frappante. Les retouches contribuent ainsi à effacer la frontière entre texte esthétique et texte cognitif.

Dans le reportage, l'observation directe revêt une importance particulière. La deuxième partie de *Parmi les paysans français* s'intitule «Autopsier och intervjuer», «Autopsies et interviews». Le mot «autopsie» n'a pas ici le sens de «dissection», qui est celui qu'il a le plus fréquemment en suédois, mais signifie, conformément à l'étymologie, que le rapporteur doit voir et observer lui-même les choses.

Les règles de base du reportage que l'on peut ainsi tirer de «Campagne et ville» sont très proches des définitions proposées par des spécialistes suédois du genre, Gunnar Elveson, Karin Palmkvist, Lars J. Hultén ou Torsten Thurén, dans la seconde moitié du 20ᵉ siècle. Ces chercheurs définissent toutefois le reportage en le comparant à d'autres genres et en montrant ce qui l'en distingue, alors que Strindberg, en 1884-85, y voyait le genre destiné à remplacer la littérature traditionnelle, et lui conférait par là même d'emblée un statut littéraire.

Une préface est un texte programmatique. L'auteur y expose ses intentions, il y explique ce qu'il a cherché à faire, ce que l'on est en droit d'attendre de son œuvre et ce que l'on ne doit pas en attendre. La préface constitue souvent la part la plus importante de ce que la narratologie appelle le «paratexte», qui comprend tout ce qui accompagne le texte proprement dit, préfaces et postfaces, titres et sous-titres, nom d'auteur, dédicaces, etc. C'est dans le paratexte que figurent les termes de ce que

---

37 A. Strindberg: *Nationalupplagan*, band 23, p. 81: «Europas skönaste land [...] ligger i Momentaufnahme inom det utvilade ögats kassett, och jag vill nu söka framkalla bilderna med alla till buds stående medel, och därvid retuschera upp negativerna: med annotationer från denna och äldre resor [...] med kartor och böcker.»

Philippe Lejeune nomme le pacte de lecture[38], qui lie l'auteur à ses lecteurs.

Un pacte peut être respecté ou violé. En ce qui concerne *Parmi les paysans français*, Strindberg s'est soumis pour l'essentiel aux obligations qu'il s'était imposées. Il n'a pas seulement observé soigneusement les paysans, il l'a fait d'une manière qui était à l'époque tout à fait nouvelle, en plaçant la vie quotidienne, le travail, les outils, les problèmes économiques au centre de son étude. La critique l'a souvent comparée aux récits de voyages de la même époque, pour souligner la grande différence de perspective. L'écrivain américain Henry James raconte ainsi un voyage en France dans *A little tour in France*, paru en 1885. Il exprime son admiration pour les monuments du passé, mais ne manifeste pas d'intérêt pour le présent[39]. Strindberg fréquente les cafés de village et, dans le train, il voyage en troisième classe. Il prend constamment des notes. Il a consulté de nombreux ouvrages théoriques sur les sujets qu'il se dispose à étudier par l'observation directe, il a lu des traités de géologie, de géographie physique et économique, de minéralogie et d'agriculture, ainsi que des manuels scolaires. Aux différentes étapes de son voyage, il achète les journaux locaux. En revanche, il ignore délibérément les monuments et les curiosités touristiques. Bien qu'il passe par Reims, Laon et Amiens, il ne dit pas un mot de leurs cathédrales gothiques, qui sont pourtant parmi les plus belles et les plus célèbres de France. A propos de l'arrivée à Amiens, on lit dans *Parmi les paysans français*: «A Amiens, nous avons l'occasion de jeter rapidement un regard sur [...]» A cet endroit, le lecteur cultivé s'attend à voir le mot «katedralen», «la cathédrale». Au lieu de cela, la phrase se poursuit ainsi: «une méthode de jardinage importée de Hollande.»[40] Le nom de Chartres n'est mentionné qu'en relation avec «la grande plaine céréalière de la Beauce»[41]. En Bretagne, le reporter boycotte tout aussi systématiquement les vieux blocs de pierre celtiques: «Nous déclinons ensuite une

---

38   Cf. Philippe Lejeune: *Le pacte autobiographique*, nouvelle édition augmentée, Paris, Seuil, 1996.

39   Cf. Eva Ahlstedt, Pierre Morizet: «Postface», p. 276.

40   A. Strindberg: *Nationalupplagan*, band 23, pp. 110-111: «[vi] få vid Amiens kasta en hastig blick på [...]» «en från Holland införd trädgårdsskötsel.»

41   A. Strindberg: *Nationalupplagan*, band 23, p. 119: «det stora sädeslandet Beauce.»

invitation à voir des dolmens et des menhirs, qui ne sont pas à notre pro-gramme [...] [et] ne sont pas du tout d'actualité.»[42]

En voyage, Strindberg se livre sans cesse à des «autopsies», au dou-ble sens du terme, car il voit les choses de ses propres yeux et fait de son regard un scalpel. L'emploi fréquent de verbes tels que «överskåda» («dominer par le regard»), «genomskåda» («transpercer par le regard», «percer à jour»), «skärskåda» («trancher, disséquer par le regard»), est à cet égard révélateur.

La densité informative de *Parmi les paysans français* est étonnam-ment forte. Lars Ardelius qualifie le texte de «rapport sociologique bour-ré de faits»[43]. Gunnar Brandell, qui refait en 1949 le parcours effectué par Strindberg en 1886, remarque: «Si nous n'avions pas eu son écrit [*Parmi les paysans français*] en main, nous n'aurions pas vu ni vécu la moitié de ce que nous avons vu et vécu.»[44] Régis Boyer, qui a étudié le vocabulaire français de Strindberg, constate qu'il introduit dans son texte en suédois de nombreux mots dialectaux ou régionaux français, ainsi que des termes techniques, et qu'il les utilise à bon escient, qu'il avait effec-tivement lu de nombreux ouvrages scientifiques et des relevés de statis-tiques, qu'il exploite de manière adéquate[45].

Dans *Parmi les paysans français*, le statut de l'instance qui dit «je» est également remarquable. Le nom de l'auteur sur la couverture, le qua-lificatif de «reseskildringar» («descriptions de voyage») donné au livre, l'utilisation des pronoms personnels de la première personne du singulier laissent penser qu'il s'agit d'August Strindberg. Le lecteur n'apprend toutefois rien de ce que vit, ressent ou projette ce «je», sauf dans les cas où cette expérience vécue, ces sentiments, ces projets renseignent sur la France rurale. Il n'est jamais question de la crise conjugale que traverse

---

42   A. Strindberg: *Nationalupplagan*, band 23, p. 128: «Vi avböja vidare anbud att bese dolmens och menhirs, som ej ingår i vårt program [...] [och] sakna varje ak-tualitet.»

43   Lars Ardelius: «Bondejakten. Med Strindberg bland franska bönder», in *Ord och bild*, nr. 8, 1972, pp. 487-508. Citation p. 487.

44   Gunnar Brandell: *På Strindbergs vägar genom Frankrike*, Stockholm, Wahlström & Widstrand, 1949, p. 79.

45   Cf. Régis Boyer: «En lisant *Bland franska bönder*: en français dans le texte», in Gunnel Engwall, éd.: *Strindberg et la France. Douze essais*, Stockholm, Almqvist & Wiksell International, 1994, pp. 15-28.

alors Strindberg, et qu'il racontera en 1887 dans *Le plaidoyer d'un fou*. Rien n'est dit non plus des querelles qui opposent Strindberg et son compagnon de voyage Gustaf Steffen, dont le premier donnera en 1887 une transposition littéraire dans la nouvelle «Hjärnornas kamp»[46], à la suite desquelles Steffen quitte Strindberg avant le moment initialement prévu. On trouve simplement, au début du 8ᵉ et dernier chapitre de la seconde partie la phrase laconique: «A partir d'Arles, où l'assistant de voyage est congédié, le parcours va franchement vers le nord.»[47]

Le «je» du reportage ne tient pas le journal de sa propre vie, mais devient un moyen au service de la représentation. Il ne possède pas de destin individuel, il se réduit à sa fonction de perception dans un domaine bien délimité. Les descriptions ne sont pas objectives pour autant, ce qui signifie que le lecteur sent la présence de Strindberg dans le texte, si l'on entend par «Strindberg» la figure auctoriale telle que je proposerai de la définir, à la suite de Wolfgang Behschnitt. Cette figure se manifeste par exemple dans la peinture des femmes ou les comparaisons extrêmement concrètes et frappantes. Mais alors que dans l'autobiographie le «je» est à la fois sujet et objet des observations, il est dans le reportage exclusivement sujet observant.

Il est vrai qu'il y a dans le texte quelques rares passages dans lesquels un «je» observé apparaît brièvement, comme lorsque l'on lit à propos du village de Grez-sur-Loing et de ses environs: «Mon paysage me rend toujours joyeux.»[48], ou à propos de la première arrivée de Strindberg au Havre en 1877: «je voyais pour la première fois le pays lumineux où je m'étais rendu à de si nombreuses reprises en pensées.»[49] On trouve un passage encore plus nettement autobiographique dans le chapitre qui comprend la Bourgogne:

> Des noms de lieux qui sonnent bien, des souvenirs de superbes vins qui se sont un jour trouvés devant moi figurent sur les murs des gares de chemin de fer. [...] Beaune

46   In *Vivisektioner*, in A. Strindberg: *Nationalupplagan*, band 29.
47   A. Strindberg: *Nationalupplagan*, band 23, p. 153: «Från Arles, där resebiträdet hemförlovas, går färden avgjort mot norden.»
48   A. Strindberg: *Nationalupplagan*, band 23, p. 30: «Mitt landskap gör mig alltid lätt om hjärtat.»
49   A. Strindberg: *Nationalupplagan*, band 23, p. 112: «jag såg för första gången det ljusa landet, dit tankarne vandrat så mången gång.»

est pour moi celui qui évoque le plus fortement une atmosphère d'intimité. Lorsque je vois ces coteaux [...] il me vient [...] l'image de tables de Noël, et je vois le faisan rôti sur le grand plat, entouré d'une garde d'honneur de bouteilles noires.[50]

Mais il ne s'agit dans tous les cas que de remarques discrètes faites en passant, qui ne changent pratiquement rien au statut du locuteur à la première personne.

D'après «Campagne et ville», le reporter doit enfin partir en voyage sans idées préconçues et ne pas avoir fixé à l'avance les conclusions qu'il tirera de son enquête. Dans le reportage sur la France, Strindberg expose en détails un certain nombre de problèmes auxquels le pays est confronté, et se rend ce faisant compte – et fait comprendre au lecteur – à quel point il est difficile de leur apporter une solution satisfaisante; L'exode rural constitue ainsi l'un des fléaux les plus inquiétants qui frappent l'agriculture française. Strindberg mentionne les causes possibles de ce phénomène, ainsi que plusieurs solutions, qui ont été proposées par d'autres, mais sans prendre lui-même position. Il n'a pas de remède miraculeux à recommander. L'exode rural est entre autres une conséquence de la scolarité obligatoire, qui fait que la jeunesse, désormais plus instruite, n'a plus envie de travailler la terre et part pour les villes. Strindberg approuve la scolarité obligatoire, qui est une expression de la démocratisation de la société, mais il comprend en même temps le danger qu'elle constitue pour le modèle agraire. La contradiction entre ses différentes convictions ne lui échappe pas. La relative incompatibilité de la démocratie et de la société agraire apparaît nettement au fil des observations, des conversations, des interviews et des lectures dans la première partie du reportage.

L'observation de situations concrètes semble mettre en évidence le fait que le libre-échange, recommandé par les libéraux, constitue en réalité une menace pour l'agriculture française, si bien que le libéral Strindberg se trouve en conflit avec le défenseur de la paysannerie: «Mais être protectionniste est une attitude conservatrice, et le mot ‹libre-

---

50 A. Strindberg: *Nationalupplagan*, band 23, p. 160: «Klingande namn, minnen av härliga vin som varit, stå att läsa på järnvägsstationerna. [...] för mig mest intimt verkar Beaune. När jag ser dessa sluttningar[...] kommer bilden av dukade julbord [...] för mig, och jag ser den stekta tjädern på det stora fatet med en hedersvakt av svarta buteljer.»

échange› fait si libéral sur un programme électoral. Et qui n'a pas envie d'être libéral?»[51]

Le titre de la troisième et dernière partie de *Parmi les paysans français*, «Sammanfattning och slutord», «Résumé et conclusion», laisse entendre que l'auteur y présente une synthèse de ses descriptions et en tire éventuellement des enseignements. Mais il s'agit en réalité d'abord d'un écrit polémique, qui s'efforce de démontrer la supériorité de *det lilla jordbruket*, la petite exploitation agricole, et de l'autarcie. Strindberg explique que les meilleurs rendements sont obtenus par des paysans qui possèdent des terres de petites dimensions et les cultivent eux-mêmes. Il cite des chiffres et se réfère à Montesquieu et aux physiocrates, mais peu à ses propres observations. Il se contente de renvoyer, en termes généraux, à «des livres dignes de confiance, des déclarations personnelles et l'expérience vécue»[52], sans donner davantage de précisions. Il attaque ceux des socialistes qu'il appelle socialistes industriels, et estime devoir défendre la paysannerie contre eux. Il reprend des idées précédemment développées dans *Likt och olikt*, et l'évolutionisme pessimiste qui s'esquissait dans «Campagne et ville» s'affirme ici avec netteté. Dans la «conclusion», Strindberg s'efforce de convaincre le lecteur, non par des exemples concrets tirés du reportage, mais d'une part par l'argumentation logique, et d'autre part en se référant à des autorités, telles que Montesquieu et Eugène Simon, aujourd'hui oublié, et aussi August Strindberg, dont il laisse entendre que l'on peut le croire sur parole lorsqu'il parle d'agriculture, puisque le monde rural lui est familier. Ce ne sont pas ici les observations de terrain elles-mêmes qui confirment les thèses de l'auteur, c'est sa qualité d'enquêteur de terrain qui doit suffire à rendre crédibles ses affirmations.

Cette attitude conduit inévitablement à des contradictions. Dans le dernier paragraphe, écrit presque trois ans plus tard que le reste de la «conclusion», à l'automne 1889, Strindberg reconnaît que l'agriculture ne joue dans l'économie française qu'un rôle secondaire, «car la France

51   A. Strindberg: *Nationalupplagan*, band 23, p. 99: «Men det är konservativt att vara protektionist, och frihandlare låter så liberalt på ett valprogram. Och vem vill icke vara liberal?»

52   A. Strindberg: *Nationalupplagan*, band 23, p. 166: «tillförlitliga böcker, personliga meddelanden och erfarenheter».

est un pays de manufactures, qui peut vivre sans paysans et sans produire de matières premières»[53]. On peut lire aussi bien dans l'introduction que dans la conclusion que le paysan français est «le paysan le plus heureux d'Europe»[54]. L'image donnée par le reportage proprement dit est cependant assez sombre. Si Strindberg écrit dans la dernière partie que le paysan français n'est pas affecté par la concurrence étrangère, plusieurs passages du reportage montrent combien les producteurs de céréales souffrent des importations en provenance des Etats-Unis. Le blé américain, moins cher que le blé français, ne menace sans doute que les gros producteurs, qui vivent de la vente de leurs céréales et sont soumis aux lois du marché. Strindberg distingue toujours soigneusement entre celui qu'il appelle le paysan, qui vit en autarcie sur une petite exploitation, et «den store jordbrukaren», «le gros agriculteur». Mais les gros producteurs constituent une part non négligeable de l'ensemble des cultivateurs français de céréales, ce que montrent les chiffres cités dans le reportage, si bien que la crise qui les frappe ne peut qu'avoir de graves conséquences.

L'autre fléau dont souffre l'agriculture française est le phylloxéra, un insecte parasite qui détruit les vignes. Les vignobles du sud de la France qui, dans les années 1880, ne donnent plus du tout de raisin, offrent un spectacle désolant. Strindberg a constaté et décrit le malheur des vignerons. Toutefois, malgré les intentions proclamées en introduction, il ne tire pas à la fin de son livre les conclusions que les phénomènes observés sembleraient imposer, et il continue à affirmer que le paysan français est heureux. Comme le remarque Gunnar Brandell: les «observations [de Strindberg] étaient plus sûres que les conclusions qu'il en tirait».[55]

Mais si l'on fait abstraction de la troisième partie, beaucoup plus courte que les deux autres, on peut tout à fait considérer *Parmi les paysans français* comme un reportage, selon la définition de Strindberg. Ce n'est donc pas seulement dans le domaine du théâtre qu'il a réussi à énoncer théoriquement les règles d'un nouveau genre littéraire tout en

---

53   A. Strindberg: *Nationalupplagan*, band 23, p. 184: «ty Frankrike är ett manufakturland, som kan leva utan bönder och utan råvaro-produktion.»

54   Cf. A. Strindberg: *Nationalupplagan*, band 23, p. 20 et p. 164.

55   Gunnar Brandell: *På Strindbergs vägar genom Frankrike*, Stockholm, Wahlström & Widstrand, 1949, p. 41.

l'illustrant en même temps par une œuvre de valeur. On peut le considérer comme le fondateur du reportage d'écrivain, ce qui est sans doute
l'une des raisons pour lesquelles ce genre a été pratiqué davantage en
Suède qu'ailleurs pendant tout le 20ᵉ siècle.

La poétique du reportage élaborée par Strindberg est exposée, comme je
me suis efforcée de le montrer, dans l'introduction de *Parmi les paysans
français*, qui a fonction de préface. Il convient toutefois pour finir de
s'interroger sur la forme que prend cette préface.

Kerstin Dahlbäck a montré que les critères proposés par Philippe Lejeune pour distinguer les textes autobiographiques des récits de fiction ne
permettent pas de déterminer si *Tjänstekvinnans son (Le fils de la servante)* est ou non un écrit autobiographique: le personnage principal ne
porte sans doute pas le nom de l'auteur, mais des lettres rédigées à
l'époque de la première publication du livre indiquent que Johan et August Strindberg sont une seule et même personne, et, dans l'édition de
1909, le récit est précédé d'une liste des œuvres de Strindberg[56]. Chez ce
dernier, c'est entre autres souvent le paratexte qui efface la frontière
entre fiction et faction, parce que la règle selon laquelle l'auteur s'exprime dans le paratexte, tandis que le texte proprement dit donne la parole à un personnage fictif, ne s'applique pas vraiment dans le cas du
Fils de la servante. Cela est encore plus net dans *Le plaidoyer d'un fou*,
pourvu d'une série de préfaces et de postfaces qui font que l'on passe
insensiblement du paratexte au texte et vice versa: le «je» du paratexte
est déjà une figure fictive, alors que le narrateur du roman est en partie
identique à Strindberg[57]. L'édition de Paris de 1895 se compose de deux
préfaces, une introduction, quatre parties et une conclusion dans laquelle
le narrateur annonce à sa belle-mère qu'il a terminé son roman. La
structure d'ensemble du livre rend impossible une séparation nette entre
l'auteur et le personnage fictif.

---

56   Cf. Kerstin Dahlbäck: «Strindberg's Autobiographical Space», in Michael Robin-
     son, ed.: *Strindberg and Genre*, Norwich, Norvik Press, 1991, pp. 82-94.
57   Cf. Gunnel Engwall: «Bland franska förord. Några nya aspekter på Strindbergs *En
     dåres försvarstal*», in *Studier i modern språkvetenskap*, Acta Universitatis Stock-
     holmiensis, Ny serie, volym 10, Stockholm, Almqvist & Wiksell International,
     1993, pp. 45-75.

Les choses ne sont pas très différentes dans le cas de *Parmi les paysans français*. Dans le texte principal, le rapporteur est identique à Strindberg, tandis que l'introduction qui sert de préface met en scène une rencontre et une conversation qui sont de toute évidence inventées. *Parmi les paysans français* a ceci de paradoxal que le «je» désigne l'auteur dans les deux parties principales, et une figure partiellement fictive dans le paratexte, cette figure n'étant que partiellement fictive, car elle a de nombreux points communs immédiatement visibles avec Strindberg, et semble ainsi anticiper le type de récits appelés «autofictions» qui apparaît à la fin du 20ᵉ siècle. Mais la fictionalisation du paratexte remet en cause le théoricien de la littérature en tant que personne existant réellement indépendamment du texte littéraire et réfléchissant sur ce texte, et insère ainsi la poétique dans la poésie, si bien que la poétique devient elle aussi une création littéraire. Par l'incertitude qui règne sur le statut de celui qui s'exprime verbalement, *Parmi les paysans français* renvoie à une esthétique qui ne connaît pas de séparation claire entre auteur et personnage, esthétique caractéristique de l'œuvre de Strindberg en général, liée à l'incertitude qui pèse sur la nature du moi, qui ne conçoit le moi que comme illusion d'optique, comme «un désordre haut en couleurs, dépourvu de corps, qui change de forme selon le point de vue de l'observateur et qui n'a peut-être pas plus de réalité que l'arc-en-ciel»[58], selon les termes qu'utilise Strindberg dans *Le fils de la servante*. Le reportage s'intègre ainsi finalement dans la dynamique de l'œuvre globale que génère le statut incertain du sujet.

---

58 A. Strindberg: *Nationalupplagan*, band 21, p. 214: «ett brokigt virrvarr, som saknar kropp, som växlar form alltefter betraktarens synpunkt och som kanske icke har mera realitet än regnbågen». Cité par Michael Robinson: *Strindberg and Autobiography*, Norwich, Norvik Press, 1986, p. 82.

Chapitre 4

Images de la France rurale à la fin du 19e siècle: Le reportage d'August Strindberg *Bland franska bönder*

Bland franska bönder (Parmi les paysans français) a paru en 1889. Les différentes parties qui composent le livre, comme le rappelle l'auteur dans une sorte d'avertissement, avaient été écrites en 1885 et 1886, et avaient été publiées dans des journaux autrichiens, danois et finlandais. Pendant assez longtemps, il a été relativement négligé par les études strindbergiennes, mais, depuis une vingtaine d'années, tel n'est plus le cas. Elie Poulenard notait d'ailleurs dès 1966 que *Bland franska bönder* «marque une étape importante dans l'évolution intellectuelle de son auteur»[1].

Il marque aussi sans doute une étape dans l'évolution de la littérature suédoise et semble être l'un des textes fondateurs du genre du «reportage d'écrivain», dans la mesure où il constitue à la fois une poétique du reportage, comme j'ai tenté précédemment de le montrer[2], une mise en œuvre pratique de cette poétique et un modèle dont s'inspireront ensuite bien des écrivains suédois, auquel se réfèrent explicitement, par exemple, *Vagabondliv i Frankrike*, d'Ivar Lo-Johansson[3], ou *Rapport från kinesisk by*, de Jan Myrdal[4].

La plupart des commentateurs de *Bland franska bönder*, Gunnar Brandell, Lars Ardelius, Eva Ahlstedt et Pierre Morizet, Régis Boyer, mettent l'accent sur deux de ses aspects, sa richesse documentaire et le

1   Elie Poulenard: *«Bland franska bönder»*, in Strindbergssällskapet, utg.: *Essays on Strindberg*, Stockholm 1966, pp. 161-175, citation p. 161.
2   Voir le chapitre précédent.
3   Ivar Lo-Johansson: *Vagabondliv i Frankrike*, Stockholm, Wahlström & Widstrand, 1927.
4   Jan Myrdal: *Rapport från kinesisk by*, Stockholm, Norstedt, 1963.

caractère novateur de l'entreprise de Strindberg[5]. Dans son étude sur
l'évolution de l'œuvre de Strindberg jusqu'en 1887, Sven-Gustaf Edqvist ne mentionne *Bland franska bönder* qu'une seule fois rapidement.
De même, dans sa biographie de Strindberg, Michael Meyer n'évoque
que très brièvement le texte[6], qui n'occupe qu'une place marginale dans
l'ouvrage de Martin Kylhammar sur les conceptions de la technique et
des sociétés agraires chez Strindberg et Heidenstam[7]. Mais Elie Poulenard a dégagé quelques-uns des traits les plus marquants des images de
la France rurale données par le livre, et montré comment l'auteur réussit
à présenter de manière attrayante des données géographiques et économiques[8].

Je voudrais proposer ici une analyse un peu plus systématique des
idées, explicites ou implicites, qui sous-tendent *Bland franska bönder*,
des objectifs que ce texte s'assigne, des moyens rhétoriques auxquels il
recourt et des images qu'il donne d'une réalité déterminée et clairement
circonscrite. Cela me permettra d'aborder ensuite la question de savoir
comment ce reportage s'intègre dans l'ensemble de l'œuvre de Strindberg, quelles relations il entretient avec l'évolution et les constantes qui
la caractérisent.

Lorsque Strindberg, à la fin de l'année 1885, commence la rédaction
de l'introduction et de la première partie de ce texte, il met à exécution
un projet vieux de plusieurs années. Comme sa correspondance en témoigne, il s'était, dès 1884, proposé de «découvrir l'Europe» et d'en

5   Cf. Eva Ahlstedt, Pierre Morizet: «Postface», in August Strindberg: *Parmi les
     paysans français*, traduit par E. Ahlstedt et P. Morizet, Arles, Actes Sud, 1988,
     pp. 259-278, Lars Ardelius: «Bondejakten. Med Strindberg bland franska bönder»,
     in *Ord och bild*, n° 8, 1972, pp. 487-508, Régis Boyer: «En lisant *Bland franska
     bönder*: en français dans le texte», in Gunnel Engwall, éd.: *Strindberg et la France.
     Douze essais*, Stockholm, Almqvist & Wiksell International, 1994, pp. 15-28,
     Gunnar Brandell: *På Strindbergs vägar genom Frankrike*, Stockholm, Wahlström
     & Widstrand, 1949, Gunnar Brandell: *Strindberg. Ett författarliv*, Stockholm, Al-
     ba, 1983-89.
6   Cf. Sven-Gustaf Edqvist: *Samhällets fiende. En studie i Strindbergs anarkism till
     och med Tjänstekvinnans son*, Stockholm, Tidens förlag, 1961, et Michael Meyer:
     Strindberg. A Biography, London, Secker & Warburg, 1985, p. 159.
7   Cf. Martin Kylhammar: *Maskin och idyll. Teknik och pastorala ideal hos Strind-
     berg och Heidenstam*, Stockholm, Liber Förlag, 1985
8   Cf. Elie Poulenard: 1966.

décrire la paysannerie dans une série d'ouvrages rapportant les observations faites dans les contrées visitées. Pour Strindberg, le paysan devrait jouir d'un prestige que lui refuse, selon lui, la société européenne de la fin du 19ᵉ siècle, qui le méprise. C'est pourquoi il le choisit comme objet d'étude. Les pays qu'il prévoit d'étudier ainsi sont la Suède, la France, l'Angleterre, l'Ecosse, l'Irlande, l'Allemagne, l'Italie, la Grèce. Mais il ne réalisera que le reportage sur la France.

Faits et commentaires

J'ai rappelé précédemment que la richesse informative de *Bland franska bönder* était unanimement reconnue par la critique. C'est l'information à fournir qui détermine la structure des deux premières sections du texte. Les six chapitres de la première correspondent à différents domaines de la vie dans la campagne d'Ile-de-France, le village et ses habitants, la production agricole, le système de l'enseignement public, le problème de l'exode rural, les femmes et la famille, et enfin les loisirs. Quant aux chapitres de la deuxième section, ils présentent chacun une région française, en commençant généralement par la géographie physique, avant de traiter de l'agriculture et de ceux qui la pratiquent.

Strindberg cite les noms des fleuves, des montagnes, des vallées et des plaines, indique leurs emplacements respectifs et expliquent les phénomènes géologiques à l'origine des reliefs, des sols et des cours d'eau qu'il observe, puis parle de la flore et de la faune caractéristiques des paysages qu'il vient de décrire. Lorsqu'il aborde les questions économiques, il n'hésite pas à citer des chiffres et des statistiques, ce qui était sans doute aussi, au moment où il écrivait, une manière de rompre ostensiblement avec la littérature au sens traditionnel. Au chapitre II de la première section, on trouve un tableau comparatif du rendement à l'hectare de la culture du blé dans une dizaine de pays ou régions d'Europe[9]. Lorsque Strindberg, dans le chapitre consacré à la Champagne, examine les avantages et les inconvénients du libre-échange et du protection-

---

9   Cf. August Strindberg: *Bland Franska bönder, Samlade verk, Nationalupplagan,* band 23, Stockholm, Almqvist & Wiksell, 1985, p. 32.

nisme, il donne beaucoup de chiffres, qui servent de prémisses objectives à ses raisonnements[10], alors que dans la description des ravages qu'a fait le phylloxéra dans les vignobles du sud de la France, les chiffres, souvent très élevés, ont pour fonction, outre la référence à la réalité objective, de rendre immédiatement sensible l'ampleur de la catastrophe[11].

Le reportage de Strindberg, qui fournit une quantité inhabituelle d'informations concrètes sur la réalité, se distingue aussi de la prose littéraire traditionnelle en ce que sa visée n'est ni narrative ni argumentative[12]. L'auteur y défend sans doute certaines idées à l'aide d'arguments, et raconte parfois aussi de petites histoires, mais les argumentations ou les récits ne constituent que de brefs passages, qui n'ont que peu de rapports entre eux et ne s'intègrent pas dans une argumentation ou un récit plus vaste, qui ferait progresser le texte du début à la fin, soit par un enchaînement logique de propositions aboutissant à une conclusion, soit par le déroulement d'une intrigue aboutissant à un dénouement. La numérotation des chapitres de la seconde section correspond à l'ordre dans lequel Strindberg, en août et septembre 1886, a visité les régions décrites dans ces chapitres. Mais chaque étape du voyage apporte ses enseignements, indépendamment de ceux qui ont pu être tirés des étapes précédentes. On peut lire les huit chapitres de la deuxième section de *Bland franska bönder* dans n'importe quel ordre, sans que cela en gêne la compréhension ou en modifie le contenu. Une remarque analogue peut être faite à propos de la première section. Le reportage donne la priorité à la description, et il est confronté aux problèmes de structuration qui sont ceux de tout texte descriptif: l'ordonnance des éléments de la description d'un objet est indépendante de l'objet décrit. Elle est fixée de l'extérieur par le descripteur, qui peut être animé par un souci de clarté, ou chercher

---

10   Cf. A. Strindberg: *Bland Franska bönder*, pp. 98-100.
11   Cf. A. Strindberg: *Bland Franska bönder*, p. 144.
12   Sur le schéma narratif ou argumentatif comme schéma fondamental de la prose littéraire, voir, par exemple, Jocelyn Létourneau: «Le texte historique comme objet de l'analyse littéraire» in Claude Duchet, Stéphane Vachon, éd.: *La recherche littéraire. Objets et méthodes*, Montréal, XYZ et Paris, Presses Universitaires de Vincennes, 1993, pp. 131-142.
      Marc Angenot estime pour sa part que, d'une manière générale, «*narrer* et *argumenter* sont les deux grands modes de mise en discours» (*Un état du discours social*, Québec, Editions du Préambule, 1989, p. 13).

à produire tel ou tel effet. La rhétorique classique possédait des règles qui prescrivaient la manière de décrire un être humain, un visage, un objet inanimé ou un paysage, règles qui n'étaient que des conventions. Ainsi, un personnage devait être décrit de haut en bas, une chose de bas en haut[13].

La seconde section de *Bland franska bönder* est structurée par le trajet que parcourt le reporter, et qui n'est en rien l'expression symbolique d'une hiérarchie entre les lieux visités, mais seulement une réalité géographique, un tour de France qui part du Jura et y revient. Par rapport au contenu, cette structure ne se justifie pas plus que, par exemple, un classement alphabétique, et constitue un choix arbitraire. Mais elle présente l'avantage, outre d'ordonner les informations, d'imprimer à l'énoncé un mouvement, qui n'est certes pas véritablement une progression, mais peut en donner l'illusion. Le parcours, ici simplement géographique, fixe un début et une fin à la description, évoque, tout en s'en distinguant, le parcours chargé de sens des textes littéraires, et, d'une manière générale, l'immémoriale tradition narrative. Les changements du paysage, de la végétation, du climat, les arrivées dans des gares ou sur des places de bourgs forment une sorte de trame narrative minimale. Strindberg adapte ici au niveau de la structure d'ensemble d'un texte de plus de 80 pages l'ancien principe qui bannissait de la littérature les passages purement descriptifs et recommandait de leur substituer une narration, le récit de la fabrication de l'objet[14], ou de sa découverte progressive. Cela n'empêche évidemment pas la réalité dépeinte de demeurer le centre d'intérêt principal. L'auteur met en scène l'enquêteur en train de découvrir les unes après les autres les régions françaises, avec leurs problèmes et les solutions qui peuvent être proposées. Mais ce qu'il importe ici en premier lieu de transmettre, ce sont les multiples informations recueillies, et le schéma du voyage n'a pas d'autre raison d'être que de les relier entre elles et de les ordonner, il ne présente en lui-même aucun intérêt. Si l'on peut le résumer en disant que le narrateur fait le tour de la France en

---

13   Cf. Jean-Michel Adam: *La description*, Paris, PUF («Que sais-je?» n° 2783), 1993, p. 50.

14   L'exemple le plus fréquemment cité de cette technique littéraire est le chant XVIII (vers 484-617) de l'*Iliade*, où Homère décrit le bouclier d'Achille en racontant sa fabrication par le dieu Héphaestos.

chemin de fer, en allant de Belfort en Champagne, de là en Picardie, puis en Normandie, dans le val de Loire, en Bretagne, descend le long de la côte atlantique, traverse le Bordelais, arrive à Montpellier, remonte vers le nord, pour terminer son voyage par la Bourgogne, ce synopsis ne révèle toutefois rien du contenu de l'œuvre, dont le propos n'est pas narratif. Contrairement au récit, voire à l'argumentation, le texte descriptif ne peut se résumer.

Dans la première section de *Bland franska bönder*, la succession des chapitres correspond à l'évolution de la description d'une vue d'ensemble à une concentration sur des thèmes de plus en plus précis et limités: après avoir décrit la campagne qui entoure le village, son climat et les plantes qui y poussent, Strindberg présente les habitants, passe de là aux problèmes de l'agriculture, qui constitue la ressource quasi unique du village, et en vient à parler de l'introduction de l'enseignement obligatoire, qui a des effets directs sur les activités agricoles, dans la mesure où il favorise l'exode rural, qui explique à son tour le manque de main d'œuvre chronique dont souffre la campagne; après avoir traité les questions économiques et sociales, il se tourne vers «la base première de la société»[15] qu'est la famille, pour terminer par la peinture de la vie quotidienne, des loisirs et des fêtes.

Le village de Grez-sur-Loing, où Strindberg a vécu et s'est entretenu avec les paysans, doit être soigneusement observé et décrit fidèlement, conformément aux règles du reportage. Il ne peut être question, pour l'auteur, de modifier des détails ou d'en inventer, pour rendre l'image plus belle, ou plus frappante. Mais cette image doit cependant être d'une certaine manière intéressante, retenir l'attention. Elle doit par ailleurs avoir une valeur représentative. Grez-sur-Loing n'est pas un symbole, un archétype des villages d'Ile-de-France, et ne doit pas être traité comme tel. Le texte se réfère constamment au réel et ne doit jamais perdre de vue cette référence, sous peine de changer de nature. Mais la réalité qu'est Grez-sur-Loing possède, comme toute réalité, une infinité d'aspects, parmi lesquels seuls ceux qui se rattachent aux questions politiques, économiques ou sociales du moment intéressent le reporter, et l'intéressent surtout dans la mesure où ils peuvent éclairer ou illustrer les

---

15   *Bland Franska bönder*, p. 54.

phénomènes qu'il étudie. La description minutieuse n'est pas, comme dans le nouveau roman français des années 1960, une fin en soi, elle est, comme dans un écrit scientifique, au service de l'investigation du réel. Elle doit mettre en lumière, à travers un objet singulier, un fait de société. L'auteur ignore largement tout ce qui pourrait individualiser une chose ou une personne, la rendre unique, pour retenir essentiellement ce qu'elle a de typique. C'est pourquoi il mêle sans cesse observation d'une réalité particulière et considérations plus générales, souvent sans marquer clairement le passage de l'une aux autres. Les pages consacrées à la maison et au mode de vie du père Charron, un paysan aisé de Grez, offrent un exemple parmi d'autres de ce mélange. Strindberg écrit à propos du jardin:

> Celui-ci est entouré de murs, contre lesquels il y a des vignes, des abricotiers et des pêchers en espalier. Un laurier sauce est indispensable pour la cuisine. De petites haies de buis taillées, hautes seulement de quelques pouces, entourent les plates-bandes. Un massif de bambous, chose rare, car habituellement on n'en trouve pas au nord de Nîmes, incline son feuillage encore vert sous le vent d'hiver. Des pommiers, des poiriers et de l'aubépine poussent çà et là au milieu des carrés de légumes, qui sont soigneusement entretenus. On ne voit jamais une mauvaise herbe dans un jardin français, et les plates-bandes ne sont pas surélevées, elles sont au même niveau que le sol, ce qui fait que l'humidité, sans laquelle les légumes ne peuvent pas vivre, est maintenue, et que l'arrosage peut avoir l'effet recherché. Une tonnelle couverte de vigne, dans laquelle se trouvent une table et des bancs, constitue un refuge agréable lorsqu'il fait très chaud en été.[16]

Immédiatement après ce passage, le texte continue ainsi: «C'est donc dans la maison qui donne sur la rue qu'habite le paysan, qui est presque toujours marié mais n'a qu'un petit nombre d'enfants, nombre qui est, à ce que l'on dit, en relation directe avec la superficie de ses terres.»[17] Le début de la phrase semble se référer à une personne déterminée, celle dont le jardin possède une tonnelle couverte de vigne, et qui habite la maison donnant sur la rue. Toutefois, le paysan «qui est presque toujours marié» n'est évidemment pas un individu, mais un type. Il n'y a rien ici de l'ironie que l'on trouvera plus tard dans *Svarta fanor (Drapeaux noirs)*, où l'écrivain Falkenström, qui est, lui, un personnage de roman bien individualisé, répond à la question «Är Herr Falkenström gift?»

16 *Bland Franska bönder*, p. 26.
17 *Bland Franska bönder*, p. 26.

(«Etes-vous marié, Monsieur Falkenström?») par «Ja, ibland» («Oui, cela m'arrive»)[18]. C'est bien entendu le paysan français en général qui est presque toujours marié. A partir de cette constatation, le lecteur peut peut-être supposer rétrospectivement que, dans la plupart des fermes d'Ile-de-France, le bâtiment réservé à l'habitation borde la rue.

Si dans certains cas, en effet, la portée générale d'une affirmation, ou au contraire le fait qu'elle ne concerne qu'une situation particulière, sont clairement signalés par un mot au moins, comme dans des phrases telles que: «il n'y a *jamais* de mauvaises herbes dans *les jardins français*», ou: «les bambous sont *rares* à cette latitude», dans d'autres cas en revanche, rien dans le texte ne permet de savoir s'il est seulement question du père Charron ou de l'ensemble, ou de la plupart des paysans aisés d'Ile-de-France. Qu'en est-il des murs de clôture, des arbres fruitiers au milieu des carrés de légumes, de la tonnelle? Ni les phrases qui mentionnent ces différents éléments du jardin, ni le contexte dans lequel elles s'insèrent – la première section de *Bland franska bönder* – ne nous renseignent sur ce point. Dans la présentation des conditions de vie du père Charron, Strindberg utilise l'ambiguïté de l'article défini, qui peut désigner soit un objet particulier connu de l'interlocuteur, soit une notion générale, pour réaliser la transition fluide, voire imperceptible, du singulier au typique, fréquente dans le reportage. La description citée ci-dessus peut être comparée à un tableau obtenu par superposition de deux images, la photographie d'une maison déterminée et un croquis figurant une maison dotée des principales caractéristiques de l'habitat de la région. La photographie peut avoir une valeur documentaire, le croquis une valeur scientifique, alors que la combinaison des deux ressortit plus à l'art. Cette combinaison donne à ce qui est unique une valeur représentative, mais, à l'inverse, elle rend le typique plus concret.

La deuxième section de *Bland franska bönder* aborde, à propos de chaque région, de multiples thèmes, qui alternent à une cadence rapide. En deux brefs paragraphes, Strindberg présente ainsi la Vendée, qu'il voit depuis le compartiment d'un train en marche:

---

18   August Strindberg: *Svarta fanor, Samlade verk, Nationalupplagan*, band 57, Stockholm, Norstedt, 1995, p. 13.

A Clisson, nous sommes en Vendée. Des villages blancs avec des toits de tuiles rouges, d'aspect italien, rendent les images de la campagne plus vivantes. Le système des haies est ici combiné avec des plantations d'arbres en abondance, si bien que l'on comprend immédiatement que cette région offre un terrain de choix aux francs-tireurs et à la guérilla. Des cordons d'arbres fruitiers nains forment une clôture le long du remblai de la voie ferrée, comme ceux que j'ai vus auparavant entre Malesherbes et Orléans. Du bétail de petite taille et d'allure élégante, couleur antilope, pâture dans les prés. Les puits romains, avec leurs margelles rondes en pierre et leurs treuils, font de nouveau leur apparition. Les célèbres oies de Vendée picorent du grain dans les champs déjà moissonnés. On voit aussi du topinambour et du chou poitevin, d'excellente qualité.

En procédant à une interview dans le compartiment, j'apprends que le salaire d'un journalier, qui, en Bretagne, est le plus bas de France, atteint ici 3 francs avec la nourriture pendant la moisson et 1.75 francs le reste de l'année. Les valets de métairie reçoivent jusqu'à 500 francs de salaire annuel. Les grandes propriétés représentent un quart des terres, et c'est la propriété moyenne qui domine. Le prix moyen de la terre est de 1500 francs l'hectare. Le paysan cultive du seigle et de l'avoine, il élève des chapons et des oies et place ses économies en achetant de la terre.[19]

On n'a pas affaire ici à une évocation, qui, à l'aide de quelques détails à valeur métonymique, ferait surgir une image vivante de la province dans l'esprit du lecteur qui la connaît déjà. Ce passage ne fait pas allusion à une réalité, il en énumère au contraire les traits les plus importants. Il informe beaucoup plus qu'il n'invite à imaginer. Il traite en quelques lignes du type de paysage, de l'habitat, de la végétation, de l'élevage et de l'agriculture, de la répartition des terres et du niveau de vie des ouvriers agricoles, et fait même un rappel historique. Il possède la richesse informative d'un texte à vocation scientifique, sans toutefois procéder comme celui-ci au classement systématique des données. Il aurait ainsi été plus logique de placer la description des puits juste après celle des maisons, les deux ressortissant à l'habitat. L'apparent désordre qui règne dans l'exposé vise sans doute à signaler que le texte n'est pas un écrit scientifique. Il imite en outre le désordre dans lequel les éléments du paysage se présentent au voyageur. C'est le trajet suivi par le train qui détermine la succession des impressions reçues. Cette structure permet à l'auteur de parler de ce qu'il veut dans l'ordre qu'il veut, tout en justifiant l'absence de transitions entre les différents sujets abordés: on passe d'un village au bocage, puis à un autre village, aux jardins et aux

19 *Bland Franska bönder,* p. 130.

champs. L'absence de transitions, qui distingue cette présentation de la Vendée de la «littérature» au sens traditionnel, fait elle aussi naître l'illusion de la vitesse, comme si l'écrivain disposait d'aussi peu de temps pour écrire que l'observateur pour voir, et s'en tenait pour cette raison à l'essentiel. La brièveté des phrases et la simplicité de leur syntaxe produisent le même effet.

Mais la concision n'est pas due aux conditions réelles dans lesquelles s'élabore l'écriture, elle constitue ici une technique littéraire. De même, il va de soi que la suggestion d'un parcours en train n'est qu'une simulation, que le passage cité ci-dessus n'est pas le compte rendu chronologique des observations effectuées par Strindberg le long de la ligne de chemin de fer Clisson-La Rochelle le 10 septembre 1886. Il n'y avait ce jour-là certainement pas de chouans derrière les haies, et, même s'il était possible de constater que le terrain se prêtait à la «guérilla», une telle constatation suppose des connaissances préalables sur la guerre de Vendée. La qualité des choux n'est pas visible d'un train en marche. Quant aux chiffres précis qui concernent les salaires des ouvriers agricoles, le prix de la terre et la répartition des sols entre la grande et la petite propriété, il est douteux que le reporter ait pu les obtenir en interviewant les voyageurs que le hasard avait placé dans le même compartiment que lui. Il utilise à l'évidence ce qu'il a lu dans des journaux locaux et des publications officielles, des souvenirs d'autres visites, ainsi que sa culture générale et ce qu'il sait de la France. Le déplacement dans l'espace est d'abord un principe de structuration de l'exposé, grâce auquel des informations d'origines diverses s'ordonnent en se rattachant à un point du parcours, et qui brise en même temps la rigidité traditionnelle du discours scientifique. La rapide présentation de la Vendée ne se réduit pas plus au récit d'un voyage déterminé que la description supposée être celle de la maison du père Charron ne se limite à la maison où vit l'individu particulier désigné par ce nom.

L'utilisation du parcours en chemin de fer comme structure de son propos permet à Strindberg, au début du chapitre 2 de la seconde section, de parler successivement de la nature crayeuse des sols dans le sud-est de la Champagne, de la baisse de la pratique religieuse et du marché de Vitry-le-François. L'arrivée d'un prêtre catholique dans le compartiment du train, qui conduit le reporter de Chaumont à Vitry-le-François en passant par la région appelée «Champagne pouilleuse», donne lieu à un bref développement sur l'anticléricalisme en France, qui n'a en soi aucune raison de figurer dans le chapitre sur la Champagne plutôt que dans un autre.

Dans son étude du reportage dans la presse suédoise entre 1960 et 1985, Lars J. Hultén distingue, à l'intérieur du genre, deux types de textes, qu'il appelle textes de première main et textes de seconde main[20]. Le texte de première main, fondé sur le contact direct avec la réalité, se divise à son tour en exposé des observations et perceptions et exposé des commentaires du reporter. Le texte de seconde main rend compte de ce que disent de cette même réalité les sources consultées par le reporter, ouvrages écrits ou personnes interviewées. Le texte de seconde main peut prendre lui aussi deux formes différentes, celle de la citation directe et celle que Hultén désigne en anglais par le terme de «paraphrase», c'est-à-dire une transposition des déclarations de la source dans le langage de l'auteur qui les rapporte. La plupart des reportages utilisent les quatre modes de présentation ainsi définis.

Ce schéma peut facilement être appliqué à *Bland franska bönder*, où les images du réel ne sont pas de simples comptes rendus de l'observation directe et immédiate. Les première et deuxième sections du livre comportent à la fois des observations, des commentaires, des citations et des paraphrases, et il serait en outre quasiment impossible d'y trouver un passage qui contienne autre chose.

Peinture, commentaire et référence à des informateurs font toutefois rarement l'objet de longs développements séparés, ils alternent à un rythme rapide. On trouve souvent dans une même phrase la description d'un phénomène et une information qui l'éclaire, une remarque qui permet d'en apprécier l'importance, une explication, une interprétation. Le début du chapitre intitulé «Champagne» offre un exemple de l'imbrication de l'observation et du commentaire, ce dernier pouvant être de diverses natures et consister en un complément d'information, qui ajoute à ce que le reporter a sous les yeux ce qu'il en a appris en d'autres circonstances, ou en une réaction de l'auteur face à ce qu'il voit, jugement ou expression de sentiments. Si, dans les deux premiers paragraphes du

---

20 Cf. Lars J. Hultén: *Reportaget som kom av sig*, Stockholm, JKM skriftserie, 1990, en particulier p. 70.

chapitre, on transcrit en style standard ce qui est observation, en italiques simples ce qui est complément d'information et en italiques soulignées ce qui est réaction de l'auteur, on obtient le résultat suivant:

> Après avoir été traités, à Chaumont, avec un _extraordinaire_ manque d'amabilité, *qui peut sûrement s'expliquer par le fait que les Prussiens, en leur temps, y ont été cantonnés et ont rançonné la population*, nous reprenons notre voyage en basse Champagne et nous sommes ainsi arrivés dans la vallée de la Marne, que nous suivons ensuite jusqu'à Epernay. La Marne est une _aimable_ petite rivière, *qui*, avec ses rives bordées d'aunes et de peupliers, *a été très recherchée par les peintres paysagistes français*. _Elle confère ici aussi_ à la Champagne, *qui a mauvaise réputation*, _un caractère plaisant qu'on ne doit pas attribuer à la totalité_ de cette région plate *qui n'est pas partout fertile*.
>
> Ici, on rentre l'avoine sur un chariot à deux roues, *ce qui indique que nous sommes entrés dans la France proprement dite, dont ce véhicule est un trait caractéristique*, avec la bâche de protection dont on le recouvre quand il pleut. La terre est rouge comme dans le Gâtinais, *et cela montre que nous n'avons pas encore quitté la vaste zone du Jura*.[21]

Il n'est pas toujours aisé, dans ce passage, de distinguer clairement l'observation du commentaire. Qu'en est-il du manque d'amabilité des hôteliers de Chaumont? Constitue-t-il un fait, que celui qui en a été victime qualifie «d'extraordinaire»? Ou est-ce la totalité du segment de phrase «traités avec un extraordinaire manque d'amabilité» qui exprime la réaction subjective de l'intéressé?

On retrouve un mélange semblable des modes de présentation dans les lignes consacrées à la cuisine du père Charron:

> Elle est sombre et exiguë, et dépourvue de ce mélange de confort, d'agrément et de chaleur qu'on appelle dans le Nord *hemtrevnad*[22]. Sur le sol, légèrement éloigné du mur, se trouve le poêle en fer, dont le tuyau en tôle à nu s'élève jusqu'au plafond. Ce poêle est petit, pas plus grand que la caisse d'un cireur de chaussures. Mais il chauffe rapidement et consomme peu de combustible. Au mur sont accrochés un beau fusil à canon double et une gibecière. Une étagère avec des ustensiles de cuisine et une armoire, ainsi que quelques chaises paillées complètent l'ameublement. Les murs sont nus et enfumés et le tout est extrêmement peu chaleureux.[23]

---

21 *Bland Franska bönder*, p. 96.
22 Strindberg utilise ici en suédois le mot *hemtrevnad*, qui n'a pas d'équivalent en français, et qui désigne le fait que la maison est chaleureuse et confortable, que l'on s'y sent bien.
23 *Bland Franska bönder*, p. 26.

La mention du poêle, du fusil ou des ustensiles de cuisine est le relevé d'une observation. Le complément d'information qui nous fait savoir que ce type de poêle chauffe rapidement et consomme peu de combustible, est une forme de commentaire. Mais le qualificatif de «beau», appliqué au fusil, traduit-il une observation ou une opinion? L'auteur constate-t-il ou juge-t-il que cette cuisine n'est pas chaleureuse? Au lieu de se limiter au tuyau de tôle et aux murs nus et enfumés, il aurait pu ici accumuler les détails montrant que la pièce ne donnait pas envie d'y rester, comme l'aurait sans doute fait un romancier naturaliste, ce qui aurait soit rendu inutile, soit fondé objectivement l'affirmation explicite selon laquelle elle fait mauvaise impression. Les longues descriptions d'un objet de dimensions relativement réduites sont toutefois peu compatibles avec la sensation de vitesse et de mouvement que le reportage se propose de susciter. La formule «le tout est extrêmement peu chaleureux» a aussi pour fonction de remplacer une description plus exhaustive de la cuisine, qui ralentirait la visite de la maison. Cette remarque est ainsi à mi-chemin entre le jugement et la constatation, sans être entièrement l'un ou l'autre.

Lorsque l'on a affaire à des «textes de seconde main», la distinction entre citation et paraphrase semble plus simple à établir, puisque dans ce cas la ponctuation, guillemets ou tirets, est supposée signaler la retranscription littérale des paroles prononcées ou des lignes écrites par une personne différente de l'auteur et clairement désignée comme telle. Strindberg cite effectivement fidèlement, en se contentant de les traduire en suédois, des phrases tirées d'articles de journaux ou de documents officiels. En revanche, il n'est pas possible que les échanges verbaux avec les paysans qui figurent dans *Bland franska bönder* au discours direct reproduisent sans rien y changer des conversations qui auraient réellement eu lieu. Aucun moyen technique n'aurait d'ailleurs permis à l'époque à Strindberg, s'il l'avait voulu, d'enregistrer les propos de ses interlocuteurs dans leur intégralité. Il est en outre évident que ce n'est pas ce qu'il cherchait à faire. Ceux qu'il fait parler s'expriment avec une concision qui n'existe que dans la langue écrite, comme le montre, entre autres, cette interview d'un paysan champenois:

> – La récolte est bonne cette année ici dans le coin? dis-je pour commencer.
> – Ici, c'est moyen, mais du côté de Reims elle a été détruite par la grêle.

– Est-ce que ce sont des grands propriétaires qui possèdent les vignobles, ou des petits?
– Les deux.
– Mais les fabricants de vin ne possèdent pas tout?
– Oh non! Il y a des paysans qui possèdent 10 ares (1/10 hectare).
– Et bien, combien coûte un hectare ici?
– Je ne sais pas.
– Oui, mais moi je sais que cela peut aller jusqu'à 20 000 francs. Et bien, comment vendez-vous le vin? Est-ce que vous le pressez vous-mêmes?
– Non, le raisin est vendu sur pied au kilo, quand le marchand vient, au moment de la récolte.[24]

Ce passage, qui a l'apparence d'une citation, en particulier par sa syntaxe, qui imite celle du langage parlé, est en réalité une paraphrase. Lorsque le reporter indique le prix de la terre, il apporte un complément d'information. Mais porter à la connaissance du lecteur plus et autre chose que ce qui se dégage de la simple observation de terrain est le plus souvent la principale raison d'être du «texte de seconde main». A l'inverse, la forme de commentaire qui consiste à apporter un complément d'information se fonde dans certains cas sur ce que l'auteur a entendu dire ou lu. Il n'y a donc pas de limite tranchée entre le commentaire en tant que texte de première main et le texte de seconde main, en particulier lorsqu'il prend la forme de la paraphrase.

Il arrive ainsi qu'un mot ou une phrase correspondent non à un seul, mais à deux, voire à trois des différents modes de présentation définis par Hultén. La distinction entre peinture, commentaire, citation et paraphrase peut néanmoins souvent être faite, et elle s'avère utile dans l'analyse de *Bland franska bönder*. Dans son étude de la presse régionale entre 1960 et 1985, Hultén a montré que la variation de l'importance relative des quatre modes de présentation allait de pair avec une modification du caractère du reportage. Plus le reporter recourt au «texte de seconde main», et en particulier à la citation, ou à la paraphrase proche de la citation, plus il se rapproche du simple journalisme d'information, et plus il s'efface en tant que médiateur entre une réalité et un public. Chez Strindberg, c'est de loin le «texte de première main» qui domine. Bien sûr, un «texte de seconde main» n'est pas objectif, le choix des citations et l'ordre dans lequel elles figurent reflètent le point de vue de

24   *Bland Franska bönder,* p. 101.

celui qui cite. Mais les nombreuses descriptions entremêlées de remarques, de jugements, de réactions affectives, d'explications, de rappels, et les réflexions auxquelles elles donnent lieu, se prêtent plus facilement encore à l'expression d'une opinion, et surtout d'une subjectivité particulière. La richesse informative s'y combine avec la spécificité d'un regard constamment sensible. C'est là que l'auteur se manifeste à travers la forme qu'il donne à la langue, à travers son style, qui est d'autant plus perceptible qu'il s'écarte d'une formulation directe et strictement dénotative.

Strindberg utilise ainsi fréquemment les comparaisons et les métaphores, qui rendent son propos plus clair, et qui, souvent ironiques, frappent l'esprit du lecteur et se gravent dans sa mémoire, en même temps qu'elles rendent la lecture plus plaisante. Estimant que le christianisme, en tant que religion, a de moins en moins d'adeptes, mais que beaucoup continuent à se soumettre à la morale ascétique qui lui est liée, il écrit: «Le christianisme, qui est en train de sortir de notre monde à grands pas, y a cependant laissé un dépôt qui ne se lave qu'à grand' peine, je veux dire la morale ascétique.»[25]

D'une manière générale, l'ironie n'est pas rare dans *Bland franska bönder*, qu'il s'agisse, comme dans l'exemple ci-dessus, de celle qui naît du décalage entre la gravité de la question considérée, la religion et la morale, et la trivialité de l'image choisie pour l'expliciter, ou de l'ironie de situation, qui apparaît dans des anecdotes, ou de l'ironie envers soi-même, ou encore de l'ironie, souvent assez dure, envers les représentants de thèses opposées à celles que défend le reportage. Favorable à la méthode qui consiste à maintenir les bovins à l'étable pendant toute l'année, Strindberg parle de ses adversaires comme «d'âmes délicates qui croyaient auparavant entendre les soupirs du bétail languissant de l'odeur de la forêt et du chant des oiseaux»[26]. Ailleurs, il mentionne «le plus grand apôtre de la tempérance en Suède, [qui] est dit être décédé à demi en état d'ivresse, car, sur son lit de mort, le médecin parvint à lui faire prendre du vin pour se maintenir en vie».[27]

---

25   *Bland Franska bönder,* p. 65.
26   *Bland Franska bönder,* p. 94.
27   *Bland Franska bönder,* p. 66.

August Strindberg ne parle pas de lui-même, mais c'est lui-même, avec sa spécificité individuelle, qui parle. La présence de son regard et de sa voix[28], est aussi remarquable que l'absence complète d'allusions à sa personne et à sa vie privée.

Le scripteur et l'enquêteur

Dans *Bland franska bönder*, Strindberg n'est pas seulement présent par son style, sa sensibilité et ses idées, il se manifeste aussi d'autres maniè-res. Il ne se contente pas de communiquer les résultats de son enquête, il explique comment et pourquoi il la mène, dans quelles circonstances elle se déroule. Le reporter devient ainsi, non un personnage, puisqu'il n'a pas de destin individuel et n'existe que dans ses relations au reportage, mais une figure, dont on peut relever les traits les plus marquants.

J'ai indiqué précédemment comment Strindberg, dans «l'introduc-tion», ou dans la préface par laquelle il avait envisagé de la remplacer, avait pris soin de définir le reporter, en grande partie en l'opposant à l'écrivain de type traditionnel. Celui qui entreprend le voyage à travers la France va considérer les choses et en rendre compte d'une façon nou-velle dans la littérature à cette époque.

A côté de la nouveauté de l'attitude, il y a la nouveauté du sujet traité. D'une part Strindberg écrit «qu'aucun voyage avec cet objectif [décrire les provinces françaises] n'a été publié en France depuis 1789, année où l'Anglais Arthur Young en fit un»[29], d'autre part, il estime que, dans les années 1880, les milieux urbains, le développement de la technique et les ouvriers de l'industrie en pleine expansion concentrent sur eux toute l'at-tention des écrivains et des penseurs, et que le monde paysan n'intéresse personne. Il se trompe sans doute dans les deux cas. Eva Ahlstedt et Pierre Morizet mentionnent par exemple le récit de voyage du romancier

---

28   Voir le chapitre précédent.
29   *Bland Franska bönder*, p. 20.

américain Henry James *A little tour in France*, paru en 1885[30]. Il est vrai que cet ouvrage n'était vraisemblablement pas connu en France en 1886. Quant aux paysans, ils n'étaient pas ignorés par les écrivains. Comme le rappelle Elie Poulenard, la parution du roman de Zola *La terre* avait été annoncée dès le début de l'année 1887, ce qui avait incité Strindberg, qui ne voulait pas être soupçonné de marcher sur les traces du romancier, à tout faire pour que la seconde section de *Bland franska bönder* soit imprimée le plus rapidement possible[31]. Du côté scandinave, il y avait eu, autour de 1860, les récits paysans de Bjørnstjerne Bjørnson, qui manifestaient une volonté de peinture réaliste. Ces erreurs d'appréciation de la situation objective ne changent cependant rien au fait que le reporter Strindberg se présente comme celui qui s'intéresse à ce que les autres négligent de prendre en considération, qui est le seul à mesurer la portée de phénomènes dont l'importance est gravement sous-estimée, qui prend le contre-pied d'une opinion largement répandue.

Il y a là une part de polémique. L'isolement face à des adversaires nombreux est un trait récurrent de la figure du polémiste. Mais il y a aussi autre chose dans cette attitude. C'est le caractère inédit du sujet à traiter qui justifie et génère l'entreprise dans son ensemble, le voyage et le compte rendu qui en est donné. Si Strindberg avait pensé que le monde rural et ses problèmes étaient bien connus du public, il n'aurait eu aucune raison d'effectuer son reportage. Il y a peu d'œuvres littéraires qui ne prétendent à l'originalité, sur un plan ou un autre. Les ouvrages scientifiques sont quant à eux tenus d'apporter des éléments nouveaux dans leur domaine, faute de quoi ils n'ont pas de raison d'être. Dans *Bland franska bönder* se combinent l'exigence d'originalité à laquelle est le plus souvent soumise la poésie et l'exigence d'extension du domaine de la connaissance inhérente à la science. Il n'est donc pas étonnant que ce texte mette en avant la nouveauté de son propos, nouveauté cependant relative, puisque ce n'est pas dans l'absolu, mais seulement à

---

30 Cf. Eva Ahlstedt, Pierre Morizet: «Postface», in August Strindberg: *Parmi les paysans français*, traduit par E. Ahlstedt et P. Morizet, Arles, Actes Sud, 1988, pp. 259-278. Mention p. 276.

31 Cf. Elie Poulenard: *«Bland franska bönder»*, in Strindbergssällskapet, utg.: *Essays on Strindberg*, Stockholm 1966, p. 169.

un public particulier de lecteurs scandinaves ou européens cultivés de la fin du 19ᵉ siècle, qu'il affirme révéler des réalités jusqu'alors ignorées.

C'est à la fois l'écrivain et le chercheur, celui qui écrit et celui qui voyage, qui entendent faire œuvre novatrice, et le reportage est le fruit du travail des deux. Ils ne sont certes qu'une seule et même personne, mais Strindberg distingue les deux fonctions, préfigurant ainsi ce que fera quatre-vingts ans plus tard Per Olov Enquist dans *Legionärerna*[32] en présentant le travail de recherche qu'il effectue comme le fait de *under-sökaren*, «l'enquêteur». Strindberg illustre les deux moments de son activité de reporter par la métaphore du cliché photographique, qui doit être développé, et au besoin retouché, pour devenir une image: «Le plus beau pays d'Europe [...] se trouve sous la forme de *Momentaufnahmen* [d'instantanés] dans la cassette de l'œil reposé, et je veux à présent essayer de développer les photos avec tous les moyens à ma disposition, et ce faisant retoucher les négatifs.»[33] Prendre des instantanés est la tâche de l'enquêteur, alors que le développement des plaques impressionnées est du ressort du scripteur, de celui qui met en forme, ordonne, élabore le texte, en utilisant «tous les moyens à sa disposition».

Strindberg fait une nouvelle allusion à la photo, sans lui donner cette fois de valeur métaphorique, à propos de la manière dont il a vu et dont il va décrire la Flandre: «Nous prenons quelques photographies du paysage, et à présent que je suis tranquillement assis en train de les regarder, je m'aperçois à quel point cette Flandre est laide, si l'on considère son paysage.»[34] Il distingue à nouveau les deux temps du travail de reportage lorsqu'il s'agit de rendre compte de la récolte de betteraves dans cette même province en 1886. La conversation qu'il a eue avec un paysan croisé sur une route ne lui a pas fourni d'information claire, mais il déclare: «Après mon retour, alors que la récolte de betteraves est complètement achevée, je vois dans les rapports commerciaux que la récolte dans son ensemble est un peu inférieure à celle de l'année précédente, mais d'une manière générale assez bonne.»[35]

---

32 Per Olov Enquist: *Legionärerna*. Paru en 1968. Paru en traduction française sous le titre *L'extradition des Baltes*.
33 *Bland Franska bönder*, p. 81.
34 *Bland Franska bönder*, p. 108.
35 *Bland Franska bönder,* p. 109.

La prise en compte des deux fonctions du reporter permet d'intégrer naturellement au texte des réflexions théoriques, non seulement sur l'objet de l'investigation – de telles réflexions pouvant être le fait de l'enquêteur – mais aussi sur le reportage lui-même, ses objectifs, ses possibilités et ses limites. Il est clair que la troisième section a été écrite après la fin du voyage, ce qui apparaît dès le titre, «Résumé et conclusion». Strindberg y expose ses vues sur l'avenir de l'agriculture en Europe. Le tableau qu'il en brosse est contestable, mais ses arguments tirent leur force d'une constante référence implicite à l'expérience du terrain que possède l'auteur, qui, dans les sections précédentes, a relaté cette expérience. C'est aussi en sa qualité de relateur d'une investigation désormais terminée que Strindberg précise, au début de la deuxième section, comment il a mené son enquête, et c'est en tant que scripteur qu'il introduit une certaine distance entre lui-même et l'homme qui, dans la campagne française, s'efforce de recueillir de l'information.

Bland franska bönder ne se contente pas de décrire le monde paysan en présentant les questions qu'il pose, mais montre aussi l'enquêteur dans l'exercice de ses fonctions. La seconde section est ainsi parsemée de remarques telles que «nous prenons une photo...», «je note sur mon carnet...», «je fais rapidement un croquis...», «je relève...». Dans le chapitre consacré à la Champagne, la description des caves où se fait la vinification est annoncée en ces termes: «nous nous transportons [...] plus rapidement que nous ne le fîmes alors, après six kilomètres de marche dans la forêt et quinze kilomètres en chemin de fer, vers les immenses caves de la maison Pommery à Reims.»[36]

Il arrive que le scripteur contemple l'enquêteur avec quelque ironie. Au début de son voyage, ce dernier se trouve en Franche Comté et regarde deux hommes en train de faucher un pré. Il se dit que sa tâche exige qu'il parle avec les faucheurs, et s'apprête à effectuer sa première interview. Le scripteur rapporte l'épisode en ces termes: «J'attends l'instant où les faucheurs viendront jusqu'à la clôture et vers nous. Effectivement, ils viennent, et s'arrêtent pour nous considérer avec curiosité. Le moment de l'interview est arrivé, et je leur dis bonjour.»[37] L'ironie réside ici dans la solennité avec laquelle est présentée une prise de contact

36   *Bland Franska bönder,* p. 102.
37   *Bland Franska bönder,* p. 87.

qui se déroule d'une manière banale et ordinaire, mais aussi dans la situation des observateurs observés, puisque, avant d'avoir pu poser la
moindre question ou pris une seule note, le reporter et son compagnon
sont eux-mêmes l'objet de la curiosité non dissimulée des deux paysans.

Il n'est pas rare que l'interview soit, sous des dehors polis, un affrontement, dont l'enjeu est l'information, que l'enquêteur veut obtenir
mais que son interlocuteur n'a pas envie de livrer. L'ironie, en exagérant
le caractère conflictuel de la situation, le met en évidence, comme lorsque Strindberg raconte comment, installé à une table dans une auberge, il
essaie d'engager la conversation avec un paysan en tenue de chasseur
qui vient d'entrer: «Je me jette immédiatement sur la victime et fait de la
place à côté de nous, où il vient s'asseoir sans hésiter, ce qui est bien
imprudent de sa part.»[38]

La distance entre l'enquêteur et le scripteur est double. C'est une
distance dans le temps, puisque le second écrit plusieurs semaines après
que le premier a procédé à ses recherches. C'est aussi une distance entre
le rôle et l'être du reporter. Sur le terrain, l'enquêteur se conforme à la
méthode préconisée dans la préface et les parties du texte qui définissent
sa fonction. A sa table de travail, le scripteur ne parvient pas toujours à
réprimer un sourire devant l'empressement avec lequel le premier s'ac-
quitte de sa tâche et qui le conduit parfois aux limites du ridicule. Une
mise en cause du reportage, très discrète il est vrai, est perceptible entre
les lignes d'un texte qui se veut en même temps fondation et illustration
du genre. Elle peut s'expliquer par l'évolution idéologique que rappelle
Gunnar Brandell[39], et qui fait que Strindberg, au moment où il rédige
Bland franska bönder, n'adhère déjà plus totalement aux idées rousseauistes qui l'ont conduit à partir de 1884 à considérer le reportage
comme le seul genre littéraire admissible, comme celui qui devait abolir
et remplacer la littérature de fiction. Mais elle procède aussi d'un trait
récurrent chez l'écrivain Strindberg, une propension à saper les démonstrations et brouiller les images du monde qu'il a lui-même construites.
On peut la rapprocher du doute qui s'impose à Maître Olof, prédicateur
religieux convaincant, dans la pièce qui porte son nom, ou surtout du

---

38   *Bland Franska bönder,* p. 90.
39   Cf. Gunnar Brandell: *På Strindbergs vägar genom Frankrike,* Stockholm, Wahl-
      ström&Widstrand, 1949, pp. 8-10.

traitement de l'autobiographie dans *Tjänstekvinnans son*, où la vie de Johan est racontée à la troisième personne par celui qui a vécu cette vie et prend face à elle une distance qui est beaucoup moins le détachement dû à l'éloignement dans le temps que, parallèlement à la narration explicative de «l'histoire de l'évolution d'une âme», l'expression du refus de camper un personnage cohérent, de l'incertitude sur l'identité de Johan, qui ne peut jamais totalement être saisie.

Dans *Bland franska bönder*, l'enquêteur est celui qui non seulement observe, mais aussi subit et éprouve de manière directe, physiquement et moralement, la réalité qu'il cherche à connaître. Il souffre de la chaleur et transpire lorsqu'il parcourt à pied, en plein soleil, une route qui traverse le vignoble champenois. A Sète, au contraire, après un bain de mer, il déguste une absinthe bien frappée avec un plaisir évident. Le texte fait une place au vécu individuel. Mais les expériences relatées sont partie intégrante du reportage, et l'enquêteur ne sort pas de son rôle. De tout ce que celui-ci a pu vivre en tant que personne particulière pendant son voyage, le scripteur ne retient que ce qui informe sur le monde rural français ou le rend plus immédiatement sensible. Ainsi, la mention du bon repas pris à Sète, «un dîner ethnographique avec du homard et des calamars, des cèpes, de délicieux champignons de la famille des *Boletus*, des tomates, etc.»[40], a, comme le rappelle l'auteur non sans humour, une fonction ethnographique. Elle présente des mets qui méritent d'être cités parce qu'ils sont inhabituels, et certainement exotiques aux yeux des Scandinaves, à une époque où même les tomates étaient une rareté dans le nord de la France. S'il rapporte qu'il est victime d'hostilité quand on le prend pour un Prussien, ce n'est pas pour éveiller la compassion envers sa personne, mais pour mettre en évidence la haine des Prussiens qui règne alors en France, en particulier dans le nord-est.

La sensibilité physique et psychique de l'enquêteur est utilisée comme une sorte de plaque photographique sur laquelle s'imprime une part de la réalité, comme un instrument de détection de ce qui est inattendu ou digne d'intérêt aux yeux d'un Nordique. A plusieurs reprises, l'enquêteur apparaît comme le représentant de ses compatriotes, éprouvant ce qu'ils éprouveraient s'ils étaient à sa place, tandis que le scrip-

---

40   *Bland Franska bönder*, p. 141.

teur s'efforce de leur transmettre une expérience existentielle qu'un autre a faite pour eux. La nuit tombée, dans les cafés de Sète, on joue de la guitare ou de la mandoline, «les tables et les chaises occupent la moitié de la chaussée, et si une voiture arrivait maintenant, elle serait probablement obligée de faire demi-tour».[41] Ce spectacle provoque chez l'enquêteur cette réaction: «Comme cette façon de vivre ensemble sans manières nous semble chaleureuse à nous, habitants du Nord! Nous imaginons comment une infraction à la loi telle que celle qui consiste à s'asseoir sur une chaise sur le trottoir serait punie au pays sévère et fermé du septentrion, et notre regard cherche en vain un policier.»[42] Lorsqu'il rend visite au curé de Grez-sur-Loing, il constate: «Comme son habitation paraît désolée et triste à un Nordique protestant, qui a vu les presbytères du Nord, où les auteurs de récits idylliques situent avec prédilection leurs contes qui parlent de sérénité, de prospérité et de bonheur familial.»[43] De même, c'est implicitement un «habitant du Nord» qui souffre de l'inconfort d'un «lit trop court, comme le sont tous les lits en France, depuis que Napoléon 1er a mis fin à tous les grands gaillards»[44].

L'enquêteur n'est cependant pas exclusivement celui qui affronte l'étranger en délégué auto-proclamé de ses compatriotes. Ses séjours hors de son pays lui ont rendu familiers des paysages et des modes de vie qui les surprendraient. Le scripteur considère parfois qu'il fait partie du monde décrit. Si, dans la seconde section du reportage, tout semble défiler rapidement sous les yeux du voyageur, qui voit les choses de la fenêtre d'un compartiment de train, ou en marchant à travers la campagne et les bourgs, dans la première section, Strindberg se présente volontiers lui-même comme un habitant de Grez.

On peut évidemment mettre en doute son appartenance à la communauté villageoise. Selon ses biographes, Strindberg vivait beaucoup plus dans le cercle des artistes scandinaves qui se trouvaient alors à Grez que parmi les paysans. Mais il n'en reste pas moins que *Bland franska bönder* donne de lui une autre image. Il indique que ses filles, bien que

41   *Bland Franska bönder*, p. 141.
42   *Bland Franska bönder*, p. 141.
43   *Bland Franska bönder*, p. 25.
44   *Bland Franska bönder*, p. 86.

n'ayant pas la citoyenneté française, fréquentent l'école communale[45]. Il emploie souvent l'expression «min by», «mon village», et écrit à propos du paysage du sud de l'Ile-de-France: «Mon paysage me rend toujours joyeux.»[46] La première section commence ainsi: «Mon village, dont j'use les rues depuis maintenant six mois chaussé des sabots du pays [...]»[47] Dans ce village, il a des amis, et il explique que c'est la raison pour laquelle il ne donnera pas son nom: «Je ne veux pas divulguer son nom, pour ne pas peiner mes amis, qui se montrent bienveillants envers moi depuis si longtemps.»[48] Il lui arrive aussi de parler des institutions du village en employant les adjectifs possessifs de la première personne du pluriel. Des expressions telles que «notre curé»[49] ou «notre bistrot»[50] laissent entendre qu'il est membre de la communauté. Participant au repas de mariage de la fille d'une paysanne, il note: «Nous, les hommes mariés, nous rions.»[51]

La réalité présentée est vue de l'extérieur et de l'intérieur. Le reporter relate les deux formes d'expérience. Grâce à son séjour prolongé à Grez, il a pu acquérir une connaissance de la campagne d'Ile-de-France plus approfondie qu'un voyageur qui serait reparti au bout de quelques jours. Ecrire «mon village» a certainement pour fonction principale de rappeler ce fait au lecteur. Entre ce dernier et le scripteur, il existe une différence de savoir qui n'est pas seulement quantitative, mais aussi qualitative. Si l'on peut supposer que celui qui a voyagé en sait plus sur les contrées qu'il a parcourues que celui qui est resté dans son pays – encore que, et Strindberg en est conscient, le voyage ne suffise pas à lui seul à informer –, on peut aussi croire que celui qui a séjourné en un lieu le connaît mieux que le voyageur qui n'a fait qu'y passer. Cette différence à deux degrés entre Strindberg et la majorité de ses compatriotes, qui n'ont jamais quitté le Nord, doit constituer une garantie de la compétence de l'auteur de *Bland franska bönder*.

45   Cf. *Bland Franska bönder,* p. 37.
46   *Bland Franska bönder,* p. 30.
47   *Bland Franska bönder,* p. 23.
48   *Bland Franska bönder,* p. 23.
49   *Bland Franska bönder,* p. 75.
50   *Bland Franska bönder,* p. 66.
51   *Bland Franska bönder,* p. 62.

Il ne faut sans doute pas surestimer l'identification de Strindberg avec
la population de Grez. On n'a pas besoin de tenir compte des témoignages qui rapportent que les visites qu'il a faites au villæge et les conversations qu'il a eues avec ses habitants ont été étonnamment rapides[52] pour
constater, par la lecture du texte, qu'il n'a évidemment aucune expérience directe du travail de la terre ou de la condition de paysan, ce qu'il
ne prétend d'ailleurs nullement. Il approuve le mode de vie des fermiers
et des petits propriétaires qui tirent leur subsistance de leur bétail et des
produits de leurs potagers et de leurs champs, mais c'est surtout leur
vision du monde et leurs idées politiques qui leur valent sa sympathie.
C'est avant tout leur républicanisme, leur confiance dans l'éducation et
l'instruction, leur rejet de la morale ascétique et l'importance qu'ils accordent à la morale civique, leur anticléricalisme, qui font que Strindberg
se sent chez lui parmi eux. Il donne en particulier du clergé catholique
français une image totalement négative. Les prêtres et ceux qui les soutiennent semblent tous corrompus, ils ne cherchent qu'à s'enrichir et à
propager des idées obscurantistes. Sur ce point, il y a effectivement communauté de vues entre le Strindberg progressiste du milieu des années
1880 et les républicains français des premières décennies de la Troisième
République, sans qu'il soit possible de déterminer s'il reprend à son
compte leur anticléricalisme, ou s'il met en avant ce qui dans leur attitude le conforte dans ses propres convictions.

   Strindberg ne va jamais jusqu'à se fondre entièrement dans la communauté dont il laisse entendre, à tort ou à raison, qu'il est membre. S'il
le faisait, si la réalité de cette communauté devenait pour lui la seule
réalité, il ne serait plus capable d'en percevoir les traits particuliers, et ne
pourrait donc faire œuvre de reporter. Nul ne peut décrire une société s'il
n'est pas d'une quelconque manière en contact avec une autre, s'il ne
connaît sa société que de l'intérieur. L'intégration dans le milieu des
paysans d'Ile-de-France dont Strindberg aurait fait l'expérience au cours
des mois passés à Grez ne peut se formuler concrètement et se transmettre à ceux qui ne l'ont pas connue que par comparaison avec d'autres
pays, qui sont ici les pays du Nord. De même que les lits français ne sont
courts que si on les compare aux lits scandinaves, l'attitude des Français

---

52   Cf. à ce propos, par exemple le témoignage de Klas Fåhræus, cité dans *Bland
     Franska bönder*, p. 197.

face aux boissons alcoolisées est remarquable en ce qu'elle contraste avec l'attitude nordique. Dans les années 1880, un Français qui n'a aucun contact avec l'étranger ne s'apercevra sans doute jamais que les débits de boissons sont particulièrement nombreux dans son pays, ce qui frappe au contraire immédiatement un Nordique qui se rend pour la première fois en France, car il est habitué aux campagnes énergiques contre l'alcoolisme qui sont devenues une réalité chez lui. Celui-ci en conclut vraisemblablement que beaucoup de Français passent dans l'ivresse une grande partie de leur existence. Strindberg, pour sa part, anticipe la réaction du Nordique, qu'il est tout à fait en mesure de se représenter, et y répond à l'avance, en expliquant que dans le village de Grez, le café a d'abord une fonction sociale: «On boit, c'est vrai, mais le plus souvent on parle, on joue au billard ou aux cartes.»[53] C'est au café qu'on lit les journaux et que l'on discute les questions politiques du moment. Il ne fait aucun doute que Strindberg porte un jugement positif sur cette institution. Bien que la comparaison avec la Scandinavie soit constante dans le passage qui traite du café, le reporter ne joue pas ici le rôle du Suédois confronté à la réalité française, il adhère plutôt à la communauté qui fréquente sans remords l'établissement. «L'habitant du Nord» figure dans le texte à la troisième personne; pour le scripteur, il est l'autre, celui qui est différent, tout comme le Nord est l'ailleurs, qui s'oppose à «ici en France»: dans le Nord, «Le bistrot est le parlement de ceux qui ne sont pas représentés, c'est là que ceux qui ne sont pas cultivés parlent en écoutant leur raison à eux, prononcent des paroles assez raisonnables parfois. C'est ce dont on a peur, je crois. Ici en France, on n'a désormais plus peur de la libre discussion, et c'est en particulier en période d'élections que les bistrots jouent un rôle important.»[54]

Les nombreux mots français utilisés par Strindberg, étudiés par Régis Boyer[55], ont sans doute pour fonction, outre de désigner des choses ou

---

53   *Bland Franska bönder,* p. 66.
54   *Bland Franska bönder,* p. 67: Rappelons qu'au moment où écrit Strindberg, les représentants qui siègent au Parlement suédois sont élus au suffrage censitaire, si bien qu'une grande partie de la population n'a pas le droit de vote, tandis que les députés français sont élus au suffrage universel masculin.
55   Cf. Régis Boyer: «En lisant *Bland franska bönder*: en français dans le texte», in Gunnel Engwall, éd.: *Strindberg et la France. Douze essais,* Stockholm, Almqvist & Wiksell International, 1994, pp. 15-28.

des institutions qui n'existent pas en Suède, de rappeler que la culture et la langue françaises étaient familières à l'auteur, qui parle des Français, et parfois comme un Français. En transcrivant dans l'orthographe sué-doise le mot «maire», qui devient «mär»[56], au lieu d'utiliser le terme suédois «byfogde» ou «borgmästare», Strindberg indique que le maire du village, personnage important dans la France rurale, n'a pas d'équi-valent en Suède, mais aussi que, s'il reprend le mot français, c'est parce qu'il se sent membre de la société qui a produit «Monsieur le maire». Plus intéressants encore sont à cet égard quelques gallicismes qui parais-sent involontaires, comme les expressions «latinska länder»[57], pour dési-gner les «pays latins», habituellement appelés «romanska länder», ou «politiska män»[58], traduction littérale «d'hommes politiques», au lieu de «politiker», qui est le terme courant, ou l'emploi du mot «kultur» dans le sens «d'agriculture»[59] que pouvait avoir jadis le mot «culture» en fran-çais. Contamination réelle ou simulée de la langue du scripteur par le vécu de l'enquêteur, ces gallicismes laissent supposer que ce dernier s'est partiellement assimilé au milieu sur lequel porte son investigation.

Présupposés idéologiques, observations et conclusions

Relation d'une expérience, *Bland franska bönder* est aussi un livre où s'expriment des idées, voire des convictions, politiques, sociales ou an-thropologiques. Avant de commencer son enquête, Strindberg a une vi-sion de la société, que le but déclaré du reportage est de confirmer ou d'infirmer, d'enrichir ou de nuancer, mais en tout cas de mettre à l'épreuve. Gunnar Brandell remarque ainsi qu'à «peu près au moment où il [Strindberg] travaillait aux *Paysans français*, une matière tout à fait nouvelle vint s'intégrer à ce qu'il ‹savait d'avance›».[60] On comprend que

---

56   *Bland franska bönder*, p. 24.
57   *Bland franska bönder*, p. 24.
58   *Bland franska bönder*, p. 58.
59   *Bland franska bönder*, p. 180.
60   Gunnar Brandell: *På Strindbergs vägar genom Frankrike*, Stockholm, Wahlström & Widstrand, 1949, p. 8.

la confrontation avec la réalité puisse modifier des idées préconçues. A l'inverse, les idées préconçues orientent le regard, ne sont pas sans effet sur la perception de la réalité. Conceptions théoriques et expérience agissent l'une sur l'autre, en même temps que, par une sorte d'inertie, chacune conserve une certaine autonomie.

Il y a dans *Bland franska bönder* des développements purement argumentatifs, dans lesquels l'auteur est beaucoup plus soucieux de convaincre que de décrire. On en trouve dans l'introduction, qui consiste essentiellement en un échange d'idées entre le futur reporter et le vieil homme, et ils constituent l'essentiel de la troisième section. Quant à la première et la deuxième section, elles comportent, mêlés aux observations et aux interviews, des passages, le plus souvent brefs, dans lesquels Strindberg prend clairement position sur de grandes questions qui préoccupent les penseurs de l'époque.

La première idée exposée par le livre est celle des effets néfastes de «l'excès de culture», ce que Strindberg appelle «överkulturen». C'est elle qui fonde à la fois la forme et le contenu du reportage, dans lequel le reporter entend ne jamais s'intéresser aux villes. Les nombreuses bourgades présentées dans la seconde section ne sont pas des villes au sens que Strindberg donne à ce mot, ce ne sont pas des cités où dominent les arts, le théâtre et le commerce de luxe. «En effet, la France n'a qu'une ville, *urbs*, Paris, tout le reste, c'est la province, et la ville provinciale appartient au paysan; le menu de la table d'hôte est déterminé par le paysan, constituant ainsi un échantillonnage des produits locaux.»[61] A Vesoul comme à Nantes, Strindberg se rend d'abord sur les places de marché et dans les auberges, ceux qu'il observe et interviewe sont des paysans. A Sète, parmi les gens installés, la nuit tombée, aux terrasses des cafés, il y a sans doute des artisans, ou des fonctionnaires, mais pas d'oisifs qui s'adonneraient à des loisirs dispendieux. Il s'agit d'une foule populaire, comme sont populaires les guitares et les mandolines, les divertissements n'ont rien de répréhensible, «des hommes fatigués parce qu'ils ont travaillé [...] jouent aux cartes ou aux dominos et écoutent de la musique».[62]

---

61 *Bland franska bönder*, p. 81.
62 *Bland franska bönder*, p. 141.

La condamnation du luxe va de pair avec une hostilité envers la révolution industrielle et le machinisme, vus comme des menaces qui pèsent sur les ressources naturelles, dans une perspective qui préfigure l'écologie. Dès l'introduction le vieil homme montre par des exemples concrets comment Paris gaspille les produits de la campagne. L'amidon et le blanc d'œuf, qui devraient être réservés à l'alimentation, servent à empeser les vêtements, puis sont rejetés dans la Seine, qui s'est transformée en un «grand caniveau»[63]. Dans la région de Caen, la culture du colza occupe de vastes surfaces de terres fertiles, alors que la plante ne sert qu'à produire du combustible et de l'huile pour les machines. C'est l'occasion pour le scripteur de rappeler que ces mêmes machines ont déjà «dévoré» des forêts[64]. On peut supposer que c'est cette sensibilité aux questions environnementales qui fait que le scripteur mentionne, mais aussi que l'enquêteur remarque et examine, dans le Morbihan, un moulin actionné par les marées, ce qui constitue «une manière raisonnable de profiter des forces gratuites de la nature».[65]

L'une des principales thèses défendues dans les parties théoriques du livre est que le «socialisme industriel» rendrait la terre invivable, qu'il faut donc instaurer un socialisme agraire, et que l'avenir appartient à l'exploitation agricole de petite taille, cultivée par son propriétaire. Strindberg n'applique le terme de «bonde», «paysan», qu'à celui qui vit du travail de sa terre, qui lui permet de nourrir correctement sa famille, mais non de vendre une grande partie de sa production. Ainsi, le niveau de vie du paysan n'est pas soumis aux fluctuations du marché international, comme l'est celui du grand propriétaire terrien, du gros exploitant agricole, «egendomsherr» ou «stor jordbrukare».

La crise agricole, qui, en 1886, sévit en France, est au centre des conversations et fait souvent la une des journaux locaux que consulte Strindberg au cours de son voyage, semble lui donner raison: le blé français se vend mal, car il subit la concurrence du blé américain, nettement moins cher. Strindberg ne manque d'ailleurs pas de rappeler en conclusion que la crise ne concerne pas les paysans, dans le sens qu'il donne à ce mot. Le cas du père Charron, paysan aisé de Grez, qui vend unique-

---

63   *Bland franska bönder,* p. 15.
64   Cf. *Bland franska bönder,* p. 114.
65   *Bland franska bönder,* p. 126.

ment des œufs, des volailles et des légumes pour payer ses impôts, illustre concrètement la justesse de sa thèse. Dans une société agraire vivant en autarcie, la discussion sur les avantages et les inconvénients comparés du libre-échange et du protectionnisme n'aurait plus lieu d'être.

Mais cette discussion occupe une place importante dans *Bland franska bönder*, ce qui s'explique par le fait que la France décrite dans le livre est loin de correspondre à l'idéal rousseauiste. C'est un pays dans lequel il y a des villes, qui doivent être approvisionnées en denrées agricoles, et de grands producteurs de céréales qui doivent vendre leur récolte pour vivre. Aux yeux du Strindberg théoricien, l'affrontement à propos des barrières douanières est réductible à l'affrontement entre la ville et la campagne[66]. Mais le reporter expose les problèmes tels qu'ils se présentent dans la réalité, les difficultés économiques que connaît une partie des agriculteurs français, il constate que des principes bons en eux-mêmes n'ont pas des effets positifs dans toutes les situations. Partisan de l'autarcie, Strindberg ne devrait avoir aucune opinion sur la question de savoir si le libre-échange est préférable au protectionnisme. Il apparaît toutefois, au moins au début de son voyage, comme plutôt favorable au libre-échange, doctrine plus libérale, plus moderne que la doctrine opposée. Cela étant, il constate que la France pratique le libre-échange et laisse entrer sur son territoire sans les taxer des produits étrangers, qui sont transportés par ses ports et sur ses routes sans que le transport coûte rien aux vendeurs. Mais, au même moment, les pays étrangers ferment partiellement leurs frontières. La France devrait donc mettre fin à des libéralités qui risquent de la ruiner[67]. Strindberg en arrive ainsi à lui recommander implicitement d'introduire un minimum de barrières douanières, alors même que ses sympathies politiques vont aux libéraux[68]. Il

---

66 Cf. *Bland franska bönder*, p. 172.
67 Cf. *Bland franska bönder*, p. 99.
68 Le terme de «libéral» est évidemment à comprendre ici au sens qu'il avait à la fin du 19ᵉ siècle. Les libéraux de cette époque se définissaient essentiellement comme ceux qui s'opposaient aux conservateurs, et réclamaient le respect des libertés fondamentales, comme la liberté de conscience, ou la liberté de la presse, la justice sociale, la démocratisation des régimes monarchiques, le suffrage universel. Leur libre-échangisme traduisait surtout une volonté de mettre fin à des formes de privilèges économiques hérités du passé. Les questions économiques n'occupaient

est conscient de la contradiction. Loin d'essayer de la dissimuler, son texte la met en évidence: «Mais», écrit-il, «être protectionniste est une attitude conservatrice, et le mot ‹libre-échangiste› paraît si libéral sur un programme électoral. Et qui ne veut pas être libéral?»[69] Et un peu plus loin: «Je voudrais aussi, en tant que libéral, être protectionniste sans cesser d'être libre-échangiste, mais c'est sans doute bien difficile.»[70] Strindberg se plaît à exposer le problème dans sa complexité, plutôt qu'à tenter de le résoudre, tâche qui, à la lecture de ces lignes, paraît presque impossible.

Dans le passage du chapitre sur la Champagne consacré à la question du libre-échange se manifestent trois aspects de la figure de Strindberg: un utopiste qui affirme que l'avenir appartient au socialisme agraire, un homme qui, dans le débat politique de son temps, a pris parti pour le libéralisme, et un reporter qui enquête sur le terrain et consulte les statistiques. Ils se superposent sans se mélanger, sans que soit esquissée une synthèse entre les trois points de vue. C'est celui du reporter qui a, provisoirement, le dernier mot. Il estime que, si les produits manufacturés sont protégés par des taxes à l'importation, les produits agricoles doivent l'être aussi, ou que si, à l'inverse, le libre-échange s'applique aux denrées agricoles, il doit aussi s'appliquer aux objets fabriqués par l'industrie. Cela étant dit, le scripteur indique que l'enquêteur remonte dans le train, ce qui lui permet, comme souvent, de changer de sujet.

Au moment où il écrit *Bland franska bönder*, Strindberg se proclame encore athée et matérialiste. Cela peut bien entendu expliquer l'importance qu'il accorde à la vie matérielle, dans un texte où les préoccupations spirituelles brillent par leur absence. Le désir de gagner de l'argent ne peut qu'être «une chose louable, étant donné que le premier but de l'existence est bien de maintenir l'existence».[71] C'est à une vision du monde matérialiste que recourt Strindberg lorsqu'il veut expliquer les phénomènes qu'il observe. Il fait de la matière la cause première de toute chose, en particulier des comportements humains et de l'organisation

---

d'ailleurs qu'une place relativement secondaire dans les programmes politiques des libéraux du 19e siècle.

69   *Bland franska bönder,* p. 99.
70   *Bland franska bönder,* p. 100.
71   *Bland franska bönder,* p. 70.

sociale. Il déclare dans l'introduction à la seconde section: «Le paysage, tel que le non-artiste le perçoit, [...] n'est [rien] d'autre que la formation géologique, avec sa flore et sa faune, sauvages et domestiquées, avec les conditions de vie qui en découlent.»[72] A plusieurs reprises, l'homme apparaît comme déterminé par son milieu, en particulier par le climat dans lequel il vit. La chaleur semble porter à l'indolence, tandis que la fraîcheur et l'air vif stimulent l'activité. La Franche-Comté se divise pour Strindberg en deux zones, la plaine, où les agriculteurs manquent d'énergie, où les produits sont de mauvaise qualité et les animaux mal soignés, et la montagne, où les maisons sont belles, les pâtures luxurian-tes et la production du fromage bien organisée. C'est là «à environ 800 mètres d'altitude, que vit le Franc-Comtois vif et énergique, le monta-gnard [...] qui, dans un climat sain, grâce à l'air des forêts de conifères, a su développer son art de cultiver la terre»[73]. A propos de la Picardie, il note: «tout montre que l'agriculture est soignée, que l'ardeur au travail des hommes augmente dans un climat plus frais.»[74]

L'état des sociétés et des nations est généralement expliqué par une transposition de la théorie darwinienne de l'évolution à l'histoire des peuples et des groupes humains. Pour Strindberg, si c'est en France que le phylloxéra fait le plus de ravages, c'est sans doute parce que le déve-loppement naturel de la vigne n'y est pas respecté, que les sols sont gor-gés d'engrais et les plants taillés, ce qui les fragilise. Mais le vignoble est aussi à l'image du pays tout entier: «Mais est-ce seulement ce dernier surmenage qui a hâté la mort prématurée [de la vigne]. Cette vieille plante cultivée dans ce pays de vieille culture n'est-elle pas une image, même si ce n'est qu'une image poétique, d'une race qui a fait son temps et qui, conformément à l'ordre de la nature, dépérit pour laisser place à une autre, puis à une troisième, etc.?»[75] L'économie est soumise à la même loi que le monde végétal ou animal, celle de la lutte, que gagne le plus fort contre le plus faible. Reprenant sans doute déjà dès cette épo-que à son compte des réflexions nietzschéennes, Strindberg oppose l'homme civilisé au barbare. Ce dernier est «toujours vainqueur», car

---

72   *Bland franska bönder*, p. 81.
73   *Bland franska bönder*, p. 94.
74   *Bland franska bönder*, p. 105.
75   *Bland franska bönder*, p. 146.

ignorant les scrupules et les bonnes manières du premier, il n'hésite jamais à déployer sa force dans toute sa brutalité. C'est pourquoi la France risque d'être victime de sa générosité libre-échangiste: «Se ruiner par pure *gentillesse* [en français dans le texte] est beaucoup trop chevaleresque et romantique en ces temps réalistes [...] Il [le Français] va mourir par pure politesse. [...] Est-ce maintenant le tour de la France de tomber devant le barbare toujours vainqueur? Qui sait? Mais un peu de sauvagerie ne fait pas de mal de temps à autre.»[76]

Strindberg laisse toutefois entendre, sans doute à la fois sous l'effet de sa méfiance envers toutes les théories systématiques et par souci de ne pas trop heurter ses éventuels lecteurs français, qu'il pourrait y avoir des exceptions à la loi de l'évolution. Que la France décline au profit d'autres pays, «ce n'est pas certain, car la nation qui en de si nombreuses occasions s'est relevée au bord même de l'abîme peut sûrement surmonter ses difficultés pendant longtemps encore!»[77]

La critique a remarqué l'importance accordée au physique des hommes dans *Bland franska bönder*. Dans chaque région, Strindberg note la couleur des yeux et des cheveux, du teint, la forme du visage et la stature des gens qu'il croise avec la même exactitude que celle avec laquelle il décrit le type d'habitat ou la flore. Il signale à plusieurs reprises, et ses carnets de voyage en témoignent, qu'il fixe sur le papier par un dessin une physionomie qui lui paraît représentative de la population locale. Aux traits physiques correspondent pour lui souvent des traits de caractère. Il y a pour l'essentiel deux types, un type «nordique», grand, blond, corpulent et placide, et un type «méridional», plus petit et plus souple, à la peau mate, aux yeux et aux cheveux noirs, vif, gai et prompt à réagir.

On peut estimer que cette manière de classer des êtres humains a aujourd'hui quelque chose à la fois de simpliste et de choquant. Il serait toutefois erroné de voir en Strindberg un adepte de théories racistes, au sens où on l'entendait à la fin du 20ᵉ siècle. Montrer une réalité particulière dans ce que sa singularité a d'immédiatement perceptible fait partie du travail de l'ethnographe qu'il veut être. Remarquons que, dans ses portraits, il n'introduit pas de hiérarchie entre les caractères physiques et le vêtement, il ne les traite pas de manière différente. Dans sa pratique

76 *Bland franska bönder,* p. 99.
77 *Bland franska bönder,* p. 147.

descriptive, il met sur le même plan le biologique et le culturel, l'inné et l'acquis, et laisse souvent entrevoir les liens et les transitions, l'influence réciproque qui existent entre les deux. Le tableau qu'il brosse des Allemands et des Français à la frontière entre l'Alsace, qui appartenait alors à l'Allemagne, et la France, est révélateur de la manière dont il présente ce qu'il appelle les «races» romane et germanique: «Des casques à pointe au-dessus de grandes barbes brunes et de redingotes d'uniforme bleues à cols rouges marchent sur l'un des trottoirs de la gare et échangent des regards avec des yeux noirs au-dessus de moustaches et de barbiches noires sous des képis rouges bas, rouges comme les pantalons, sur l'autre trottoir. Ce sont vraiment deux races qui se rencontrent ici.» Il est clair que Strindberg prend plaisir à mélanger l'uniforme et le type physique de celui qui le porte, à suggérer que le képi ou le casque à pointe font aussi intimement partie du soldat français ou allemand que la couleur de leurs cheveux. Quant aux différentes espèces de barbes, elles illustrent la façon dont chaque culture donne une forme particulière à un donné anatomique général.

La description se poursuit ainsi:

> Le petit Français avec son teint blanc et les reflets bleus de sa barbe rasée; son nez bien formé légèrement busqué; son visage ovale au front étroit et à la nuque forte; son œil du sud en amande, grand et bordé de noir; la musculature élastique de ses bras et de ses jambes; sa main blanche, douce et grasse; son petit pied à la cheville haute qui bat le sol de l'orteil et du talon, c'est un autre type ethnographique que le grand Allemand large d'épaules, avec ses longs bras, ses grands pieds qui marchent à pas lourds; son crâne spacieux au front large, bombé, très large au-dessus des tempes; sa barbe robuste, brune, abondante, qui lui cache la bouche et les joues et repose sur sa poitrine; son petit œil au dessin imprécis, qu'a fait pâlir un soleil plus pâle, et qui est tapi dans un repli de peau plissée et que les cils blonds effacent plus qu'ils ne le soulignent.
>
> Ce sont deux races, peut-être les Romains et les Germains, qui se haïssent avec l'intensité que le sang leur impose et leur ordonne, et qui considèrent chacune pour sa part qu'elle est au sommet de l'échelle de l'évolution[78].

Ce passage est sans doute en partie inspiré par quelques-unes des théories anthropologiques qui, dans les années 1880, avaient un caractère de nouveauté et passaient pour cette raison vraisemblablement pour modernes et progressistes: l'importance de la morphologie physique, sur la-

---

78   *Bland franska bönder*, p. 85.

quelle la personnalité et les différentes aptitudes étaient supposées reposer, l'influence du climat sur cette morphologie, le combat entre les races ou les peuples, où paraissent se combiner la philosophie hegelienne de l'histoire et l'évolutionnisme darwinien.

Ici comme dans d'autres cas, Strindberg fait toutefois preuve d'inconséquence. Après avoir abordé la question de savoir qui, des «Romains» ou des «Germains», était au sommet de l'humanité, il déclare que «même le Scandinave romanisé impartial ne peut en juger, puisqu'une branche plus vieille, le temps venu, se fane très facilement pour faire place à une plus jeune».[79] A quel stade le «Scandinave romanisé» – qui est évidemment Strindberg lui-même – se situe-t-il dans l'évolution des espèces? Si les différents groupes humains se distinguent d'abord par des caractères physiques, comment les deux années que Strindberg a passées en France ont-elles pu le «romaniser»? Cette romanisation ne peut être que d'ordre culturel, et suppose que la dimension culturelle de l'homme est assez importante pour modifier son identité, ce qui relativise, bien que l'auteur n'en ait peut-être pas véritablement conscience, le darwinisme qui s'exprime par ailleurs dans la même phrase. Ce à quoi renvoie ici le terme de «race» englobe ce que l'on appellerait aujourd'hui la culture, sans que l'on puisse nier qu'il renvoie aussi à des notions biologiques.

L'accent mis par Strindberg sur le physique est lié à son adhésion, dans les années 1880, à des courants d'idées qui rompent avec la pensée traditionnelle, inspirés par les œuvres de Taine, de Renan, de Georg Brandes et de Nietzsche, et qui ont en commun le refus des visions du monde idéalistes et l'athéisme, attitude que l'on retrouve dans les passages de *Bland franska bönder* qui concernent la morale et le clergé catholique. Strindberg prend clairement position contre la morale chrétienne, morale ascétique qui interdit tous les plaisirs, en particulier la fréquentation des cafés, les jeux de cartes et la consommation de boissons alcoolisées, toutes choses que Strindberg s'efforce de réhabiliter. S'il constate que «Dans les pays protestants, on a davantage peur de la joie que dans les pays catholiques»[80], il n'en condamne pas moins sévèrement le clergé catholique pour son obscurantisme et sa corruption. Il cite un journal qui

79   *Bland franska bönder,* p. 85.
80   *Bland franska bönder,* p. 65.

porte le nom sans ambiguïté de *La Semaine Anticléricale*, dont il approuve pour l'essentiel le contenu, même s'il sourit de la rhétorique des discours qu'il publie[81]. Au dernier chapitre de la première section, il traduit et reproduit dans son intégralité l'allocution prononcée par un paysan lors d'un enterrement civil pour défendre la libre-pensée, la tolérance, l'honnêteté et le travail[82].

Ce qu'il admire le plus dans l'enseignement primaire que dispense la Troisième République, dont il parle dans l'ensemble en termes élogieux, ce sont les leçons de morale et d'instruction civique, des nouveautés sans équivalent ailleurs en Europe. Il trouve «la morale qui doit à présent remplacer la religion à l'école [...] excellente. Ce n'est pas la vieille morale ascétique, mais c'est la morale de la réciprocité du christianisme, modifiée peut-être par la morale positiviste française, ce qui s'explique par le fait que les hommes actuellement au pouvoir sont en partie des disciples d'Auguste Comte».[83] Quant à l'instruction civique, elle informe les futurs citoyens sur l'économie politique et les lois, les préparant ainsi à jouer avec compétence un rôle dans la République[84]. A l'inverse, l'enseignement de l'histoire est aux yeux de Strindberg ce qu'il y a de moins bon dans l'école française, car on y présente presque exclusivement des rois, et non le peuple[85].

Sur le plan politique, Strindberg s'avère être proche du républicanisme laïc. Il est favorable au suffrage universel, qu'il aimerait voir introduire en Suède, et à la généralisation de l'instruction, nécessaire à l'exercice du droit de vote. Le système d'enseignement obligatoire et gratuit mis en place par la Troisième République est pour lui «peut-être le plus grand exploit, le meilleur travail pour l'avenir qu'ait accompli le gouvernement, qui a si mauvaise presse».[86] Hostile à la «överkultur», à «l'excès de culture», il est en revanche tout à fait favorable à la transmission de connaissances utiles et des valeurs républicaines.

---

81 Cf. *Bland franska bönder*, pp. 97-98.
82 Cf. *Bland franska bönder*, pp. 74-75.
83 *Bland franska bönder*, p. 38.
84 Cf. *Bland franska bönder*, pp. 40-41.
85 Cf. *Bland franska bönder*, pp. 41-42.
86 *Bland franska bönder*, p. 37.

Mais la généralisation de l'instruction a un aspect négatif, longuement étudié dans *Bland franska bönder*: elle favorise l'exode rural, car
les enfants instruits n'ont plus envie de travailler la terre. C'est là un fait
que l'on ne peut nier, même s'il semble donner raison aux «cléricaux
réactionnaires», opposés à l'école laïque qui est en train de se mettre en
place. L'exode rural a certes, en France, plusieurs causes, notamment le
mode de transmission de la propriété agricole et le système fiscal, mais il
n'en reste pas moins que dans tous les pays il semble y avoir un lien
entre l'augmentation du taux de scolarisation et l'exode rural. Une contradiction apparaît à nouveau sur ce point entre les idées que professe
Strindberg et la réalité qu'il présente. Le travail de reportage met en évidence la pénurie de main d'œuvre dont souffre l'agriculture française et
le dépeuplement progressif de la campagne au profit de la ville. Constatant une incompatibilité entre le développement de l'enseignement et une
société agraire, Strindberg expose là aussi en détail les données du problème et indique des solutions envisagées par d'autres, tout en renonçant
à en proposer une, en soulignant même ce que la contradiction peut avoir
d'insoluble. A propos des «hautes écoles populaires», les *folkhögskolor*
suédoises, il écrit que «comme l'arbre de la connaissance, elles produisent elles aussi le meilleur et le pire».[87] Et à l'éventuelle question de
savoir si elles constituent une institution condamnable, il répond: «Oui et
non, car il y a des questions auxquelles on peut répondre par oui et
non.»[88]

Strindberg prend donc ici, comme dans la discussion des avantages
comparés du libre-échange et du protectionnisme, une attitude opposée à
celle de l'utopiste, à qui sa conception de la cité idéale permet d'expliquer tous les maux qui frappent ses contemporains et d'assurer qu'il
existe des remèdes. Il y a bien évidemment un lien entre cet anti-
utopisme et le travail de terrain effectué par le reporter enquêteur. Ils se
renforcent mutuellement. Le scepticisme, revendiqué comme une vertu à
la fin de l'introduction, et le refus des jugements préconçus incitent à un
examen direct de la réalité, tandis que les conversations avec les paysans
et la lecture des statistiques rendent difficiles les pétitions de principe.
Bland franska bönder présente des problèmes qui paraissent insolubles,

---

87   *Bland franska bönder,* p. 46.
88   *Bland franska bönder,* p. 47.

montre pourquoi ils le sont. On n'y trouve rien, en revanche, qui ressemblerait à un programme d'édification d'une société idéale.

Il n'en reste pas moins que des convictions s'y expriment, que des thèses y sont défendues. Strindberg interviewe des paysans que le hasard lui fait rencontrer dans une auberge ou croiser sur sa route, mais aussi des interlocuteurs qu'il a choisis, comme il choisit les lieux qu'il visite, et ces choix sont en partie guidés par ce qu'il souhaite prouver.

Il apparaît clairement, par exemple, que l'anticléricalisme de Strindberg détermine dans une large mesure la manière dont il présente le clergé catholique et son statut dans la société française. Sans doute n'invente-t-il rien. Il ne rapporte que des faits dont il a été témoin ou des propos qui ont été tenus en sa présence. On peut toutefois le suspecter d'avoir recherché dans la réalité française ce qui confirmait le bien-fondé de ses opinions, ou simplement d'avoir davantage remarqué ce qui le confortait dans ses convictions que ce qui aurait pu les remettre en cause. «Notre *curé* [en français dans le texte]», écrit-il à Grez, «vit comme un jeune parisien, le sacristain est un poivrot et l'enfant de chœur un petit Narcisse vicieux.»[89] Ce n'est pas tout: quelques années auparavant, le village a eu «un prêtre qui, un dimanche matin, n'est pas arrivé pour dire la messe, étant donné qu'il s'était attardé dans un bordel à Paris».[90] Le prêtre dont il est question au début du chapitre sur la Champagne a lui aussi une allure et un comportement très mondains[91]. Le fossoyeur clérical en train de creuser une tombe destinée à un défunt qui, avant sa mort, avait fait connaître sa volonté d'être enterré civilement, lève vers le reporter «un vieil œil soupçonneux, hébété».[92] Il a «le regard d'un rat qui vit sous terre»[93]. Malgré la dureté du vocabulaire – Strindberg, on le sait, fait rarement preuve d'indulgence envers ses adversaires – ces détails sont certainement exacts. Mais il devait bien se trouver dans la France de 1886 quelques catholiques sincères, honnêtes et dévoués. Or Strindberg ne les mentionne jamais, l'enquêteur semble ne jamais les croiser sur son

---

89   *Bland franska bönder*, p. 75.
90   *Bland franska bönder*, p. 75.
91   Cf. *Bland franska bönder*, p. 97.
92   *Bland franska bönder*, p. 72.
93   *Bland franska bönder*, p. 73.

chemin, ce qui laisse penser qu'il a omis, ou s'est délibérément abstenu de les chercher.

Le «père Charron», qui joue souvent pour Strindberg le rôle de celui que les ethnologues appellent «l'informateur», est présenté comme un anticlérical, «un républicain éclairé et cultivé».[94] On peut supposer, d'une part, qu'il a été choisi en raison de ses opinions, d'autres part que les informations qu'il fournit ne sont pas impartiales. Il a sans doute tendance, et Strindberg avec lui, à surestimer le recul de l'influence du catholicisme dans la paysannerie française, qui, si l'on en croit *Bland franska bönder*, est rapide. Dans la première section, il y a de nombreux exemples de la manière dont les habitants de Grez, village d'Ile-de-France, se sont détachés de la religion traditionnelle. Dans la seconde section, en revanche, la place que tient le catholicisme dans la vie des paysans bretons n'est pas niée, mais elle ne fait l'objet d'aucun développement particulier. Les seules allusions qui y soient faites sont la formule «la religieuse Bretagne»[95] et les deux phrases: «A l'intérieur du café, nous constatons pour la première fois l'absence du portrait de Gambetta, mais observons qu'il y a à sa place Charles X et quelques saints. Tout est donc comme il faut, la Bretagne est telle qu'elle doit être d'après des descriptions assez anciennes.»[96]

Anticlérical et républicain, le père Charron est aussi un paysan qui vit, au moins à ce qu'affirme le texte, largement en autarcie. Il constitue une excellente illustration de la thèse de Strindberg selon laquelle l'avenir appartient à la petite exploitation agricole, et c'est vraisemblablement en grande partie pour cette raison qu'il est devenu son interlocuteur privilégié. Il qualifie les grands exploitants agricoles de «marchands de grain»[97]. Il est matériellement à l'aise, et il est en outre intelligent et cultivé. Bien qu'il ait fait des études secondaires, il a eu ensuite la sagesse de reprendre l'état de paysan. La crise agricole provoquée par la concurrence du blé américain ne l'affecte pas. C'est lui qui attire l'attention du reporter sur les trois problèmes à ses yeux les plus graves de l'agriculture française, le morcellement des terres, l'impôt

94   *Bland franska bönder,* p. 44.
95   *Bland franska bönder,* p. 121.
96   *Bland franska bönder,* p. 124.
97   *Bland franska bönder,* p. 34.

foncier et l'exode rural[98], problèmes qui sont traités longuement dans le livre. Bien sûr, la vie du père Charron paraît dans l'ensemble à la fois raisonnable et agréable, digne de servir de modèle, et ses arguments sont sensés. Mais les producteurs de céréales obligés de vendre leur récolte pour vivre, qui représentent un pourcentage non négligeable de la paysannerie française, ont rarement la parole dans *Bland franska bönder*. Leurs problèmes sont bien davantage évoqués en termes généraux qu'ils ne font l'objet de descriptions particulières et concrètes.

La partialité que l'on constate parfois dans le choix des interlocuteurs vaut aussi sans doute pour celui de la presse consultée par Strindberg. Il se procure *L'Echo de la Haute-Marne*, *Le Bonhomme Normand* ou *L'avenir du Morbihan* parce que ces journaux sont les plus lus dans leurs régions respectives, qu'ils ont donc une valeur représentative et sont susceptibles de fournir au reporter des informations factuelles, mais il lit plutôt *La Semaine Anticléricale*, même s'il n'accorde pas un crédit total à son contenu, que les organes cléricaux et royalistes.

Il ne faut pas oublier que *Bland franska bönder* a aussi une dimension polémique. Strindberg se propose de réfuter la thèse de celui qu'il nomme «un économiste allemand» – et qui était en réalité vraisemblablement le marxiste français Paul Lafargues[99] – selon laquelle, à la suite de la révolution industrielle, la petite exploitation agricole était appelée à disparaître, pour être remplacée par de vastes structures fonctionnant sur le modèle de l'industrie. Il mentionne un article de Lafargues dans l'introduction à la seconde section, puis de nouveau dans la troisième section.

Les arguments qu'il avance en faveur des petits propriétaires terriens dans la première et la seconde section se résument en l'avantage qu'offre l'autarcie d'assurer l'indépendance économique des producteurs par rapport au marché. Dans la troisième section, il fait en outre valoir que le paysan qui possède suffisamment de terre pour subvenir à ses besoins, mais pas plus qu'il ne peut en cultiver lui-même, en tire un rendement

---

98 Cf. *Bland franska bönder*, p. 34.
99 Cf. à ce propos *Bland franska bönder*, notes, p. 240. Strindberg polémique contre un article signé simplement de deux initiales paru en 1883 dans la revue socialiste allemande *Die Neue Zeit*, ce qui l'a conduit à supposer que l'auteur était un Allemand.

maximum. Dans la dernière section, l'information fournie, d'ailleurs moins abondante que dans les autres parties du livre, est entièrement subordonnée à la démonstration qui constitue le propos essentiel de ces pages. Leur caractère polémique est visible entre autres aux termes par lesquels Strindberg désigne ses adversaires, tels que «théologiens» ou «philosophes», qui ont clairement une valeur négative dans le vocabulaire de Strindberg. Il entend indiquer par là qu'il s'agit d'esprits dogmatiques, d'idéalistes, de penseurs spéculatifs sans contacts avec le monde réel. Dans le débat qu'il a avec eux, il rappelle implicitement la supériorité que confère à ses thèses son expérience de terrain. Mais à l'inverse, la polémique à laquelle il se livre risque de jeter le doute sur le reportage dans son ensemble, sur la détermination de l'enquêteur à chercher dans l'examen de la réalité autre chose que la confirmation de jugements préconçus et sur celle du scripteur à rendre compte de la diversité des phénomènes observés.

Modelées par l'intention polémique de l'auteur, les images de la France que donne *Bland franska bönder* le sont aussi par les difficultés que l'on pourrait dire techniques auxquelles se heurte l'enquêteur. Il arrive qu'il commette des erreurs en raison de son insuffisance de connaissances dans un domaine particulier. Ainsi, si Strindberg remarque à juste titre qu'il est mathématiquement impossible que le vin contenu dans les millions de bouteilles stockées dans les caves champenoises provienne exclusivement des vignes de Champagne[100], il risquerait de nos jours en revanche peut-être d'avoir des démêlés avec la justice s'il écrivait, comme en 1886, «qu'on peut faire, et qu'on fait, du bon champagne avec pratiquement n'importe quel raisin, et qu'à Hambourg et Lübeck on peut même en faire avec de l'eau et du sucre».[101] Mais dans d'autres cas, le scripteur est conscient et fait état de l'impossibilité dans laquelle se trouve l'enquêteur de recueillir de l'information exacte. A Bordeaux, celui-ci se procure le compte rendu du congrès des producteurs de vin qui vient de s'achever, espérant y trouver des indications sur l'importance des dégâts provoqués par le phylloxéra. Il s'avère toutefois que des intérêts économiques incitent certains congressistes à dissimuler la triste vérité. Par ailleurs, déclare le reporter, «les opinions sur l'am-

---

100   Cf. *Bland franska bönder,* p. 103.
101   *Bland franska bönder,* p. 103.

pleur de la catastrophe [sont] si partagées que cela m'a fait peur et m'a dissuadé de procéder à toute autopsie, étant donné que les gens impliqués dans l'affaire eux-mêmes ont pu voir les choses de manières si différentes et que je n'ai jamais vu un phylloxéra de ma vie».[102] Le scripteur évoque les différentes manières de voir et décrit les remèdes proposés. Mais il ne lui est pas possible de savoir, au moment où il écrit, si le mal est enrayé ou si le vignoble bordelais est irrémédiablement détruit.

Il arrive aussi que des faits soient faciles à constater, mais que leur interprétation pose problème. Strindberg utilise fréquemment des statistiques, mais il sait que «la statistique est une servante dangereuse et qu'elle peut facilement tromper le plus intelligent».[103] Lorsque l'on voit des moissonneuses dans les champs, on est tenté d'en conclure que l'on se trouve dans une région de vastes domaines agricoles; or, en Champagne, où l'enquêteur observe çà et là l'utilisation de moissonneuses, les parcelles de terre sont parmi les plus petites de France.

On finit aussi souvent par voir ce que l'on a envie de voir, ou ce que l'on s'attend à voir. «A La Rochelle», écrit Strindberg, «nous cherchons [...] à détecter des traces d'influence anglaise, et en voyant un chef de gare roux, nous nous imaginons avoir devant nous un descendant des Britanniques, mais cela peut bien n'être qu'imagination.»[104]

S'il n'est pas toujours aisé de fournir une image fidèle des choses et des faits, il est encore plus difficile de saisir une atmosphère, de donner d'un lieu ou d'un groupe humain une impression d'ensemble dont on pourrait être sûr qu'elle a quelque fondement dans la réalité. L'Auvergne paraît triste au reporter, mais, explique le scripteur, «est-ce parce que je viens du sud, ou parce que le temps est couvert et que c'est le soir, ou tout simplement parce que c'est un pays triste, je ne le sais pas».[105]

Tout comme le scripteur prend parfois une distance ironique envers l'enquêteur dont il retrace les activités, *Bland franska bönder* brosse un tableau de la France rurale précis et détaillé, mais ponctué de rappels de la fragilité du témoignage humain et des problèmes que pose la repré-

---

102 *Bland franska bönder*, p. 132.
103 *Bland franska bönder*, p. 105.
104 *Bland franska bönder*, pp. 130-131.
105 *Bland franska bönder*, p. 154.

sentation du réel, si bien que le texte, en même temps qu'il informe, communique un sentiment d'incertitude. Il est en particulier impossible, à sa lecture, de prévoir l'avenir qui attend la campagne française et la France en général, non parce que l'auteur se serait trompé dans ses prévisions, mais parce qu'il se garde d'en faire, et veille même, en laissant bien des questions ouvertes, à ce que son reportage ne puisse pas être utilisé à cette fin.

Bland franska bönder est ainsi autre chose et plus qu'une collection d'observations pertinentes encadrées par l'exposé d'une conception de la société, d'ailleurs parfois contredite par les résultats de l'enquête de terrain. Au-delà de la description de la manière dont s'élabore l'image, c'est un texte qui s'interroge sur la possibilité de réaliser le projet qui le porte, en même temps qu'il montre comment il le réalise en pratique.

La figure de l'auteur

Il ne paraît pas illégitime de considérer que *Bland franska bönder* illustrait, au moment de sa parution, un genre littéraire nouveau, tel que l'avait conçu son auteur, dans le cadre d'une réflexion sur la littérature[106]. Malgré sa spécificité, le reportage doit être compris comme partie intégrante du vaste ensemble de la production littéraire d'August Strindberg. Il présente de multiples similitudes thématiques et stylistiques non seulement avec d'autres textes écrits dans les années 1880, mais même avec des drames de la dernière période. On y trouve des moments de la genèse de l'œuvre considérée dans sa globalité, d'une évolution qui ne suit ni un schéma linéaire de progression continue, ni un schéma dialectique hégélien, mais connaît tout à la fois des transformations, des retours en arrière et des constantes. Montrer en quoi *Bland franska bönder* appartient à l'œuvre globale d'August Strindberg constitue peut-être la manière la plus sûre de mettre en évidence, s'il en était besoin, sa littérarité.

J'utiliserai ici aussi la notion de «figure de l'auteur», qui s'avère utile lorsque l'on tente de cerner ce qui fait l'originalité de la production litté-

---

106   Voir le chapitre «La poétique du reportage chez Strindberg».

raire strindbergienne. La figure de l'auteur est constituée par une série de caractéristiques que l'on retrouve d'un texte à l'autre, notamment des associations de formes particulières avec des contenus particuliers, ce qui fait que l'on peut reconnaître un paragraphe de Strindberg un peu comme on reconnaît une phrase de Mozart ou de Schubert. Il est par ailleurs intéressant de relever la présence de motifs identiques, ou très semblables, non pas dans toutes les œuvres, mais cependant dans plusieurs, c'est-à-dire, dans les termes de la narratologie, de constater que Strindberg utilise ses propres textes comme hypotextes. De telles récurrences, en liant les unes aux autres des œuvres particulières, contribuent à faire que leur ensemble peut être perçu comme un tout, une entité.

Il semble qu'à l'occasion de son reportage en France Strindberg ait élaboré une manière de représenter la nature qui était alors nouvelle chez lui. Il avait sans doute précédemment déjà décrit des paysages, des fleurs, des arbres et des animaux, mais il le faisait différemment. D'une façon générale, on peut distinguer deux types de description, que j'appellerai description évocative et description informative. La description de Stockholm qui ouvre le roman *Röda rummet (La chambre rouge)* est du premier type[107]. Au lecteur qui ne connaît pas la capitale de la Suède, elle permet tout au plus d'en construire mentalement une image vague, qui ne ressemblera pas à la réalité. Elle fournit peu de véritables renseignements sur la ville, car tel n'est pas son propos. Elle s'adresse à des gens qui connaissent bien Stockholm. En nommant des lieux particuliers – mais sans jamais expliquer à quoi correspondent les noms propres qui abondent dans cette première page –, en s'arrêtant à des détails apparemment sans importance, mais qui créent une atmosphère, en se situant à un moment précis de l'année et de la journée, elle fait surgir une vision d'une réalité déterminée dans l'imagination de ceux à qui elle est familière. Elle accumule les substantifs à la forme définie, comme par exemple «le petit jardin de Mosebacke», supposés renvoyer à des choses connues. Elle a un fort pouvoir évocateur. On pourrait faire des remarques analogues à propos du tableau de Paris vu de la butte Montmartre par lequel commence *Bland franska bönder*, et dont la ressemblance avec le début de *Röda rummet* a été relevée par plusieurs commenta-

---

107 Cf. August Strindberg: *Röda rummet, Samlade verk, Nationalupplagan*, bd. 6, pp. 7-8.

teurs. A l'inverse, la description des Landes, de la récolte et du traitement de la résine de pin qui se trouve dans le chapitre «Guyenne» de la
seconde section du reportage en France est destinée potentiellement à
l'humanité entière, à l'exception des habitants des Landes, pour lesquels
elle ne présente aucun intérêt, car sa fonction est d'informer le lecteur
sur ce qu'il ignore.

L'évocatif et l'informatif ne sont pas exclusifs l'un de l'autre, ils
peuvent se combiner dans une même description. On a toutefois le plus
souvent une prédominance de l'un ou de l'autre. Dans *Bland franska
bönder*, la plupart des descriptions de la nature sont nettement informatives. Il y est rarement question de «fleurs sauvages» ou de fleurs simplement rouges, jaunes ou bleues, mais plutôt de «tussilages, gueules-de-
lion, alchémilles et bruyères»[108]. Dans bien des cas, les dénominations
précises s'accompagnent d'explications des raisons pour lesquelles telles
plantes poussent à tel endroit. La douce et claire lumière aux reflets
mauves de l'Ile-de-France est due à l'humidité de l'air et aux différences
de température entre les vents qui viennent de la Mer du Nord, de
l'Atlantique et de la Méditerranée[109]. Presque tous les paysages, quelles
que soient leurs qualités esthétiques, sont présentés comme des produits
combinés de l'activité humaine et de données géologiques.

Cette façon de décrire la nature, qui rappelle le discours scientifique,
est adaptée au genre du reportage. Mais il est plus étonnant de la retrouver, par exemple, dans le roman *I havsbandet (Au bord de la vaste mer)*,
écrit deux ans après *Bland franska bönder*. L'île d'Österskären et
l'archipel environnant sont vus à travers les yeux de l'intendant Borg,
qui est un homme de science, ce qui permet à Strindberg d'introduire
dans le récit des descriptions informatives. Au deuxième chapitre, il
retrace l'histoire de la pêche au hareng de la Baltique depuis le moyen
âge pour expliquer la raréfaction de ce poisson dans les eaux qui entou-
rent Österskären à la fin du 19e siècle[110]. Au chapitre suivant, il décrit
longuement et avec une grande précision la flore, et surtout la faune
sous-marine, depuis les poissons de surface jusqu'à ceux qui vivent dans

---

108   *Bland franska bönder*, p. 154.
109   Cf. *Bland franska bönder*, p. 30.
110   Cf. August Strindberg: *I havsbandet, Samlade verk, Nationalupplagan*, bd. 31,
        Stockholm, Almqvist & Wiksell, 1984, p. 22.

la vase du fond, en passant par ceux qui circulent dans les couches intermédiaires, il explique l'interaction, dans ce milieu naturel, entre la lumière, la température de l'eau, les algues et les animaux. Une page plus loin, il passe en revue les oiseaux de la région, avec leurs modes de vie et leurs déplacements, puis il rappelle les phénomènes géologiques à l'origine de l'hydrographie et des reliefs de l'archipel de Stockholm, et donc de sa flore et de sa faune[111]. S'il s'agissait seulement de suggérer une atmosphère, de planter le décor dans lequel l'intendant Borg va affronter des êtres qu'il méprise, des descriptions plus brèves, moins précises dans le détail et moins explicatives suffiraient. On ne peut nier que la nature à la fois sauvage, dépouillée, pauvre et grandiose dépeinte dans le roman y joue un rôle, qu'elle y est parfois presque élevée au rang de personnage. Mais les descriptions ont en outre une valeur documentaire, qui rapprochent certains passages de *I havsbandet* du reportage sur la France, texte dont la rédaction et l'enquête qui l'a précédée ont peut-être inculqué à son auteur une discipline de l'observation et de la présentation des faits observés qui ressemble à la rigueur scientifique.

La peinture de la nature occupe également une place importante dans *Hemsöborna (Les habitants de Hemsö)*, écrit en 1887, mais elle est là d'un type plus traditionnel. En revanche, la scène du mariage de Carlsson et de la veuve Flod, au cinquième chapitre de ce roman, s'inspire directement d'un passage de *Bland franska bönder*. Au moment le plus émouvant de la cérémonie, qui a lieu dans la plus grande pièce du plus beau bâtiment de la ferme, des explosions violentes et répétées se font soudain entendre. Elles font penser à des armes à feu, mais proviennent en réalité des deux cents bouteilles de bière empilées contre le mur de la maison adjacente, en plein soleil, et que la chaleur fait éclater les unes après les autres. Strindberg a préparé la scène en employant un vocabulaire militaire à propos de ces bouteilles, disposées «comme des pyramides de boulets»[112]. Mais il indique aussi que le bruit qu'elles font en éclatant est le même que «quand on débouche des bouteilles de champagne»[113]. Or, à la fin du chapitre de *Bland franska bönder* consacré à la

111 Cf. *I havsbandet*, pp. 31-35.
112 August Strindberg: *Hemsöborna*, in *Samlade skrifter*, bd. 21, Stockholm, Bonnier, 1918, p. 119: «som kulpyramider».
113 *Hemsöborna*, p. 123: «som när man drar upp champanjebuteljer».

Champagne, qui se termine par la visite des immenses caves Pommery à Reims, le scripteur compare le célèbre vin à un explosif, et imagine la catastrophe que provoquerait l'explosion simultanée des millions de bouteilles rangées le long des galeries souterraines, «qui s'effondreraient certainement, si toute cette joie de vivre conservée sous des bouchons et du fil de fer se libérait soudain»[114].

Ce n'est pas ici le roman qui emprunte au genre du reportage, c'est au contraire l'imagination du créateur de fictions qui transparaît dans la relation documentaire. Une évocation de ce type rappelle que ce reportage est l'œuvre d'un écrivain. Non pas tant en raison de la vision elle-même, qui pourrait sans doute surgir dans l'esprit de quelqu'un qui n'est ni romancier ni dramaturge ni poète, que parce qu'il la mentionne et réussit à l'intégrer dans un texte dont la vocation est en principe d'informer sur des réalités concrètes, sans qu'elle y paraisse hors de propos. On peut supposer qu'un simple reporter ne ferait pas part à ses lecteurs de ce que son imagination conçoit lorsqu'il visite un lieu dans l'exercice de sa fonction. C'est la notoriété que Strindberg a déjà acquise en tant qu'écrivain au moment où il écrit *Bland franska bönder* qui l'autorise en quelque sorte à imprimer plus fortement à son texte la marque de sa subjectivité que ce n'est l'usage chez les professionnels du reportage, une subjectivité qui ne le fait cependant pas sortir du genre, puisqu'elle ne révèle rien de son existence individuelle et qu'elle consiste simplement en une manière particulièrement «strindbergienne» de se représenter et de présenter le monde.

Il y a dans *Bland franska bönder* plusieurs passages où la subjectivité de l'auteur s'exprime plus nettement qu'il n'est habituel dans le reportage en général. A deux occasions au moins, Strindberg se livre à des considérations qui trahissent un pessimisme d'inspiration schopenhauerienne. Lorsqu'il arrive pour la première fois, en Bretagne, au bord de l'Océan Atlantique, la vue sur la pleine mer lui rappelle qu'il se trouve sur la côte du continent européen qui fait face à l'Amérique, et il parle des larmes de Monsieur Freycinet, archétype du producteur de céréales français, «lorsqu'il voit les bateaux pacifiques des Etats-Unis arriver de l'ouest pour inonder le pays d'un pain superbe et au prix modique!».[115] Il

---

114 *Bland franska bönder*, p. 103.
115 *Bland franska bönder,* p. 127.

compare ces larmes à celles que Charlemagne est dit avoir versé «quand de son château sur la côte normande, il vit les bateaux des Scandinaves mettre le cap dans sa direction pour inonder le pays de troupes de pillards».[116] Au-delà des siècles et des différences de civilisations qui séparent les deux époques, Strindberg constate une permanence des larmes, une intemporalité du malheur lié à la condition humaine: «Il y a tant de sortes de pleurs dans cette vallée de larmes!»[117] D'une manière analogue, lorsqu'il visite, en Provence, les ruines du monastère de Montmajour, il énumère les croyances et les espérances qui, au cours de l'histoire, ont marqué le lieu et qui, les unes après les autres, se sont avérées être des illusions. En Provence on peut «être tenté, tout incrédule que l'on soit, de croire aux théories du philosophe pessimiste»[118]. En d'autres termes, dès 1886, Strindberg déclare que «les hommes sont à plaindre», «det är synd om människorna», selon la formule maintes fois répétée dans *Ett drömspel (Le songe)*, écrit en 1902.

Cette phrase constitue une sorte de *leitmotiv* dans la pièce, dont le thème central, qui en détermine largement le contenu et la forme, est la misère de la condition humaine. L'inanité de l'aspiration au bonheur est à la fois la thèse à partir de laquelle est construit *Ett drömspel*, ce qu'il montre et la conclusion à laquelle il aboutit, elle est «ce qu'il fallait démontrer». Dans le reportage, la vision du monde schopenhauerienne ou hartmannienne n'occupe qu'une place marginale. Elle est en outre traitée d'une manière différente. Le scripteur prend une distance ironique face aux considérations philosophiques qu'inspire à l'enquêteur la réalité présente et passée, soulignant par là leur caractère subjectif, rappelant qu'il ne s'agit que des sentiments d'une personne particulière, et qu'une autre pourrait voir les choses autrement. Il termine le passage sur les larmes de Charlemagne et du producteur de céréales par: «Telles furent mes brèves considérations sur le rivage d'ardoise brillante, parsemée de varech, de l'Océan!»[119] Il va ensuite à la ligne et commence un nouveau paragraphe par: «Nous nous mettons à nouveau en marche et nous re-

---

116 *Bland franska bönder*, p. 127.
117 *Bland franska bönder*, pp. 127-128.
118 *Bland franska bönder*, p. 149: Le «philosophe pessimiste» dont il s'agit ici est évidemment Schopenhauer.
119 *Bland franska bönder*, p. 128.

trouvons dans un petit village isolé.»[120] Ainsi, l'enquête de terrain reprend et revient au premier plan de la relation, réaffirme sa place centrale dans le reportage.

A propos de Montmajour, l'attitude est semblable: «Voilà à peu près
ce que je pensai à l'ombre des ruines de Montmajour, mais il me revint à
l'esprit que je m'étais moi-même imposé le devoir de percer à jour cette
classe d'hommes particulière qui, sous le nom de paysans, semble [...]
s'être contentée de rester dans l'environnement le moins désagréable à
l'animal humain. C'est pourquoi nous nous levâmes et poursuivîmes
notre route.»[121] Face aux désillusions constamment infligées par l'histoire ou l'existence individuelle, Strindberg, en 1886, ne préconise pas
de chercher refuge dans le monde du rêve et de la poésie, qui ne semble
d'ailleurs plus, ou pas encore, constituer pour lui une sphère autonome.
Il exhorte bien plutôt à la lucidité, engage à remplacer la quête du bonheur ou la foi en des doctrines rassurantes par la volonté d'affronter les
choses telles qu'elles sont, et cela alors même qu'il se réfère au darwinisme, mais en lui donnant une interprétation pessimiste: «La foi exige
un certain degré de ce que l'on appelle bêtise, mais la foi donne la force
d'agir, c'est pourquoi ceux qui sont bêtes seront toujours vainqueurs sur
terre, tandis que ceux qui sont lucides ont perdu l'envie de vaincre dans
le combat pour une nouvelle illusion.»[122]

Le passage offre un exemple de la manière dont Strindberg peut
combiner des vues apparemment incompatibles. Le misanthrope se double d'un homme soucieux que l'humanité se porte le moins mal possible.
Il est remarquable qu'il privilégie la détermination à voir clair, bien que
l'aveuglement soit, selon lui, assuré de la victoire. Le terme clé est ici le
verbe «genomskåda», «percer à jour», «élucider».

Il n'y a rien de surprenant à ce que, dans *Bland franska bönder*,
«l'autopsie» prenne le pas sur d'autres considérations. L'idée de la force
de l'illusion et de la vanité de toute tentative pour faire apparaître la vérité est difficilement conciliable avec l'entreprise du reportage, qui repose sur une confrontation directe, postulée comme féconde, avec la
réalité. Le regard scalpel est ici dicté par le genre choisi, ou bien la pas-

---

120 *Bland franska bönder*, p. 128.
121 *Bland franska bönder*, p. 150.
122 *Bland franska bönder,* p. 150.

sion de l'observation dicte le choix d'un genre, dans lequel elle peut se déployer et se cristalliser, avec lequel elle fait en quelque sorte corps. Mais *Bland franska bönder* est loin d'être la seule œuvre de Strindberg qui fasse une large place au motif de l'autopsie, dans les deux sens du terme. Embrasser du regard, dominer du regard, est une attitude qu'adopte volontiers la figure strindbergienne, qui, de Mosebacke ou Montmartre au sommet alpin d'où le chasseur, dans *Stora landsvägen (La grand' route)*, contemple un possible monde meilleur, aime les lieux en hauteur. Comme Johan, le «fils de la servante», bien des personnages de Strindberg sont animés par un désir de lucidité qui les incite à porter un regard direct sur la réalité et à en ignorer les images toutes faites. Le narrateur d'*Inferno* lui-même pense accéder aux puissances cachées derrière les apparences non en s'enfermant dans une cellule, mais en parcourant les rues et en observant minutieusement tout ce qui l'entoure. L'acte de regarder est si primordial en lui qu'il paraît dépasser sa volonté consciente et coïncider avec quelque chose qui serait comme le geste du monde venant s'imposer à lui. Dans la figure strindbergienne, observation active et perception passive, regard et vision sont souvent indissolublement liés, l'un n'allant pas sans l'autre. L'autopsie est l'une de ses caractéristiques, en même temps que l'une des causes principales de sa souffrance. A la fin de *Stora landsvägen*, la dernière pièce de Strindberg, le chasseur déclare: «Je vois, je vois tout, tout, tout!»[123], ce qui à la fois constitue l'aboutissement de ses efforts et l'accable.

L'analyse confirme ainsi, me semble-t-il, ce qui paraît intuitivement évident dès la première lecture: Œuvre en son temps nouvelle à bien des égards, et unique en son genre dans la production de son auteur, *Bland franska bönder* n'en constitue pas moins un texte littéraire à part entière, que de nombreux liens rattachent à d'autres textes de Strindberg, et dans lequel la «figure de l'auteur» est clairement perceptible.

---

123   A. Strindberg: *Nationalupplagan*, bd. 62, p. 194: «Jag ser, ser allt, allt, allt.»

Chapitre 5

Un poète reporter: les impressions allemandes de Bertil Malmberg en 1936[1]

Bertil Malmberg est originaire du nord de la Suède. Il est né en 1889 à Härnösand, dans une famille bourgeoise aisée et cultivée. Il sera ainsi tôt en contact avec les courants littéraires les plus marquants de son époque. Ses premiers poèmes, qui célèbrent la décadence, paraissent en 1908. Mais au cours des années qui suivent, il s'affirme comme poète classicisant, avant tout soucieux de beauté formelle. Il s'oppose aux modernistes en respectant scrupuleusement les formes et les règles de la poésie classique. L'art est pour lui un phénomène intemporel. Il s'intéresse peu au monde qui l'entoure, aux événements du temps, à la politique. Pendant la première guerre mondiale, il affiche des opinions conservatrices, qui ne sont au fond, comme l'a montré Enar Bergman[2], qu'une transposition sur le plan politique des valeurs esthétiques auxquelles il adhère. C'est là une démarche mentale que l'on retrouve chez d'autres poètes de sa génération. Tout comme l'œuvre d'art classique exige impérativement une hiérarchie, un ordre, la subordination des parties au tout, la société en tant qu'ensemble a besoin de l'ordre établi et de la hiérarchie sociale pour pouvoir exister. Bertil Malmberg voit dans l'Allemagne wilhelmienne l'incarnation de la société idéale. En raison de ses positions conservatrices, il est de plus en plus violemment attaqué par les intellectuels progressistes suédois, et il finit par quitter son pays pour aller s'installer à Munich en 1917.

---

1   Une version allemande de ce chapitre a été publiée précédemment sous le titre «Dichter und Reporter: Bertil Malmbergs Reportage Tyska intryck 1936», in: Annegret Heitmann, Hrsg.: *Arbeiten zur Skandinavistik. 14. Arbeitstagung der deutschsprachigen Skandinavistik, 1.-5.9.1999 in München,* Frankfurt-am-Main, Peter Lang, 2001, ISBN 3-631-37226-4, pp. 319-327.

2   Cf. Enar Bergman: *Diktens värld och politikens. Bertil Malmberg och Tyskland 1908-1928*, Stockholm, Natur och Kultur, 1967, pp. 63-76.

La recherche considère généralement qu'il y a deux tournants importants dans l'œuvre de Bertil Malmberg. Le premier a lieu après 1917, lorsqu'il abandonne sa vision du monde idéaliste et platonicienne en faveur d'un pessimisme largement déterministe. Sur le plan du contenu, les poèmes qu'il écrit dans les années 1920 et jusqu'au milieu des années 1930 doivent beaucoup au *Déclin de l'occident*, d'Oswald Spengler. Un second changement profond se produit dans les années 1940, où il abandonne les schémas métriques fixes pour le vers libre. *Under månens fallande båge* («Sous l'arc tombant de la lune»), son premier recueil moderniste, publié en 1947 après plusieurs années de silence, contraste également par son contenu avec les œuvres précédentes de Malmberg: on n'y trouve plus trace du déterminisme et du pessimisme culturel d'inspiration spenglerienne. Le poète souligne au contraire la liberté inconditionnelle de l'artiste, tandis qu'au même moment, en tant que journaliste, il condamne les opinions qu'il professait dans les années 1930.

Il s'agit d'une conversion définitive au modernisme, que Bertil Malmberg lui-même a expliquée par une attaque cérébrale dont il a été victime en août 1947[3]. L'expérience de la proximité de la mort aurait totalement bouleversé à la fois sa vision du monde et sa conception de la poésie. En réalité, les choses se sont passées de manière légèrement différente, comme l'a montré Ingemar Algulin: certains des poèmes modernistes parus à l'automne 1947 avaient été écrits avant la maladie de Malmberg[4].

Quant à la transformation du contenu, qui explique en partie le renouvellement de la forme, elle a commencé à s'ébaucher quelques années auparavant. Elle est déjà sensible dans *Sångerna om samvetet och ödet* («Les chants de la conscience et du destin»), paru en 1938. Ce recueil témoigne d'une crise intellectuelle qui affecte la vision du monde du poète, qui paralysera partiellement sa créativité, et qu'il ne parviendra à surmonter définitivement qu'en 1947.

3 Cf. Bertil Malmberg: *Ett författarliv*, Stockholm, Bonnier, 1952.
4 Cf. Ingemar Algulin: *Tradition och modernism. Bertil Malmbergs och Hjalmar Gullbergs lyriska förnyelse efter 1940-talets mitt*, Stockholm, Natur och Kultur, 1969.

Malgré ce qu'il a lui-même pu laisser entendre, le changement qui s'opère chez Malmberg n'a rien d'instantané. Il a nécessité des années. Je me propose d'examiner ici un texte de 1936, qui peut permettre d'éclairer cette évolution. Il retrace la confrontation du poète avec l'Etat nazi, qu'il a eu l'occasion d'observer de près.

Le reportage *Tyska intryck 1936*

Cette œuvre s'intitule *Tyska intryck 1936*[5] («Impressions allemandes en 1936»). L'année précédente, Bertil Malmberg avait publié *Dikter vid gränsen*[6] («Poèmes à la frontière»), qui est de tous ses recueils celui qui est le plus marqué par les idées de Spengler. Au printemps 1936, Malmberg, rentré en Suède depuis plusieurs années, retourne à Munich et y passe quatre mois. Il a présenté plus tard en ces termes le projet qui était le sien lors de son départ pour l'Allemagne: «Il s'agissait d'étudier le troisième *Reich* dans un décor qui m'était connu, à savoir Munich et ses environs.»[7] Si l'on excepte le dernier chapitre, *Tyska intryck*, publié à l'issue du séjour munichois, constitue un reportage selon les critères que j'ai retenus pour définir le genre.

C'est un article sur le 1er mai à Munich, écrit en 1923, qui sert de premier chapitre. Il doit «fournir la toile de fond sur laquelle se détachent les impressions actuelles et les mettre en perspective» (*Tyska intryck*, p. 5: «ge de aktuella intrycken bakgrund och perspektiv»). A partir du second chapitre, la structure du livre est à la fois chronologique et thématique, ce qui n'est pas rare dans les reportages de dimensions comparables. Le reporter se rend en différents endroits, s'entretient avec les gens qu'il y rencontre, et s'informe ainsi tour à tour des aspects particu-

---

5   Bertil Malmberg: *Tyska intryck 1936*, Stockholm, Bonnier, 1936. Dans ce qui suit, je désigne ce texte par l'abréviation *Tyska intryck*, et je le cite d'après l'édition mentionnée ci-dessus.

6   In: Bertil Malmberg: *Dikter 1908-1941*, Stockholm, Bonnier, 1954.

7   Bertil Malmberg: *Ett författarliv*, p. 77: «Det gällde att studera det tredje riket mot kulisser, som voro mig bekanta, d. v. s. München med omgivningar.»

liers de la réalité sur laquelle il enquête. Il rend ensuite compte de ses visites dans l'ordre où il les a effectuées.

Le second chapitre de *Tyska intryck*, intitulé «Det tredje rikets fasad» («La façade du troisième *Reich*») montre ce qui frappe d'abord le visiteur étranger en Allemagne. Le troisième, «Livets åtbörd i tredje riket» («Les gestes de la vie dans le troisième *Reich*»), traite de la fonction et de la signification des rituels dans l'Allemagne hitlérienne. Les titres des chapitres 4 à 7 indiquent clairement les thèmes qu'ils présentent: «Bayern och riksenheten» («La Bavière et l'unité nationale»), «Koncentrationslägret vid Dachau» («Le camp de concentration de Dachau»), «Intelligensen och det tredje riket» («Les intellectuels et le troisième *Reich*») et «Riksautobanan» («L'autoroute nationale»). Comme je l'ai indiqué plus haut, le huitième et dernier chapitre, «Tillbakablick» («Regard en arrière»), mélange d'histoire contemporaine, d'autobiographie et de prédictions, sort du cadre du reportage et constitue une sorte de postface en forme d'essai.

Les images de l'Allemagne dans *Tyska intryck 1936*

Lorsque l'on lit *Tyska intryck* aujourd'hui, on n'apprend rien que l'on ne sache déjà sur le régime nazi, et ce texte informe surtout sur les positions politiques du reporter Malmberg.

En octobre 1935, le journal suédois *Social-demokraten* publiait dans le courrier des lecteurs une lettre au-dessus de laquelle on lisait en caractères gras: «Bertil Malmberg är icke nazist, säger han själv.» («Bertil Malmberg n'est pas nazi, c'est ce qu'il dit lui-même.»)[8] Il est exact qu'à cette époque il n'était pas nazi, mais apparemment, cela n'allait pas de soi. Ni Vilhelm Moberg, ni Eyvind Johnson, proches de la social-démocratie, ni Gunnar Ekelöf, défenseur convaincu de la démocratie, n'ont jamais entrepris de démontrer qu'ils n'étaient pas des sympathisants de Hitler. Le fait que Malmberg ait jugé bon de se disculper publiquement indique quelle image de lui avaient nombre de ses compatriotes. L'homme qui se rend à Munich début 1936 est politiquement très

---

8   In *Social-demokraten*, 25.10.1935.

conservateur. Il a en outre depuis longtemps des liens forts, affectifs et intellectuels, avec l'Allemagne. Le propos originel de son reportage apparaît clairement dans les premiers chapitres: à l'image purement négative du troisième *Reich* qui est selon lui dominante en Suède, il veut opposer une vision plus nuancée. Son lecteur implicite est un Suédois, ou en tout cas un non-Allemand, qui sait peu de choses de l'Allemagne, est mal informé sur ce qui s'y passe réellement, et a tendance pour cette raison à condamner en bloc le régime nazi.

Malmberg essaie de corriger cette image, qui à ses yeux est fausse, de deux manières: d'une part, il souligne les aspects positifs du régime, d'autre part il s'efforce d'expliquer par l'histoire ses côtés plus déplaisants, de montrer que l'on peut, non certes les approuver, mais les comprendre, et il en minimise ainsi la gravité.

Contrairement à ce qui se passe en Suède, déclare le reporter, en Allemagne, l'ordre règne dans les villes, on ne voit pas de jeunes en vêtements sales traîner dans les rues la nuit (cf. *Tyska intryck*, p. 32). Tous les gens sont aimables les uns envers les autres, les relations sociales ne sont plus caractérisées par la conscience des différences de classes, mais par le «principe de l'égalité» (*Tyska intryck*, p. 34), ce qui constitue «l'une des grandes réalisations du national-socialisme» (*Tyska intryck*, p. 35). Les fonctionnaires allemands, autrefois imbus de leur importance, se montrent à présent serviables et ne méprisent plus les gens simples (cf. *Tyska intryck*, p. 35).

Le cérémonial du pouvoir, le salut hitlérien ne sont pas des gesticulations vides et ridicules, mais des rituels, une chose qui fait cruellement défaut à l'homme moderne dans d'autres pays (cf. *Tyska intryck*, pp. 59-60). La militarisation de la société, la passion pour les défilés militaires peuvent sans doute sembler inquiétantes, mais s'expliquent par le fait que le national-socialisme a définitivement libéré les Allemands de l'humiliation du traité de Versailles. «Seul celui qui sur place [...] a vécu [...] la période indescriptible de l'humiliation peut saisir de l'intérieur cette joie presque hystérique à la vue de troupes marchant au pas, d'avions de combat et d'armes.» (*Tyska intryck*, pp. 36-37: «Endast den som på ort och ställe [...]upplevat [...] förödmjukelsens obeskrivliga skede kan inifrån begripa denna nästan hysteriska glädje vid marscherande trupper, stridsflygplan och vapen.»)

Bertil Malmberg ne cache pas que les Juifs sont persécutés et n'osent plus sortir de chez eux, bien que la plupart d'entre eux soient à son avis des patriotes convaincus. Mais il explique que la «question juive» est devenue extrêmement compliquée lorsque, dans les années 1920, de nombreux Juifs d'Europe de l'est sont venus s'installer en Allemagne et s'y sont enrichis, à un moment où le pays connaissait de graves difficultés économiques (cf. *Tyska intryck*, pp. 40-44).

S'il s'efforce de donner une image relativement positive du troisième *Reich*, l'auteur des premiers chapitres n'est cependant nullement un partisan inconditionnel du régime nazi. Il a souvent un ton ironique, donc légèrement distancié. L'antisémitisme l'indigne. Il qualifie le national-socialisme de «mouvement populaire dur et fanatique» (*Tyska intryck*, p. 86: «[denna] hårda och fanatiska folkrörelse»). Mais ce qui, au début de son reportage, paraît lui déplaire le plus profondément, c'est que le troisième *Reich* n'ait pas réussi à dépasser la modernité, qui est aux yeux de Malmberg hostile à l'homme. L'Allemagne de Hitler idolâtre la technique. Les armes modernes, qui y sont produites en grandes quantités, représentent des réalisations admirables, mais expriment en même temps l'exclusion de l'humain de la pensée politique, symbolisent «la manière méthodiquement scientifique de tuer et son fonctionnalisme parfait» (*Tyska intryck*, p. 37: «för det metodiskt vetenskapliga dödandets art och fullkomliga funktionalism»). Les rituels, qui sont en soi une bonne chose, renvoient tous à la lumière du soleil, à la force, à la volonté, à ce que Malmberg appelle «le masculin», et interdisent ainsi l'accès aux «sources» de la culture, à ce qui est nocturne et souterrain, à ce que Malmberg désigne par «le féminin» et «l'asiatico-chtonien» (cf. *Tyska intryck*, pp. 69-70). Plusieurs années avant Adorno et Horkheimer, Malmberg comprend que le national-socialisme n'est pas une réaction contre la modernité, mais en fait partie. Cette analyse s'appuie chez lui sur des concepts et des argumentations empruntés à Spengler. Il considère que le troisième *Reich* ne sera pas en mesure d'arrêter le déclin de l'occident.

C'est précisément en raison des idées spengleriennes qu'il y développe, et de la compréhension dont il fait preuve envers les nazis, que Malmberg, au début des années 1950, porte un jugement sévère sur son reportage de 1936. Il écrit dans son autobiographie *Ett författarliv* («Une

vie d'écrivain») que le livre est «un mélange assez insupportable d'observations à demi comprises et d'applications à la réalité de spéculations
brumeuses»[9]. Il ne comporte, estime-t-il alors, qu'un seul chapitre intéressant, la description du camp de concentration de Dachau.

Malmberg a raison dans la mesure où ce chapitre est effectivement à
plusieurs égards le plus intéressant de *Tyska intryck*.

On ne peut que s'étonner du fait que Malmberg, journaliste étranger,
ait eu la possibilité de visiter le camp de Dachau, ce qui en dit évidemment assez long sur les bonnes relations qu'il entretenait alors avec les
nazis en Allemagne et en Suède. Il explique qu'il s'est procuré l'autori-
sation d'effectuer cette visite auprès de la section du parti chargée de la
presse et de l'étranger (cf. *Tyska intryck*, p. 91), et ajoute que «la chose
[a été] arrangée rapidement et facilement et avec une extrême amabilité»
(*Tyska intryck*, p. 92: «saken ordnades både fort och lätt och på ett ytterst
förekommande vis»). La seule condition posée était qu'il ne devait mentionner dans son compte rendu que ce qu'il aurait vu et constaté lui-
même. Il fait à ce propos le commentaire suivant: «Ce que l'on m'auto-
risa à voir et à entendre me sembla fournir suffisamment de matière; cela
ne nécessite aucun ajout décoratif.» (*Tyska intryck*, p. 92: «Vad man
tillät mig se och höra tycktes mig stoff nog; det har intet behov av uts-
myckande tillägg.»)

Cette remarque constitue un exemple de l'ironie dont l'auteur ne se
départ jamais dans ce chapitre. Il écrit un peu plus loin: «Je peux oser
affirmer que l'on peut difficilement trouver mieux organisé, plus propre
et mieux ordonné en matière d'enfer.» (*Tyska intryck*, pp. 93-94: «Jag
kan våga det påståendet, att ett bättre organiserat, renligare och mer vä-
lordnat inferno svårligen kan uppdrivas.») Et encore: «[Pour l'artiste
professionnel, l'art exige] l'absence de tracasseries basses, [...] le calme
et un genre de concentration que le camp de concentration ne peut ni ne
souhaite offrir.» (*Tyska intryck*, p. 96: «[För den professionelle konstnä-
ren kräver konsten] frihet från lägre trakasserier [...] stillhet och en art av
koncentration, som koncentrationslägret varken kan eller önskar skän-
ka.»)

---

9   *Ett författarliv*, p. 77: «en ganska olidlig mixtur av halvförstodda observationer och
      tillämpningar i verkligheten av en töcknig spekulation.»

Dans le chapitre sur Dachau, Malmberg change de ton. Abandonnant l'indulgence avec laquelle il jugeait précédemment les nazis, il déclare dès les premières lignes son intention de rappeler la part d'ombre que comporte le troisième *Reich*, *bien que* l'attention du monde entier soit fixée, au moment même où il écrit, sur le magnifique spectacle qu'offrent les jeux olympiques de Berlin, sur «des images de la perfection corporelle» (*Tyska intryck*, pp. 89-90: «Tavlor av lekamlig fulländning»). Car «les ombres sont des hommes» (*Tyska intryck*, p. 90: «Skuggorna äro människor»). Son changement d'attitude se manifeste par une description systématique de tout ce qui s'appelle aujourd'hui «violations des droits de l'homme», des conditions de travail inhumaines, des cellules sans fenêtre, des mauvais traitements, des punitions arbitraires, de l'absence totale de droits des prisonniers, et aussi par le fait qu'il refuse désormais sa sympathie aux représentants du pouvoir. Il présente le commandant du camp en ces termes: «vieux soldat, genre chargé des mesures disciplinaires, homme relativement haut placé dans la *SS*, avec un visage inhumain, objectivation de l'accomplissement du devoir sans états d'âme, de la dureté et du triomphe sinistre.» (*Tyska intryck*, p. 93: «gammal soldat, profosstyp, jämförelsevis hög SS-man med ett inhumant ansikte, objektivationen av själlös pliktuppfyllelse, hårdhet och dyster triumf.»)

Le reportage de Malmberg montre comment le camp a écrasé psychiquement tous les prisonniers, politiques ou de droit commun: «Une chose est sûre, c'est que ces hommes portaient la marque d'un terrible état dépressif, que leurs volontés paraissaient définitivement brisées et toutes leurs forces essentielles subordonnées à un unique sentiment dominant: la terreur.» (*Tyska intryck*, p. 114: «Så mycket är säkert, att alla dessa människor hade en prägel av ohygglig psykisk depression, att deras viljor tycktes definitivt brutna och alla deras väsenskrafter underställda en enda dominant: skräcken.»)

Il est intéressant de noter que Malmberg ne se contente cependant pas de faire ressortir la part d'ombre du troisième *Reich*. Son ironie consiste en grande partie à faire semblant de tenir le camp pour un établissement modèle. Il apparaît ainsi clairement que tous les principes des nazis, appliqués avec la plus extrême conséquence, aboutissent à faire régner l'inhumanité. Si, dans toute la Suède, il n'y a pas une seule caserne où les couvertures soient aussi parfaitement pliées qu'à Dachau, c'est parce que, comme le comprend le lecteur entre les lignes, ceux qui y vivent y sont traités moins sévèrement, parce que la discipline y est plus humaine. L'ordre et la propreté deviennent ainsi des signes de l'inhumanité. Le livre montre ici pour la première fois clairement que les aspects positifs du système sont liés à ses aspects négatifs, qu'ils en sont inséparables.

A partir de là, le reporter ne peut que modifier son jugement sur l'Allemagne hitlérienne, et la condamner dans son ensemble. L'image qu'il en donne n'est plus la même qu'auparavant. Son point de vue change durablement, et, dans les chapitres suivants, il conserve pour l'essentiel l'attitude de rejet du système nazi qui se manifeste dans l'exposé sur Dachau. Il lui arrive parfois encore de signaler des réalisations techniques dignes d'admiration, de mentionner les arguments susceptibles d'être avancés pour justifier la politique allemande, mais on sent qu'il le fait surtout par souci d'exhaustivité et pour accomplir son devoir de journaliste, et c'est sans beaucoup de conviction qu'il prend alors la défense du régime.

Au début du septième chapitre, «Riksautobanan» («L'autoroute nationale»), Malmberg avoue qu'il était arrivé à Munich avec des lettres de recommandation signées par des sympathisants suédois du national-socialisme, qui devaient lui permettre de rencontrer de manière informelle des dignitaires du régime. Mais il a à présent décidé de ne pas faire usage de ces lettres, pour ne pas passer lui-même pour un sympathisant des nazis.

Son enquête a pris un tour inattendu. Il a pleinement conscience de la transformation. Il écrit ainsi au septième chapitre:

> J'étais sans doute loin de m'imaginer que mon voyage d'étude ne produirait qu'un panégyrique, mais j'avais toutefois espéré pouvoir distinguer objectivement les uns des autres les bons et les mauvais côtés du troisième *Reich*. Mais c'était une entreprise impossible. Il s'avéra en effet que [...] ce qui méritait l'estime dans l'Allemagne de Hitler [était] trop mélangé à son contraire (et cela non pas seulement sous l'effet du hasard ou en raison de l'imperfection de l'esprit humain, mais par principe et délibérément) pour que l'on puisse vraiment séparer ce qui est noble de ce qui est bas et marquer une frontière entre l'admiration et l'aversion. (*Tyska intryck*, pp. 136-137: «Väl hade jag långtifrån föreställt mig, att min studiefärd skulle få enbart panegyriska nedslag, men likväl hoppats att kunna objektivt avgränsa mot varandra det tredje rikets goda och onda sidor. Men detta var ett omöjligt företag. Det visade sig nämligen, att [...] det aktningsbjudande hos Hitlers Tyskland [var] alltför mycket blandat

med sin motsats (och detta icke bara tillfälligtvis eller på grund av människoandens ofullkomlighet utan principiellt och målmedvetet) för att ädelt och gement verkligen skulle kunna åtskiljas och ett gränsmärke upprättas mellan beundran och aversion.»)

Malmberg voit dans la construction de l'autoroute Munich-Salzbourg la réalisation technique d'un rêve. Mais il considère que l'autoroute incarne l'identité d'essence qui existe entre le nationalisme moderne et la technique. En conclusion, il tire le bilan suivant:

> Le nationalisme moderne [...] est un prodige technique; la technique détermine sa structure, tandis que le nationalisme travaille à son tour inlassablement à l'intensification de la technique. Il est évident que cette coopération ne peut que conduire à une civilisation où la volonté de l'Etat et la science de l'ingénieur forment ensemble un instrument de pouvoir guerrier, qui a la perfection de la machine génialement construite, mais aussi sa fragilité et sa brève durée de vie. (*Tyska intryck*, pp. 150-151: «Den moderna nationalismen [...] är ett tekniskt underverk; tekniken bestämmer dess struktur, medan nationalismen i sin ordning oavlåtligt arbetar på att intensifiera tekniken. Det ligger i öppen dag, att denna samverkan måste leda till en civilisation, där statsvilja och ingenjörsvetenskap tillsammans bilda ett krigiskt maktinstrument, som har den genialt konstruerade maskinens perfektion men också dess ömtålighet och dess korta liv.»)

Cette prophétie sert de transition avec le huitième et dernier chapitre, dans lequel Malmberg abandonne complètement l'observation concrète et la description pour analyser, en se référant explicitement à Oswald Spengler, la situation historique de l'Allemagne, et prédire son effondrement.

Bertil Malmberg n'a pas écrit le livre qu'il avait prévu d'écrire. Seuls les quatre premiers chapitres correspondent au projet d'origine. Le reportage prend ensuite, dans le chapitre sur Dachau, une autre direction. *Tyska intryck 1936* permet d'observer de près et de manière immédiate la façon dont un écrivain change de point de vue.

Le reportage n'est pas simplement le reflet passif, il est aussi un facteur du processus de transformation. Le genre du reportage implique obligatoirement que l'auteur, quelle que soit sa partialité, tienne compte des faits, plus encore, il exige qu'il parte activement à la recherche de phénomènes qui n'ont jusqu'alors pas été remarqués, d'informations encore cachées. Si Malmberg n'avait pas été reporter, il n'aurait certainement jamais pénétré dans le camp de concentration de Dachau. En outre, la réalité qu'il découvre, qui est pour lui inattendue et bouleverse sa vision des choses, doit être décrite immédiatement. Le reporter ne dispose pas du temps nécessaire au refoulement, à l'oubli et à la reconstruction imaginaire, à une reformulation de ce qu'il a vu qui le rendrait plus acceptable. Dans son propre texte, il retrouve inévitablement plus tard quelque chose de la perception immédiate, de ce qu'il a réellement éprouvé.

Le reportage sur Dachau a eu au début pour seule conséquence de faire de son auteur un adversaire résolu des nazis. Dans un premier temps, il n'a pas provoqué de rupture avec la pensée de Spengler, bien au contraire: à la fin de *Tyska intryck*, Malmberg semble comme se réfugier dans des considérations sur le caractère inéluctable du déclin, dans des développements théoriques qui tout à la fois veulent expliquer une réalité déplaisante et dispensent de la regarder de trop près.

L'évolution du poète après 1936

Sångerna om samvetet och ödet («Les chants de la conscience et du destin»), parus en 1938, se distinguent nettement par leur contenu des précédents recueils de Malmberg. Ces poèmes portent sur la question de la responsabilité, un thème qui est chez lui totalement nouveau. Les chercheurs sont généralement d'accord pour considérer que cette évolution s'explique par l'influence – certains parlent de la pression – du mouvement d'Oxford, un courant religieux chrétien dont la doctrine fondamentale est que le progrès de l'humanité dans son ensemble n'est possible que par le progrès moral et l'amendement moral de chaque individu. Le poète avait adhéré à ce mouvement peu avant d'écrire *Sångarna om samvetet och ödet*. Mais cette constatation ne répond pas à la question de savoir pourquoi, en 1937, il se tourne vers une vision du monde à l'opposé du pessimisme spenglerien qu'il a professé pendant de nombreuses années. Malmberg a-t-il senti que celui-ci ne pouvait à long terme fournir une réponse satisfaisante à la réalité du troisième *Reich*?

Dans certaines circonstances, des explications fatalistes du type de celles qui sont proposées à la fin de *Tyska intryck* peuvent s'avérer éthiquement inacceptables. L'idée selon laquelle les choses devaient arriver, ne pouvaient être autrement, est en pratique difficile à défendre lorsque l'on se trouve confronté à la réalité du camp de concentration de Dachau. Il n'est pas exclu que le reportage de 1936 ait abouti à rendre sensiblement plus difficile à Malmberg l'adhésion aux théories de Spengler.

Cette supposition semble confirmée par un passage d'un article sur Hitler écrit par Malmberg en 1939[10]. Il y analyse la fascination qu'exerce Hitler sur les masses. Il cite une série de facteurs qui peuvent contribuer au pouvoir psychologique du dictateur sur les individus. Mais il remarque en conclusion que les succès de Hitler ne sont que partiellement explicables, et qu'il serait non seulement erroné, mais encore irresponsable de chercher à les expliquer par un quelconque «destin». Sans doute sa propre pensée a-t-elle jadis «suivi ces chemins dangereux et à vrai dire illicites»[11], mais il estime à présent qu'ils sont propres

> à gêner à la fois les efforts du réalisme politique et le jugement moral et à trop favoriser une croyance en un destin historique, qui, aussi attirante qu'elle puisse paraître [...] et aussi grande que soit la part de vérité qu'elle recèle, fait néanmoins partie des modes de pensée auxquels il ne nous est pas permis de [...] recourir pour favoriser la paresse intellectuelle et nous exempter du devoir d'examiner, de juger sur des bases objectives et de soumettre nos opinions et nos avis au contrôle de la conscience, de la raison pratique.
>
> Car nos théories aussi [...] ont ou devraient avoir le caractère d'actes moraux, et il s'agit de ne pas [...] leur enlever la part de liberté qu'il y a en elles.[12]

Dans ces lignes, l'influence du mouvement d'Oxford est évidente. Il est également visible que Malmberg continue à reconnaître, comme malgré lui, une certaine validité aux théories contre lesquelles il met en garde.

---

10   Cf. «Hitler», in Bertil Malmberg: *Utan resolution. Uppsatser 1938-1949*, Stockholm, Bonnier, 1949, pp. 101-119.

11   Bertil Malmberg: *Utan resolution*, p. 118: «varit inne på dessa farliga och egentligen otillåtna tankevägar.»

12   Bertil Malmberg: *Utan resolution*, pp. 118-119: «Att hindra både den politiska realismens bemödanden och den moraliska värderingen och alltför mycket stödja en historisk ödestro, vilken,hur lockande den än kan synas [...] och hur mycken sanning den än kan innehålla, likväl tillhör de tänkesätt som icke få [...] användas för att underblåsa tankelättjan och frita oss från plikten att pröva, att döma på sakliga grunder och underställa våra åsikter och meningar samvetets, det praktiska förnuftets, kontroll.
     Ty också våra teorier [...] ha eller böra ha karaktären av sedliga akter, och det gäller att icke [...] beröva dem deras mått av frihet.»

Pourtant, la rupture avec Spengler est un fait accompli. On constate que c'est dans le contexte de considérations sur Hitler que cette rupture est explicitée, exposée et justifiée, ce qui semble indiquer que la découverte de la réalité national-socialiste a été un facteur non négligeable de l'abandon de la vision du monde spenglerienne.

Dès le début des années 1940, Malmberg prend ses distances par rapport au mouvement d'Oxford. Il renonce en particulier rapidement à tenir le rôle du poète qui se produit en public, pour contribuer par son œuvre au perfectionnement moral de l'humanité. Ses poèmes évoquent désormais avec prédilection ce qu'il y a d'impénétrable, d'incompréhensible dans l'âme de l'homme et dans le monde extérieur, en même temps qu'ils expriment la volonté de rechercher la vérité. Celle-ci ne se laisse pressentir qu'en de brefs instants de mouvement et de changement soudain, «car c'est seulement dans des visions fugaces qu'il y a de la netteté»[13]. Les explications universelles ont fait place au scepticisme, à la conscience de l'ignorance, ainsi qu'à une acceptation de plus en plus marquée de l'obscur, de l'incompréhensible, de ce qui paraît menaçant, mais est inséparable de la condition humaine. La modernisation formelle des poèmes, consécutive à l'évolution idéologique de Malmberg, correspond aussi à une époque où le modernisme est dominant dans la poésie suédoise. Mais l'abandon de la rime et des mètres fixes est également, comme l'ont montré des études des œuvres modernistes de Malmberg[14], l'expression de la conviction que le monde ne peut être perçu à travers un système de pensée hiérarchisé et rigide – ce qui n'exclut toutefois pas une attitude éthique implicite.

Si les opinions politiques de Malmberg étaient au début du siècle une transposition de normes esthétiques classicisantes, l'esthétique qu'il fait sienne au cours des années 1940 doit quelque chose à la confrontation avec la brutalité des faits et avec les problèmes de la prise de position, de l'interprétation et du jugement des événements du monde. L'ancien es-

---

13   Bertil Malmberg: *Men bortom marterpålarna* (1948), in *Dikter 1942-1953*, Stockholm, Bonnier, 1954, p. 52: «Ty endast i glimtar är tydlighet.»

14   Voir par exemple Ingemar Algulin: *Tradition och modernism. Bertil Malmbergs och Hjalmar Gullbergs lyriska förnyelse efter 1940-talets mitt*, Stockholm, Natur och Kultur, 1969.

thète qui défendait des valeurs aristocratiques, qui avait aussi été disciple de Spengler, est finalement devenu un humaniste.

Malmberg a repris le chapitre sur Dachau de *Tyska intryck 1936* dans l'autobiographie publiée en 1952, *Ett författarliv*, car c'était selon lui «le seul [du livre de reportage] qui mérite que l'on s'y intéresse».[15] Il a alors raccourci le texte d'environ un cinquième. Les passages qu'il a supprimés sont évidemment révélateurs de son nouvel état d'esprit. La plupart montrent que Malmberg ne souhaitait pas se souvenir de certaines affirmations qu'il avait faites dans les années 1930, et qu'il ne souhaitait pas les rappeler à ses lecteurs. En 1952, il enlève de l'article sur Dachau les phrases dans lesquelles il fait preuve d'une certaine compréhension envers les dirigeants du camp et expose leur point de vue, ainsi que des passages où il explique qu'il considère dans certains cas les châtiments physiques violents comme justifiés, ou tout au moins inévitables, et que l'extrême sévérité des nouveaux gardiens de l'ordre a fait diminuer la criminalité de façon spectaculaire. Après la phrase: «des *SS* et des *SA* qui ont déshonoré leur uniforme ou en ont abusé», il place en 1952 un point d'interrogation entre parenthèses[16]. Quant à la phrase: «Le camp a ses propres boulangeries, le pain est excellent et sa préparation se fait de manière hygiénique»[17], il la commente dans son autobiographie par une note de bas de page qui ne figure pas dans l'édition de 1936: «Le camp avait aussi une garnison de quinze-cents soldats de la *SS*, qui étaient peut-être les véritables consommateurs de ce bon pain, ainsi que des autres mets délicats mentionnés dans ce compte rendu.»[18]

Le reportage sur Dachau me semble plus impressionnant dans sa version d'origine, précisément parce qu'il y apparaît clairement que l'auteur n'est pas *a priori* un adversaire de ceux qui détiennent le pouvoir, et qu'il se voit malgré tout contraint de porter sur eux un jugement acca-

---

15   *Ett författarliv*, p. 77: «Det enda som förtjänar intresse.»
16   *Ett författarliv*, p. 81: «SS- och SA-män, vilka vanhedrat eller missbrukat sin uniform (?)» (*Tyska intryck* pp. 102-103)
17   *Ett författarliv*, p. 80: «Lägret har sina egna bagerier, brödet är utmärkt och bakningen försiggår under hygieniska former.» (*Tyska intryck* pp. 96-97)
18   La note est la suivante: «Lägret hade också en garnison på femtonhundra SS-soldater, som kanske voro de verkliga konsumenterna av detta goda bröd liksom av de andra delikatesser som omnämnas i denna redogörelse.»

blant. Mais en 1952, Malmberg n'était plus un conservateur. Il avait franchi une frontière idéologique et entendait présenter les choses telles qu'il les comprenait désormais. Il fait la remarque suivante: «Cette description paraît à vrai dire presque idyllique lorsqu'on la compare avec tout ce que l'on sait aujourd'hui sur les camps de concentration. Mais lorsqu'elle a été publiée en 1936, la situation était différente. Elle révélait à beaucoup des choses qu'ils n'auraient jamais pu croire, pour d'autres, c'était de la vulgaire ‹Greuelpropaganda›.»[19]

La place de *Tyska intryck 1936* dans l'histoire et dans l'histoire littéraire

En 1937, l'article de Malmberg a eu des conséquences politiques, dont il parle dans son autobiographie: il fut reproduit par la presse des émigrés allemands, ce qui eut à son tour pour effet l'aggravation des mesures de répression contre les détenus de Dachau, qui frappa avec une dureté particulière les prisonniers juifs. L'un d'entre eux, Kurt Eisner, fils du Kurt Eisner qui avait été Président du Conseil USPD[20] de Bavière et avait été assassiné en 1919, fut contraint d'écrire et de signer une lettre adressée au journal des émigrés allemands de Prague *Neuer Vorwärts*, dans laquelle il priait la rédaction d'user de son influence auprès des Juifs émigrés, afin qu'ils s'abstiennent à l'avenir de faire circuler de tels «mensonges de déments» à cause desquels les détenus juifs de Dachau étaient isolés dans des cachots[21].

19   *Ett författarliv*, p. 84: «Denna skildring tyckes ju nästan idyllisk, när man jämför den med allt man nu vet om koncentrationsläger. Men när den publicerades 1936 var det annorlunda. För många avslöjade den saker som de aldrig kunnat tro, för andra var den gemen ‹Greuelpropaganda›.» Le terme «Greuelpropaganda» – «propagande destinée à susciter un sentiment d'horreur» – figure en allemand dans le texte de Malmberg.
20   Le parti USPD (Unabhängige Sozialdemokratische Partei Deutschlands) constituait, à la fin de la première guerre mondiale, l'aile gauche du parti social-démocrate.
21   Cf. *Ett författarliv*, pp. 85-86.

En revenant longuement sur son article sur Dachau dans *Ett förfat-*
tarliv – qui, comme l'indique son titre, traite surtout de la genèse de ses
œuvres – Malmberg révèle, malgré ses propres affirmations, l'importance de son reportage de 1936.

Tyska intryck 1936, qui marque un tournant dans l'évolution idéologique de son auteur, et que les nazis ont estimé suffisamment dangereux
pour mériter une campagne de calomnie, ne devrait pas être considéré
comme un texte d'importance secondaire.

Dans le cadre d'une étude sur le reportage, il convient aussi de souligner que, s'il est acquis que les présupposés idéologiques déterminent en
partie l'image que les observateurs donnent de ce qu'ils observent,
l'exemple de Malmberg semblerait montrer qu'il arrive, à l'inverse, que
l'objet observé modifie les positions idéologiques de l'observateur. Cette
conclusion demande toutefois à être nuancée. Malmberg ne venait pas
d'un milieu qui avait une foi aveugle dans le nazisme. Vivant dans un
pays démocratique, il avait été à de multiples reprises en contact avec les
arguments des anti-nazis, avec lesquels il n'était peut-être pas d'accord,
mais qu'il connaissait, et qui ont contribué incontestablement eux aussi à
modeler la perception qu'il a eue de l'Allemagne hitlérienne. La confrontation avec la réalité du camp de Dachau a eu simplement pour effet
de lui faire ressentir comme inacceptable celle des positions politiques
qu'il avait choisi d'adopter.

Mais son effet reste malgré tout impressionnant. Peu de textes permettent comme le reportage de Malmberg d'assister de manière immédiate à la métamorphose d'un esprit.

Chapitre 6

Automne allemand

Tysk höst (Automne allemand)[1], de Stig Dagerman, est certainement l'un des plus connus, sinon le plus connu des reportages d'écrivains suédois, l'un des chefs-d'œuvre du genre. C'est un reportage dont la qualité littéraire n'a jamais été mise en cause. Les chercheurs qui se sont intéressés à Dagerman l'ont presque toujours pris en considération. Il a fait l'objet d'une étude systématique, celle que Karin Palmkvist lui a consacrée.

Dagerman a passé plusieurs semaines comme reporter en Allemagne pour le quotidien *Expressen* à l'automne 1946. Il s'est rendu dans la plupart des grandes villes des zones d'occupation britannique et américaine. A son retour, ses articles ont paru dans le journal entre fin décembre 1946 et début mars 1947. Ils sont regroupés en un volume, publié dès le printemps de la même année, qui comporte en outre deux chapitres jusqu'alors inédits.

L'ouvrage de Karin Palmkvist sur les activités journalistiques de Dagerman[2] est très complet, en particulier en ce qui concerne le texte sur l'Allemagne. Elle a eu accès aux carnets de notes du reporter – ou tout au moins à tous ceux qui ne sont pas perdus – à ses brouillons, aux lettres envoyées à sa famille et à ses amis pendant son voyage, elle s'est entretenue avec des gens qui avaient bien connu Dagerman. Elle a pu retracer la genèse du livre. Elle a montré ce qui le distinguait d'autres reportages, elle en a étudié le style et a mis en évidence tout ce qui le reliait aux romans, aux nouvelles et au théâtre de son auteur. C'est pourquoi je me contenterai ici de rappeler brièvement les conclusions auxquelles elle parvient et de revenir sur l'attitude du reporter face à la réalité qu'il considère.

1   Stig Dagerman: *Tysk höst* (paru en 1947), in *Samlade skrifter*, bd. 3, Stockholm, Norstedt, 1981; Traduction française: *Automne allemand*, Le Paradou, Actes sud, 1980.
2   Karin Palmkvist: *Diktaren i verkligheten. Journalisten Stig Dagerman*, Stockholm, Federativ, 1989. Je renvoie à cette étude pour l'analyse de détail de l'œuvre et de sa genèse.

La plupart des études qui traitent d'*Automne allemand* remarquent la grande proximité thématique qui existe entre les romans de Dagerman et son reportage. Dès la parution du livre, Knut Jaensson notait: «En Allemagne, à l'automne 1946, Dagerman a trouvé dans les faits les tableaux vivants qui donnent à ses représentations imaginaires une réalité concrète. Il y a trouvé une partie de la réalité que sa sensibilité a anticipée.»[3] Il y a toujours des liens entre un reportage d'écrivain et les autres œuvres de son auteur, mais ils sont rarement aussi nombreux et évidents que chez Dagerman.

Dans *Automne allemand*, le style de Stig Dagerman est immédiatement reconnaissable. C'est l'un des traits incontestablement littéraires du texte, qui a été souligné dès 1947. On y retrouve l'usage de la répétition, l'ironie proche du sarcasme, qui caractérisent *Le serpent* ou *L'île des condamnés*, et surtout les métaphores inhabituelles, que l'on peut souvent qualifier d'expressionnistes, qui traitent fréquemment des choses inanimées comme des êtres vivants. Dagerman ne se contente pas d'utiliser l'image, courante dans les reportages de l'époque, des fenêtres des immeubles en ruine comme yeux qui regardent dans le vide, sa hardiesse stylistique va plus loin: «Berlin a ses clochers amputés» (*Tysk höst*, p. 24: «Berlin har sina amputerade kyrktorn»), «Essen est un cauchemar de constructions en fer dévêtues, qui ont froid» (*Tysk höst*, pp. 24-25: «Essen är en mardröm av avklädda, frysande järnkonstruktioner»), «dans les petites villes de Rhénanie, les côtes sortent des maisons à colombage bombardées» (*Tysk höst*, p. 25: «i Rhenlandets småstäder sticker revben ut från bombade korsvirkeshus»). On pourrait multiplier les exemples de ce type.

L'écrivain Dagerman apparaît aussi dans son aptitude à rendre sensible ce dont il parle, à vivre de l'intérieur le sort qui frappe ceux qu'il observe et à inviter le lecteur à éprouver ce qu'ils éprouvent. Karin Palmkvist cite une note dans un carnet, «La petite fille plutôt tartine que poupée»[4], qui devient dans le texte définitif: «Quand on lui demande [il s'agit d'une petite fille de cinq ans] si elle veut avoir une poupée comme cadeau de Noël à la place de sa vieille Seppelchen, qui a subi autant de nuits dans des caves qu'elle, elle répond qu'elle préfère une tartine avec

---

3   Knut Jaensson, critique de *Tysk höst* dans *BLM* 1947/6, p. 514.
4   K. Palmkvist: *Diktaren i verkligheten*, p. 135: «Flickan hellre smörgås än docka.»

une couche de beurre vraiment épaisse.» (*Tysk höst*, p. 115: «När man frågar henne [en liten mager femårig flicka] om hon vill ha en docka i julklapp i stället för sin gamla Seppelchen, som uthärdat lika många källarnätter som hon, svarar hon att hon hellre vill ha en smörgås med riktigt tjockt smör på.»)

Dagerman sait admirablement ménager ses effets. Dans le récit d'un voyage dans un train bondé et totalement obscur, il écrit: «Mais dans cette obscurité, il se passe soudain quelque chose d'étrange.» (*Tysk höst*, p. 126: «Men i detta mörker händer plötsligt något sällsamt.») Cette annonce a pour fonction d'éveiller la curiosité du lecteur, qui ne peut ensuite que croître, puisqu'il faut lire presque une demi-page avant d'apprendre de quoi il s'agit: avec une lampe de poche, dont la description occupe huit lignes, une jeune femme éclaire par intermittence «une grosse pomme verte juteuse, l'une des plus grosses pommes d'Allemagne» (*Tysk höst*, p. 126: «Ett stort grönt saftigt äpple, ett av Tysklands största äpplen»). La mention du silence total qui se fait alors dans le compartiment, interrompu seulement par le bruit des dents qui mordent dans la pomme, fait sentir de manière indirecte, mais particulièrement efficace, à quel point les gens qui se trouvent là sont affamés. Tout ce passage est indéniablement littéraire.

On doit également considérer comme littéraire la fréquence des représentations stylisées, que l'on peut juger trop vagues dans le cadre d'un reportage. Torsten Thurén écrit que Dagerman néglige souvent d'indiquer dans quelle ville se produisent les faits qu'il rapporte[5]. En réalité, le nom de la ville figure presque toujours dans l'article, mais il est vrai qu'il n'apparaît souvent qu'au bout de plusieurs pages. Il ne s'agit donc pas là d'une négligence, mais de la volonté de souligner le caractère général de ce qui est montré. Des phénomènes observés en un endroit déterminé, le livre ne retient la plupart du temps que ceux qui se retrouvent ailleurs sous une forme semblable. Le début du second chapitre est représentatif d'une technique d'exposition qui consiste à donner une vue synthétique: «Dans les villes allemandes, il arrive souvent que des gens demandent à l'étranger de leur confirmer que c'est leur ville et aucune autre qui a été la plus incendiée, la plus bombardée et qui est la

5 Cf. Torsten Thurén: *Vinklad verklighet: journalisten, sanningen och fantasin*, Solna, Esselte studium, 1986, pp. 119-120.

plus détruite de toute l'Allemagne.» (*Tysk höst*, p. 24: «I tyska städer händer det ofta att folk ber främlingen bekräfta att just deras stad är den mest sönderbrända, sönderslagna och igenrasade i hela Tyskland.»)

Dans l'article intitulé «Rättvisans gång», «Le cours de la justice», Dagerman montre ce qu'ont de ridicule et d'arbitraire les procès qui ont lieu devant les *Spruchkammern* dans le cadre de la dénazification menée par les Américains. Les plus coupables échappent à cette justice, qui ne frappent que d'anciens membres subalternes du parti nazi. Il est de notoriété publique que les témoignages et les attestations s'achètent, que les juges se laissent complaisamment tromper. Lorsque Dagerman raconte une séance d'une *Spruchkammer*, il n'indique qu'au bout de presque quatre pages qu'elle a lieu à Francfort-sur-le-Main (cf. *Tysk höst*, pp. 87-90). Il entend ainsi faire comprendre qu'il s'agit d'un phénomène qui concerne l'ensemble de la zone américaine.

L'équivalence entre les villes est encore plus nette lorsqu'il est question des ruines, qui abolissent toutes les singularités. A propos d'une gare, Dagerman parle de ceux «qui sont arrivés trop tard et doivent rester encore une nuit dans les ruines de cette ville-ci au lieu d'aller dans d'autres» (*Tysk höst*, p. 124: «som kommit för sent och måste stanna ännu en natt bland den här stadens ruiner i stället för att komma till andra»).

Il est vrai que, dans quelques cas, Dagerman omet effectivement de dire où s'est passée la scène qu'il raconte. Mais il ne faudrait pas en conclure pour autant qu'il invente des personnages et des histoires. Karin Palmkvist confirme que tous les faits rapportés dans *Automne allemand* sont déjà mentionnés dans les carnets[6], où figurent généralement le lieu et le jour de l'observation. Dagerman a accompli tout à fait correctement son travail de reporter-enquêteur. «En tant que journaliste, Stig Dagerman fait les choses que tout journaliste consciencieux et à l'esprit ouvert devrait évidemment faire. [...] Ce n'est donc pas dans le travail journalistique que la manière particulière de Dagerman se manifeste.»[7] Les qualités littéraires d'*Automne allemand* ne l'empêchent pas d'être un reportage à part entière.

---

6   Cf. K. Palmkvist: *Diktaren i verkligheten*, p. 130.
7   K. Palmkvist: *Diktaren i verkligheten*, p. 107.

Mais c'est un reportage qui, en tant que tel, se distingue de la plupart des autres. Karin Palmkvist parle de la «contre-image»[8] de la situation en Allemagne qu'il donne. En 1946-47, peu de journalistes avaient pu se rendre dans ce pays, et les informations publiées par la presse suédoise provenaient pour la plupart des Alliés. La décision du quotidien *Expressen* d'envoyer Dagerman comme reporter en Allemagne répondait à un véritable besoin d'informations de première main.

La détermination à réfuter des idées reçues apparaît nettement à la lecture d'*Automne allemand*. «La formule favorite de la propagande électorale bourgeoise est l'affirmation selon laquelle la défaite a aboli les classes en Allemagne. [...] La thèse de l'absence de classes en Allemagne représente une exagération cynique. Au lieu de s'effacer, les différences entre les classes se sont accentuées après l'effondrement.» (*Tysk höst*, pp. 41-42: «Den borgerliga propagandans mest avhållna slagord är påståendet om att nederlaget har avskaffat klasserna i Tyskland. [...] Tesen om Tysklands klasslöshet innebär en cynisk överdrift. I stället för att utsuddas har klassgränserna i stället skärpts efter sammanbrottet.») Le scripteur, quant à lui, s'il admet que tout le monde est pauvre, souligne que tout le monde est loin de vivre dans les mêmes conditions: «Tandis que les plus pauvres habitent dans les caves des ruines, dans des bunkers ou dans des cellules de prisons désaffectées et que les moyennement pauvres s'entassent dans ce qui reste des casernes locatives à une famille par pièce, les moins pauvres habitent dans leurs anciennes villas.» (*Tysk höst*, p. 42: «Medan de fattigaste bor i ruinernas källare, i bunkrar eller uttjänta fängelseceller och de mellanfattiga tränger ihop sig i de överblivna hyreskasernerna med en familj per rum bor de minst fattiga i sina gamla villor.») Il y a aussi, affirme-t-il, de forts antagonismes entre les citadins, qui accusent les paysans de garder pour eux ce qu'ils produisent, et les paysans qui reprochent aux citadins de piller leurs réserves. Pour des raisons analogues, il y a des dissensions entre les Bavarois, qui vivent dans une région agricole relativement épargnée par la guerre, et le reste des Allemands.

On a là un trait fréquent dans le reportage d'écrivain, qui prend souvent le contre-pied des opinions généralement admises, en même temps

---

8 Cf. K. Palmkvist: *Diktaren i verkligheten*, pp. 158-159.

qu'un reflet des opinions politiques de Dagerman, que la plupart des critiques ont relevé. Il avait été pendant plusieurs années collaborateur du journal anarcho-syndicaliste *Arbetaren*[9]. Ses positions politiques apparaissent tout particulièrement dans l'analyse qu'il fait du système totalitaire nazi: l'obéissance jusqu'à l'absurde est inhérente à l'organisation étatique, c'est l'existence d'un Etat qui a permis aux nazis de commettre leurs crimes (cf. *Tysk höst*, pp. 16-17). Dagerman est ainsi favorable à un démantèlement de l'Allemagne, et critique ce qu'il estime être le nationalisme du chef de la social-démocratie allemande, Kurt Schumacher (cf. *Tysk höst*, pp. 110-111)[10].

Il va de soi que les idées défendues par Dagerman n'ont pas manqué de susciter des réactions. Ses explications anarchisantes ont souvent été vues comme une faiblesse d'un texte dont tous les critiques soulignent par ailleurs la qualité. Mais plus encore que les attaques contre l'Etat comme institution, c'est le refus de Dagerman de considérer comme justifiée la misère qui frappe la population allemande dans son ensemble et sa critique de la politique des Alliés qui heurte certains de ses compatriotes.

Début 1947, il n'était sûrement pas facile de juger la situation en Allemagne comme le faisait Dagerman. Seul quelqu'un qui, comme lui, était connu pour son opposition déterminée au nazisme[11], pouvait se le permettre. C'est sans doute la raison pour laquelle il commence son livre par la justification de son point de vue.

Automne allemand est l'un des rares reportages d'écrivains à n'avoir ni préface ni chapitre liminaire qui en tienne lieu, si l'on entend par préface ou chapitre équivalent un exposé des méthodes de travail de

---

9   Philippe Bouquet a montré l'importance de l'anarcho-syndicalisme pour l'œuvre de Dagerman. Ses positions politiques impriment même leur marque à son style. Cf. Philippe Bouquet: «Stig Dagerman och anarkismen», in *Tidskrift för Litteraturvetenskap* 1990/3, pp. 24-30.

10   Ces attaques contre Schumacher déclencheront une polémique entre Dagerman et Ragnar Thoursie. Ce dernier, qui a aussi été écrivain-reporter dans l'Allemagne de l'après-guerre, défendait pour l'essentiel les idées de Schumacher. Cf. Egon Kötting, Ragnar Thoursie: *Kulissbygget. Tyskland mellan Molotov och Marshall*, Stockholm, Ljus, 1948.

11   Tout le monde savait aussi qu'il était marié avec la fille de réfugiés allemands, Annemarie Götze.

l'enquêteur, des principes qui ont présidé à la rédaction du reportage, ainsi que des indications sur la manière dont il doit être lu, c'est-à-dire un rappel, généralement rapide, des règles du genre.

Les œuvres de Dagerman ne comportent jamais de préface ou d'avant-propos. Dans le cas d'*Automne allemand*, on peut supposer que la nécessité qu'il y avait de justifier le contenu a fait que l'auteur a renoncé à présenter la manière dont le texte avait été élaboré. Le premier chapitre, qui porte le titre de «Tysk höst», «Automne allemand», n'a jamais été publié par *Expressen*, il a été écrit spécialement pour servir d'introduction au livre. Dagerman y présente ses arguments. Outre que les crimes nazis sont imputables à l'obéissance aveugle à l'Etat, il fait valoir qu'il faut tenir compte des conditions dans lesquelles vivent les Allemands si l'on entreprend d'examiner leurs comportements et leurs opinions, que c'est «du chantage d'analyser les positions politiques de celui qui est affamé sans analyser en même temps la faim» (*Tysk höst*, p. 15: «utpressning att analysera den hungriges politiska inställning utan att samtidigt analysera hungern»). La faim empêche la réflexion et le jugement sensés et, contrairement à ce que croient les Alliés, elle n'a pas de vertus pédagogiques. La souffrance méritée est aussi lourde à porter que la souffrance imméritée. Dagerman estime enfin, comme le journaliste britannique Victor Gollancz, que les responsables des crimes nazis doivent être jugés et punis, mais que la faim et le froid ne sont pas plus que ne le seraient la torture et les mauvais traitements physiques des formes de châtiment dignes de nations civilisées.

Dagerman s'efforce manifestement de rendre son argumentation convaincante, et produit ainsi un type de développements abstraits assez inhabituel chez lui. Il fait des phrases longues, d'une syntaxe complexe, qui ressemblent, selon Walter Dickson, à de la version latine[12]. Il est vrai que certains passages doivent être lus deux fois pour être compris, et que ce style ne correspond ni à celui du reportage en général, ni à celui du romancier Dagerman, ni à l'usage habituel de la langue en suédois. Pour Dickson, il témoigne de la difficulté qu'éprouve l'auteur à passer de ce qu'il nomme le «surréalisme» – qui serait plutôt, me semble-t-il, de l'expressionnisme – à une écriture plus réaliste. J'en proposerais pour ma

---

12   Cf. *Tysk höst*, p. 158.

part une autre explication: les arguments de Dagerman étant, dans les circonstances où il écrivait, difficiles à admettre, il se sentait tenu d'avoir un raisonnement à la fois rigoureux et nuancé, ce qui produit des enchevêtrements de subordonnées qui expriment dans une même phrase des relations de cause à effet, des concessions et des changements de perspective temporelle. On comprend qu'il ait négligé, dans ces conditions, de se livrer à des considérations théoriques sur le genre du reportage.

C'est dans le dernier chapitre du livre qu'il aborde les questions d'esthétique. Mais il n'entreprend pas alors de présenter le reportage comme une forme plus adéquate que d'autres genres au sujet dont il a traité. Il se livre à une réflexion sur la littérature en général. Le titre du chapitre, «Litteratur och lidande», «Littérature et souffrance», est explicite. Il pose la question de la légitimité de l'art dans un monde dominé par la souffrance, mais aussi de la possibilité de rendre compte de la souffrance par l'art. La littérature, selon Dagerman, ne peut traduire qu'une souffrance relativement éloignée, non l'immédiateté de la souffrance vécue:

> Il y a un lien pratiquement immédiat entre la poésie et la souffrance éloignée, refermée, on peut même peut-être dire que le fait de souffrir avec d'autres est une forme de poésie, qui ressent une violente aspiration aux mots. La souffrance immédiate, ouverte, se distingue de la souffrance médiate entre autres en ce qu'elle n'aspire pas aux mots, en tout cas pas à l'instant où elle a lieu. Comparée à la souffrance refermée, la souffrance ouverte est pudique, effacée et silencieuse. (*Tysk höst*, p. 133: «Det finns ett så gott som omedelbart samband mellan dikten och det avlägsna, det slutna lidandet, ja kanske man till och med kan säga att redan detta att lida med andra är en form av dikt, som känner en häftig längtan efter ord. Det omedelbara, det öppna lidandet skiljer sig från det medelbara bland annat därigenom att det inte längtar efter ord, i varje fall inte i det ögonblick det utspelas. I jämförelse med det slutna är det öppna lidandet blygt, tillbakadraget och tystlåtet.»)

Dagerman condamne l'écrivain qui vit dans la tour d'ivoire de l'art. Il condamne aussi, quoiqu'en termes plus mesurés, l'artiste qui trouve de la beauté dans le monde horrible qui l'entoure. Seule lui paraît éthiquement acceptable l'attitude de la femme dont il parle à la fin du chapitre, qui veut écrire un grand roman sur ce que son mari a vécu comme détenu dans le camp de concentration de Dachau. Mais son mari, qui a miraculeusement survécu, ne parle presque plus. Il se contente de raconter inlassablement un ou deux épisodes de son passé, toujours les mêmes. La femme ne sera donc vraisemblablement jamais en mesure d'écrire le roman qu'elle devrait écrire, mais elle ne cesse malgré tout d'espérer en apprendre plus un jour.

La conclusion du livre en est en même temps une mise en cause. L'œuvre de Dagerman se distingue de tous les autres reportages sur l'Allemagne écrits à la même époque en ce qu'elle s'interroge sur sa propre raison d'être. Une telle interrogation n'est pas rare dans le reportage d'écrivain, mais ici elle en arrive rapidement à concerner la littérature dans son ensemble. Et, comme l'a remarqué Werner Aspenström, la polémique de Dagerman contre ceux qui font de la littérature avec les horreurs de leur époque est tournée dans une certaine mesure contre lui même[13].

La thèse centrale de l'ouvrage de Karin Palmkvist est que le reportage en Allemagne a constitué pour Stig Dagerman une sorte de traumatisme, qui a marqué de façon sous-jacente toute sa production ultérieure, et qui est en partie responsable du tarissement de sa créativité littéraire après 1949. Selon Karin Palmkvist, il avait alors été trop bouleversé pour pouvoir jamais parvenir à donner une expression artistique des sentiments qu'il avait éprouvés. De multiples ébauches de textes rapidement abandonnées en témoignent. A son retour en Suède, il a eu du mal à mettre en forme les articles destinés à *Expressen*. Huit des vingt-deux chapitres prévus ne verront jamais le jour, ce qui étonne d'autant plus que Dagerman avait jusque là une grande facilité à écrire.

Remarquons que le traumatisme dont il est ici question est lié au reportage, et non simplement au fait d'avoir été témoin de situations terribles. Comme dans le cas de Bertil Malmberg, quoique dans des circonstances très différentes, l'obligation de relater ce qu'il a vu empêche le reporter de détourner son regard et imprime les souvenirs dans sa mémoire avec une vivacité particulière. Dans le cas de Dagerman, il est conduit à constater implicitement l'inanité, voire l'indécence de l'écriture.

---

13   Cf. Werner Aspenström: «Diktaren och döden», in Lars-Olof Franzén, red.: *40-talsförfattare: ett urval essäer om svenska författare ur 40-talsgenerationen*, Stockholm, Bonnier, 1965, p. 36. Cité par K. Palmkvist: *Diktaren i verkligheten*, p. 151.

Le rejet du rôle et du statut traditionnels de l'écrivain s'exprime sans doute dès son premier roman, *Le serpent*, où au «poète» et à «l'homme de lettres» est opposé «Scriver», «l'écriveur», qui met en accord ses actes et les idées qu'il professe avec une telle conséquence qu'il en meurt. Le personnage de Scriver était toutefois une construction imaginaire, alors que le reporter d'*Automne allemand* se voit réellement confronté à une souffrance repliée sur elle-même, silencieuse et incommunicable.

La plupart des critiques soulignent l'aptitude à la compassion dont fait preuve Dagerman. Il éprouve de vives émotions et se place quelques instants en pensée dans la situation de ceux qu'il regarde. Mais peu de reporters, me semble-t-il, ont aussi nettement que lui conscience d'être extérieurs à la réalité qu'ils observent. Comme le rappelle Karin Palmkvist, il souligne le fait qu'il est en visite, qu'il est étranger[14]. Cela apparaît avec une netteté particulière quand, après un long et pénible voyage en train, il se sépare, à l'arrivée à Hambourg, de Gerhard, un jeune allemand rencontré la veille dans la gare dont il est parti:

> Nous marchons un peu dans le froid, Gerhard et moi. Ensuite, nous devons nous séparer devant l'hôtel qui porte l'écriteau *No german civilians*. Je vais franchir la porte tournante et entrer dans une salle à manger avec des verres et des nappes blanches [...] Je vais dormir dans un lit confortable dans une chambre chaude avec l'eau courante chaude et froide. Mais Gerhard Blume continue son chemin dehors dans la nuit de Hambourg. Il ne va même pas vers le port. Et il n'y a rien à y faire. Rien de rien. (*Tysk höst* p. 132: «Vi går i kylan en bit, Gerhard och jag. Sen måste vi skiljas framför hotellet med skylten No german civilians. Jag skall gå in genom svängdörren och komma in i en matsal med glas och vita dukar [...] Jag skall sova i en mjuk säng i ett varmt rum med rinnande varmt och kallt vatten. Men Gerhard Blume fortsätter ut i Hamburgs natt. Han går inte åt hamnen en gång. Och det är ingenting att göra åt det. Inte ett förbannade dugg.»)

Dagerman montre qu'il ne suffit pas d'être témoin de conditions de vie difficiles, ni même de choisir de les adopter pendant un certain temps pour en faire véritablement l'expérience. Dans le train bondé, le reporter étranger qui sait qu'il trouvera à la fin du voyage un hôtel confortable ne vit pas la même chose que le jeune garçon qui va poursuivre à Hambourg une errance sans but. La distance devient à nouveau évidente lorsque le reporter quitte l'Allemagne en avion et se demande «ce que ce

---

14   Cf. K. Palmkvist: *Diktaren i verkligheten*, p. 107.

serait d'être obligé de rester, d'être obligé d'avoir faim chaque jour [...] de combattre à chaque instant la tentation de voler, d'être obligé de trembler de froid à chaque minute» (*Tysk höst* p. 134: «hur skulle det vara att behöva stanna kvar, att behöva vara hungrig varje dag [...] att i varje ögonblick kämpa med frestelsen att stjäla, att behöva skaka av köld varje minut»). Il s'identifie à ceux qui souffrent dans la mesure où il sait qu'il pourrait se trouver dans leur situation, en même temps que leur expérience lui est inaccessible.

Dagerman comprend qu'il a besoin de distance pour pouvoir écrire, mais que la distance le sépare de ce sur quoi il veut écrire. «On ne peut pas vivre prisonnier de son motif et en même temps l'utiliser»[15], déclarera-t-il plus tard. De retour en Suède, Dagerman devait, dit Karin Palmkvist, «utiliser ses expériences pour écrire»[16]. Le mot «expériences» («upplevelser») me paraît ici un peu impropre. Il vaudrait mieux parler de constatations, d'observations. La confrontation avec la réalité allemande a sans aucun doute bouleversé Dagerman, mais ce qu'il a dû éprouver au cours de son voyage, c'est le choc de découvrir qu'il était un privilégié, c'est la rage devant l'impossibilité dans laquelle il était de venir en aide à ceux qu'il rencontrait. Il n'a pas partagé la souffrance des autres. C'est l'extériorité totale – qui n'est évidemment pas de l'insensibilité – qui caractérise, me semble-t-il, le reporter d'*Automne allemand*.

---

15   Stig Dagerman: «I konstnärens verkstad: ‹Bröllopsbesvär› och andra», in *Morgon Tidningen*, 19/11/1950. Cité par K. Palmkvist: *Diktaren i verkligheten*, p. 148: «Man kan inte leva fången med sitt motiv och samtidigt utnyttja det.»

16   K. Palmkvist: *Diktaren i verkligheten*, p. 148.

Chapitre 7

L'objection de conscience à la guerre froide: le «rapport de Berlin» de Jörn Donner

Jörn Donner est Finlandais, et appartient à la minorité suédophone de Finlande. Il est né en 1933. Il a fait ses débuts en littérature dès l'âge de 18 ans, en 1951, en fondant avec Christer Kihlman, un autre écrivain finlandais suédophone de la même génération, la revue bilingue *Arena*, qui devait être, aux termes de son programme, une revue par laquelle les jeunes écrivains pourraient se faire connaître. Elle paraîtra jusqu'en 1954, et favorisera effectivement un nouvel épanouissement de la littérature finlandaise de langue suédoise, traditionnellement riche. Jörn Donner s'impose ainsi dès ce moment dans les milieux intellectuels de son pays.

Au début des années 1950, il écrit lui-même des nouvelles et des romans. Son premier roman marquant paraît en 1955. C'est *Jag, Erik Anders*[1] («Moi, Erik Anders»), un genre de *Bildungsroman*, de roman de formation en raccourci, à bien des égards autobiographique. On y voit un jeune Finlandais d'une vingtaine d'années qui s'efforce de sortir du milieu bourgeois et conformiste dans lequel il a grandi. Pour tenter de forger sa propre identité, de connaître le monde et d'y trouver sa place, il voyage pendant quelques mois à travers l'Europe. Il quitte Helsinki au printemps 1953. Il séjourne en Italie, puis il se rend à Vienne et Budapest, où il apprend, en lisant des journaux occidentaux, la révolte des ouvriers de Berlin-Est qui commence le 17 juin. En même temps que l'évolution d'Erik, le roman présente celle de l'Europe, dont l'avenir semble alors tout aussi ouvert que celui du personnage principal, qui a l'essentiel de son destin devant lui.

Donner écrira ensuite beaucoup de romans, jusque dans les années 1990. Mais il pratique aussi d'autres genres, avec une prédilection pour le reportage et l'essai. Ses romans sont souvent d'inspiration autobiogra-

---

1   Jörn Donner: *Jag, Erik Anders*, Stockholm, Wahlström & Widstrand, 1955.

phique, tandis que le récit autobiographique sert généralement chez lui de point de départ à des réflexions sur des sujets plus larges qu'un simple destin individuel.

Ses activités sont toutefois loin de se limiter à la littérature. Il a été journaliste professionnel et homme politique, d'abord conseiller municipal représentant le parti des démocrates populaires, proches du communisme, puis député libéral et, après l'adhésion de son pays à l'Union Européenne, il a siégé au Parlement de Strasbourg de 1995 à 1999, dans le groupe du parti socialiste européen.

Il est également connu comme cinéaste et critique de cinéma (la seule de ses œuvres qui ait jamais été traduite en français est son étude sur les films d'Ingmar Bergman[2]). En 1972, il devient directeur de l'institut cinématographique de Stockholm. En 1981, il rentre en Finlande, où il a été nommé directeur de la fondation finlandaise du cinéma. Au cours de ces années, on le voit aussi souvent à la télévision. Il est devenu, en Suède et en Finlande, un personnage médiatique, auquel il ne déplaît manifestement pas de surprendre, ou de choquer.

On voit donc que ses domaines d'activité sont multiples. Son œuvre présente une grande richesse et une grande variété de formes. Elle se veut ouverte, hostile aux préjugés, et refuse de se laisser ranger dans une catégorie déterminée. «Je n'ai aucune spécialité», écrit-il en 1971 dans un texte autobiographique, «si ce n'est l'homme. [...] Je crois cependant que la société spécialisée aura besoin de gens qui cherchent des règles générales applicables à notre vie, qui posent des questions générales et se situent au niveau du questionneur naïf».[3] Le questionnement naïf, ou qui feint de l'être, est l'une des attitudes fondamentales de l'écrivain Jörn Donner. Elle lui permet de faire dans une large mesure abstraction des opinions dominantes, de porter sur des sujets qui n'ont le plus souvent en

---

2   Jörn Donner: *Djävulens ansikte. Ingmar Bergmans filmer*, Stockholm: Aldus/ Bonnier, 1962. Traduction française: *Ingmar Bergman*, traduit par Sven Frostenson, adapté par Guy Braucourt, Paris, Seghers, 1970. Nouvelle édition remaniée en 1973.

3   Jörn Donner: *Sommar av kärlek och sorg*, Stockholm, Wahlström & Widstrand, 1971, pp. 106-107: «Jag har intet specialområde, om det inte skulle vara människan. [...] Ändå tror jag att det specialiserade samhället kommer att behöva människor som söker allmänna regler för vårt liv, ställer allmänna frågor och står på den naiva frågarens nivå.»

eux-mêmes rien d'original un regard que son caractère direct suffit dans bien des cas à rendre frappant. Dans la préface de 1966 de *Rapport från Berlin*[4], «Rapport de Berlin», l'œuvre à laquelle je vais ici m'intéresser, il déclare: «Le charme du livre – s'il existe – tient à ceci: ma grande naïveté, unie à la soif de connaissance.» («Bokens charm – om den finns – kommer av detta: min stora naivitet, förenad med kunskapstörst.» *Rapport*, p. 11)

Rapport från Berlin paraît en 1958. Il s'agit d'un livre de reportage qu'il avait prévu à l'origine d'écrire avec Henrik Tikkanen, lui aussi romancier, journaliste et auteur de récits de voyage, dont certains peuvent être considérés comme des reportages. Mais Tikkanen étant tombé malade, la collaboration entre les deux écrivains-reporters ne put se réaliser.[5]

Donner s'était rendu à plusieurs reprises à Berlin entre 1952 et 1958, dans certains cas dans l'exercice de son métier de journaliste. Son *Rapport* est issu de ces visites et des nombreuses lectures qu'il a faites sur l'histoire de la ville et sur ce qui s'appelait alors la question de Berlin. En 1961, à l'occasion de la publication du texte aux Etats-Unis[6], il ajoute là où cela s'avère nécessaire des paragraphes qui retracent l'évolution des questions dont traite le livre au cours des trois années qui se sont écoulées depuis sa parution. L'édition américaine paraît peu avant le 13 août, si bien qu'elle ne mentionne pas la construction du mur et ses conséquences. La nouvelle édition suédoise de 1966 reprend la version révisée de 1961, mais avec une préface dans laquelle l'auteur indique que son «rapport» est désormais à considérer comme un document sur une époque révolue.

Rappelons brièvement le contexte historique et politique dans lequel se situe le reportage. Depuis 1949, il y a deux Etats allemands sur le

4   Jörn Donner: *Rapport från Berlin*, Helsingfors: Söderström & Co, 1958. Nouvelle édition en 1966, avec une préface nouvelle, Stockholm: Wahlström & Widstrand. Dans ce qui suit, je désignerai ce texte par l'abréviation *Rapport*. Je le cite en me référant à l'édition de 1966.

5   Cf. Jörn Donner: *Jag, Jörn Johan Donner född den 5 februari i Helsingfors, Finland*, Stockholm, Wahlström & Widstrand, 1980, p. 43.

6   Jörn Donner: *Report from Berlin*. Translated by Albin T. Anderson. With a forword by Stephen Spender and photos by the author, Bloomington, Indiana University Press, 1961.

territoire de l'Allemagne de 1937, dont la partie située à l'est de la ligne Oder-Neiße a été annexée à la Pologne. A Berlin, la division entre la partie occidentale de la ville, qui regroupe les secteurs américain britannique et français, et la partie orientale, constituée par le secteur soviétique, est un fait accompli depuis, au plus tard, 1948. Le 24 juin de cette même année, Berlin-Ouest adopte le mark-ouest issu de la réforme monétaire qui a eu lieu peu auparavant en Allemagne de l'ouest. Les Soviétiques répliquent aussitôt en barrant toutes les voies de communication terrestres entre l'Allemagne occidentale et Berlin-Ouest. Pendant le blocus, qui va durer plus d'un an, Berlin-Ouest est ravitaillé par un pont aérien mis en place par les Alliés occidentaux, en tout premier lieu les Américains. Le souvenir de la période 1948-49 est encore dans tous les esprits à l'époque où Jörn Donner est reporter à Berlin.

La circulation entre les deux parties de la ville devient au fil des années de moins en moins facile, les mesures qui restreignent l'utilisation de la monnaie de l'une sur le territoire de l'autre s'accumulent, les contrôles se multiplient, mais jusqu'en août 1961, de nombreuses personnes franchissent chaque jour, dans les deux sens, la frontière le long de laquelle sera ensuite érigé le mur. Un certain nombre de Berlinois de l'est continuent à travailler à Berlin-Ouest. Cette situation fait de Berlin le point de passage quasiment unique des Allemands de l'est qui veulent devenir citoyens de la République Fédérale. Jörn Donner indique qu'au milieu des années 1950, entre 150 et 250 réfugiés arrivent chaque jour dans les camps de transit de Berlin-Ouest, et que les chiffres augmentent généralement en été.

Il faut aussi se souvenir que ce qui se passe alors à Berlin est loin de n'intéresser et de ne concerner que les seuls Berlinois. La ville est au contraire l'un des points du monde sur lesquels se concentre l'attention internationale. Les années 1950 connaissent plusieurs «crises de Berlin», qui éclatent à chaque fois autour de la question de savoir qui, des Alliés ou des Allemands, et quels Alliés et quels Allemands, sont en droit d'exercer la souveraineté sur la ville, ou sur ses différents secteurs, autour du statut de ces secteurs et de la nature de leurs liens avec les deux Allemagnes. Il s'agit d'affrontements entre les deux blocs, entre les Etats-Unis et l'Union Soviétique, et chaque crise suscite la crainte, justifiée ou injustifiée, qu'une troisième guerre mondiale n'éclate.

L'enquêteur et le scripteur

Dans ce contexte, le reportage de Jörn Donner constitue inévitablement, et veut être, une intervention dans un débat politique. Dès le bref premier chapitre, intitulé «Tillägnan» («Dédicace»), il apparaît que la division est bien ce qui fait la spécificité irréductible de Berlin, ce qui le distingue de toutes les autres métropoles, avec lesquelles il partage par ailleurs bien des traits, ce qui le signale:

> À *Friedrichstraße*, la voix de femme synthétique qui sort des haut-parleurs annonce que c'est la dernière station dans le secteur *démocratique*.
>
> C'est seulement maintenant que je sais vraiment que je suis à Berlin, et non dans une autre grande ville, dans un autre train de banlieue, avec une autre langue dans les oreilles.
>
> («Vid Friedrichstrasse meddelar den syntetiska kvinnorösten i högtalarna att det är den sista stationen i den *demokratiska* sektorn.
>
> Först nu vet jag verkligen att jag är i Berlin, inte i någon annan storstad, på något annat lokaltåg, med något annat språk i mina öron.» *Rapport* p. 18. Les italiques sont de Donner.)

Ce n'est ni par son aspect extérieur, ni par la langue que Berlin se donne à reconnaître, impose son identité, mais par le rappel de l'existence des secteurs et de la guerre idéologique qu'ils se livrent, puisque la partie est se qualifie elle-même de «secteur démocratique», laissant ainsi entendre que la partie ouest ignore la démocratie.

Dans l'édition de 1958, le chapitre «Dédicace» sert à la fois d'introduction, de préface et de récit-cadre. Il est récit-cadre dans la mesure où l'on y voit l'enquêteur arriver à Berlin pour y effectuer un séjour d'une certaine durée. Il est introduction, car il présente ce qui fait l'objet du livre, la ville et sa géographie politique particulière. Enfin, il tient lieu de préface, en exposant la manière dont le livre a été élaboré et ce qu'il veut être.

Donner tient à indiquer qu'il s'est souvent rendu à Berlin. On trouve dès la première page, à propos de son arrivée dans la ville, des paragraphes qui commencent, respectivement, par «Une fois» («En gång»), «Une autre fois» («En annan gång») et «Mais maintenant comme souvent auparavant» (Men nu som ofta förr», *Rapport*, p. 17). Il s'agit évidemment de faire savoir au lecteur que Berlin lui est familier. Cependant, derrière la variété des circonstances des différents voyages, il y a la permanence de l'expérience de l'entrée, de la plongée dans un univers. «L'atterrissage et l'arrivée peuvent varier, la rencontre est la même.» («Landning och ankomst kan skifta, mötet är detsamma.» *Rapport*, p. 17) C'est pourquoi l'auteur ne racontera pas dans l'ordre chronologique ses visites à Berlin, mais les fondra toutes en un processus d'investigation unique aux multiples facettes. L'ordre dans lequel il s'est livré aux différentes observations qu'il rapporte est sans importance. Toutes ses arrivées à Berlin n'en font plus qu'une lorsqu'elles sont vues comme expérience, et cette expérience de l'arrivée constitue le prélude d'un livre dont la structure d'ensemble est celle d'un long séjour ininterrompu dans l'ancienne capitale de l'Allemagne.

Il apparaît dès le début qu'il y a, à l'origine du reportage, une raison éminemment subjective, l'amour que le reporter éprouve envers les grandes villes, leur atmosphère, mais aussi le sentiment de solitude qu'elles génèrent, amour qui culmine à Berlin, face à «la solitude pleine de menaces [...] qui est Berlin» («den hotfyllda [...] ensamhet som är Berlin», *Rapport*, p. 17). La fascination qu'éprouve l'auteur ne sera toutefois pas l'objet du livre. Il s'avère rapidement qu'elle n'est évoquée que pour expliquer comment il en est arrivé à traiter d'un sujet qui concerne tous ses contemporains. Alors que le chapitre commence comme une introspection, il se termine par des arguments qui justifient objectivement la peinture de Berlin: «Dans ce miroir [les habitants de Berlin], je reconnais le destin de notre monde, sa division et ses craintes. Ceci est mon rapport de Berlin. Il est dédié à une ville mais parle aussi d'un continent: l'Europe.» («I denna spegel [invånarna i Berlin] känner jag igen vår världs öde, dess delning och fruktan. Detta är min rapport från Berlin. Den tillägnas en stad men handlar också om en världsdel: Europa.» *Rapport*, p. 18)

On peut considérer que le reportage proprement dit ne commence qu'avec le chapitre 2, mais on peut aussi estimer qu'il commence dès le chapitre 1, qui contient une première description de la forme particulière que prend à Berlin un déplacement en métro. La frontière entre le paratexte et le texte n'est pas nette, ce qui n'a rien d'exceptionnel dans le reportage. Cela s'explique ici, comme dans d'autres cas, par le fait que c'est un seul et même locuteur qui s'exprime dans l'un comme dans l'autre, le reporter comme scripteur, et cela s'avère d'autant plus facile que la structure du texte est thématique, et permet donc de passer par des transitions souples de la description au commentaire sur ce qui est observé et à la réflexion sur le propos du reportage.

Rapport comporte en revanche quelques éléments qui constituent sans ambiguïté un paratexte, des indications bibliographiques, des notes, des citations placées en exergue. Pour l'édition de 1966, Donner a en outre écrit quelques pages liminaires intitulées «Berlin 1966», qui ont clairement fonction de préface, puisqu'elles présentent le livre écrit en 1958 et remanié début 1961, indiquent comment il doit désormais être lu, compte tenu de ce qui s'est passé depuis lors, et commentent les conséquences qu'a eues à Berlin la construction du mur.

Dans «Berlin 1966», Donner explique que dans les années 1950 la division de la ville existait dans la propagande politique, mais non dans l'esprit de la population: «On vivait comme Berlinois, non comme citoyens de la République Démocratique Allemande ou de la République Fédérale d'Allemagne. On vivait dans la plus grande ville d'Allemagne. On s'adaptait à tout.» («Man levde som berlinare, inte som medborgare i Tyska Demokratiska Republiken eller Förbundsrepubliken Tyskland. Man levde i Tysklands största stad. Man anpassade sig till allt.» *Rapport*, p. 6) Cette affirmation, que seuls des travaux historiques permettraient de confirmer ou d'infirmer, constitue en tout état de cause l'un des postulats sur lesquels repose le travail de l'enquêteur et l'élaboration du texte par le scripteur, un postulat, et non une hypothèse, car ce n'est pas ce que l'enquêteur va entreprendre de vérifier, mais ce dont il part pour organiser son enquête. *Rapport* se veut un reportage sur Berlin, non sur Berlin-Ouest et Berlin-Est. Au chapitre 1, le scripteur mélange des images de l'est et de l'ouest, tandis que l'enquêteur franchit plusieurs fois la frontière dans un sens et dans l'autre, ce qui annonce un procédé d'exposition que l'on va retrouver dans tout le livre.

Les trois premières citations placées en exergue à *Rapport* évoquent le Berlin et l'Allemagne d'avant la division. La plus ancienne est tirée de *Berlin som tysk Rigshovedstad* de Georg Brandes. La seconde est une phrase des *Essays* de Heinrich Mann de 1921, la troisième, qui ne figure pas encore dans l'édition de 1958, un passage tiré d'un livre de l'Américaine Katherine Anne Porter de 1934. Les citations de Georg Brandes et de Heinrich Mann portent sur Berlin, celle de Katherine A. Porter sur l'Allemagne. Elles montrent que l'intérêt pour Berlin ne date pas du second après-guerre et des années de crises et rappellent en particulier aux Nordiques que l'un des plus prestigieux d'entre eux, Brandes, y a vécu et a décrit les activités de la ville. Elles annoncent les fréquents retours en arrière historiques que fera l'auteur tout au long du texte.

La dernière citation placée en exergue réintroduit l'actualité, puisqu'il s'agit d'une blague berlinoise datée de 1955. Ce n'est pas l'une des innombrables plaisanteries sur le régime de l'est qui ont circulé, d'ailleurs surtout à l'est, aussi longtemps qu'a duré ce régime, ni l'une de celles, plus rares, qui se moquaient de l'ouest, mais un échantillon d'humour berlinois, traditionnellement froid, dépourvu de sentimentalité et d'une factualité brutale: un chauffeur de taxi déclare à son passager, qui n'a pas été à Berlin depuis vingt ans et ne reconnaît plus rien, «vous n'avez rien manqué». L'actualité dont il va être abondamment question dans le reportage est celle d'une ville, d'une entité, dont la division est certes le trait principal, exceptionnel, mais n'est qu'un trait.

Dans la préface de 1966, l'auteur porte un jugement sur les événements de 1961, à travers lequel s'expriment ses positions politiques, à une époque – celle de la guerre du Vietnam – où la tension entre les deux blocs est forte. Il parle de «tous les arguments moraux qu'[il] a mobilisés au service de la cause occidentale dans le livre sur Berlin» («alla de moraliska argument som jag i Berlinboken uppbådade för västerns sak», *Rapport*, p. 5). Les valeurs fondamentales que les puissances occidentales affirment représenter, et d'abord la démocratie et la liberté d'opinion et d'expression, sont aussi les siennes, celles qu'il importe à ses yeux de défendre. Il ne condamne rien autant, dans le régime communiste, que le manque de liberté. Il est également sensible au ridicule de l'attitude qui consiste à nier des faits évidents lorsqu'ils contredisent des doctrines officielles, et qui conduirait à soutenir, par exemple «l'idée absurde que les différences de niveau de vie entre la Mongolie et l'Allemagne de l'est pourraient être abolies grâce à l'économie planifiée universelle» («den absurda föreställningen att skillnaderna i levnadsstandard mellan Mongoliet och Östtyskland kunde utjämnas med universell planekonomi», *Rapport*, p. 6). Il n'en tire cependant pas la conclusion que tout ce qui vient de l'est ne peut être que mauvais et que les dirigeants du bloc communiste ne sont mus que par la volonté de faire le mal pour faire le mal ou de défendre fanatiquement leur système politique. Lorsque leurs arguments lui paraissent recevables, il les retient. Le fait qu'une idée ait valeur de vérité officielle à l'est ne suffit pas pour la discréditer a priori. Jörn Donner explique ainsi que le flot de réfugiés qui quittaient la R.D.A. pour la R.F.A. constituait effectivement un problème économique insoluble pour la première, qui ne pouvait continuer indéfiniment à former des médecins et des ingénieurs qui partaient dès qu'ils avaient terminé leurs études. Sans doute, si le régime avait été moins oppressif, ses citoyens s'y seraient-ils mieux plus. Mais Donner rappelle que les anciens ressortissants de la R.D.A. interrogés sur les raisons de leur départ répondent majoritairement qu'elles étaient d'abord d'ordre économique, si bien que l'on peut douter que le respect des libertés fondamentales par l'Allemagne de l'est aurait à lui seul permis d'y maintenir ceux qu'attirait irrésistiblement le haut niveau de vie ouest-allemand. Les Occidentaux, qui avaient plusieurs fois rejeté tout projet de réunification allemande qui n'aurait pas fait de l'Allemagne un pays de leur camp, poussaient par là même les dirigeants de l'est vers des positions intransigeantes.

> Dans le monde occidental, on a l'habitude de voir dans les Russes et le gouvernement d'Ulbricht[7] les seuls coupables de la construction du mur. Je ne crois pas que ceux-ci n'aient pas eu conscience des arguments qui parlaient contre le mur. Le fait que le mur ait été construit si tard indique le contraire. Si ensuite le mur a été construit, cela peut tenir à ce que l'on a compris quels étaient les objectifs de la politique occidentale. («I den västliga världen brukar man göra ryssarna och Ulbrichts regering ensamt skyldiga till muren. Jag tror inte att dessa var omedvetna om argumenten mot muren. Det faktum att muren byggdes så sent, talar för detta. Att muren sedan byggdes, det måtte ha berott på att man insåg vad den västliga politiken syftade till.» *Rapport*, p. 10)

---

7   Walter Ulbricht (1893-1973) l'un des principaux fondateurs de la SED (*Sozialistische Einheitspartei*, «parti unitaire socialiste»), le parti qui, en Allemagne de l'est, résulta de la fusion entre le parti social-démocrate et le parti communiste, dans lequel ce dernier était hégémonique. Ulbricht devint en 1950 premier secrétaire de la SED, et en 1960 président du Conseil d'Etat *(Staatsratsvorsitzender)*, c'est-à-dire chef de l'Etat. En 1971, il fut remplacé à la tête du parti par Erich Honecker, mais resta président du Conseil d'Etat jusqu'à sa mort. Après août 1961, Ulbricht sera vu comme «l'homme du mur», le principal responsable de sa construction.

La solution finalement retenue par Ulbricht, édifier un mur au milieu d'une ville, était absurde, mais il ne semblait pas exister de bonne solution au problème auquel il était confronté, à une époque où la réunification paraissait exclue. Jörn Donner ne se propose évidemment en rien de dire ce qu'aurait été la bonne solution, il invite au contraire implicitement à reconnaître qu'il n'y en avait pas. «Le 13 août a été une tragédie humaine.» («Den 13 augusti var en mänsklig tragedi.» *Rapport* p. 8)

La position ainsi définie dans la préface de 1966, adhésion aux valeurs de l'ouest, mais sans rejet en bloc – si l'on ose dire – et a priori de l'est, est déjà celle du reporter du *Rapport*, celle en fonction de laquelle il va aborder, interroger, et juger ses interlocuteurs, rechercher et critiquer ses sources d'information, décrire ce qu'il a observé.

Le refus de prendre parti inconditionnellement pour l'un des deux camps ne procède pas chez lui d'une attitude de neutralité. Il n'est pas neutre et ne cherche pas à l'être. A de nombreuses reprises, dans le texte, il exprime clairement son opinion. A propos des bâtisses neuves construites le long de la *Stalinallee*, il déclare: «J'ai rarement vu des immeubles aussi déprimants, des appartements aussi peu chaleureux et aussi sommairement conçus.» («Sällan har jag sett så tröstlösa hus, så otrivsamma och enfaldigt planerade lägenheter.» *Rapport* p. 57) Il ne cache par son aversion envers ceux qu'il appelle, d'un terme allemand, les *Hundertprozentigen* (cf. *Rapport*, p. 57), les «cent pour cent», ceux qui soutiennent aveuglément le communisme. Mais il «n'a pas du tout la même opinion que ceux qui sont à cent pour cent les idéologues occidentaux de la liberté» («inte alls har samma åsikt som de hundraprocentigt västliga frihetsideologerna», *Rapport* p. 146). Il n'aime pas ceux qui adhèrent sans réserves à un système de principes qui ne doit pas être remis en cause, quel qu'en soit le contenu, à tout ce qui ressemble à une Eglise, et il n'aime pas l'Eglise. S'il éprouve un dégoût quasi physique en assistant à l'est à la cérémonie de la *Jugendweihe*[8], «une copie séculière de la confirmation» («en världslig kopia av konfirmationen», *Rapport*, p. 247), ce n'est pas parce que son imitation d'un rite religieux en

---

8   La *Jugendweihe*, «consécration de la jeunesse», était une fête instaurée par le régime communiste en Allemagne de l'est, destinée à marquer et symboliser le passage des adolescents dans la société adulte. L'un de ses objectifs, à peine dissimulé, était de se substituer à la confirmation luthérienne.

ferait un sacrilège, mais à cause de sa ressemblance frappante avec la pratique d'une institution qu'il désapprouve: «Je n'aime pas les confirmations, je n'aime pas les Eglises. Les Eglises sur la terre ne sont pas moins répugnantes.» («Jag tycker inte om konfirmationer, inte om kyrkor. Kyrkor på jorden är inte mindre motbjudande.» *Rapport*, p. 248)

Cette phrase exprime sans doute ce qui est à la base de l'attitude de l'enquêteur et du scripteur, qui défend des valeurs, mais en refusant de faire preuve d'une solidarité indéfectible avec les institutions et les groupes qui affirment les représenter et de toujours approuver les hommes qui prétendent les incarner. Donner n'attache au fond aucun crédit aux paroles, aux déclarations, aux gestes qui se veulent symboliques en tant que tels, mais juge des actes et des comportements, analyse des faits. Le genre du reportage est évidemment bien adapté à une telle démarche, puisqu'il soumet le discours sur la réalité à l'épreuve de la confrontation avec cette même réalité.

Le Berlin des années 1950 se prête admirablement à la mise en évidence de la manière dont des idéologies officielles masquent – ou plutôt, tentent de masquer – le réel. La république allemande qui s'intitule démocratique est une semi-dictature dans laquelle les dirigeants bénéficient de nombreux privilèges, comme celui d'avoir un logement dans les immeubles neufs de la *Stalinallee*, où habitent «une partie de l'élite de l'est, des permanents du parti, des intellectuels, des héros du travail, des lauréats de prix nationaux et autres notables» («en del av östeliten, partifunktionärer, intellektuella, arbetets hjältar, nationalpristagare och annan prominens», *Rapport*, p. 57). Le nouveau quartier témoigne d'ailleurs des méfaits d'une planification totalement centralisée, coupée des aspects pratiques et quotidiens de l'urbanisme. P., un permanent du parti, admet à ce propos du bout des lèvres que certaines erreurs ont été commises. Le scripteur traduit: «Le mot est-allemand pour bêtises est erreurs.» («Det östtyska ordet för dumheter är misstag.» *Rapport*, p. 57)

Si le décalage entre les mots et les choses est particulièrement flagrant à l'est, il existe aussi à l'ouest, où l'on a une prédilection particulière pour les mots «liberté» et «libre». Il y a des «propagandistes de la liberté occidentale» («den västliga frihetens propagandister», *Rapport* p. 114), la propagande étant précisément la démarche qui s'efforce de substituer un discours sur le réel, satisfaisant à certaines normes a priori, à une perception plus spontanée de ce réel, structurée par des présupposés autres que ceux des propagandistes. Ainsi, lorsqu'en 1948, à l'université de Berlin, située dans le secteur soviétique, les étudiants et les enseignants qui ne supportaient plus la mise au pas idéologique réclamèrent la création d'une autre université dans un secteur occidental, leurs protestations aboutirent à la fondation de «l'université libre». Donner approuve la révolte étudiante de 1948 et se réjouit qu'elle ait obtenu gain de cause, mais examine ce qu'il en est effectivement de la liberté à la nouvelle université: «dans toute cette liberté, tout ce discours sur la liberté, toute cette action dans la liberté, je m'étonne de l'absence de débat sur la souveraineté exercée par les USA, visible à chaque instant, qui est acceptée et considérée comme une part inévitable de la liberté. Une puissance étrangère veille sur l'Université Libre.» («i alla denna frihet, detta tal om frihet, denna handling i frihet, förvånar mig den självklarhet varmed USA:s överhöghet, synligt i varje ögonblick, godtas och betraktas som en oundgänglig del av friheten. En främmande makt vakar över Fria Universitetet.» *Rapport*, pp. 108-109)

Des remarques comme celle-là ne signifient pas que Donner verrait une symétrie entre les politiques américaine et soviétique à Berlin. Il considère que les citoyens de Berlin-Ouest sont plus libres que ceux de Berlin-Est, et constate simplement que cette liberté n'est que relative: «Il est possible que cette liberté conduise à l'opportunisme et au silence. Dans ce cas, c'est un opportunisme que les étudiants acceptent, une vie qu'ils ont eu la possibilité de choisir eux-mêmes.» («Det är möjligt att denna frihet leder till opportunism och tystnad. I så fall är det en opportunism som studenterna godtar, ett liv som de själva haft möjlighet att välja.» *Rapport*, p. 110) La liberté, même relative, est toujours préférable à l'oppression. Ce que rejette Donner, c'est la malhonnêteté intellectuelle qui consiste à faire du système politique occidental tel qu'il est un bien absolu, par opposition au régime de l'est, qui incarnerait le mal absolu. Une telle attitude ne fait que reprendre, en permutant le négatif et le positif, l'idéologie officielle de l'est, qui diabolise ce qu'elle nomme le système capitaliste et affirme que sa propre société atteindra dans un proche avenir à la perfection. Berlin-Ouest offre de nombreux exemples de ce type d'idéalisation et d'irréalisme, qui cache d'ailleurs parfois, sous l'apparence de la naïveté, du cynisme.

La visite guidée proposée aux touristes a pour objectif premier de donner des secteurs occidentaux une image exclusivement positive:

Dans un tour de ville guidé, on ne tolère et on ne montre aucun défaut. On me dit:
que Dahlem avec ses parcs et ses villas est *la petite Amérique* ou *Hollywood*, parce que les troupes américaines y sont stationnées, parce qu'il y a une école et un jardin d'enfants américains [...]
Que dix-sept millions de citoyens américains, dans le cadre de l'inauguration de *la Cloche de la Liberté* à la mairie de Schöneberg se sont déclarés par leur signature prêts à combattre contre la tyrannie [...] et qu'un nouveau Berlin est en train de surgir partout où passe le bus [...]
que le Kurfürstendamm est l'une des plus belles rues du monde [...]

(«Under en sightseeingtur toleras och visas inte några skönhetsfläckar. Jag får höra: att Dahlem med sina parker och villor är *lilla Amerika* eller *Hollywood* därför att de amerikanska trupperna är stationerade där, därför att där finns en amerikansk Kindergarten och skola [...]
att sjutton miljoner amerikanska medborgare i samband med invigningen av *Frihetsklockan* i rådhuset i Schöneberg genom sina underskrifter förklarat sig beredda att kämpa mot tyranniet [...] och att ett nytt Berlin uppstår överallt där bussen går fram [...]
att Kurfürstendamm är en av världens finaste gator [...]» *Rapport*, p. 38. Les italiques sont de Donner.)

Plus encore que sur ses réalisations et ses mérites, chacune des deux parties de la ville compte sur les travers de l'autre pour se mettre en valeur. Le journal *Tarentel*, qui porte le sous-titre «Satirische Monatsschrift der Sowjetzone» («Mensuel satirique de la zone soviétique»), mais est publié à Berlin-Ouest et financé par des capitaux occidentaux privés, donne «sous une forme grossière et passablement adroite [...] ce qu'il appelle de l'*inside information* de l'Union Soviétique et de *la zone*[9]. On présente des choses importantes qui se sont passées en Allemagne de l'est et on dépeint la vie dans ce pays comme un enfer sur terre.» («I grov och rätt skicklig form [...] s.k. inside information från Sovjet och *zonen*. Man presenterar viktiga händelser i Östtyskland och utmålar livet där som ett helvete på jorden.» *Rapport* p. 84) La visite guidée, organisée par une agence de tourisme de l'ouest, commencée le matin à Berlin-Ouest, se poursuit l'après-midi à Berlin-Est: «La guide

9   «Die Zone», «la zone», est une expression qui a longtemps servi à désigner l'Allemagne de l'est dans certains milieux ouest-allemands. Les italiques sont de Donner.

est à présent en grande forme polémique. Elle lâche des propos veni-
meux à la chaîne et a sûrement des raisons de le faire.» («Den kvinnliga
guiden kommer nu i polemisk högform. Hon släpper ur sig giftigheter på
löpande band och har säkert anledning till det.» *Rapport*, p. 39) Du côté
est, l'écrivain Franz Kain explique dans un roman qui a reçu un prix
littéraire que s'il y a plus de gens qui se promènent à Berlin-Ouest, c'est
parce qu'il y a plus de chômeurs, donc de personnes qui ont le temps de
se promener (cf. *Rapport*, p. 74).

Donner oppose son effort pour établir les faits tels qu'ils sont à
l'hostilité systématique à l'autre que l'on trouve dans les deux camps:
«Je me mis à la recherche de la réalité politique. Je fus révolté par la
manière mensongère dont, dans la guerre froide, les deux côtés décri-
vaient respectivement la partie adverse.» («Jag gick ut för att söka den
politiska verkligheten. Jag blev upprörd över hur förljuget respektive
sidor i det kalla kriget skildrade den motsatta parten.» *Rapport*, p. 223) Il
s'inscrit en faux contre le sophisme selon lequel, si deux camps sont
adversaires, le vice de l'un serait une preuve de la vertu de l'autre. Montrer l'inconséquence de tels raisonnements procède d'une réflexion
épistémologique sur l'enquête de reportage. Donner rappelle assez fréquemment que telle ou telle critique formulée par l'un contre l'autre est,
à son avis, objectivement fondée. Mais elle n'annule pas pour autant les
fautes de celui qui critique, et il n'est pas acceptable que, dans la bataille
idéologique, chacun soit comme mis en valeur par ce qui est contestable
chez l'autre.

Au-delà du rejet méthodologique du sophisme, il y a chez Donner une
aversion envers l'ardeur que certains mettent au combat, non armé mais
permanent, que se livrent les deux parties de Berlin, un combat dans
lequel chaque victoire les sépare un peu plus. S'affronter ainsi, et avec
autant d'énergie, c'est une manière de proclamer et de renforcer la division, alors que Donner souhaiterait que tout soit fait pour aller dans
l'autre sens. Le scripteur est conscient de ce qu'ont d'inconciliable les
deux systèmes politiques qui se font face à Berlin, et de l'impossibilité
de modifier la situation sans une guerre «chaude». Mais contre ceux qui
mettent en avant les divergences, et les amplifient par là même, il aime
évoquer ce qui est simplement berlinois dans tous les secteurs de Berlin.
Eprouvant de la répulsion envers la guerre froide, il s'attache à tout ce

qui lui échappe. Contrairement aux nombreux journalistes qui se plaisent à opposer le *Kurfürstendamm* et la *Stalinallee* et à y voir les avenues les plus typiques, respectivement, de l'ouest et de l'est, il considère que «ces deux rues ne [sont] représentatives de leur partie respective de Berlin que dans une mesure extrêmement faible» («Båda gatorna [är] i ytterst ringa grad representativa för respektive delar av Berlin», *Rapport*, p. 42), ce dont il se réjouit, «car si l'opposition correspondait véritablement à la réalité et si elle était correctement interprétée, il ne vaudrait pas la peine de passer un seul jour à Berlin» («för om motsatsförhållandet verkligen vore sant och riktigt tolkat skulle det inte vara mödan värt att tillbringa en enda dag i Berlin», *Rapport*, p. 42).

Donner arpente donc les petites rues et les quartiers éloignés des lieux que l'on montre aux touristes, ceux que fréquente la population de la ville, et il décrit à plusieurs reprises l'atmosphère de ce qu'il appelle, en suédois, les «knejper», les bistrots typiques, que l'on trouve dans tous les secteurs de Berlin. Le mot «knejp» existe en suédois, mais il est rare, et il désigne en outre un débit de boissons élégant[10], tandis que Donner l'emploie dans le sens du terme allemand «Kneipe», qui s'applique plutôt à un café populaire. Il entend ainsi se référer à une réalité berlinoise, qui n'a, il est vrai, pratiquement pas d'équivalent dans le Nord. Le *Kneipe* devient chez lui le symbole de ce qui transcende la division et la guerre froide. L'avant-dernier chapitre de *Rapport* se termine par une petite scène de genre qui ignore volontairement l'existence des secteurs:

> Je me suis installé dans un petit bistrot chaud avec un poêle à charbon, où tous les autres consommateurs jouent au skat. Quelqu'un profère un juron parce qu'il n'a pas eu de chance. Quelqu'un maudit sa pauvreté. Quelqu'un mange une *Bratwurst*.
> C'est peut-être la faute de l'obscurité (ou grâce à elle) si je ne sais plus si je suis à l'ouest ou à l'est, si j'ai oublié quelle justice règne à l'est, quelle justice à l'ouest. C'est sans doute la faute de mes yeux injectés de sang si la *Bierstube* dans laquelle je suis pourrait se trouver dans n'importe quelle partie de la ville.[11]

---

10 «knejp» (pluriel «knejper») figure dans le grand dictionnaire de l'Académie Suédoise (qui comprendra une quarantaine de volumes), avec le sens que j'ai indiqué. En revanche, il ne figure pas dans le répertoire des mots de cette même Académie Suédoise *(Svenska Akademiens ordlista)* de 1986, petit ouvrage en un volume.

11 Le *Skat* est un jeu de cartes populaire en Allemagne. Une *Bratwurst* est une saucisse rôtie. *Bierstube* signifie, brasserie, bistrot à bière.

(«Jag har slagit mig ner i en liten varm krog med kolkamin, där alla andra gäster spelar skat. Någon svär över sin otur. Någon förbannar sin fattigdom. Någon äter Bratwurst.

Det är kanske mörkrets fel (eller förtjänst) att jag inte mera vet om jag är i väst eller i öst, att jag har glömt bort vilken rättvisa som härskar i öst, vilken i väst. Det är väl mina blodsprängda ögons fel, att Bierstuben jag sitter i kunde höra till vilken del av stan som helst.» *Rapport*, p. 264)

C'est la mise en avant de quelques éléments qui représentent l'Allemagne d'une manière stéréotypée, le skat, la saucisse, la bière, qui rappelle que Berlin ne se résume pas à sa division.

Mais pour que cette division s'efface, il faut des circonstances particulières, par exemple, comme dans ce chapitre, la tombée de la nuit ou la fatigue. Si le scripteur refuse de réduire Berlin à un terrain d'affrontement entre l'est et l'ouest, il n'oublie évidemment pas que Berlin est aussi ce terrain d'affrontement, et que c'est là ce qui le distingue de toutes les autres métropoles. Il y a chez le reporter une tension entre la volonté de montrer comment toute la vie berlinoise, jusque dans ses aspects les plus quotidiens, est marquée par la division, et celle de rendre sensible quelque chose comme l'âme de la ville, l'unité qu'elle conserve malgré tout.

L'objet de son enquête lui inspire en outre des sentiments dont l'ambivalence est manifeste, puisque, dans le chapitre d'introduction, le scripteur écrit d'abord: «Mais j'aime plus que tout la solitude pleine de menaces [...] qui est Berlin.» («Men allra mest älskar jag den hotfyllda [...] ensamhet som är Berlin.» *Rapport*, p. 17) et à la page suivante: «Mon voyage est un retour mais je ne ressens aucun désir violent, seulement une solitude menaçante qui ne cesse de s'amplifier [...] Je fais l'apprentissage de l'indifférence et du calme passif.» («Min resa är en återkomst men jag känner inget häftigt begär, bara en hotfull ensamhet som vidgas, vidgas [...] Jag övas i likgiltighet och passiv ro.» *Rapport*, p. 18)

Dans les lieux publics, au sein d'une foule, l'enquêteur se ressent presque toujours comme isolé, face à tous les autres, qui forment groupe. S'il a exceptionnellement l'impression de se fondre dans la population, il s'efforce de retrouver une place à l'écart, comme lorsqu'il remarque: «J'ai soudain le sentiment d'avoir été trop longtemps à Berlin. On s'habitue trop facilement. On s'habitue aux ruines, à la division [...] et à la pauvreté et à la richesse et à la germanité. J'essaie de m'inciter moi-même à être curieux, à ne rien considérer comme allant de soi.» («Jag får plötsligt känslan att jag varit för länge i Berlin. Man vänjer sig alltför lätt. Man vänjer sig vid ruinerna, vid delningen [...] och vid armodet och rikedomen och tyskheten. Jag försöker intala mig själv att vara nyfiken, inte betrakta något som självfallet.» *Rapport*, p. 234)

La distance que l'enquêteur s'oblige à prendre par rapport à l'objet de son enquête peut naître du désir de préserver sa propre identité. Mais ici, il apparaît aussi implicitement que la distance est nécessaire à l'enquête. S'habituer, c'est ne plus s'étonner de rien, ne plus faire la différence entre l'insolite, le ridicule, le tragique et le banal, c'est ne plus rien voir. La position d'extériorité caractérise l'enquêteur de *Rapport*. Il ne lui arrive jamais, comme à Georg Brandes, de dire «nous» en parlant des Berlinois, qu'il observe avec acuité, qu'il fréquente beaucoup, mais dont il ne partage pas et ne veut pas partager l'expérience vécue.

Les lecteurs postulés

L'absence d'identification psychologique n'empêche pas – bien au contraire, estimerait sans doute l'enquêteur de *Rapport* – le travail de terrain. La rencontre directe avec l'objet de l'enquête est précisément ce qui différencie le reporter de ses lecteurs.

Lorsque Willy Kyrklund, en 1957, publie *Aigaion*, un reportage sur la Grèce, il présente une réalité dont ses compatriotes savent peu de choses, qui est pour eux sans doute éloignée et exotique, qui n'est pas au centre de leurs préoccupations. Il en va bien sûr tout autrement de *Rapport*. Les lecteurs de Donner connaissent la situation particulière de Berlin et les forces, les visions du monde et les intérêts politiques qui s'y affrontent. Pour eux aussi, la question de Berlin est une question d'actualité.

Le reporter n'a donc nul besoin de les informer sur l'essentiel. On ne trouve pas dans *Rapport* de présentation générale de la situation politique analogue à celle qu'il m'a semblé bon de faire brièvement en introduction. En 1958, le rôle du reporter consiste surtout à fournir des informations de détail, à illustrer des états de fait connus de tous par des exemples concrets. Le texte est littéraire dans la mesure où il se propose de rendre sensible ce qui est déjà l'objet d'une connaissance abstraite. Il pose aussi, inévitablement, dans le contexte de l'époque, la question de l'interprétation des faits et du jugement à porter sur les uns et les autres. En même temps qu'un objet esthétique, il ne peut pas ne pas être une intervention dans un débat politique. Avant même d'ouvrir le livre, le lecteur présumé de *Rapport* a une opinion sur la question de Berlin.

Pour Umberto Eco, il est possible de dégager de chaque texte la figure du lecteur modèle, celui auquel s'adresse idéalement l'auteur[12], tandis que Hans Robert Jauß s'intéresse surtout à la réception de l'œuvre par un public inséré dans une réalité historique, sociale et culturelle[13]. Un roman, un poème, peuvent être écrits pour des générations futures. Le reportage est en revanche destiné aux contemporains de sa rédaction. Le lecteur modèle, tel que le conçoit Eco, ne saurait donc y être totalement indépendant des personnes réelles qui vont lire le livre à sa parution. C'est sur leur encyclopédie implicite que s'appuie l'auteur, ce sont les convictions qu'il leur prête qu'il attaque, renforce ou nuance, c'est en fonction de ce qu'il suppose être leur position idéologique qu'il construit son argumentation.

Le lecteur auquel s'adresse Donner dans *Rapport* n'est pas un lecteur de l'est, si l'on entend par là quelqu'un qui adhère au système politique en place en Allemagne de l'est et dans le bloc soviétique en général, même s'il se trouve habiter géographiquement le monde occidental. Si tel avait été le cas, Donner, à partir des présupposés qui étaient les siens, aurait adopté à peu près la rhétorique de base suivante: le régime capitaliste présente certes de graves défauts, et ses défenseurs ont tout à fait tort de le prétendre proche de la perfection, mais vous serez obligé de reconnaître que le système communiste fonctionne très mal, qu'il est oppressif, d'une médiocre efficacité sur le plan économique et qu'il ne parvient pas à satisfaire les besoins des citoyens. La rhétorique caractéristique de *Rapport* est inverse. En mettant en avant à intervalles réguliers un aspect ridicule de la société est-allemande, Donner indique clai-

12   Cf. Umberto Eco: *Lector in fabula ou la Coopération interprétative dans les textes narratifs,* Paris, Grasset, 1985.
13   Cf. Hans Robert Jauß: «Literaturgeschichte als Provokation der Literaturwissenschaft», in *Literaturgeschichte als Provokation,* Frankfurt/Main, Suhrkamp (edition suhrkamp 418), 1970, pp. 144-207.

rement qu'il n'est en rien un sympathisant de l'est et que son texte ne doit pas être lu comme de la propagande communiste. Les aberrations du système de type soviétique sont considérées comme évidentes, aussi n'est-il nul besoin de s'y attarder longuement, et elles n'occupent pas une place de premier plan dans *Rapport*. S'il en est malgré tout fait mention, c'est moins par souci d'informer que par souci, chez l'auteur, de faire connaître sa position idéologique. Le propos principal du texte est de montrer qu'il y a beaucoup à critiquer dans la société et les institutions qui se sont mises en place à Berlin-Ouest, malgré leur supériorité par rapport au modèle soviétique, et malgré les apparences. Là est peut-être l'une des rares choses qu'entreprend de démontrer le livre, ce qui indique qu'il s'adresse à des gens pour lesquels la démonstration est nécessaire, qu'il faut convaincre que bien des aspects de la réalité ouest-berlinoise sont contestables, tandis qu'ils souscrivent déjà à une image négative de l'est. Le lecteur postulé de *Rapport* est un Occidental, au sens idéologique, un lecteur qui adhère aux valeurs sur lesquelles sont fondées en théorie les démocraties occidentales – mais qui peut éventuellement résider en Europe de l'est.

Rien dans le texte ne permet d'affirmer que l'auteur écrit plus spécialement pour des Nordiques. Il souligne à plusieurs reprises sa qualité d'étranger à Berlin, mais il n'est jamais question du lieu dont il vient. Contrairement aux reporters qui se tournent plus explicitement vers leurs compatriotes, il n'invite pas particulièrement les Nordiques à s'identifier à l'enquêteur, à voir Berlin à travers ses yeux, il ne procède jamais à des comparaisons entre des phénomènes qu'il observe et leurs équivalents éventuels dans son pays.

Cela tient sans doute pour une part à ce que l'opposition entre l'est et l'ouest s'impose à Berlin avant toutes les autres, et fait passer à l'arrière-plan celle qui existe entre le Nord et, par exemple, l'Allemagne de l'ouest, la Grande-Bretagne ou la France. En pratique, on peut supposer qu'en 1958 Jörn Donner, qui n'était pas un écrivain internationalement connu, savait que ses premiers lecteurs seraient des Finlandais et des Suédois, majoritairement pro-occidentaux dans leurs convictions, malgré la politique étrangère de neutralité menée par leurs gouvernements. Mais par-delà ses compatriotes, il s'adressait certainement à tous les Occidentaux, et peut-être spécialement aux Allemands de l'ouest, qui étaient

à l'époque les premiers destinataires d'une image idéalisée et invraisem-
blablement positive de Berlin-Ouest.

Donner cite en effet parfois des noms de lieux sans expliquer ce que
sont ces lieux, ce qui implique, ou qu'il les suppose connus de son lecteur, ou qu'il les utilise pour créer une atmosphère. Dans ce dernier cas,
il s'éloignerait de l'exposé informatif du reportage pour se rapprocher de
la description évocative de type romanesque, celle dont la fonction principale est de faire surgir dans l'imagination du lecteur des choses qu'il
connaît déjà, ou qu'il doit feindre de connaître pour que la lecture soit
possible. Lorsque le scripteur emploie les expressions *Unter den Linden*
ou *Brandenburger Tor* (*Rapport*, p. 20), sans dire de quoi il s'agit, il ne
sort pas du cadre du reportage, car il peut légitimement supposer que la
plupart des Européens savent qu'il se réfère par là à l'avenue qui a été la
plus prestigieuse de Berlin et à la porte monumentale située à l'une de
ses extrémités. En revanche, les mots *U-Bahn* (*Rapport*, p. 17), *U-
Bahnhof* (*Rapport*, p. 18) et *S-Bahn* (*Rapport*, p. 18), ni traduits ni expli-
qués, restent obscurs pour quelqu'un qui ne comprend pas l'allemand. Le
premier chapitre mentionne, sans explications, entre autres, *Tempelhof*,
Alexanderplatz et la *Ostbahnhof* (*Rapport*, pp. 17-18). Ces mots ne gê-
nent sans doute pas la compréhension du propos général, mais font res-
sembler les premières pages de *Rapport*, pour qui ignore la topographie
de Berlin, à un début de roman, dans la mesure où la valeur référentielle
des termes utilisés est considérée ici comme sans importance, comme
s'il s'agissait d'édifier par les mots un univers fictif et non d'informer
sur la réalité.

Pour un lecteur allemand, en revanche, qui sait ce que désignent les
mots que les Nordiques ne comprennent pas, le premier chapitre n'a pas
de dimension romanesque, et se lit comme un texte informatif. Cela
laisse supposer que le lecteur postulé, ou au moins l'un des lecteurs
postulés de *Rapport* est un Allemand. Que penser, par exemple, de cette
citation tirée du journal *Süddeutsche Zeitung*, selon laquelle le *Kurfürstendamm*, la plus grande avenue de Berlin-Ouest, présente «une ressemblance fatale avec la *Reeperbahn*» («en fatal likhet med Reeperbahn»,
Rapport, p. 42). Pour beaucoup d'Allemands, la comparaison est claire,
alors qu'elle ne l'est sans doute pas pour la plupart des Suédois ou des
Finlandais. En 1986, Jörn Donner a déclaré qu'il n'avait cherché qu'une

seule fois à publier une œuvre en Allemagne, et qu'il s'agissait de *Rapport*[14]. Cette intention me semble apparaître dans le texte lui-même.

Notons toutefois que *Rapport* veut être, pour les Nordiques aussi, malgré certaines apparences, un reportage à part entière. Même en ne tenant pas compte du fait que la connaissance de l'allemand était plus répandue en Suède et en Finlande dans les années 1950 qu'elle ne l'est aujourd'hui, et en supposant que Donner emploie effectivement des termes que ses compatriotes ignorent sans les avoir définis au préalable, et sans jamais en donner une véritable définition, on constate que, s'il renonce à l'explication didactique, il veille toutefois à ce que le sens de ces mots finisse par se dégager spontanément du contexte. On devine ce que signifie *U-Bahn* lorsque l'on apprend que la chose ainsi désignée se trouve «en bas», que l'enquêteur l'utilise pour se déplacer dans la ville et qu'il est alors entouré par «l'éclat métallique des couples de rails» («Skenparens metallglans», *Rapport*, p. 18). De même, les Nordiques ne peuvent pas comprendre à quoi ressemble le *Kurfürstendamm* aux yeux du journaliste de la *Süddeutsche Zeitung* s'ils ne savent pas ce qu'est la *Reeperbahn*, mais l'information leur est fournie indirectement cinq lignes plus bas, camouflée par un procédé stylistique destiné à éviter une répétition: «Le *Kudamm* [=*Kurfürstendamm*] n'est pas la *Reeperbahn*. Mais il existe un équivalent du quartier des boîtes de nuit de Hambourg.» («*Kudamm* är inte Reeperbahn. Men det finns en motsvarighet till Hamburgs nöjeskvarter.» *Rapport*, p. 42)

Les qualités littéraires de *Rapport från Berlin*

Cette manière de fournir de l'information sans que l'exposé prenne un tour didactique nous rappelle que *Rapport* est l'œuvre d'un écrivain, attentif à la qualité esthétique de son texte.

---

14   Cf. Jörn Donner: *Jörn Donner Tyskland*, Helsinki, 1998, p. 23. *Rapport* n'a jamais été traduit en allemand, ce que Jörn Donner explique en 1986, sans doute à juste titre, par le fait que ce reportage n'était acceptable pour aucune des deux Allemagnes.

Une lecture rapide pourrait donner l'impression que le livre a été écrit au fil de la plume par quelqu'un qui connaît bien les multiples aspects de Berlin et qui a tellement de choses intéressantes à raconter qu'il peut se permettre de les présenter dans n'importe quel ordre, et ce d'autant plus qu'il a le sens de la formule et que son style est agréable à lire. Rien, à première vue, ne structure le texte, qui, à bien des égards, a l'apparence d'une improvisation. Il ne s'ordonne pas selon un parcours géographique d'un point à un autre en passant par différentes étapes. Inscrits sur un plan de la ville, les déplacements successifs de l'enquêteur ne dessineraient pas une ligne, même brisée, mais une sorte de toile d'araignée. Les observations ne sont pas non plus présentées dans un ordre chronologique. Mais *Rapport* est tout aussi éloigné d'une composition thématique du type de celle que l'on trouve dans les guides de voyage ou les ouvrages scientifiques, qui traitent successivement de quelques grands thèmes, eux-mêmes divisés en sous-thèmes.

L'enchaînement des chapitres évoque plutôt la pensée qui suit son cours, et évolue par association libre, reliant ainsi des idées qu'un raisonnement logique ne rapprocherait pas. La relation de l'enquête ne suit ni un parcours spatial ni un parcours temporel, mais la ligne sinueuse qui fait passer presque insensiblement d'un motif à un autre. La structure d'ensemble de *Rapport* imite le *stream of consciousness*, le flux continu des pensées qui défilent dans la conscience.

Chaque chapitre commence ainsi par la reprise d'un élément apparu au précédent, le développe et aborde au cours du développement un autre aspect de la réalité qui sera à son tour développé ultérieurement. Après le chapitre 1, qui sert d'introduction, le chapitre 2 décrit le chantier de reconstruction du bâtiment qui abritait le *Reichstag*, évoque la république de Weimar, la période nazie et l'immédiat après-guerre, la ville du passé. Le chapitre 3 décrit ensuite le vieux quartier populaire de Friedrichsgracht, qui permet au chapitre 4 de présenter le dessinateur Heinrich Zille[15], à la suite de quoi le chapitre 5 raconte les relations de l'enquêteur avec des gens rencontrés dans un café populaire à l'est, semblable à ceux

15   Heinrich Zille (1858-1929): Dessinateur et caricaturiste, qui a collaboré à des revues satiriques et humoristiques, dont *Simplicissimus*. Il est célèbre pour ses dessins qui montrent le Berlin populaire, sa vie quotidienne et ses personnages typiques.

du Berlin de Zille, avec lequel contraste violemment le Berlin-Ouest présenté aux touristes du chapitre 6, etc.

Un examen attentif fait cependant apparaître dans le texte, derrière cet enchaînement, et comme dissimulé par lui, plusieurs parties, dont chacune, tout en se développant dans des directions diverses, est centrée sur un motif: la première (chapitres 2 à 9) sur l'opposition entre le passé et le présent, la seconde (chapitres 10 à 26) sur l'affrontement entre l'est et l'ouest, la troisième (chapitres 27 à 32) sur la littérature et les milieux intellectuels, la quatrième (chapitres 33 à 45) sur la division de l'Allemagne et de Berlin, la cinquième et dernière (chapitres 46 à 57) sur la vie quotidienne dans la ville divisée. L'un des mérites de *Rapport* est de proposer une solution au problème de la structuration d'un texte non narratif. La structure fondamentalement thématique du reportage n'est plus enrobée dans la relation d'un parcours géographique ni le récit d'un séjour, mais dans l'imitation de la progression fluide de la pensée qui s'abandonne à la libre association d'idées, procédé qui permet aussi d'éviter ce qu'aurait de rigide et de sec, de peu littéraire, un ordonnancement ouvertement et strictement thématique. En s'éloignant de la technique plus traditionnelle de la narrativisation, Donner réussit ici à faire entrer la description, d'une manière naturelle et bien adaptée au genre qu'il pratique, dans la linéarité de l'expression verbale.

Le style de *Rapport* est lui aussi littéraire dans la mesure où l'auteur cherche autant à plaire et à frapper qu'à instruire. C'est ce qu'il indique implicitement lorsqu'il déclare qu'il renonce à rapporter tout ce que lui a dit l'une de ses interlocutrices, car «ce que raconte Madame Scharfschwerdt remplirait un roman. Mais ce serait un roman extrêmement ennuyeux» («Vad fru Scharfschwerdt berättar skulle fylla en roman. Men det skulle bli en ytterst tråkig roman.» *Rapport*, p. 68).

Donner use parfois d'une naïveté feinte qui permet d'opposer le sens commun aux raisonnements spécieux qui, dans un contexte de polémiques et d'affrontements idéologiques constants, ont tendance à proliférer. Ainsi, lorsque l'enquêteur constate que les artistes du cabaret de Berlin-Est *Die Distel*[16] font certes rire, mais en respectant, non sans servilité, l'idéologie officielle, le phénomène d'autocensure qu'il met en évidence

---

16   Il s'agissait du cabaret le plus connu de Berlin-Est. Son nom signifie «le chardon».

est susceptible de recevoir de nombreuses explications. Donner, pour sa part, en propose une, qui est la suivante: «ce n'est pas facile d'être courageux. C'est plus facile de se laisser porter par le courant» («det är inte lätt att vara modig. Det är lättare att följa med strömmen» *Rapport*, p. 105). Il rappelle que la crainte et le goût de la facilité sont inhérents à l'être humain, ce que tout le monde sait. La brièveté et la simplicité d'une telle phrase en font une formule frappante, qui tend à se graver dans l'esprit du lecteur et, par son caractère quasiment irréfutable, à emporter son adhésion. Enoncer une évidence à laquelle plus personne ne pense a en outre un effet comique. Dans un registre plus grave, lorsque la responsable principale de l'accueil des réfugiés par la municipalité de Berlin-Ouest affiche sa fierté d'avoir contribué à résoudre «la question du transport et du traitement d'un million et demi de réfugiés» («frågan om transport och behandling av halvannan miljon flyktingar», *Rapport*, p. 68), Donner fait comprendre par une formule lapidaire ce que cette fierté a de déplacé: «L'exil est toujours une tragédie.» («Flykten är alltid en tragedi.» *Rapport*, p. 68) Un peu plus loin, le livre met en avant une différence fondamentale entre les Russes et les Américains: «La différence entre Karlhorst et Dahlem[17] est la différence entre un monde prolétaire et un monde rutilant de chrome.» («Skillnaden mellan Karlshorst och Dahlem är skillnaden mellan en proletär värld och en kromblänkande.» *Rapport*, p. 102)

Opposer le sens commun au sophisme est une manière de faire apparaître le décalage entre une réalité et les discours qui sont tenus à son propos. Cette technique est proche de l'ironie, à laquelle Donner recourt abondamment. D'un appartement typique de la *Stalinallee*, il nous dit que «Les cloisons sont épaisses comme dans un château blindé, la salle de bains présente une ressemblance suspecte avec le décor d'une comédie surréaliste» («Mellanväggarna är bastanta som i ett skottsäkert slott, badrummet har en misstänkt likhet med dekoren i en surrealistisk komedi», *Rapport*, p. 56).

Donner aime opposer au sérieux d'une déclaration, d'une fonction, un petit détail qui en brise la solennité ou une remarque irrévérencieuse qui, par un brusque changement de registre, produit un effet comique. La

---

17   Karlshorst est le quartier de Berlin où étaient stationnées les troupes soviétiques, Dahlem celui où se trouvaient les troupes américaines.

crédibilité de ce que pourrait dire Madame Scharfschwerdt est remise en cause par avance par la description qui est donnée de sa personne: «Elle a cinquante ans, le visage large, ainsi que le corps, présente une certaine ressemblance avec les mères de famille paysannes idéalisées qui vendent des cartes postales dans les expositions folkloriques.» («Hon är femti år gammal, bred i ansiktet och kroppen, har en viss likhet med idealiserade bondmoror som säljer vykort på en hembygdsutställning.» *Rapport*, p. 67) L'importance que Sommer, un dirigeant de la FDJ[18], officiellement appelé «l'ami de la jeunesse», s'accorde à lui-même et qu'il accorde à son action, peut difficilement être prise au sérieux, lorsque se mêle à la citation de ses propos une remarque sur son attitude physique: «– Nous sommes parvenus à un taux d'adhésion à la FDJ remarquable, poursuit Sommer, avec du sérieux dans la voix. Il se cure les ongles avec son canif. Plus de quatre-vingts pour cent des étudiants sont membres de notre organisation.» («– Vi har nått en utmärkt anslutning kring FDJ, fortsätter Sommer med allvar i rösten. Han petar naglarna med pennkniven. Över åtti procent av studenterna är medlemmar i vår organisation.» *Rappport*, p. 119) On ne peut pas non plus accorder spontanément grand crédit aux convictions de l'évêque Otto Dibelius lorsque l'on a lu qu'elles consistaient en «une doctrine chrétienne de la réconciliation incluant la clémence du pardon et un *happy end* à la Hollywood» («en kristen försoningslära med mild förlåtelse och Hollywood-happyend», *Rapport*, p. 244).

Les images de Berlin

L'ironie est chez Donner le moyen privilégié de signaler son antipathie envers une personne ou une idée. Plutôt que de réfuter point par point des vues qu'il ne partage pas, ou d'énumérer longuement les méfaits de ceux dont il désapprouve les positions, il préfère le plus souvent les ridiculiser en quelques traits. Il leur donne la parole dans son texte, mais

18 La FDJ (*Freie Deutsche Jugend*, «jeunesse allemande libre») était l'organisation de la jeunesse officielle en Allemagne de l'est. Y appartenir était une condition quasiment indispensable pour pouvoir, par exemple, faire des études supérieures.

après avoir rendu impossible l'identification entre le lecteur et celui qui profère cette parole, après avoir mis entre eux une distance critique. Cette distance disparaît lorsqu'il présente des gens qu'il estime. Les remarques ironiques sont fréquentes dans le livre, mais le ton général de *Rapport* ne peut être qualifié d'ironique. On n'a pas affaire à un scripteur qui considérerait toute chose avec détachement, déterminé à sourire de tout. Comme nous l'avons vu précédemment, ce scripteur n'est pas neutre. Ses sympathies et ses antipathies, qui se traduisent notamment par des changements de ton, sont facilement perceptibles.

Rapport présente à la fois des personnages en vue et des gens ordinaires. Un jugement clair se dégage presque toujours des différents portraits. Il y a ainsi, face à une série de figures négatives, quelques figures dont Donner souligne le caractère positif, tandis que celles qui inspirent à l'auteur des sentiments plus nuancés sont assez peu nombreuses.

L'antipathie de Donner va à tous ceux qui professent des opinions dogmatiques et tentent de les imposer, que ce soit à la tête de l'Etat ou à un niveau local. On trouve parmi eux les dirigeants au pouvoir à l'est, Sommer, «l'ami de la jeunesse», Friedrich Ebert, le maire de Berlin-Est, P., un permanent de la *SED* qui, «dès qu'il est question de principes, se transforme en un *Hunderprozentiger* [‹cent pour cent›] dur comme fer» («så snart det blir fråga om principer förvandlas han till en järnhård *Hunderprozentiger*», *Rapport*, p. 57), tout comme le militant communiste anonyme H. qui, bien qu'il «parle d'événements graves ct tragiques, semble [...] mélodramatique et larmoyant plus que de raison» («talar om allvarliga och tragiska händelser verkar [...] mer än lovligt patetisk och gråtmild» *Rapport*, p. 81). Anna Seghers compte elle aussi parmi les figures négatives: lorsqu'elle parle de l'Allemagne de l'est où, en communiste convaincue, elle a choisi de vivre, elle «parle d'un rêve, d'une illusion artistique, non de la réalité à laquelle les marxistes ne se lassent jamais de se référer» («talar om en dröm, en konstnärlig illusion, inte om den verklighet som marxisterna aldrig tröttnar att hänvisa till», *Rapport*, p. 143). Si l'est, en raison du décalage qui y règne entre les faits et les discours, produit comme naturellement des personnages comiques, mais peu dignes d'estime, les figures antipathiques ne manquent pas non plus à l'ouest, où l'on trouve des gens qui combattent la propagande de l'est par une contre-propagande tout aussi schématique et mensongère. Heinrich Bär, le fondateur du mensuel anticommuniste *Tarantel*, a des vues politiques simplistes et irréalistes, et s'imagine que son journal va pouvoir provoquer un changement radical de la situation de l'Allemagne. «Bär a vraiment mérité une médaille décernée par Walter Ulbricht, qui dispose d'un excellent argument de propagande supplémentaire: voilà la politique de réunification de l'ouest.» («Bär är verkligen förtjänt av en medalj av Walter Ulbricht, som har fått ett utmärkt propagandaargument till: detta är västerns återföreningspolitik.» *Rapport*, p. 87) L'évêque Dibelius ne doit sa popularité qu'à son opposition résolue au régime communiste, mais ses principes sont aussi rigides que ceux de ses adversaires. Sa ressemblance physique avec Walter Ulbricht est frappante. Donner la mentionne pour mieux mettre en lumière la ressemblance des deux personnalités, leur symétrie: «A Berlin-Ouest on considère que Dibelius est un héros, Ulbricht un salaud. A Berlin-Est c'est exactement l'inverse.» («I Västberlin anses Dibelius vara en hjälte, Ulbricht ett svin. I Östberlin är det rakt tvärtom.» *Rapport*, p. 243)

Donner juge également avec sévérité les militaires américains stationnés à Berlin-Ouest. avec lesquels il a l'occasion de s'entretenir. Ils se considèrent comme des héros, et leur bonne conscience paraît inébranlable. Bill, un pilote qui a participé à la seconde guerre mondiale, s'indigne des atrocités commises par les Allemands sous leurs dirigeants nazis. Il est un peu choqué par le fait que son pays soit désormais l'allié de ces mêmes Allemands. Donner commente ainsi sa réaction:

> Bill est lui aussi un meurtrier au sens technique. Il a participé aux grandes attaques destinées à semer la terreur dans les villes allemandes, aux opérations de jour à ciel ouvert, sans qu'il y ait eu menace de la part des avions de chasse allemands [...] Ce qu'il y a d'effrayant chez ce type de guerriers, c'est que celui qui a la responsabilité de veiller à ce que la cargaison de bombes atteigne son objectif n'a jamais l'odeur de la mort et du sang dans le nez. Le guerrier devient technicien et évite de rencontrer son ennemi de près. («Också Bill är mördare i teknisk mening. Han var med om de stora terrorattackerna mot tyska städer, daganfallen under öppen himmel, utan hot från tyska jaktplan [...] Det skrämmande hos hans krigartyp är, att den som har ansvaret för att lasten når sitt mål, aldrig får lukten av död och blod i näsan. Krigaren blir en tekniker och undgår att möta fienden på närhåll.» *Rapport*, p. 97)

Contrairement à son habitude, Donner ne déconsidère pas Bill en le rendant ridicule. Il construit un raisonnement argumenté pour montrer en quoi son état d'esprit est dangereux. Il éprouve ici le besoin de convaincre, ce qui indique l'importance qu'a pour lui la question de la guerre et la profondeur de l'aversion qu'elle lui inspire.

On trouve aussi dans *Rapport*, à l'opposé, des figures éminemment positives, dont la première est peut-être Willy Kressmann, le maire du district de Kreuzberg à Berlin-Ouest. Il est opposé au système totalitaire de l'est, mais n'a rien de commun avec «les combattants de la guerre froide» («de kalla krigarna», *Rapport*, p. 241) et s'efforce de maintenir des liens avec les districts orientaux voisins de Kreuzberg par une série de mesures pratiques. Contre la position officielle du parti social-démocrate auquel il appartient, il s'est déclaré opposé à l'armement atomique en Allemagne. Son attitude constitue aux yeux de Donner une alternative adéquate à la dictature, et c'est «un homme beaucoup plus dangereux pour les détenteurs du pouvoir de Berlin-Est que d'autres hommes politiques de Berlin» («en betydligt farligare man för makthavarna i Östberlin än andra politiker i Berlin», *Rapport*, p. 241). Ernst Reuter, d'abord maire officieux de Berlin au cours de l'immédiat après-guerre, maire officieux de Berlin-Ouest pendant le blocus, puis maire régulièrement élu des secteurs occidentaux, est présenté lui aussi sous un jour positif, même si Donner prend quelques distances envers le culte du «héros dans la ville héroïque» («Hjälten i hjältestaden», *Rapport*, p. 180) dont il est parfois l'objet. Reuter est vu comme le défenseur de la liberté et comme celui qui a tout fait pour que Berlin ne soit pas abandonné aux Soviétiques. La sympathie de Donner va aussi aux ouvriers membres du SPD[19] qui vivent et travaillent à Berlin-Est et continuent à défendre leur conception du socialisme, malgré les pressions auxquelles ils sont soumis et les tracasseries qui leur sont infligées (cf. *Rapport*, pp. 227-231)

Quelques personnes échappent toutefois à la distinction un peu manichéenne entre les personnalités positives et les personnalités négatives. Tel est en particulier le cas de Willy Brandt, maire de Berlin-Ouest de 1957 à 1966. Le chapitre 42 lui est consacré dans son intégralité.

Brandt est l'objet des attaques acharnées de Walter Ulbricht et des cercles officiels est-allemands. La résistance énergique qu'il a opposée

---

19 Le sigle SPD («Sozialdemokratische Partei Deutschlands») désigne alors la fraction du parti social-démocrate allemand qui a refusé la fusion avec le parti communiste qui, en 1946, a formé la *SED*, le «parti socialiste unitaire», parti dominé par les communistes au pouvoir en Allemagne de l'est.

en novembre 1958 à l'ultimatum soviétique[20] en fait un digne successeur d'Ernst Reuter. Les années passées en Scandinavie[21] ont fait de lui le partisan d'un socialisme réformiste. Il est réaliste et apprécie correctement la situation de Berlin. Il se garde de la rhétorique courante à l'ouest, «il a évité d'une façon admirable de se laisser totalement enfermer dans un cliché politique. Il sait lui aussi qu'il n'y a pas de solution pour Berlin *sans* et *contre* les Russes» («han har på ett beundransvärt sätt undvikit att helt fastna i en politisk kliché. Också han vet att det inte finns någon Berlinlösning *utan* och *mot* ryssarna» *Rapport*, p. 206. Les italiques sont de Donner). Mais Brandt est aussi quelqu'un qui a le souci de sa popularité, qui joue le rôle d'une «agence publicitaire vivante» («levande reklambyrå», *Rapport*, p. 206) pour Berlin-Ouest, ce qui exacerbe les attaques qui viennent de l'est. Il sous-estime le danger représenté par l'URSS pour Berlin-Ouest. Il est en outre favorable, pour des raisons tactiques, à la présence d'armes atomiques en Allemagne.

Les portraits proposés par *Rapport* sont trop contrastés pour qu'il soit possible d'en dégager une image univoque du Berlinois. Ils ne permettent pas non plus d'opposer le représentant de l'est à celui de l'ouest. S'il y a bien en général un clivage entre deux types de personnalités, ce n'est pas le clivage habituel des années 1950 entre partisans du système soviétique et partisans de la démocratie à l'occidentale, mais celui entre deux attitudes face au réel, aux réalités allemandes et européennes.

Ce qu'entend illustrer *Rapport* est moins l'antagonisme entre deux blocs politiques que le combat entre l'unité et la division, entre les forces qui tendent à maintenir la cohésion d'une entité et celles qui provoquent son déchirement. A l'époque où écrit Donner, la division est un processus en cours, qui peut être entravé, ralenti ou accéléré. Le rejet de ce qui

---

20 En novembre 1958, Khrouchtchev, à la tête de l'Union Soviétique, exige que Berlin-Ouest devienne ville libre et neutre, faute de quoi l'URSS menace de signer un traité de paix avec la R.D.A., qui aurait permis à celle-ci d'empêcher la circulation des troupes occidentales entre la R.F.A. et Berlin-Ouest. Les Occidentaux ne cèderont pas à cet ultimatum, qui sera finalement abandonné un an plus tard.

21 Willy Brandt, né à Lubeck, a vécu en Scandinavie de 1933 à 1947, en Norvège et, pendant les années de guerre, en Suède. Il a alors pris la nationalité norvégienne. En 1947, c'était un journaliste connu dans son pays d'adoption. Voir à ce sujet: Willy Brandt: *Links und frei. Mein Weg 1930-1950*, Hamburg, Hoffman und Campe, 1982.

peut contribuer à la rendre définitive s'exprime à tous les niveaux du texte, à commencer par celui de sa structure. Le livre ne se compose pas de deux parties, dont l'une serait consacrée à l'ouest et l'autre à l'est, il se caractérise au contraire par une circulation incessante d'un secteur à l'autre. Le compte rendu suggère l'unité que la ville est en train de perdre dans la réalité.

Rapport montre les conséquences, néfastes ou grotesques, du statut particulier de Berlin sur la vie quotidienne de ses habitants, mais sans s'y attarder outre mesure. Il souligne en revanche ce qui est commun à tous les Berlinois. La place donnée au passé et à l'histoire au début du reportage procède de cette volonté de montrer Berlin comme un tout. La période wilhelmienne, la république de Weimar et le troisième *Reich*, de même que les années 1945-46, appartiennent en commun aux deux Etats allemands. C'est le hasard qui fait que la *Sperlingsgasse*, ainsi nommée en l'honneur du récit de Wilhelm Raabe[22], se trouve à l'est. Elle intéresse le reporter en tant que vieille rue typique des anciens quartiers populaires, au même titre que le café *Raabe-Diele* qui se trouve dans cette rue. Le Berlin dessiné par Zille appartient à tous les Berlinois, c'est celui qu'il importe de retrouver, de ne pas oublier et de montrer. C'est «le plus ancien, le Berlin indestructible mais détruit» («det allra äldsta, oförstörbara men förstörda Berlin», *Rapport* p. 24). Donner s'efforce de tracer une image de Berlin dans laquelle le passé occupe une place non négligeable, contestant ainsi l'image officielle dominante dans les deux parties de la ville, qui s'affiche à travers la nouvelle architecture et l'urbanisme, qui ne connaît que le présent et l'avenir et se fonde sur l'idée implicite de «l'année zéro», selon laquelle 1945 marque un commencement absolu.

L'unité de Berlin est cependant davantage une construction délibérée de l'auteur, donnée comme telle, qu'une représentation qui se voudrait fidèle à la réalité qu'elle représente. La ville caricaturale peinte par les «combattants de la guerre froide» ne correspond à rien de réel, la ville une suggérée par Donner non plus. La supériorité de ce dernier sur les premiers tient à ce qu'il est conscient du caractère illusoire du tableau du

---

22 Wilhelm Raabe (1831-1910): Romancier et nouvelliste allemand. L'une de ses premières œuvres est *Die Chronik der Sperlingsgasse* («La chronique de la *Sperlingsgasse*»), située dans le Berlin populaire.

Berlin ancré dans le passé qu'il brosse: «Zille, c'est le Berlin perdu, celui qui n'a jamais été retrouvé [...] la rêverie autour de Zille devient un désir de se retrouver au paradis. Seulement, le paradis non plus n'a jamais existé.» («Zille är det förlorade Berlin, det aldrig återfunna [...] Dagdrömmen om Zille blir en längtan till paradiset. Det är bara så att inte heller paradiset nånsin fanns.» *Rapport*, p. 32) *Rapport* ne donne pas à proprement parler une image de Berlin. Le livre se contente de contester les images tenues pour fausses et de donner comme telles des images illusoires.

Le chapitre 31, «Förbannelsen» («La malédiction»), propose sans doute une explication historique de la situation dans laquelle se trouvent Berlin et l'Allemagne dans les années 1950. Au lendemain de la première guerre mondiale déjà, une opposition irréductible se manifeste, selon Donner, entre les révolutionnaires et les patriotes. Les patriotes conservateurs haïssent les ouvriers révolutionnaires, et ceux-ci détestent le patriotisme allemand. Il y a une incompatibilité en Allemagne entre le sentiment national et la défense des valeurs de progrès, de démocratie et de justice sociale. Donner fait remonter cet antagonisme à Kleist, qu'il voit comme déchiré entre la loyauté envers sa patrie et un sens critique qui le rendait sensible à ses défauts. L'idéalisme excessif et l'incapacité à accepter les divergences, à accepter l'idée que la patrie peut ne pas être unie en tous points, ont provoqué de graves affrontements. La répression sanglante qui frappe le mouvement révolutionnaire allemand en 1919 conduit plus tard au nazisme, à la guerre, à la défaite et à l'occupation. Dans les années 1950, l'Etat ouest-allemand se considère comme le successeur légitime de l'ancienne Allemagne, tandis que l'Etat est-allemand affirme être l'héritier moral de la tradition révolutionnaire, et ils perpétuent ainsi ensemble le vieil antagonisme allemand qui a produit des dégâts terrifiants en Europe, et pousse aussi la nation à une autodestruction dont le suicide de Kleist, en 1811, est une représentation paradigmatique.

La thèse exposée au chapitre 31, qu'elle soit fondée ou non, propose une explication de la situation que l'enquêteur a sous les yeux, et devrait par là permettre d'en donner une image claire, qui serait celle d'une Allemagne sur laquelle pèse la «malédiction» d'un conflit insoluble. Elle devrait aussi conduire à prédire un nouvel affrontement violent inévita-

ble – ce que *Rapport* ne fait absolument pas. Donner n'abandonne en
effet jamais totalement l'idée d'une unité berlinoise, aussi invraisembla-
ble qu'il la sache. L'analyse historique de la «malédiction» n'est annoncée par rien dans les chapitres précédents, et elle n'est pas reprise par la
suite. Elle n'est donc pas utilisée pour produire une image cohérente du
réel. Ce qui relie la théorie de la «malédiction» au reste du livre, c'est
l'aversion de l'auteur envers les antagonismes irréductibles et la rigidité
idéologique qui refuse tout compromis, dont il s'attache à montrer les
effets funestes.

Les affrontements violents et les épisodes dramatiques ne manquent
pas dans l'histoire de Berlin, mais l'époque à laquelle Donner effectue
son reportage, la décennie 1950, est relativement vide d'événements
spectaculaires, si on la compare aux années qui la précèdent ou qui la
suivent. L'immédiat après-guerre, avec ses ruines et son chaos économique et social, appartient au passé, tout comme le blocus et le pont aérien.
La séparation entre les deux parties de la ville est un fait accompli, mais
le mur n'est pas encore construit. Dans la pratique, la vie quotidienne
s'organise et des institutions se mettent en place et fonctionnent à partir
de l'hypothèse, jamais ouvertement formulée mais tacitement admise,
selon laquelle Berlin-Ouest va durablement constituer une entité en soi.
Le Berlin observé par Donner vit dans une situation provisoire qui se
prolonge, mais dont tout le monde sent bien qu'elle ne peut que changer
à plus ou moins brève échéance, dans des circonstances et d'une manière
qui restent imprévisibles. Officiellement, on souhaite la réunification,
dont on sait qu'elle n'est pas possible sans une nouvelle guerre, dont
personne ne veut.

Le reportage saisit sur le vif les années qui suivent le blocus et précèdent la construction du mur, qui n'est certes pas annoncée ni prévue,
mais qui ne sera, en août 1961, que la concrétisation d'une menace qui a
longtemps plané sur la ville. Dans le livre, l'avenir n'a rien d'abstrait, il
se manifeste dans le présent sous la forme de l'angoisse du lendemain,
de l'incertitude vécue, qui fait, par exemple, que les compagnies d'assu-
rances sont plus prospères à Berlin-Ouest que partout ailleurs (cf. *Rapport*, p. 39). Quant au passé, il est constamment rappelé par ce qui reste
de ruines, par les innombrables chantiers de construction, conséquences
directes des destructions de la guerre, et par les souvenirs encore vifs des

interlocuteurs de Donner. La lecture de *Rapport* rend remarquablement sensible l'instant, le présent, qui contient le passé et le futur, qui vit du passé et du futur, et possède en même temps une dimension autonome, comprend un vécu immédiat comme suspendu entre le passé et l'avenir, et indépendant d'eux, existant malgré eux. Le présent prend toute sa valeur de présent dans la mesure où l'avenir, qui adviendra, est imprévisible, échappe à la pensée rationnelle, ne peut s'inscrire dans le schéma d'une évolution connue d'avance, qui serait par là même d'une certaine manière déjà là.

C'est pourquoi le dernier chapitre du livre, intitulé «Avsked» («Prise de congé»), ne constitue pas une conclusion, qui dresserait un bilan, résumerait d'éventuels résultats de l'enquête de terrain en une thèse centrale qui permettrait de prédire l'évolution des choses, ou au moins d'indiquer quelles conditions rendraient possible une évolution considérée comme souhaitable, à la manière de la conclusion de *Kulissbygget* de Ragnar Thoursie et Egon Kötting. Au lieu de cela, «Avsked» est une plongée dans «l'ici et le maintenant», une page qui se borne à rendre compte de perceptions immédiates, de ce qui reste lorsque des horizons plus lointains échappent à la maîtrise de l'esprit. *Rapport* se termine au bord de la Spree, en un lieu dont l'auteur omet – à dessein, évidemment – de dire s'il fait partie de Berlin-Ouest ou de Berlin-Est, et qui offre des images qui échappent au cours de l'histoire, une prairie qui fleurit, des haies qui bourgeonnent, un pêcheur à la ligne assis au bord de l'eau. L'enquêteur interrompt un instant son enquête, cesse provisoirement d'agir, de tenter d'intervenir dans le cours des choses, conscient de ce que la vie en dehors du temps et de l'histoire humaine n'est pas possible, mais désireux de faire malgré tout l'expérience d'un présent qui se suffit à lui-même: «J'ai envie de simplement vivre et respirer, de ne pas agir ou participer. C'est une espérance trompeuse, une illusion de ‹vivre libre comme l'oiseau›. Mais rêver un moment est une fuite agréable si l'on aspire au bonheur de vivre, au plaisir des sens et au repos, tandis qu'une autre part de soi-même veut agir et prendre part.» («Jag känner lust att bara leva och andas, inte handla eller delta. Det är en bedräglig förhoppning, en illusion om ‹livet fritt som fågelns›. Men att drömma en stund är en angenäm flykt om man längtar efter det goda livet, efter sinnesnjut-

ning och vila, medan en annan del av ens jag vill handla och ta del.»
Rapport, p. 266)

En opposant aux problèmes politiques longuement décrits dans le livre la vie de la nature, en opposant l'instant au temps, le dernier chapitre
conclut le texte en tant qu'œuvre littéraire élaborée, mais ne conclut en
rien la réflexion qui en constitue le propos, et qui reste à poursuivre.

Berlin comme symbole

La réflexion qu'expose *Rapport* s'appuie sur les principes auxquels adhère l'auteur, et est en cela subjective. Mais le reporter se tourne vers la
réalité extérieure, qui est ce qui doit être montré, ce sur quoi il s'agit de
réfléchir, à partir des principes qui fonctionnent comme postulats. L'objet du *Rapport* est bien le monde, non le moi, qui ne sert que d'instrument de perception, un instrument qui, il est vrai, imprime sa marque
propre à ce qu'il perçoit. *Rapport* appartient par là au genre du reportage.

Le choix d'enquêter sur un pays plutôt que sur un autre est sans doute
dicté chez la plupart des écrivains-reporters par des goûts, des intérêts
particuliers, des prédilections, des facteurs subjectifs. Ceux-ci peuvent
être connus par ce que l'auteur a dit ailleurs de lui-même, par exemple
dans des interviews, ou par sa biographie, mais ils peuvent aussi figurer
explicitement dans le texte du reportage, ou dans un paratexte, comme
c'est le cas pour *Rapport*. Donner déclare, rappelons-le, que Berlin est
pour lui un miroir dans lequel il reconnaît «le destin de notre monde, sa
division et ses craintes» («vår världs öde, dess delning och fruktan»,
Rapport, p. 18). Par «notre monde», il entend en fait l'Europe, comme
nous l'apprend la phrase suivante.

Il est sans doute exact que Berlin est à l'époque la ville qui représente
à elle seule le destin de l'Europe, exact également que la situation de
l'Europe est objectivement intéressante. Pour Donner cependant, l'Europe
n'est pas un continent parmi d'autres, mais «notre monde». Il exprime au
début de son reportage son sentiment d'appartenance à cette région de la
terre – un sentiment qu'il invite ses lecteurs à partager. Ce qui se joue à
Berlin, c'est son propre destin. La ville est un reflet amplifié, et ainsi

particulièrement net et riche d'enseignements, du monde dont il fait partie, et par là de son identité.

Les conflits bien réels qui se déroulent à Berlin sont des conflits entre des systèmes politiques. Mais à ceux-ci se superposent, comme il le montre, une opposition entre des attitudes face aux conflits. L'observation de la réalité berlinoise débouche directement sur les questions de la liberté, de l'oppression et de la résistance, de la violence et de la non-violence, du châtiment, de l'identité et de l'aliénation, qui prennent dans ce contexte un aspect existentiel. *Rapport* rend compte d'un effort pour saisir des faits, mais non sans leur donner parfois une dimension symbolique. Berlin incarne l'être humain, et plus particulièrement peut-être l'Européen, vivant de son passé, accablé par sa culpabilité, menacé par l'avenir, se réfugiant dans des visions du monde rassurantes, aux lignes nettes, mais aspirant profondément à la liberté. L'auteur reprend à son compte une formule d'Ernst Reuter: «Si quelqu'un prétendait que l'homme ne vit pas seulement de liberté, Reuter répondait que le poisson non plus ne vit pas d'eau, mais dans l'eau.» («Om någon påstod att mänskan inte lever enbart av frihet, svarade Reuter att inte heller fisken lever av vatten, utan i vatten.» *Rapport*, p. 180) Donner poursuit par ce qui peut être considéré comme une phrase clé du livre: «L'homme ne vit pas de liberté, mais ne peut vivre qu'en liberté.» («Mänskan lever inte av frihet men kan leva bara i frihet.» *Rapport*, p. 180)

A travers le portrait d'une ville, Donner expose et défend sa conception de l'être humain. Il se reconnaît aussi en tant qu'individu dans la ville. Il ne s'identifie pas aux Berlinois, il sait qu'il n'est pas l'un d'entre eux et porte sur eux un regard extérieur, mais il lui arrive en revanche de s'identifier à Berlin, à ses dilemmes et à son esprit. Lorsqu'il écrit, par exemple, que dans les milieux conservateurs allemands, «on considère que Berlin est trop radical, trop social-démocrate, dominé par les ouvriers, ironique et insolent» et que «la solennité est peu prisée à Berlin» («Man anser Berlin vara alltför radikalt, alltför socialdemokratiskt, arbetardominerat, ironiskt och fräckt. Det högtidliga står inte högt i kurs i Berlin.», *Rapport*, p. 186), il prête à la ville des traits qui ressemblent à l'image de lui-même qu'il donne dans ses œuvres et qu'il donnera plus tard dans ses interventions publiques. Ainsi la figure de l'auteur se manifeste-t-elle dans *Rapport*.

Dans le roman de 1955 *Jag, Erik Anders*[23], on trouve le thème du voyage à travers l'Europe comme tentative pour se découvrir soi-même et pour découvrir son identité. Dès ses débuts en littérature, Jörn Donner se pose en héritier du patrimoine culturel européen, avec ses multiples facettes. Lors de ses séjours en Italie, en Autriche ou en Hongrie, Erik Anders regarde ces pays avec les yeux de celui qui contemple des choses inhabituelles dans son milieu d'origine, tout en attendant qu'ils l'informent sur lui-même. Son attitude préfigure celle de l'enquêteur de *Rapport*.

Dès le début des années 1950, Donner avait fait paraître des articles dans la presse. Mais, selon ses propres dires, c'est seulement un peu plus tard qu'il parvint à donner à sa production journalistique une véritable qualité littéraire[24]. Dans *Rapport*, il aborde des thèmes qu'il reprendra et développera au cours des années suivantes. *På ett sjukhus*[25], sous-titré «Dagbok för vuxna» («Dans un hôpital; Journal pour adultes»), paru en 1960, doit beaucoup à *Rapport*. Les «adultes» auxquels il s'adresse sont les êtres humains animés par une volonté de lucidité. Le service civil de remplacement qu'effectue Donner dans un hôpital en tant qu'objecteur de conscience lui laisse le loisir de réfléchir à la condition humaine et à son existence. Il traite, de façon directe cette fois, de l'aspiration à la liberté et de la conscience de tout ce qui la limite. Comme dans *Rapport*, le «je» du texte indique clairement ses opinions, tout en présentant une multiplicité de points de vue possibles sur les questions qui l'occupent, montrant ainsi qu'il fait ses choix en connaissance de cause, et non en se laissant porter par une habitude de pensée ou une impulsion. Ce que l'on pourrait appeler les éventails d'explications, qui permettent au texte de faire sentir la complexité du réel, sera désormais caractéristique de l'écriture de Donner.

Le refus inconditionnel de la violence, au centre de *På ett sjukhus*, se trouve préfiguré dans *Rapport*. Il se manifeste clairement dans le jugement sévère que porte le scripteur sur les Américains stationnés à Berlin. Dans *På ett sjukhus*, puis dans des œuvres ultérieures, on retrouve aussi le style de *Rapport*, le ton ironique, la technique qui consiste à énoncer

---

23   Jörn Donner: *Jag, Erik Anders*, Stockholm, Wahström & Widstrand, 1955.
24   Cf. Jörn Donner: *Sagt och gjort*, Helsinki: Söderström & Co, 1976, p. 20.
25   Jörn Donner: *På ett sjukhus. Dagbok för vuxna*, Stockholm, Bonnier, 1960.

des évidences en des formules laconiques et frappantes par leur simplicité, le talent du reporter à camper un personnage en quelques traits rapides.

Donner a déclaré en 1982: «La ville de Berlin a fait de moi un écrivain.»[26] Cette affirmation est un peu exagérée, puisqu'il s'était déjà fait
connaître auparavant par des nouvelles et des romans. Mais il est vrai
que c'est *Rapport* qui lui a valu son premier véritable succès auprès du
grand public, et que c'est en l'écrivant qu'il trouve ce qui va être désormais son style, qu'il aborde des thèmes qui vont nourrir sa réflexion
pendant une quinzaine d'années au moins.

---

26 Jörn Donner: *Jörn Donner Tyskland*, Helsinki, 1998, p. 11: «Staden Berlin gjorde
mig till författare.»

Chapitre 8

Le reportage de Jörn Donner sur l'Europe centrale: *Rapport från Donau*[1]

Les écrivains-reporters se trouvent fréquemment confrontés à des problèmes inhérents à l'écriture réaliste et au discours sur le réel, par exemple à l'opposition entre réalité et apparence, ou à la question de l'interprétation des faits observés. Il est rare qu'ils se livrent à de longues réflexions théoriques sur les difficultés de leur entreprise, mais l'existence de ces difficultés transparaît souvent à travers leurs textes.

Tel me semble être le cas du *Rapport från Donau*[2] («Rapport du Danube») de Jörn Donner, qui n'est pas le plus célèbre de ses reportages, mais qui met nettement en évidence les obstacles auxquels se heurte celui qui aspire à faire apparaître le réel.

Rappelons qu'au centre de l'œuvre de Donner, il y a quelques grands thèmes, en eux-mêmes peu originaux, mais dont il montre concrètement le rôle déterminant dans le destin des individus singuliers et de l'être humain en général, et dont les plus importants sont la liberté, l'attachement au pays natal et l'Europe.

Dans le roman de 1955 *Jag, Erik Anders*[3] («Moi, Erik Anders») déjà, le personnage principal, Erik, veut prouver «qu'on peut être en même temps européen et profondément national».[4] En cela, il est sans aucun doute le porte-parole de l'auteur. La quête d'une identité individuelle et l'observation de l'Europe sont deux entreprises qui ne peuvent être menées séparément.

1   Ce chapitre a été publié précédemment sous le titre «A la recherche de l'identité européenne: le ‹rapport› du Finlandais Jörn Donner sur l'Europe centrale en 1962» dans: Jean-Marie Maillefer, éd.: *Le voyage dans les littératures scandinaves au XXe siècle*, Germanica 29/2001, Université Charles-de-Gaulle-Lille 3, Villeneuve d'Ascq, 2001, ISBN 2-913857-06-X, pp. 77-89.

2   Jörn Donner: *Rapport från Donau*, Stockholm, Bonnier, 1962. Dans ce qui suit, je désigne ce livre par l'abréviation *Donau*.

3   Jörn Donner: *Jag, Erik Anders*, Stockholm, Wahlström & Widstrand, 1955.

4   *Jag, Erik Anders*, p. 149.

C'est à la suite du succès du «Rapport de Berlin», et dans le même esprit, que Jörn Donner publie en 1962 *Rapport från Donau*, écrit entre octobre 1958 et août 1962, qui fait la synthèse de lectures, de recherches, d'interviews et de plusieurs voyages et séjours en Europe Centrale, à Vienne, Prague et Budapest, mais aussi à Sarajevo.

Dans une courte préface, Donner expose l'objet de ce «rapport». Il s'agit de montrer l'Europe Centrale telle qu'elle est en 1962, et d'essayer d'expliquer par l'histoire la situation présente. Pour tout Européen, «apprendre quelque chose sur ce monde, c'est apprendre quelque chose sur son propre passé» (*Donau*, p. 5: «Att lära sig något om denna värld är att lära sig något om sitt förflutna.»). Le livre s'inscrit dans un projet plus large d'étude du continent et de sa civilisation, étude qui doit lui permettre de mieux comprendre et connaître sa patrie. L'enquête sur l'Autriche, la Tchécoslovaquie et la Hongrie est étroitement liée à sa propre identité: «J'étais étranger parce que les pays dont je traite surprennent par leur différence, par des comportements et des normes inusités. J'étais dans un milieu familier parce que je suis Européen. Je suis porteur du même héritage et j'ai en partie les mêmes mœurs.» (*Donau*, p. 5: «Främling har jag varit därför att de länder som behandlas överraskar genom sin olikhet, sin växling av beteende och normer. Förtrogen har jag varit därför att jag är europé. Jag bär på samma arv och delvis samma seder.»)

Donner déclare que son «Rapport du Danube» est subjectif: «Le récit constitue un choix subjectif de réalités vécues, réalités du voyage et réalités des lectures.» (*Donau*, p. 5: «Det som berättas utgör ett subjektivt urval av upplevda verkligheter, resans verklighet och läsandets verklighet.») Il n'en dit pas plus sur la question de l'objectivité et de la subjectivité. Le caractère subjectif du texte peut lui-même tenir à des raisons subjectives, un parti pris de l'auteur, ou objectives, l'impossibilité, quel que soit le moyen d'expression retenu, de montrer les choses d'une manière parfaitement objective.

L'objet étudié par Donner, les pays danubiens en 1962, semble particulièrement bien se prêter à une démonstration par l'exemple des difficultés qu'il y a à rendre compte du réel. La cœxistence, sur le sol de l'Europe, de deux systèmes politiques radicalement différents fait qu'un seul et même phénomène donne souvent lieu à deux interprétations, deux descriptions radicalement différentes. Des écrans, de natures diverses, s'interposent entre le regard et la chose regardée. L'écrivain-reporter est à la fois l'observateur qui perçoit l'image transmise à travers un écran et le chercheur, l'investigateur qui a conscience ou prend conscience de la présence de cet écran et cherche à l'éliminer.

Vienne et le «bon vieux temps»

Il serait toutefois illusoire de croire qu'un voyageur n'ayant jamais entendu parler du lieu qu'il va visiter serait plus apte qu'un autre à en avoir une vision correcte. Jörn Donner rapporte qu'en 1953, il s'est promené au Prater à Vienne. Dans cet immense parc, il n'y avait alors quasiment rien à voir, les stands étaient abandonnés, les allées désertes, le vent faisait voltiger des morceaux de vieux journaux. «Et le présent, c'est un grand parc d'attractions qui paraît mort en l'absence d'êtres humains. Le quartier du Prater fait partie du secteur russe.» (*Donau*, p. 33: «Och nuet, det är en stor förlustelsepark som förefaller död i brist på människor. Praterområdet hör till den ryska sektorn.») Pour appréhender véritablement la réalité du Prater, il faut connaître l'histoire, la place qu'il a tenu dans la vie viennoise, il faut savoir ce qui s'y est autrefois passé, il faut aussi avoir lu des romans qui l'évoquent ou, par exemple, vu le film d'Orson Wells *Le troisième homme*. (Cf. *Donau*, pp. 32-33)

Mais un touriste qui se rend pour la première fois à Vienne vers 1960 n'y arrive évidemment pas l'esprit vierge de toute représentation a priori. Les visites guidées, au lieu de montrer la ville telle qu'elle est, ne font que confirmer les idées préconçues, selon lesquelles on y vit toujours comme en 1914, et l'existence, réglée par une hiérarchie sociale et des convenances strictes, se déroule pour l'essentiel entre les salons de la Hofburg, le château de Schönbrunn et l'opéra. Le tourisme étant une des ressources essentielles de l'économie autrichienne, il importe avant tout de répondre aux attentes de la clientèle: «On ne se préoccupe pas du fait que la partie de la réalité que montrent les monuments n'est qu'une toute petite facette de l'histoire.» (*Donau*, p. 37: «Man bryr sig inte om att den del av verkligheten som minnesmärkena visar upp är en mycket liten fasett av historien.») Dans le tourisme, deux écrans qui rendent impossible une perception objective du réel conjuguent leurs effets, ou même, coïncident: le jugement que porte a priori l'observateur, et la mise en scène d'elle-même à laquelle procède la chose observée.

Les grandes œuvres littéraires, quant à elles, sont parfois, pour d'autres raisons, aussi trompeuses que les brochures publiées par l'office du tourisme de la république autrichienne. Ni Joseph Roth, ni Stefan Zweig n'ont compris l'évolution de leur pays après 1918. Lorsque Roth, dans *Die Kapuzinergruft* (écrit en 1938), voit dans le principe monarchique et le rassemblement de tous les patriotes le salut de l'Autriche, il fait preuve d'une naïveté qui sera cruellement corrigée par l'histoire un an avant sa mort, qui survient en mai 1939. Chez Zweig aussi, on retrouve l'idée selon laquelle, après la première guerre mondiale, la monarchie, telle qu'elle avait existé jusqu'en 1918, aurait pu sauver l'Autriche du nazisme. «Aux ennemis présents de l'esprit, il n'avait rien d'autre à opposer qu'un idéal mort depuis longtemps.» (*Donau*, p. 77: «Mot andens fiender i vår tid hade han ingenting annat att ställa än ett längesedan dött ideal.») Stefan Zweig, comme Joseph Roth, donne une image erronée de l'Autriche entre les deux guerres mondiales, parce qu'il n'a pas compris ou n'a pas voulu comprendre que le passé était une époque révolue et que son univers mental est resté celui de ce passé, alors que les temps avaient profondément changé (cf. *Donau*, p. 77).

La substitution du passé au présent reste selon Donner un trait caractéristique de la Vienne du début des années 1960. Il écrit à propos des gardiens de la Hofburg: «des fonctionnaires sans âge. Parfois, je crois qu'on les sort des armoires et qu'on les nettoie chaque année en début de saison.» (*Donau*, p. 22: «tjänstemän utan ålder. Ibland tror jag att de tas fram ur skåp och putsas upp varje år till säsongens början.») Partout, du bal de l'opéra aux étalages de cartes postales, dont un grand nombre représentent l'empereur François-Joseph, le passé vient se superposer au présent et le rendre invisible. Le rapport au temps présenté dans *Donau* est l'inverse de celui que l'on trouve dans *Rapport från Berlin*, où la ville semble vivre exclusivement dans le présent et l'avenir et feint de n'avoir plus aucun lien avec son passé. A Vienne, le passé sert de refuge, car il est généralement vu comme «le bon vieux temps» (*Donau*, p. 17: «den gamla goda tiden»).

Mais ce qualificatif de «bon vieux temps» est mensonger. Une grande partie du prétendu passé qui s'exhibe à Vienne n'a en fait jamais existé. La première république et la période nazie ont été tout sauf des époques heureuses, et, sous la double monarchie, seul un petit groupe d'individus avait la possibilité de mener une vie agréable et insouciante (cf. *Donau*, p. 17). «Cette vision d'une réalité passée, qui se reflète dans les valses, les opérettes, les chansons, n'est pas l'expression d'un monde réel. C'est un monde de rêve.» (*Donau*, p. 16: «Denna vision av en förfluten verklighet, som speglas genom valserna, operetterna, sångerna, är inte uttryck för en värld av verklighet. Det är en värld av dröm.») Ce qui empêche de voir la réalité présente est moins le passé proprement dit que la représentation déformée qui en est donnée, et qui trompe d'autant mieux qu'elle est composée d'éléments véridiques.

Vers 1960, le bal de l'opéra se déroule toujours selon un rituel traditionnel tellement précis que l'événement semble comme irréel, car il y manque la dimension de l'inattendu, qui distingue habituellement le vécu des constructions mentales. Ainsi, un journaliste d'un grand quotidien peut écrire l'article qui raconte le bal avant que celui-ci n'ait eu lieu (cf. *Donau*, p. 23). L'image, ici, fait plus que dissimuler la réalité, elle la modèle et la remplace.

La tromperie, par la parole, par l'apparence, par la mise en scène, se pratique dans de multiples domaines, futiles ou sérieux. Le Danube est qualifié de bleu, bien qu'il ne le soit jamais. Dans les immeubles d'habitation, l'étage appelé «premier étage» est le quatrième niveau au-dessus du rez-de-chaussée (cf. *Donau*, p. 40). «Plus la vieille noblesse perdait son véritable pouvoir, plus elle accordait d'importance à la pompe et à la décoration.» (*Donau*, p. 25: «Ju mera den gamla adeln förlorat sin verkliga makt, desto större vikt har den lagt på pompa och dekoration.») «Partout à Vienne on trouve ce manque de congruence entre la réalité et les rêves, entre la vie et la façade.» (*Donau*, p. 41: «Överallt i Wien finns denna bristande kongruens mellan verklighet och drömmar, liv och fasad.») Donner cite l'architecte autrichien Adolf Loos, qui, en 1898, qualifiait Vienne de «Potemkinstadt», «ville à la Potemkine»[5] (cf. *Do-*

---

5   Cette expression fait allusion aux «villages de Potemkine», villages russes situés sur le parcours d'un voyage que devait effectuer la tsarine Catherine II, et dont

nau, p. 43), et un biographe de Loos, qui déclare que «L'homme [...] de l'époque de François-Joseph éprouvait, dans son sentiment d'insécurité intérieure, une peur mortelle de la réalité.» (*Donau*, p. 44: «Människan i den frans-josefska [...] tidsåldern hade i känslan av sin inre osäkerhet en dödsångest för verkligheten.») Le colonel Alfred Redl, homme raffiné et brillant, irréprochable officier d'état-major de l'armée impériale et royale, était en réalité un espion à la solde de la Russie (cf. *Donau*, pp. 66-72). L'Autriche ayant été placée en 1945 par les Alliés dans la catégorie des pays qui avaient été occupés par l'Allemagne nazie, «elle a été soudainement libérée du sentiment d'être co-responsable des crimes du nazisme.» (*Donau*, p. 147: «med ett slags ha befriats från känslan av medansvar i nazismens förbrytelser.»)

Jörn Donner, pour sa part, voit en Hitler un Autrichien, un homme qui a été marqué par Vienne. Il y a quelque chose de viennois dans le nazisme, dans la mesure où il dissimule la réalité par des mots qui suggèrent autre chose que ce qu'ils désignent en fait: «le nazisme [...] appelle l'assassinat des Juifs *die Endlösung* [‹la solution finale›], la politique de la terreur pacification, et les conquêtes extension du *Lebensraum* [‹de l'espace vital›]. Ces euphémismes visent à donner une impression d'humanité. Des accents mélodramatiques s'alliaient à la cruauté.» (*Donau*, p. 150: «nazismen [...] kallar judemorden die Endlösung, terrorpolitiken pacifiering, och erövringarna utvidgning av der Lebensraum. Eufemismerna syftar till att skapa ett intryck av humanitet. Gråtmildhet och grymhet förenades.»)

Le «Rapport du Danube» de Jörn Donner met en évidence, les uns après les autres, les masques qui recouvrent le véritable visage de l'Autriche. Il informe ainsi sur ce que l'Autriche n'est pas. Mais informer sur ce qu'elle est paraît être une tâche plus difficile, comme si l'abondance et l'épaisseur des masques avaient fini par effacer presque totalement le visage lui-même. Donner semble voir un portrait assez fidèle de l'Autrichien contemporain dans le personnage de Herr Karl, créé à la télévision par l'acteur et artiste de cabaret Helmut Qualtinger, héritier spirituel de Nestroy et Raimund. Herr Karl est un être passif et

---

Potemkine avait pris soin de faire décorer les façades afin de dissimuler leur misère.

opportuniste, qui cherche d'abord à vivre sans soucis. Après 1918, il a été successivement socialiste, austro-fasciste et nazi, et il a ensuite acclamé les Russes, puis les Américains. «Herr Karl est une autocritique pertinente et terrible de l'homme sans qualités, le contraire du héros intellectuel de Musil, qui savait malgré tout choisir. Herr Karl ne choisit pas. Il se renie lui-même, y compris ce qu'il y a de bien en lui-même.» (*Donau*, p. 51: «Herr Karl är en giltig, fruktansvärd självkritik av mannen utan egenskaper, motsatsen till Musils intellektuelle hjälte, som ändå förstod att välja. Herr Karl väljer inte. Han förnekar sig själv, också det goda inom sig själv.») «La mollesse de Herr Karl, sa *Schlamperei*, son amabilité (qui ne l'empêche pas d'être cruel), c'est l'Autriche vue dans un miroir sombre, l'Autriche transformée en une incarnation de l'impuissance.» (*Donau*, p. 53: «Herr Karls slapphet, hans Schlamperei, hans vänlighet (som inte hindrar honom från att vara grym), det är Österrike i mörk spegling, Österrike förvandlat till impotens.») En résumé, Herr Karl est «un homme qui n'est rien» (*Donau*, p. 54: «en människa som är intet»).

Lorsqu'il entreprend de caractériser celui qui serait l'Autrichien typique, Donner peut parfois sembler utiliser davantage le personnage créé par Helmut Qualtinger que ses propres constatations. Dans les pages consacrées à Vienne, on ne retrouve pas vraiment l'abondance d'observations et de détails concrets qui était l'un des traits marquants du «Rapport de Berlin». Dans le Berlin d'après 1945, le passé, considéré comme totalement négatif, était le plus souvent tenu à distance par les interlocuteurs du reporter. Le présent marquait le début d'une époque totalement autre, dont il n'existait quasiment encore aucune image dans la littérature ou l'histoire, et qu'il importait donc d'examiner avec minutie. De Vienne, il y a au contraire une profusion d'images, dont sont imprégnés à la fois les Viennois eux-mêmes et le Finlandais venu les regarder, et qui risque sans cesse de substituer ses représentations a priori aux faits.

Donner comprend que le portrait de l'Autrichien en Herr Karl doit bien entendu être nuancé, faute de quoi il ne serait lui aussi qu'un stéréotype supplémentaire. Il y a des Autrichiens qui ne ressemblent pas à Herr Karl, et «la critique exprimée par la pièce ne se limite pas à la patrie de Herr Karl» (*Donau*, p. 51: «den kritik som stycket uttrycker är inte begränsad till Herr Karls hemtrakt.»). En outre, Qualtinger, le créateur de

Herr Karl, est lui-même Viennois, et «patriote local». Sa ponctualité, son sérieux, son sens de l'objectivité n'ont, selon Donner, rien d'autrichien, mais «Il aime la bonne chère et le bon vin. Son ironie envers lui-même se mêle d'apitoiement sur lui-même, son agressivité d'amabilité.» (*Donau*, p. 54: «Han älskar god mat och god dryck. Självironi blandas med självmedlidande, aggression med vänskap.») Par une sorte de retournement dialectique, il devient «un exemple de la manière dont le caractère viennois peut se revivifier en se reniant lui-même» (*Donau*, p. 54: «ett exempel på hur det wienska kan leva upp genom att förneka sig självt.»).

Jörn Donner condamne la Vienne qui n'est qu'un décor, mais la place importante qu'occupe dans le livre l'ancienne capitale des Habsbourg paraît indiquer qu'il n'échappe sans doute pas complètement au charme qu'elle exerce. Cette attirance surprenante peut s'expliquer par l'intérêt, exprimé dans le roman autobiographique *Jag, Erik Anders*, pour des milieux de vie différents de celui dans lequel il a grandi, et plus généralement par le désir de trouver, paradoxalement, derrière ce qui a l'apparence du faux et de l'absurde, une vérité plus profonde, que ne percevrait pas un regard étroitement rationaliste. Mais comme le sens critique de Donner reste en même temps trop fort pour qu'il puisse durablement être abusé, son «Rapport du Danube» s'élabore en partie dans une tension entre fascination et colère et sera, comme il le déclare en 1976, de tous ses livres, celui qui a été le plus difficile à écrire[6].

La volonté de lucidité finit toujours par s'imposer, et il n'est pas surprenant que Jörn Donner, qui s'attache à dénoncer les trompe-l'œil qui recouvrent la réalité autrichienne, éprouve de l'admiration envers les Autrichiens qui, dans le présent ou le passé, se sont fixé ce même objectif: Adolf Loos, qui entreprit de remplacer les façades surchargées et pompeuses par une architecture fonctionnelle, toujours méconnu dans son propre pays au moment où Donner écrit, dont certaines constructions ont été rasées, Sigmund Freud, qui explorait implacablement la part cachée de l'âme, et qui portait sur l'être humain et la société un regard pessimiste, mais dont *L'interprétation des rêves* peut être lue «comme une étude sociologique de la Vienne du passé» (*Donau*, p. 130: «som en sociologisk undersökning om det förflutnas Wien.»). Donner estime

---

6   Cf. J. Donner: *Sagt och gjort*, Helsingfors: Söderström & Co, 1976, p. 54.

qu'en 1962 «Freud inspire toujours la même aversion aux propagateurs du mensonge vital de Vienne que celle qu'il inspirait au nazisme. Sa conscience lucide, sa volonté de savoir sont à l'opposé des décors et des mises en scène mystificatrices de la bourgeoisie viennoise» (*Donau*, p. 131: «Freud har förblivit lika motbjudande för livslögnen i Wien som för nazismen. Hans dagsklara medvetenhet, hans vilja att veta, den står i kontrast till det wienska borgerskapets kulisser och förställningsnummer.»).

Enfin, parmi ceux que Donner admire, il y a Egon Erwin Kisch, le journaliste de génie qui révéla au public la trahison du colonel Redl, un analyste dépourvu de préjugés et de dogmatisme. «Par sa culture aux multiples facettes, sa curiosité sans relâche, son regard ouvert sur le monde entier, Kisch était un produit de ce qu'il y avait de meilleur dans l'Autriche-Hongrie, d'une tradition que le temps et l'histoire ont contribué à effacer.» (*Donau*, p. 74: «I sin mångsidiga bildning, sin rastlösa nyfikenhet, sin världsvida blick var Kisch en produkt av det bästa i Österrike-Ungern, av en tradition som tiden och historien gjort sitt för att utplåna.»)

Les images mensongères de la réalité ne sont pas inamovibles, elles peuvent être brisées. Elles produisent même dans certains cas l'effet inverse de celui qui était recherché: plus elles sont nombreuses et fortes, plus elles suscitent de vocations d'iconoclastes. Ainsi, Vienne s'avère être aussi un lieu qui fait naître des regards radicalement nouveaux sur le monde.

Les «démocraties» «populaires»

Dans les pays à régime communiste, les écrans destinés à déformer ou dissimuler des faits sont souvent faciles à déceler. L'un des premiers obstacles à la perception de la réalité est précisément la croyance, sincère, naïve, ou cyniquement feinte, en l'existence d'un discours qui serait la vérité objective. Ainsi, en Tchécoslovaquie, depuis 1948, «Seule une interprétation de l'histoire est acceptée. Elle ne s'appelle pas interprétation de l'histoire, mais vérité sur le passé.» (*Donau*, p. 161: «Bara en tolkning av historien är godtagen. Den kallas inte historietolkning, utan sanningen om det förflutna.»)

Là où un régime communiste est en place, il existe aussi une image du présent qui semble être devenue tout à fait indépendante de la réalité présente, et constituer un monde imaginaire, cohérent mais auto-référentiel: «Depuis quatorze ans, les dirigeants tchèques font l'éloge des remarquables dirigeants tchèques.» (*Donau*, p. 160: «I fjorton års tid har den tjeckiska statsledningen prisat den förträffliga tjeckiska statsledningen.») La vie dans une démocratie populaire, estime Donner, exige des talents d'acteurs. Le comportement des citoyens dans l'espace public ne fournit à l'observateur extérieur aucune indication sur leurs opinions ou leurs sentiments. C'est seulement en privé qu'ils enlèvent leur masque. Tous semblent alors plus ou moins opposés au régime, et le reporter constate: «plus je rencontre de gens en privé, plus je me demande où sont les véritables partisans du régime.» (*Donau*, p. 198: «ju flera människor jag träffar privat, desto mera undrar jag över var regimens verkliga anhängare finns.»)

On pourrait donc avoir l'impression qu'il existe en Tchécoslovaquie et en Hongrie une opposition politique, seulement empêchée de se manifester ouvertement par la répression. Mais cette image-là est elle aussi trompeuse. Si la critique du régime en place est très répandue, personne ne paraît, en 1962, réfléchir à ce par quoi il serait souhaitable de le remplacer. Ceux qui ont perdu leur statut social idéalisent le passé, plus que des opposants, ce sont des rêveurs: «Sans pouvoir, sans influence, une partie de ces gens rêvent d'une restauration du passé, mais ne peuvent rien faire pour leurs idées, à part écouter des stations de radio occidentales.» (*Donau*, p. 189: «Maktlösa, utan inflytande drömmer en del av dessa människor om en restauration av det gamla, men kan ingenting göra för sina idéer, utom att lyssna på västliga radiostationer.»)

A ces rêveurs s'oppose la figure du dernier grand homme d'Europe centrale évoqué par le livre, le philosophe Georg Lukács, auquel Donner a rendu visite à Budapest. Il est désormais isolé, car il a cessé d'être membre du parti communiste, a fait partie du gouvernement Nagy en 1956[7], et est considéré comme un «révisionniste» par les représentants

---

7	Le gouvernement d'Imre Nagy avait été mis en place en Hongrie à la suite de la révolte d'octobre 1956 contre le régime de type soviétique, et avait tenté de modi-

du système communiste, mais n'est pas suffisamment opposé au communisme et n'a pas été suffisamment persécuté par le régime pour pouvoir bénéficier de la sympathie des dirigeants occidentaux. Pour Donner, il est «l'humaniste solitaire» (*Donau*, p. 240: «den ensamme humanisten»), et «Il n'y a qu'un seul endroit à Budapest où l'on trouve un humanisme universel. C'est le bureau de Lukács.» (*Donau*, p. 227: «På ett enda ställe i Budapest möter man en universell humanism. Det är i Lukács arbetsrum.») Ce génie solitaire rappelle par certains traits ceux qui ont été évoqués dans les pages consacrées à Vienne.

Cette ressemblance n'est sans doute pas fortuite puisque l'on voit peu à peu, au fil des pages, se dessiner une troisième image de la Hongrie et de la Tchécoslovaquie, déterminée cette fois par le désir du reporter lui-même, qui souhaite pouvoir constater que le passé commun aux pays qui constituaient jadis ensemble l'empire des Habsbourg doit, en 1962 encore, se manifester par des similitudes importantes entre ces pays, malgré les différences de système politique. Après la préface à son «Rapport du Danube», Donner a d'ailleurs placé une carte politique du centre de l'Europe sur laquelle figurent à la fois les frontières de 1962 et, en gris sur fond blanc, celles de l'empire austro-hongrois en 1914. Il entend montrer la persistance, au niveau de la culture, des traditions, des mentalités, d'une unité danubienne. En prenant son petit déjeuner dans un café de la place Venceslas, à Prague, en tous points semblable aux cafés de Vienne, il peut s'identifier au narrateur d'un roman de Joseph Roth qui, lorsqu'il pénètre en 1914 dans l'unique café de Zlotograd, aux confins de l'empire, a l'impression de se retrouver dans le café qu'il a l'habitude de fréquenter dans la Josefstadt, à Vienne (Cf. *Donau*, pp. 260-261). Cette volonté de mettre en avant le passé commun explique la part importante qu'occupent les rappels historiques dans le livre. Ceux-ci sont nombreux, même dans la dernière partie, intitulée «Voyage d'aujourd'hui» («Resa i denna dag»).

Jörn Donner explique l'accession de la Hongrie et de la Tchécoslovaquie à l'indépendance après 1918 par la montée de nationalismes de plus en plus forts à l'intérieur de l'empire, nationalismes qui, selon lui, dans

---

fier profondément ce régime. Il prit fin en novembre de la même année, à la suite de l'intervention militaire de l'URSS.

les petits pays, sont légitimes, car ils y sont toujours associés à d'autres exigences, comme celles de meilleures conditions de vie ou de plus de justice sociale. Contrairement à ce qu'affirmaient parfois des représentants des vieux Etats-Nations, le nationalisme des petits pays n'est pas condamnable. On voit ici bien sûr Donner porter un regard de Finlandais sur l'Europe Centrale, dont les mouvements de libération nationale «eurent aussi pour conséquence indirecte l'indépendance de la Finlande» (*Donau*, p. 82: «dess indirekta följder var också Finlands oavhängighet»). L'apparition de nouveaux Etats souverains sur le territoire de l'ancienne double monarchie est ainsi comprise comme l'aboutissement de l'évolution interne de cette monarchie.

La présentation historique de l'Europe Centrale conduit toutefois inévitablement Donner à évoquer les causes du passage au communisme de tous les pays danubiens, à l'exception de l'Autriche. Il est alors contraint de constater qu'elles n'ont rien à voir avec l'histoire de l'Autriche-Hongrie. Les systèmes politiques en place dans les pays dits «de l'est» sont une conséquence directe du partage de l'Europe après 1945, partage face auquel les petits pays sont apparemment sans pouvoir. La réalité que Donner a sous les yeux en 1962 est l'effet direct du rattachement de la Hongrie et de la Tchécoslovaquie au bloc communiste, qui marque profondément les sociétés qui y appartiennent. A l'issue de son investigation, Jörn Donner doit donc renoncer à son hypothèse de départ, et admettre que l'empire décrit par Joseph Roth a totalement disparu. La troisième image de la Tchécoslovaquie et de la Hongrie, comme pays qui seraient toujours culturellement semblables à l'Autriche, est réfutée à son tour. A la fin du travail de reportage, il ne reste rien ni de l'image flatteuse du régime communiste que tentent d'en donner ses dirigeants, ni de l'image qu'en ont ses victimes, ni de l'image qu'en avait l'auteur lui-même. Toutes ces images étaient illusoires.

En 1962, la Tchécoslovaquie et la Hongrie sont d'abord et avant tout des dictatures, dans lesquelles le pouvoir en place détermine même la vie quotidienne des citoyens. Ceux-ci, quelles que soient leurs velléités ou leur volonté, n'ont pas la possibilité de transformer profondément le régime sous lequel ils vivent, qui est le produit, non de données nationales, mais de la situation politique internationale. «La tension dans le monde a un effet direct sur le niveau de vie à l'est, car l'armement augmente en même temps que la tension. L'exacerbation de la guerre froide signifie que la liberté du particulier est encore plus réduite, que moins d'Européens de l'ouest ont l'occasion de se rendre en visite à l'est, que l'Europe de l'est communiste s'isole.» (*Donau*, pp. 245-246: «Spänningen i världen inverkar direkt på levnadsstandarden i öst, eftersom rustningarna ökas med ökad spänning. Det kalla kriget i all sin skärpa betyder att den enskildes frihet blir ytterligare beskuren, att färre västeuropéer får tillfälle till besök, att det kommunistiska Östeuropa avstängs.») Le livre se termine par une prise de conscience de l'auteur, à la fois bilan et conséquence du reportage: l'ancien monde danubien n'existe plus. «Quatorze années de régime communiste en Hongrie et en Tchécoslovaquie ont balayé la plupart des traces du passé commun.» (*Donau*, p. 261: «Fjorton års kommunistisk regim i Ungern och Tjeckoslovakien har sopat undan de flesta spåren av det gemensamma förflutna.»)

L'Europe centrale, représentation métonymique de l'Europe

Ce bilan a une dimension tragique pour Donner, car il a laissé entendre dans sa préface, et on comprend au fil des pages que l'Europe centrale représente symboliquement la totalité de l'Europe, dont il avait à cœur de montrer que, malgré ses multiples divisions, elle formait une entité culturelle originale. Dans le chapitre 14 de la troisième partie (*Donau*, pp. 199-201), il n'est pas question des pays danubiens, mais de l'Europe et de sa division. A plusieurs reprises, dans le reste du livre, on voit, à l'intérieur d'une même phrase ou d'un même paragraphe, d'un même raisonnement, la notion d'Europe se substituer à celle d'Europe centrale. Donner déclare ainsi dans sa conclusion: «Je voulais écrire un livre sur *Vienne*, *Prague* et *Budapest*, sur l'*Europe centrale*. Je n'avais qu'une seule thèse. Contre ceux qui proclamaient la division définitive de l'*Europe*, je voulais proclamer l'unité de l'*Europe*.» (*Donau*, p. 260, les italiques sont de moi: «Jag ville skriva en bok om Wien, Prag och Budapest, om Centraleuropa. Jag hade bara en tes. Mot dem som förkunnade Europas definitiva delning ville jag förkunna Europas enhet.») Il avait écrit auparavant à propos de Ken, un Américain: «Il considère *Vienne* avec amusement, avec une légère indulgence. Il sait et sent que son Etat est plus efficace, plus riche, plus vigoureux et plus dur que l'*Europe*.» (*Donau*, p. 30, les italiques sont de moi: «Han betraktar Wien road, lätt överseende. Han vet och känner att hans stat är effektivare, rikare, vitalare och hårdare än Europa.»)

On peut évidemment remarquer que l'Europe centrale joue dans le «Rapport du Danube» le rôle d'un écran à travers lequel Jörn Donner voit l'Europe. La substitution de l'une à l'autre est ici toutefois légitime, dans la mesure où elle est consciente et délibérée et où l'auteur l'a annoncée et justifiée dès sa préface.

Comme les hommes d'Europe centrale qu'il admire, Sigmund Freud, Georg Lukács, Egon Erwin Kisch, un modèle en matière de journalisme, Jörn Donner a un parti pris de lucidité, et sait admettre des vérités qui lui déplaisent. La division, et la décadence de l'Europe sont pour lui des faits qui ne peuvent être niés. Mais reconnaître les choses telles qu'elles sont ne signifient pas s'y soumettre avec résignation. Chez Donner, il n'est pas rare qu'il y ait une protestation de l'âme, peut-être inopérante, mais clairement formulée, contre ce qui s'est révélé au regard iconoclaste. Ainsi, lorsqu'il a expliqué quel jugement l'Américain Ken porte sur l'Europe, il poursuit:

> Le pire est qu'il a raison dans ce qu'il dit. L'Europe est petite, éclatée en petits Etats [...] Beaucoup d'Européens continuent à s'imaginer qu'ils vivent au centre du monde. Ils croient qu'en dehors de la civilisation européenne il n'y a pas de salut, que la culture européenne est la culture universelle. Et pourtant je réagis contre Ken. Il mesure l'importance d'un phénomène à sa taille. Si sa civilisation est la réponse à la civilisation européenne, alors je préfère mon propre continent, avec son côté prétentieux. (*Donau*, p. 30: «Det värsta är att han har rätt i det han säger. Europa är litet, splittrat i småstater [...] Många européer inbillar sig alltjämt att de bor i världens mitt. De tror att den europeiska kulturen är allena saliggörande, att europeisk bildning är världsbildning. Ändå reagerar jag mot Ken. Han mäter en företeelses vikt efter dess storlek. Om hans kultur är svaret till den europeiska, då föredrar jag min egen kontinent, också dess inbilskhet.»)

Donner sait que l'Europe se trouve désormais à la périphérie du monde. Comme les pays qui occupent son centre, elle pourrait bien n'être plus qu'une superposition de toiles peintes qui recouvrent surtout du vide, un monde qui n'est plus, d'où émergent quelques figures de génies solitaires. Mais c'est en Europe, selon lui, et tout particulièrement dans la région danubienne, qu'ont pris naissance les phénomènes qu'on voit, au début des années 1960, se développer sur les autres continents, comme par exemple les mouvements de libération nationale. Il laisse ici implicitement entendre que l'Europe a joué un rôle particulier dans l'évolution de l'humanité, pour le meilleur ou pour le pire[8].

C'est avec un même parti pris de lucidité qu'il conclut son livre, en constatant le caractère irrémédiable de la division de l'Europe, contre laquelle les populations ne peuvent rien, mais en exhortant aussi les Européens à ne pas s'accommoder de cet état de fait. Tout en prenant clairement parti pour ou contre certaines pratiques ou attitudes, il avait refusé de combattre dans l'un des deux camps de la guerre froide, au risque de se retrouver isolé. «Il est difficile», écrivait-il, «de faire partager son point de vue si, comme moi, on approuve en principe certaines conceptions du régime [communiste] en matière de grandes orientations sociales, mais que l'on s'oppose en même temps au fait que la sécurité et la liberté d'opinion de l'individu ne soient pas assurées.» (*Donau*, p. 199: «Det är svårt att få medhåll om man som jag i princip godtar vissa av regimens synpunkter på samhällsdirigeringen, men om man samtidigt opponerar sig mot de bristande garantierna för individens säkerhet och åsiktsfrihet.») Il demande pour finir aux Européens de l'ouest de ne pas oublier l'existence de «l'autre Europe»:

> Notre Europe est traversée par une frontière, par des barbelés, un mur et des tranchées, des champs de mines. Voilà le fait tout simple qui brise les illusions que je me faisais sur son unité. La position que j'occupe entre ces mondes, je l'ai peut-être indiquée dans ce livre, mais cela ne signifie pas que je veuille cesser de regarder pardessus la frontière. Le paradoxe est en effet que, malgré l'hostilité et la méfiance, nous devons sérieusement apprendre à vivre avec cette autre Europe. Ne pas le faire reviendrait à abandonner tout espoir. (*Donau*, pp. 261-262: «Genom vårt Europa löper en gräns, går taggtråd, mur och löpgravar, dödszoner. Det är det enkla faktum som kullkastar mina illusioner om enhet. Var jag står mellan dessa världar har jag kanske visat i denna bok, men det betyder inte att jag vill upphöra att se över gränsen. Paradoxen är nämligen trots fiendskapen och misstron att vi på allvar måste lära oss leva med detta andra Europa. Gör vi det inte, då kan vi likaväl uppge allt hopp.»)

---

8   Cette idée, qui apparaît ici implicitement, sera plus tard développée par Donner dans un autre livre de reportage, *Världsboken. Ett reportage* («Le livre du monde. Un reportage»), paru à Stockholm chez Wahlström & Widstrand en 1968, dont je traite au chapitre suivant.

«Mais raconter l'histoire de ces villes», écrivait Donner en introduction, «c'est tout autant raconter ma propre histoire, depuis le jour où je suis arrivé pour la première fois à Vienne, Budapest et Prague, jusqu'au jour où j'écris ceci.» (*Donau*, p. 5: «Men berättelsen om städerna blir i lika hög grad historien om mig själv, från den dag jag först kom till Wien, Budapest och Prag till den dag jag skriver detta.») Il pourrait sembler que le texte contredit cette affirmation, puisqu'il ne contient aucune allusion à la vie personnelle de l'auteur. En fait, il n'est pas question ici de retracer un destin individuel, mais de découvrir une identité culturelle. Le «Rapport du Danube» va cependant au-delà de l'intention première exposée dans la préface. Il raconte la découverte d'une disparition, d'une absence, et le cheminement intérieur de celui qui voit ses convictions réfutées par les faits. Ce qui est remarquable, dans le reportage de Donner, c'est entre autres que l'évolution intellectuelle qu'il retrace n'est pas relatée après coup par un narrateur qui connaîtrait lui-même déjà la fin de l'histoire lorsqu'il en écrit le début, mais qu'elle se fait dans une large mesure en même temps que l'écriture, qui suit elle-même de très près le travail de recherche. Le reportage est en relation plus immédiate avec le réel que la plupart des œuvres narratives, qu'il s'agisse de fictions ou d'autobiographies, ou même de récits de voyages, qui peuvent être écrits plusieurs années après le retour du voyageur dans son pays. En se faisant reporter, l'écrivain accepte de confronter directement sa vision du monde au monde.

Chapitre 9

Quelques *rapportböcker* des années 1960[1]

Dans les années 1960, la plupart des écrivains suédois s'engagent politiquement, en tant que personnes, mais aussi dans leurs œuvres, qu'ils
entendent mettre au service d'une cause politique. Ce phénomène n'est
pas propre à la Suède, ni à la Scandinavie, on le retrouve dans beaucoup
de pays occidentaux. En Suède comme ailleurs, la littérature tend à se
détourner de la fiction au profit de la réflexion, de la description et de
l'analyse de la réalité, de la présentation de documents.

En Suède comme ailleurs en Occident à la même époque, on porte un
grand intérêt au tiers monde. Mais les écrivains suédois semblent être
nettement plus nombreux que leurs collègues d'autres pays à ne pas se
contenter d'études théoriques, et à se rendre en Afrique, en Amérique du
Sud ou en Asie pour y effectuer un véritable travail de reporter, à la suite
duquel ils publient ce qui s'appelle alors un *rapportbok*, un «livre-
rapport». Le *rapportbok* est l'un des genres dominants dans la littérature
suédoise des années 1960. Dans ce pays et au cours de cette décennie, le
reportage d'écrivain, qui, à d'autres époques, malgré des œuvres de
grande qualité, avait fait figure de genre mineur, paraît bien atteindre une
sorte d'apogée.

Des écrivains reconnus vont observer des sociétés différentes de la
leur, et leur notoriété confère un poids particulier à ce qu'ils écrivent.
Ajoutons qu'ils décident eux-mêmes de se rendre à l'étranger, qu'ils ne
subissent pas de pressions qui les inciteraient à partir, qu'ils ne sont nullement contraints de quitter leur pays. Ils partent avec l'intention d'écrire
un livre-rapport, c'est là la raison d'être de leur voyage.

Ces écrivains-reporters veulent être accessibles à tous et toucher un
large public. Ils s'efforcent donc de s'exprimer clairement et simple-

---

1   Ce chapitre a été publié précédemment sous le titre «Regards d'écrivains-reporters
     suédois sur l'Asie dans les années 1960», in Marc Auchet, éd.: *Les pays nordiques
     et le dialogue interculturel*, Nancy, Presses Universitaires de Nancyn 1999, ISBN
     2-86480-815-3, pp. 219-240.

ment, ils renoncent à l'expérimentation formelle, aux allusions littéraires ou savantes. Le genre du reportage est bien adapté à une telle conception de l'écriture. Il les conduit aussi à privilégier les descriptions concrètes, les témoignages, les interviews, voire les statistiques, plutôt que l'argumentation théorique. Ils ne se comportent nullement en observateurs neutres, mais c'est beaucoup plus par la mise en évidence de faits que par la démonstration abstraite qu'ils entendent convaincre.

Les quatre textes dont il va être question ici, à titre d'exemple, correspondent à la définition que j'ai proposée du reportage d'écrivain. Ils ont été rédigés à la suite de séjours en Asie, plus précisément en Chine ou au Vietnam, par des écrivains généralement considérés comme représentatifs de ce genre littéraire, à savoir Jan Myrdal, Sara Lidman, Sven Lindqvist et Jörn Donner.

Les quatre auteurs ont des points communs. Ils appartiennent à peu près à la même génération: la plus âgée, Sara Lidman, est née en 1923, le plus jeune, Jörn Donner, en 1933. Ils ont fait leurs débuts en littérature dans les années 1950. Dans les années 1960, ils se situent politiquement à gauche, même si leurs opinions divergent sur des points importants. Tous quatre sont antiaméricains. Ils ne désapprouvent pas seulement la politique étrangère des Etats-Unis, ce qui n'a rien de surprenant au moment de la guerre du Vietnam, ils critiquent aussi la culture américaine. Curieusement, c'est chez Donner, le moins à gauche des quatre, que cette critique est la plus développée.

En se rendant en Chine ou au Vietnam du Nord, ces quatre écrivains-reporters se rendent dans des pays qui d'une part, ont alors des régimes communistes, et, d'autre part, appartiennent à des cultures extra-européennes. Ils sont donc confrontés à des sociétés qui leur sont doublement étrangères. Lorsqu'ils perçoivent et décrivent les différences qui existent entre ces sociétés et celle dont ils sont eux-mêmes issus, ils se considèrent d'abord comme Européens. Ils expliquent ce qui distingue les cultures de la Chine ou du Vietnam des institutions, des coutumes et des modes de pensée de l'Europe de l'Ouest, plus rarement de la Suède ou de la Scandinavie. Ces écrivains opposés au système capitaliste, citoyens d'Etats neutres, semblent tenir à souligner que les pays dont ils viennent, la Suède, et, dans le cas de Jörn Donner, la Finlande, sont des pays occidentaux.

Les livres-rapports écrits par Jan Myrdal, Sara Lidman, Sven Lind-qvist et Jörn Donner sont cependant bien différents les uns des autres. Ils ne donnent pas la même image de l'Asie, leurs interprétations des phé-nomènes observés, les jugements qu'ils portent divergent. Ils se diffé-rencient aussi par leur ton, par la manière dont les documents sont pré-sentés et les expériences relatées.

L'image que donne un écrivain de l'étranger est déterminée par un ensemble de facteurs, qui ne sont certainement pas tous discernables. Lorsqu'il s'agit de décrire la Chine des années 1960, les prises de posi-tion politiques et idéologiques jouent évidemment un rôle important. Mais elles ne sont pas seules à intervenir. L'histoire personnelle de l'au-teur, le public auquel il s'adresse, le style littéraire qu'il s'est forgé, la conception qu'il a de son métier d'écrivain conditionnent aussi le regard qu'il porte sur une réalité pour lui inhabituelle et la manière dont il en rend compte. En outre, il n'est pas non plus culturellement neutre. Comme tout être humain, il entretient des relations avec sa culture d'origine. Il s'en est approprié des éléments, souvent en grande partie inconsciemment, mais il n'en est pas seulement un produit passif. Il peut rejeter certains de ses aspects et adhérer à d'autres. En tant qu'écrivain, il est du nombre de ceux qui contribuent à la faire évoluer, à la modifier, et il est généralement capable de prendre un peu plus de distance par rap-port à elle que la plupart de ses compatriotes.

Un écrivain-reporter qui découvre un pays étranger et se trouve confronté à des comportements et des mentalités auxquels il n'est ni habitué ni préparé, éprouve de la peur, de l'admiration, de la sympathie, du dégoût, de l'indignation ou d'autres sentiments en fonction, entre autres, de ses liens, presque toujours complexes, avec sa culture d'ori-gine, qui apparaissent à cette occasion avec une netteté particulière. Par ailleurs, ce que lui apprend son voyage peut à son tour changer la ma-nière dont il appréhende cette culture première, et par là aussi, dans une mesure sans doute modeste, cette culture elle-même. Les regards que portent des écrivains suédois sur la Suède, d'une part, et sur l'Asie, d'autre part, se conditionnent mutuellement. C'est la nature de cette ac-tion réciproque que je voudrais étudier brièvement chez les quatre écri-vains-reporters précédemment cités.

Rapport från kinesisk by de Jan Myrdal

En 1960-61, Jan Myrdal forme le projet de passer quelques temps dans un village de Chine populaire. Au printemps 1962, il arrive à Pékin avec Gun Kessle, sa femme. Il déclare avoir choisi lui-même le village de Liu Ling, où il séjourne ensuite pendant environ un mois, à la fin de l'été de la même année. Gun Kessle et Jan Myrdal habitent dans le village et côtoient quotidiennement ses habitants. Ils sont les premiers étrangers à y résider et ont conscience de jouir pour cette raison d'un traitement de faveur. Pendant la journée, Gun Kessle fait les dessins documentaires qui illustreront le livre, tandis que Jan Myrdal interviewe les villageois.

Le livre, intitulé *Rapport från kinesisk by*, «Rapport d'un village chinois», paraît à Stockholm en 1963.[2] Il est composé de grands chapitres traitant chacun d'un thème particulier. La plupart des chapitres commencent par des tableaux de statistiques. Puis vient la partie la plus importante, constituée de sous-chapitres qui portent pour titre le nom d'une personne, toujours chinoise, suivi de sa profession ou de sa fonction sociale ou politique. Jan Myrdal y reproduit ce que lui a dit l'intéressé quand il l'a interviewé, mais sans jamais indiquer les questions qu'il lui a posées, de telle sorte que chaque sous-chapitre se présentent sous la forme d'un exposé ininterrompu à la première personne. Ces sous-chapitres sont parfois suivis d'un paragraphe intitulé «Det sägs om N», «On dit de N», qui rapporte l'opinion des gens du village sur celui qui vient de s'exprimer.

Le rôle de l'auteur se limite ainsi à la mise en forme de déclarations et de récits qui lui ont été faits. Dans la préface, Jan Myrdal s'explique sur le procédé d'écriture et de composition qu'il a choisi. Le livre est «une tentative pour rendre le plus soigneusement possible la façon dont [les habitants de Liu Ling] eux-mêmes décrivent leur réalité et leurs expériences»[3]. C'est par manque de place qu'il a renoncé à tout commentaire.

---

2   Il a paru chez Norstedt. Il a été traduit en français sous le titre *Un village de la Chine populaire*.
3   «Ett försök att så omsorgsfullt som det varit mig möjligt återge hur de själva skildrar sin verklighet och sina upplevelser». In J. Myrdal: *Rapport från kinesisk by*, p. 9.

Jan Myrdal admet que les descriptions qui figurent dans son «rapport» ne sont pas objectives au sens strict du terme, dans la mesure où les récits d'événements historiques qu'il reproduit tendent à se rapprocher de «l'idée que l'on s'en fait généralement», celle-ci étant dans ce cas «l'interprétation chinoise officielle de l'histoire de la révolution». Mais Myrdal rappelle qu'un témoignage est toujours subjectif, que, dans tous les pays, la description que donne un individu d'un phénomène a tendance à coïncider avec «l'idée que l'on s'en fait généralement», et il affirme que les résultats de l'enquête qu'il a menée auprès de paysans chinois ne sont ni plus ni moins objectifs que ne le seraient ceux d'une enquête similaire menée auprès de paysans suédois.[4]

On ne peut contester que, partout et à toutes les époques, l'image que se fait un individu de la réalité ne soit fortement marquée par les idées communément répandues dans la société qui l'entoure. Mais la question qui se pose – et que Jan Myrdal ne pose pas – à propos de la Chine de 1960 est d'une autre nature: ses interlocuteurs de Liu Ling sont-ils seulement, comme chacun d'entre nous, influencés par leurs préjugés, ou s'estiment-ils en outre, à tort ou à raison, menacés physiquement, au cas où ils feraient certaines déclarations? Se sentent-ils contraints de dire autre chose que ce qu'ils souhaiteraient, de s'autocensurer, parce qu'ils redoutent d'être poursuivis et emprisonnés en raison de leurs opinions? Jan Myrdal n'évoque pas cette possibilité, pas même pour la réfuter. Il précise qu'il a eu recours aux services de deux interprètes pour effectuer ses interviews, mais il ne se demande pas si la présence d'une tierce personne n'incitait pas ceux qu'il interrogeait à observer la plus grande prudence dans leurs propos.[5] L'idée que les témoignages qu'il a recueillis puissent déformer gravement la réalité semble ne jamais lui être venue à l'esprit. C'est pourquoi il renonce totalement à l'utilisation de procédés qui permettraient le cas échéant de rétablir partiellement la vérité,

---

4   Cf. *Rapport från kinesisk by,* p. 14.

5   Ainsi Sven Lindqvist, qui a séjourné en Chine à la même époque, estime: «En présence d'un interprète ou d'une autre personne officielle, les Chinois se surveillent mutuellement, et la plupart des conversations ne sont que d'ennuyeuses démonstrations de conformisme.» («När en tolk eller annan officiell person är med bevakar kineserna varandra, och de flesta samtal blir bara ödsliga uppvisningar i konformism.») Sven Lindqvist: *Kina inifrån,* Stockholm, Bonnier, 1963, pp. 121-122.

tels que l'entretien en tête-à-tête, l'anonymat des interviewés ou les recherches personnelles. Il considère que les récits qui lui ont été faits, s'ils
ne sont pas objectifs au sens strict, le sont toutefois suffisamment pour
qu'il puisse les reproduire dans son «rapport» sans rien y changer ni rien
y ajouter.

Si le livre fournit beaucoup d'informations intéressantes et pittoresques sur la vie quotidienne dans la campagne chinoise, la description
qu'il donne de la société villageoise de Liu Ling est effectivement conforme à l'image officielle alors en vigueur à Pékin. Personne ne formule
de reproches graves envers le parti, le système économique ou l'organisation de la société. Tout ce qui est encore défectueux est en voie d'amélioration. Si les troupes nationalistes torturaient leurs ennemis lorsqu'elles les capturaient, c'est uniquement par l'explication et la conversation que les communistes ont fini par gagner à leur cause ceux qui
étaient autrefois en désaccord avec eux. Tous affirment qu'après la révolution de 1949 la vie est devenue incomparablement meilleure.

L'opposition entre la Chine d'avant et d'après la révolution, entre les
adverbes *förr*, *dessförinnan*, «auparavant», et *nu*, «maintenant», structure
la plupart des récits. Elle concerne à la fois la vie matérielle et le sens
moral. Un homme déclare: «Quand je suis arrivé ici, je n'avais qu'une
marmite, aujourd'hui il me faudrait plusieurs chariots à bœufs pour dé-
ménager toutes mes affaires.»[6] Le chef de la milice explique: «Autrefois,
il y avait beaucoup de vols [...] Mais depuis l'arrivée de la 8e armée d'in-
fanterie et le début de notre nouvelle vie, les choses se sont améliorées.
Et au cours de la dernière décennie, il ne s'est rien passé.»[7] Le directeur
de l'école constate aussi une transformation: «Autrefois les enseignants
se moquaient de tout. Aujourd'hui, ils étudient tous tellement que je suis
moi-même obligé de faire le tour de l'école le soir et de veiller à ce
qu'ils éteignent la lumière et dorment.»[8]

---

6   «När jag kom hit hade jag bara en gryta, nu skulle jag behöva flera oxkärror för att
     flytta bort alla mina saker.» *Rapport från kinesisk by*, p. 139.
7   «Förr i världen stals det ju mycket [...] Men sedan 8:e Infanteriearmén kom och vi
     fick ett nytt liv har det varit bättre. Och under det senaste decenniet har det inte
     hänt någonting.» *Rapport från kinesisk by*, pp. 243-244.
8   «Förr brydde sig inte lärarna om någonting. Nu studerar de alla så mycket att jag
     själv måste gå omkring på kvällarna och se till att de släcker ljuset och somnar.»
     Rapport från kinesisk by, p. 290.

Souvent, il semble n'avoir pas existé de phases intermédiaires entre «l'avant» et le «maintenant», comme s'il s'agissait de deux mondes radicalement séparés l'un de l'autre. L'absence de transitions entre le monde d'hier et celui d'aujourd'hui tend à faire de la société chinoise que présente le livre une société utopique, l'isolement, l'insularité étant l'une des caractéristiques de l'Utopie. En outre, la structure du «rapport» contribue à donner au lecteur l'impression qu'on lui parle d'un lieu sans relations avec le reste de la terre. Il n'est quasiment jamais question d'autres pays que de la Chine. Dans l'introduction, le reporter explique comment il se rend à Liu Ling, à partir de Pékin. Il ne dit rien des étapes de son voyage de la Suède à Pékin. L'affirmation de l'altérité de l'univers décrit dans le livre peut parfois même utiliser le langage de la mystique, comme lorsqu'une jeune femme, qui semble plagier Maître Eckart, déclare: «le vieil homme doit disparaître, pour que le nouvel homme, le vrai, puisse apparaître.»[9]

Cette manière de présenter la Chine populaire paraît surprenante de la part d'un écrivain qui a fait de la difficulté à accéder à la vérité et du devoir d'honnêteté intellectuelle l'un des thèmes principaux de son œuvre. Il ne fait pourtant guère de doute qu'il considère que les paroles de ses interlocuteurs n'ont pas besoin d'être réfutées ou corrigées, qu'il voit dans la société chinoise du début des années 1960 la réalisation d'un idéal. Lorsque vingt ans plus tard, en effet, il retourne à Liu Ling, il constate les changements intervenus dans le pays, les désapprouve, et exprime clairement sa désapprobation dans un nouveau livre.[10]

La critique qu'il fait alors de l'évolution de la Chine explique aussi l'admiration qu'il éprouvait vingt ans auparavant, à un moment où, selon lui, c'était le peuple, et non un appareil d'Etat, qui exerçait le pouvoir. Or il s'avère que pour Jan Myrdal, le peuple, ce sont avant tout les paysans. L'un des grands mérites de Mao est à ses yeux de leur avoir donné un rôle central dans l'édification d'une société nouvelle. Le travail

---

9 «Den gamla människan måste bort för att den nya riktiga människan skall kunna framträda.» *Rapport från kinesisk by*, p. 318. L'emploi de «skall», à la place de «ska», plus courant, contribue à donner à la phrase une dimension solennelle, biblique et religieuse.

10 Cf. Jan Myrdal: *Kinesisk by 20 år senare. Rapport med frågetecken.* Stockholm, Norstedt och Söner, 1983.

de la terre constitue pour Jan Myrdal une expérience irremplaçable. Il n'aime pas les citadins, il manifeste son inquiétude devant l'industrialisation et l'urbanisation rapides de la Chine, qui menacent l'équilibre écologique de nombreuses régions et conduisent à une valorisation exagérée des biens matériels. Sur ce point, la similitude avec les vues défendues par Strindberg une centaine d'années plus tôt, notamment dans *Parmi les paysans français*, n'est pas fortuite. Jan Myrdal a déclaré dans une interview que sa description de la Chine se situe dans la tradition du récit de Strindberg,[11] un écrivain auquel il a toujours cherché et aimé à être comparé. Même parmi les paysans chinois, il reste sans doute habité par le désir d'être un grand écrivain suédois.

Mais c'est surtout par ses relations très conflictuelles avec la société suédoise qu'il ressemble à Strindberg, une société qui lui a infligé des blessures profondes dont il ne s'est jamais véritablement remis.

Jan Myrdal est le fils de Gunnar et Alva Myrdal, qui ont occupé des postes ministériels en Suède dans les années 1930 et 1940. En 1964, il raconte qu'en 1945 il avait tenté de publier un recueil de poèmes en prose, que tous les éditeurs, malgré la valeur littéraire qu'ils lui reconnaissaient, avaient refusé, parce qu'il contenait des informations sur la vie de ses parents qui risquaient de nuire à l'ensemble du gouvernement. Il avait été choqué par l'unanimité du rejet dont il faisait l'objet:

> Tous les politiciens du mouvement ouvrier – depuis Per Albin [Hansson, Premier Ministre en 1945] qui me fit dire que je devrais apprendre à fermer ma gueule jusqu'aux notables communistes locaux de Göteborg – étaient d'accord pour estimer que ce que j'avais de mieux à faire, c'était de disparaître. Le fait que les éditeurs non socialistes les plus en vue répétèrent la même chose rendit définitif le rejet qui me frappait.[12]

Ce n'était pas sa famille, c'était toute la société qui s'était employée à le réduire au silence. Peu de choses sans doute peuvent être aussi doulou-

---

11 Cf. Marianne Thygesen: *Jan Myrdal og Sara Lidman. Rapportgenren i svensk 60-tals litteratur,* Århus, GMT, 1971, p. 93.

12 «Alla politiker inom arbetarrörelsen – från Per Albin som lät hälsa att jag borde lära mig hålla käft till lokala kommunistiska storheter i Göteborg – var överens om att det bästa jag kunde göra var att försvinna. Att också de mest erkända borgerliga förläggare upprepade samma sak var den slutgiltiga förkastelsen.» Jan Myrdal: *Samtida bekännelser av en europeisk intellektuell,* Stockholm, Norstedt, 1964, p. 127.

reuses pour un jeune homme qui veut devenir écrivain qu'une telle expérience, dont Jan Myrdal dit qu'elle à été sa plus grande défaite personnelle.[13] La société suédoise devient ce qui l'a privé de la possibilité d'être ce qu'il avait toujours voulu être. Il ne peut plus concevoir qu'il existe des pays où la censure soit plus dure qu'en Suède, et il écrit:

> Cela m'a toujours amusé qu'ils [ceux qui lui avaient conseillé de se taire] aient pris ensuite la parole pour défendre la liberté quand en URSS ou en Europe de l'Est un écrivain, pour les mêmes raisons tactiques, avait été réduit au silence. Je n'ai jamais pu voir de différence, et c'est pourquoi je n'ai jamais non plus pu reconnaître aux intellectuels suédois qui s'enflamment pour la cause de la liberté le droit de parler.[14]

Jan Myrdal est extrêmement sensible à tous les travers du pays qui lui a infligé «sa plus grande défaite personnelle», et cette sensibilisation a parfois pour contrepartie un manque d'esprit critique et de discernement face à des régimes comme celui de la Chine populaire. En 1945, il avait pensé émigrer aux Etats-Unis, rompre tous les liens avec son pays d'origine. En 1962, il a quitté la Suède, son territoire, mais surtout sa culture et son système politique, ses intellectuels et ses politiciens calculateurs. Son «rapport» instaure une sorte de distance absolue. Il dépeint un lieu qui semble totalement coupé de tous les autres, dans l'espace et dans le temps, où le «nouvel homme» doit pouvoir apparaître. Sa provocation envers ses compatriotes et les Occidentaux en général consiste à fonder son étude sur le postulat selon lequel, en 1962, un Chinois jouit de la même liberté d'expression qu'un Suédois. Sa profonde sympathie pour la Chine des paysans va de pair avec la sévère condamnation des intellectuels occidentaux qu'il formule dans l'essai de 1964, traduit en français sous le titre de *Confessions d'un Européen déloyal*.[15] Jan Myrdal se montre déloyal dans un double sens, parce qu'il refuse de défendre la culture occidentale, et parce que, en tant qu'intellectuel européen, il ne

---

13   «Det var mitt största personliga nederlag.» *Samtida bekännelser...*, p. 127.

14   «Det har alltid roat mig när de sedan talat till frihetens försvar när i Sovjet eller Östeuropa någon diktare av samma taktiska skäl bragts till tystnad. Jag har aldrig kunnat se någon skillnad och därför heller inte kunnat erkänna att de svenska frihetsivrarna har någon rätt att tala.» *Samtida bekännelser...*, pp. 127-128.

15   Le titre suédois de cet essai, cité dans les notes précédentes, signifie littéralement «Confessions contemporaines d'un intellectuel européen». Le titre français est la traduction de la version anglaise, parue en 1969, *Confessions of a disloyal European*.

peut que manquer de loyauté, être incapable d'agir en conformité avec
les opinions qu'il professe et laisser advenir sans rien faire les catastrophes dont il avait compris qu'elles se préparaient.

Jan Myrdal a conscience d'être lui-même un Européen, et un Suédois,
mais, au début des années 1960, la rupture affective avec son pays d'origine paraît définitive. Il a beaucoup voyagé, surtout en dehors de
l'Europe, avec la volonté de modifier sa manière de penser, par le
contact avec des cultures différentes. Dans les *Confessions d'un Européen déloyal*, il indique: «Les voyageurs géographiques auxquels je
m'étais intéressé depuis 1958 m'imposèrent aussi peu à peu des positions intellectuelles nouvelles.»[16] Dans son œuvre, c'est presque toujours
en termes négatifs qu'il parle de la Suède, à laquelle, contrairement à
Sara Lidman, Sven Lindqvist et Jörn Donner, il ne consacrera aucun de
ses nombreux livres de reportage.

Samtal i Hanoi de Sara Lidman

Sara Lidman se rend au Vietnam du Nord en octobre 1965. Elle voyage à
travers le pays et, dans la capitale, Hanoi, elle s'entretient avec quelques
personnalités. Son livre de reportage paraît à Stockholm en 1966, sous le
titre *Samtal i Hanoi*, «Conversations à Hanoi». Il est divisé en chapitres,
qui traitent chacun d'un sujet particulier, et correspondent en même
temps aux différentes étapes de son voyage, depuis une gare chinoise
près de la frontière vietnamienne jusqu'à Hanoi. Elle est elle-même au
centre du livre. Elle décrit ce qu'elle voit, ce qui lui arrive, rapporte les
récits qui lui ont été faits, les réponses aux questions qu'elle a posées, les
conversations auxquelles elle a participé.

Sara Lidman n'est pas une observatrice neutre. Quelques temps auparavant, elle a décidé de mettre son activité littéraire au service de son
engagement marxiste. Elle choisit de se rendre au Vietnam du Nord en
raison de ses sympathies politiques pour le régime de Hanoi. Elle ne

---

16   «De geografiska resande jag sysslat med sedan 1958 tvingade så småningom också
     fram nya intellektuella positionsbestämningar.» Jan Myrdal: *Samtida bekännel-
     ser...*, p. 29.

remet pas en cause, a priori, les affirmations de ses interlocuteurs communistes, et elle considère qu'ils sont parvenus à instaurer une société
plus juste que celle qui était issue de la colonisation. La morale de cette
société place l'intérêt collectif au-dessus de l'intérêt privé et exige de
l'individu qu'il fasse passer la défense de la cause commune avant ses
désirs personnels. Sara Lidman laisse parfois entendre que tous s'y con-
forment sans difficulté et avec joie, et les Vietnamiens qu'elle dépeint
alors ne sont pas sans ressemblance avec les citoyens de l'Etat totalitaire
décrit par Karin Boye dans son roman antiutopique de 1940, *Kallocain*.
Sara Lidman explique par exemple:

> Les écrivains considèrent comme allant de soi le fait de partir en mission, de décrire
> la vie dans une usine, une coopérative agricole ou un campement militaire. La mis-
> sion d'honneur du moment était celle qui permettait de vivre quelques mois sur le
> front et d'augmenter le courage du peuple par des chants à la gloire du courage du
> peuple.[17]

La description d'une société où l'égoïsme n'existe plus ne constitue cependant pas l'essentiel du livre. Ce qui apparaît d'abord, c'est un pays en
guerre, qui subit des bombardements intensifs. S'il est permis de douter
que les écrivains n'ont pas d'autre ambition que de chanter les louanges
du peuple, ce qui est dit sur les ravages de la guerre est tout à fait crédible. Le livre commence par une attaque aérienne contre un train dans
lequel se trouve Sara Lidman elle-même. En racontant ce qui se passe à
la première personne, et en utilisant quasiment en romancière l'art de la
narration, elle conduit le lecteur à s'identifier au groupe, qui, dans un
fossé, attend la fin de l'alerte. Elle présente des victimes, et parvient
ainsi facilement à susciter la sympathie et l'intérêt. Ces victimes sont
d'autant plus dignes d'estime qu'elles affrontent généralement avec
beaucoup de courage les malheurs qui les frappent, travaillent inlassablement à reconstruire les usines et les digues détruites, assurent coûte
que coûte le fonctionnement des services de santé et d'éducation et re-
cherchent toutes les occasions de s'instruire. Lorsque Sara Lidman illus-

---

17 «Författarna såg det som en självklarhet att gå ut på uppdrag, skildra livet i en
    fabrik, på en jordbrukskooperativ eller vid en militärförläggning. Hedersuppdraget
    för dagen var att få leva ett par månader vid fronten, och att öka folkets tapperhet
    med lovsånger om folkets tapperhet.» Sara Lidman: *Samtal i Hanoi*, Stockholm,
    Schildt, 1966, p. 67.

tre à l'aide d'exemples concrets ces qualités dont elle crédite les Vietnamiens, il ne s'agit pas pour elle en premier lieu de mettre en avant les vertus que les citoyens de l'Etat idéal se doivent de posséder. On sent chez elle une admiration sincère pour des gens qu'elle a rencontrés. Elle les admire, entre autres, parce qu'elle se compare à eux et reconnaît qu'elle serait dans la plupart des cas bien incapable de faire preuve d'autant de courage. Elle adhère à des idées politiques, mais elle éprouve aussi de l'affection pour des hommes et des femmes, elle est séduite par leur courtoisie, leur simplicité, leur calme, leur ténacité. Sa sympathie ne va pas seulement aux communistes, elle va aussi aux patriotes qui défendent leur pays et à la culture vietnamienne dans ce qu'elle a de spécifique. Alors que Jan Myrdal insiste sur la rupture dans tous les domaines qui sépare la Chine populaire de l'ancienne Chine, Sara Lidman montre au contraire comment les Vietnamiens du Nord s'appuient sur les valeurs culturelles traditionnelles pour résister à la guerre.

La situation de guerre fait qu'il n'est pas possible de donner du Vietnam du Nord de 1966 une image utopique et oblige en quelque sorte à un minimum de réalisme. Les Vietnamiens de Sara Lidman sont souvent admirables, mais ils restent des êtres humains. Le chapitre intitulé «Samtal utanför protokollet»[18], «Conversations hors protocole», montre la souffrance individuelle, l'appauvrissement affectif et culturel que provoque la guerre; un cadre du parti, âgé, reconnaît ne plus rien éprouver qu'une immense lassitude.

Sara Lidman sait aussi que le régime de Hanoi fait l'objet de nombreuses critiques. Elle les prend en compte dans son livre, non pour en admettre, ne serait-ce que partiellement, le bien-fondé, mais avant tout pour les réfuter, procédé qui apparaît avec la plus grande netteté dans le chapitre «Standardfrågor om Vietnam»[19], «Questions standard sur le Vietnam». Mais il n'en reste pas moins qu'elle ne les ignore pas. Elle expose même, sous la forme d'un dialogue reconstitué de mémoire, le point de vue selon lequel l'engagement politique est inutile et dangereux. Un journaliste italien qu'elle a rencontré à Hanoi explique qu'il redoute le fanatisme que recèle le communisme, que le communisme a quelque chose d'une religion, et que les religions sont intolérantes et dangereu-

---

18   *Samtal i Hanoi,* pp. 116-122.
19   *Samtal i Hanoi,* pp. 91-97.

ses. Pour lui, les Américains, même s'ils agissent de manière criminelle, n'ont en revanche pas de justification idéologique, ils se battent et meurent sans savoir pourquoi, et sont pour cette raison les véritables héros tragiques des temps modernes.[20] Sara Lidman termine sans doute le chapitre en indiquant que cet homme a ensuite ressenti un véritable sentiment de colère en voyant des avions américains s'apprêter à lancer des bombes, mais elle lui a auparavant donné la parole pendant dix pages, en s'efforçant de reproduire fidèlement ses arguments, tout en admettant que la partialité «est difficile à éviter quand on expose le point de vue de l'adversaire».[21]

C'est avec une certaine ironie qu'elle évoque ses discussions avec le journaliste italien:

> Il est replet et aime la bonne chère, mais il a quelque chose de la tristesse des personnages d'Antonioni, du «moi-qui-ai-perdu-tant-d'illusions»... Quelquefois, nous nous amusons bien ensemble, mais souvent nous faisons preuve d'une amabilité agressive. Je me demande alors ce qu'il a mis en jeu en trente-huit ans d'existence pour pouvoir se prétendre aussi déçu. Et je vois dans ses yeux qu'il se dit que je suis une missionnaire un peu folle et exaltée.[22]

Sara Lidman sait aussi prendre quelque distance envers sa propre attitude et tenter de se voir à travers les yeux d'autrui. Elle est ainsi présente dans son livre en tant que narratrice subjective. Les remarques légèrement ironiques que l'on trouve dans certains chapitres rappellent qu'elle ne s'identifie pas totalement à ceux dont elle défend la cause. Elle mesure ce que certains comportements peuvent avoir de surprenant ou de contestable, en particulier aux yeux du lecteur européen, auquel il est clair qu'elle destine ses récits.

Mais l'ironie dont elle fait preuve envers ses amis vietnamiens est toujours bienveillante. Elle exprime une certaine distance envers des convictions, mais aussi un rapport d'affection avec des personnes. Son

---

20 Cf. *Samtal i Hanoi*, pp. 104-114.
21 «Med reservationer för den partiskhet som är svår att undgå när man relaterar motståndarens synpunkter.» *Samtal i Hanoi*, p. 104.
22 «Han är frodig och matglad men en smula Antonioni-ledsen: man-har-ju-blivit-så-desillusionerad... Ibland har vi roligt men ofta blir vi aggressivt artiga. Då tänker jag att vad har han satsat i sitt trettioåttaåriga liv för att kunna påstå sig vara så besviken. Och jag ser på hans ögon att han tänker överspänd missionsfjolla om mig.» *Samtal i Hanoi*, p. 104.

affection va particulièrement aux gens simples, à ceux qui l'aident à se protéger des bombardements, aux jeunes filles qui défendent leurs usines le fusil à la main, aux spectateurs qui rient à la représentation d'une pièce de théâtre qui ridiculise le président des Etats-Unis. Au-delà de l'idéologie, elle s'intéresse à la vie quotidienne, au travail dans les riziè-res, et aussi aux coutumes et aux rites. Elle cite le texte de vieilles chan-sons.

«Conversations à Hanoi» décrit une culture populaire, une société traditionnelle, qui se trouve confrontée à des bouleversements histori-ques. Les phénomènes historiques de portée universelle et les traits pro-pres à un peuple y occupent une place à peu près égale. L'affrontement politique des grandes puissances devient la réalité observable d'un petit pays d'Asie particulier et transparaît dans des remarques telles que: «Il y a juste la place pour cinq Vietnamiens et une petite Suédoise dans une jeep construite pour quatre Russes.»[23]

L'intérêt pour les cultures locales n'est pas nouveau chez Sara Lid-man. L'action de ses premiers romans, écrits dans les années 1950, est située dans le Västerbotten, sa région natale, dans le nord de la Suède. Elle emprunte alors des mots au dialecte, fait ressortir les spécificités de la vie dans cette contrée au début du 20ᵉ siècle. Elle donne à ses récits de la «couleur locale», met en scène des gens simples, enracinés dans leur culture traditionnelle, mais vivant dans un monde en train de changer.

Pour la militante communiste Sara Lidman, la Suède est un pays ca-pitaliste où règnent l'égoïsme et la recherche du profit matériel. Pour l'écrivain, la Suède, ce ne sont pas les milieux intellectuels de Stock-holm, mais plutôt les habitants du Västerbotten, qui semblent représenter symboliquement l'ensemble du pays et les transformations profondes et rapides qu'il a connues à l'aube du 20ᵉ siècle, et qui sont en même temps fortement typés. Ce sont des personnages que leur auteur a manifeste-ment plaisir à faire vivre. Sara Lidman montre comment, dans ce micro-cosme, certains sont victimes de la modernisation, tandis que d'autres parviennent à s'y adapter, et d'autres encore s'entendent à en tirer profit. Elle aspire à la combinaison du progrès technique et matériel avec la préservation de l'identité culturelle. Elle se montre solidaire des plus

---

23   «Fem vietnameser och en mindre svensk får precis plats i en jeep byggd för fyra ryssar.» *Samtal i Hanoi*, p. 33. Sara Lidman elle-même est petite et menue.

humbles, mais sans les idéaliser, peut-être précisément parce qu'elle se sent proche d'eux, qu'elle semble souvent prête à partager leurs sentiments.

Le recours aux réalités locales et l'affection portée aux êtres simples sont des moyens d'appréhender les grands bouleversements historiques. Ils ne font donc pas obstacle à la compréhension du monde dans son ensemble ou d'autres régions du monde. La relation qu'entretient la romancière avec sa culture d'origine, qui n'est pas perçue comme statique et immuable, conduit naturellement la journaliste de «Conversations à Hanoi» à observer le Vietnam d'une manière analogue à celle dont elle considérait le Västerbotten. Chaque microcosme paraît être, non un reflet du macrocosme, mais un espace dans lequel ses caractères dominants sont particulièrement visibles.

La conviction selon laquelle le monde est un et est partout régi par les mêmes lois se manifestera à nouveau un peu plus tard chez Sara Lidman. En 1970, elle raconte dans une interview comment un jour d'hiver, dans son enfance, elle a soudain regardé le visage de son père, un modeste paysan du Västerbotten. Il exprimait, dit-elle, la pauvreté universelle: «je n'oublierai jamais son visage. Je l'ai rencontré à nouveau plus tard, partout, en Afrique et en Asie, le même visage.»[24] En 1968, après plusieurs années de voyage dans le tiers monde, elle part en reportage dans le nord de la Suède, interviewe des ouvriers des mines de fer de Laponie et publie le livre intitulé *Gruva*[25], «La mine». Il est apparemment impossible de comparer ces mineurs, qui sont parmi les mieux payés de la terre, aux travailleurs du Vietnam du Nord. Dans sa vision du monde marxiste, Sara Lidman considère cependant que les uns et les autres sont les victimes du système capitaliste occidental. Les mineurs qu'elle invite à parler s'aperçoivent peu à peu que, si leurs conditions de vie matérielles sont excellentes, ils ne sont pas traités comme des êtres humains sur leur lieu de travail, qu'ils n'y sont que des rouages d'une énorme machine sur laquelle ils n'ont aucun pouvoir, qui les méprise et les utilise comme des instruments et les rejettera si elle n'a plus besoin d'eux. En pratique, c'est un regard exercé par l'observation de sociétés lointaines qui permet

24 «Jeg glemmer aldrig hans ansigt. Jeg har mødt det siden, overalt, i Afrika og i Asien, det samme ansigt». M. Thygesen: 1971, p. 97.
25 Stockholm 1968.

à Sara Lidman de mettre à jour les mécanismes qui régissent la société suédoise et son évolution.

Après 1975, elle écrit à nouveau des romans, dont l'action se situe toujours dans le Västerbotten. Comme le notent Tomas Forser et Per Arne Tjäder, «il s'avéra que le pas qu'elle avait franchi en se rendant dans le vaste monde était aussi une manière de revenir chez elle à Missenträsk».[26]

Kina inifrån de Sven Lindqvist

Sven Lindqvist s'est d'abord passionné pour la langue chinoise et sa structure. Il étudie la littérature chinoise à l'université de Pékin, où il séjourne de janvier 1961 à octobre 1962. Il rapporte ce qu'il a vécu et vu et tente de l'analyser dans *Kina inifrån* («La Chine vue de l'intérieur»), un livre qui contient également des photos prises par sa femme Cecilia, et qui paraît à Stockholm en 1963. Il est divisé en deux parties. La première est essentiellement consacrée à des descriptions concrètes de la Chine des années 1961-62 et à des rappels historiques. La seconde est une réflexion théorique sur les structures de la société chinoise.

Plusieurs éléments permettent de penser que l'image du pays donnée par «La Chine vue de l'intérieur» est plus proche de la réalité que ne le sont les reportages de Jan Myrdal et Sara Lidman. Sven Lindqvist est resté près de deux ans en Chine, il parle chinois et a eu fréquemment l'occasion de s'entretenir directement avec des étudiants, parfois en tête à tête. Il a également eu accès à des publications internes du parti communiste chinois.[27] En outre, il n'est ni un partisan inconditionnel, ni un adversaire acharné du régime de Pékin. Il a manifestement de la sympathie pour la Chine. Mais il parle sans détours et longuement des graves erreurs commises en matière économique au moment du «grand bond en avant», à la fin des années 1950, qui avaient conduit à une baisse sensi-

---

26   In: Lars Lönnroth, Sverker Göransson, red.: *Den svenska litteraturen*, vol. 6, p. 116.
27   Cf. Sven Lindqvist: *Kina inifrån*, Stockholm, Bonnier, 1963, p. 110. Lindqvist n'indique pas, vraisemblablement pour ne compromettre personne, comment il a pu consulter ces publications.

ble de la production agricole et à la pénurie alimentaire. Il montre une Chine dont la plupart des habitants mangent rarement à leur faim et vivent dans des conditions matérielles difficiles, dont bien des aspects choquent, à juste titre, les Européens. Européen lui-même, il ne peut approuver le système politique en place. Mais il estime qu'il ne faut pas juger la Chine en la comparant à l'Occident. Son régime est une combinaison de marxisme et de civilisation chinoise traditionnelle. Le parti communiste au pouvoir sait se montrer réaliste, et, même s'il ne l'avoue pas, changer de politique lorsque cela s'avère nécessaire. Les catastrophes qui ont frappé le pays étaient dans bien des cas tragiquement inévitables, et le parti tente souvent de corriger les erreurs qui ne sont pas irrémédiables.[28]

Sven Lindqvist termine son livre par un chapitre dans lequel il caractérise l'Etat chinois à l'aide de la notion «d'Etat hydraulique», élaborée par l'Américain Karl Wittfogel. Dans les pays où il pleut rarement, la culture de la terre exige la mise en place d'un système complexe de canaux d'irrigation, ce qui conduit le plus souvent à la formation d'un Etat centralisé, dans lequel le pouvoir absolu s'exerce par l'intermédiaire d'une caste de fonctionnaires, et que Lindqvist, après Wittfogel, appelle Etat hydraulique. Lindqvist estime, comme Wittfogel, que les pays communistes du 20ᵉ siècle ont retrouvé ce type d'organisation étatique. Tel est en particulier le cas de la Chine, qui était depuis des siècles un Etat hydraulique, et l'est encore en 1963. Cette forme de société, fortement hiérarchisée et autoritaire, déplaît à Lindqvist, qui admet cependant qu'elle risque de s'imposer un jour en Europe. Mais il parle de risque, non de destin inéluctable. Il pense que la civilisation occidentale peut être capable de résister à ce qu'il nomme la «pression asiatique».[29] Il se réclame implicitement, dans sa conclusion, des valeurs «occidentales» de liberté et de respect de l'individu.

Ce qui constitue en effet aux yeux de Sven Lindqvist l'aspect le plus négatif, voire le seul aspect véritablement négatif de la Chine maoïste, envers laquelle il fait généralement preuve d'une grande compréhension, c'est le mépris de la liberté individuelle de pensée et d'expression et le recours systématique au mensonge. Il juge ainsi le régime de Pékin:

---

28   Cf. *Kina inifrån*, p. 124.
29   Cf. *Kina inifrån*, pp. 178-179.

Je crois que la politique actuelle du parti communiste chinois est la meilleure possible pour la Chine.

Avec une exception importante. L'image d'elle-même que la Chine présente au monde et l'image du monde qui est présentée au peuple chinois restent aussi doctrinairement unilatérales qu'elles l'ont toujours été.[30]

Le reporter Sven Lindqvist donne une priorité absolue à la recherche de la vérité. Il rejette catégoriquement la production d'images qui déforment volontairement les faits pour servir une cause, selon la conception exposée par un étudiant chinois: «[Notre journalisme] est une arme dans la lutte des classes. Seul ce qui sert la cause du Parti dans la lutte des classes est juste, est la vérité. Il n'y a pas d'autre vérité.»[31] Lindqvist sait évidemment que l'objectivité totale est impossible, que le regard du journaliste est en partie modelé par ses préjugés et ses sympathies politiques, que les erreurs sont inévitables. Mais cela n'autorise pour lui en aucune façon la partialité délibérée, et il affirme que tout son «organisme spirituel se révolte contre la doctrine qui proclame que le respect des faits et le respect de la conviction d'autrui est une vermine de la pensée qu'il faut extirper de l'âme humaine».[32]

Il consacre un long chapitre de la seconde partie de son livre aux méthodes utilisées dans ce qui a été appelé «lavage de cerveau», une procédure destinée à transformer radicalement non seulement le comportement extérieur d'un ancien adversaire, mais encore ses opinions ct ses pensées.[33] L'indignation que lui inspire une telle entreprise est directement liée à son exigence d'honnêteté intellectuelle. La longueur des

30   «Det kinesiska kommunistpartiets nuvarande politik tror jag är den bästa möjliga för Kina.
      Med ett viktigt undantag. Den bild av sig självt som Kina visar upp för världen och den bild av världen som visas upp för det kinesiska folket är lika doktrinärt ensidiga som någonsin.» *Kina inifrån*, p. 126.

31   «Den [vår journalistik] är ett vapen i klasskampen. Endast det som tjänar Partiets sak i klasskampen är rätt, är sanning. Någon annan sanning finns inte.» *Kina inifrån*, p. 118.

32   «Hela min andliga organism gör uppror mot denna lära: att respekt för fakta och respekt för andras övertygelse är en tankens ohyra som bör brännas bort ur mänskosjälen.» *Kina inifrån*, p. 119.

33   Lindqvist indique toutefois qu'au moment où il écrit, le «lavage de cerveau», sous sa forme la plus extrême, n'est plus pratiqué en Chine depuis quelques années. Cf. *Kina inifrån*, pp. 160-162.

développements qu'il consacre à cette question indique qu'elle revêt pour lui une importance capitale.

C'est surtout en tant qu'essayiste que l'écrivain Sven Lindqvist s'est fait connaître dans les années 1950. Il condamne alors les aspects artificiels et superficiels de la vie dans les pays industrialisés et cherche à retrouver des valeurs fondamentales telles que la connaissance, la beauté, l'amour, le bien-être physique. L'art est pour lui ce qui peut mettre l'être humain en relation avec ces valeurs intemporelles. Il cherche à considérer l'existence de la même manière qu'une création esthétique. Mais il ressent la tentation de fuir les catastrophes qui s'abattent sur l'humanité en se réfugiant dans le domaine de l'art et en s'efforçant de vivre en conformité avec son idéal de simplicité, à l'écart du monde.

L'image qu'il a de la Suède paraît complexe, et même, dans une certaine mesure, contradictoire. D'une part, c'est une société dominée par la production et la consommation de biens matériels de plus en plus inutiles et dépourvus de sens, dans laquelle l'existence paraît irrémédiablement corrompue, et à laquelle il se sent étranger.[34] Mais c'est aussi, d'autre part, un lieu semblable à la Suisse où Hermann Hesse, fuyant la guerre, s'était installé, un lieu à l'abri des conflits mondiaux, où il devrait être possible de mener une sorte de vie idyllique et de se consacrer à l'art.

La lecture de Hesse a joué un rôle déterminant dans la formation intellectuelle de Sven Lindqvist. Celui-ci s'identifie partiellement à l'écrivain allemand, citant à deux reprises une phrase de l'autobiographie, dans laquelle Hesse fait allusion aux années qui ont précédé la première guerre mondiale: «Je suis né à la fin des temps nouveaux, juste avant que le moyen âge ne commence à revenir.»[35] Devant la barbarie, le poète constate son impuissance à agir sur le réel et se retire dans la sphère de la création esthétique et du perfectionnement de soi-même, la seule où son activité puisse encore aboutir à des résultats positifs.

En dernière analyse, cependant, cette position n'est, pour Lindqvist, ni tenable ni acceptable. Il remarque que Hesse, qui avait toujours cherché à fuir le monde, a compris, au moment où il était sur le point d'y parvenir, à la fin de sa vie, qu'il s'était battu du mauvais côté. C'est

---

34   Cf. Sven Lindqvist: *Myten om Wu Tao-tzu*, Stockholm, Bonnier, 1967, p. 63.

35   «Jag föddes vid den nya tidens slut, just innan medeltiden började komma tillbaka.» *Myten om Wu Tao-tzu*, p. 12 et p. 154.

pourquoi le roman *Le jeu des perles de verre* se termine par le retour du personnage principal dans le monde.[36] Lindqvist considère qu'il est impossible à l'homme de se défaire de son affectivité et de rester insensible à la misère humaine. Lorsqu'il a le sentiment de reposer à l'intérieur d'une «paix dorée», l'or qui l'entoure est en réalité celui que l'Occident a volé aux autres régions du globe, c'est la souffrance que les Occidentaux ont infligée aux autres peuples pour s'enrichir.[37] Les séjours en Chine ou en Inde sont pour Lindqvist une manière de quitter la clôture de l'art, et, concrètement, son pays neutre à l'écart des catastrophes du 20ᵉ siècle, pour se rendre dans le monde.

En Asie, il affronte le réel, c'est le réel qu'il tente d'appréhender. Il est évident que, dans la logique de sa démarche, cette entreprise ne peut avoir de sens que s'il refuse les images toutes faites, les illusions et les mensonges, qui s'interposeraient entre la réalité et lui. Il n'attend pas des phénomènes observés qu'ils confirment des opinions préétablies. Il constate des faits qui démentent ce qu'il croyait auparavant, renouant ainsi avec la tradition d'un journalisme littéraire suédois pour lequel la fonction du voyage et de l'étude de terrain est de modifier la vision qu'a des choses celui-là même qui les examine. L'effort d'honnêteté qui caractérise le regard de Lindqvist est lié à sa volonté d'affronter directement, sans la protection d'une idéologie rassurante, ce qu'il appelle le monde. Celui-ci semble être toujours aussi inhumain et menaçant qu'à l'époque où écrivait Hermann Hesse. Dans «La Chine vue de l'intérieur» ou dans *Myten om Wu Tao-tzu* («Le mythe de Wu Tao-tzu»), Sven Lindqvist se déclare incapable de prévoir le sort futur des pays d'Asie dont il parle et de l'humanité en général. Le poète qui s'est rendu dans le monde n'a pas été doté pour autant du pouvoir d'en influencer l'évolution.

Le contact avec les réalités étrangères renforce à son tour le sentiment que la Suède est un espace protégé. A l'occasion d'un de ses retours dans son pays, Linqvist a un instant la vision de ce qui aurait pu être son idéal, symbolisé par une table en bois brut:

> Nous sommes rentrés chez nous aujourd'hui.
> Ici est la table.
> Les veines dans le bois de pin. Comme du feu, comme l'eau du lac.

36   Cf. *Myten om Wu Tao-tzu*, p. 128.
37   Cf. *Myten om Wu Tao-tzu*, pp. 156-157.

Les lignes qui marquent les années à la surface: les hivers sombres et les étés clairs.
Toute la Suède. Tout mon ancien moi.
C'était cela que je voulais: du bois pur.
Une surface qui continue vers l'intérieur.
Un matériau qui vit dans la mort.
Un espoir que la vérité puisse être unie à la joie.[38]

Contrairement à Jan Myrdal, Sven Lindqvist perçoit en Chine la réalité brutale et situe l'Utopie en Suède. Mais il sait que cette Utopie n'a pas d'existence réelle. Il considérera de plus en plus la Suède comme une partie du monde et, sous l'effet d'un engagement politique croissant, fera des reportages sur les conditions de vie et de travail de la classe ouvrière dans son pays.

Världsboken de Jörn Donner

Pendant les années 1960, Jörn Donner voyage beaucoup. En 1968, il fait le tour du monde: partant de Helsinki, il se rend en Allemagne, en Italie, de là en Afrique de l'est, qu'il traverse du nord au sud, puis en Australie, puis en Inde et dans la péninsule indochinoise, puis en Chine, au Japon, à Hawaï, en Californie, au Mexique, en Amérique du Sud, et rentre à Helsinki. A la suite de ce voyage, il publie *Världsboken. Ett reportage*[39] («Le livre du monde. Un reportage»). Les chapitres de ce livre ne sont pas ordonnés selon l'ordre chronologique dans lequel il a visité les différents lieux dont il parle, mais regroupés en cinq parties traitant chacune d'un thème, tel que «l'Europe et la Chine» (1ère partie), ou «l'avenir et les villes» (4e partie). Comme l'indique le titre, il s'agit moins pour lui de présenter des pays que de réfléchir à l'état du monde.

Contrairement aux auteurs dont j'ai évoqué les livres précédemment, Jörn Donner considère les pays qu'il a visités presque exclusivement

---

38 «Vi kom hem idag./ Här står bordet./ Flammorna i furun. Som eld, som insjöns vatten./ Ytans årsränder: de mörka vintrarna och de ljusa somrarna./ Hela Sverige. Hela mitt forna jag./ Det var detta jag ville: rent trä./ En yta som fortsätter inåt./ Ett material som lever i döden./ Ett hopp att sanning kan förenas med glädje.» *Myten om Wu Tao-tzu*, p. 113.

39 Borgå, Wahlström & Widstrand, 1968.

sous l'angle de leurs relations avec l'Occident, et son reportage sur le tiers monde est en même temps explicitement une réflexion sur la culture occidentale, dont il établi une topographie.

Ce qui lui déplaît le plus profondément dans cette culture, à laquelle appartiennent, outre les Européens, les Américains du Nord, c'est sa volonté d'hégémonie, c'est le fait qu'elle entende imposer son pouvoir sur la terre entière et par tous les moyens, y compris par la violence, la destruction et la mort. Partout dans le tiers monde, constate Donner, même dans les pays indépendants ou devenus indépendants, les classes dirigeantes ont adopté des modes de vie européens. Au Kenya ou en Inde, elles vivent à l'anglaise. Au Cambodge, les villes sont partiellement américanisées: «La partie commerciale de la vie urbaine, l'industrie du divertissement, les bordels et les bars, les cinémas et les moyens de transport sont faits pour les étrangers, s'efforcent de leur plaire en copiant des parcelles d'un Las Vegas imaginaire.»[40]

Le seul pays au monde qui a toujours échappé à cette influence et continue de lui échapper est la Chine. Les missionnaires chrétiens n'y ont jamais connu de succès. La Chine n'éprouve pas de haine envers le monde extérieur, mais elle le méprise, et elle est bien armée – idéologiquement et militairement – pour lui résister. C'est, entre autres, en raison de cette capacité de résistance que Donner l'admire. Il ne paraît pas douter que la Chine serait elle aussi colonisée économiquement, voire politiquement, si elle n'était pas capable de se défendre par les armes. Ce qui se passe au Vietnam montre que les Etats-Unis n'hésitent pas à employer les moyens les plus brutaux pour imposer leur pouvoir partout où cela leur semble possible. Donner, qui n'est pas communiste et qui «a pris position pour la liberté à la manière de l'Ouest contre la liberté à la manière de l'Est»[41], condamne néanmoins sévèrement l'intervention militaire américaine au Vietnam, «une politique qui, selon toutes les définitions, est impérialiste, et qui accepte le génocide comme solution

---

40   «Den kommersiella delen av städernas yttre liv, nöjesindustrin, bordellerna och
        barerna, biograferna och transportväsendet är riktat mot främlingarna, ställer sig
        insmickrande att kopiera bitar av ett inbillat Las Vegas.» *Världsboken*, p. 99.
41   Cf. *Världsboken*, p. 9.

politique».[42] Cette attitude belliciste fait de la nation américaine, malgré ses mérites, une menace pour l'humanité entière:

> Même si l'on continue à admirer ce qui fait la grandeur des Etats-Unis [...] la richesse de leur inventivité technique, ce qui est déterminant pour un étranger, c'est le fait que les Etats-Unis, au Vietnam et dans leurs relations avec la Chine, l'Amérique du Sud et le reste du tiers monde, représentent la principale menace qui pèse sur les possibilités de paix et de développement dans le monde. Si l'on exige de moi un choix en noir et blanc, pour ou contre, ce que je considère comme impossible, alors je vote contre.[43]

La soif de pouvoir, la volonté de dominer le monde constituent chez Jörn Donner le pôle négatif de la culture occidentale. Il est hostile aux grandes puissances, qui font régner le droit du plus fort et oppriment les individus et les petites collectivités. Il y a de l'anarchiste en lui. Il a des sympathies envers la révolution culturelle chinoise, parce qu'elle constitue à ses yeux un cas unique d'anarchie encouragée par un pouvoir central.

Pour lui, l'humanité forme un tout, un être humain ne peut pas rester indifférent au sort des autres, et il n'en a pas moralement le droit. Mais à une époque où la plupart des analystes expliquent les différences de niveau de vie que l'on constate lorsque l'on passe d'une région du monde à l'autre par des facteurs économiques et matériels, Donner considère qu'elles sont dues d'abord à des différences de mentalités. Les mentalités ne sont toutefois pas immuables, et les pays pauvres ne sont pas condamnés à le rester. C'est pourquoi, en tant que citoyen du monde, il se demande quelles qualités seraient propres à favoriser le développement des régions encore sous-développées, et il parvient à la conclusion suivante:

> Je les vois [ces qualités] dans le patrimoine européen, dans des noms tels que Galilée, Marx et Pavlov. Une vision de la réalité d'un matérialisme simpliste essaie parfois de faire croire à l'humanité que la seule chose à laquelle nous aspirions est une vie

---

42 «En politik som enligt alla definitioner är imperialistisk,och som accepterar folkmordet som politisk lösning.» *Världsboken*, p. 117.
43 «Med bibehållen beundran för storheten i USA [...] för uppfinningsrikedomen i dess teknik, blir det avgörande för en främling, att USA i Vietnam och i förhållande till Kina, Sydamerika och den tredje världen i övrigt framstår som det främsta hotet mot möjligheten till fred och utveckling i världen. Kräver man ett val i svartvitt, för eller mot, vilket jag anser omöjligt, röstar jag emot.» *Världsboken*, p. 188.

confortable et ordonnée, la possibilité de nous nourrir et de nous divertir [...] Si les
Européens avaient agi conformément à ce mythe, l'homme européen en serait encore
à un stade assez primitif et vivrait toujours de cueillette. Le sens du devoir, le goût du
travail, la curiosité scientifique ne sont pas des effets directs de la faim et du besoin
d'avoir un toit au-dessus de la tête. Essayer de rendre le monde meilleur et plus riche
est une autre forme de contrainte, parfois aussi difficile à expliquer que les déplacements des oiseaux migrateurs.[44]

Donner qui, au début de son livre, reproche aux Européens d'avoir toujours cherché à imposer leur culture au monde entier, finit par préconiser
le recours au «patrimoine européen» comme remède au sous-
développement.

La contradiction n'est pas aussi totale qu'il y paraît. C'est le pôle positif de la culture européenne, la recherche du progrès pour tous, non la
soif de pouvoir, dont Donner recommande l'adoption universelle. Par
ailleurs, le goût de la provocation, qui se manifeste souvent chez lui,
n'est peut-être pas totalement étranger à cet hymne aux valeurs européennes, écrit à une époque où la condamnation de l'Occident était presque devenue un lieu commun. Mais «Le livre du monde» n'en constitue
pas moins une défense de ces valeurs. Le fait même que les derniers
chapitres contredisent en partie les premiers suggère que le point de vue
exposé en conclusion finit en dépit de tout par s'imposer à l'auteur.

Dans «Le livre du monde», la culture européenne paraît être structurée à partir de deux pôles, l'un positif, l'autre négatif. Pour Donner, il y a
deux Europes. Cette division ne coïncide cependant pas avec les deux
Europes qui existent sur le plan politique à l'époque de la guerre froide.
Le pôle négatif de la culture occidentale semble géographiquement situé
en Amérique du Nord, mais aussi en URSS. En 1968, l'armée américaine détruit les forêts et les rizières vietnamiennes au napalm et, au
moment où Donner termine son livre, les chars soviétiques envahissent

---

44   «Jag ser dem [dessa egenskaper] i det europeiska arvet, hos namn som Galilei,
      Marx och Pavlov. En billigt materialistisk verklighetssyn försöker ibland inbilla
      mänskligheten att vår enda strävan är ett bekvämt och ordnat liv, tillgång på mat
      och förströelse [...] Hade européerna handlat efter denna myt, skulle den europeis-
      ka människan alltjämt leva kvar på ett ganska primitivt samlarstadium. Pliktkänsla,
      arbetslust, vetenskaplig nyfikenhet är inte direkta funktioner av hunger och behovet
      av tak över huvudet. Att försöka göra världen bättre och rikare är en annan form av
      tvång, ibland lika svårförklarlig som flygfåglarnas vandringar.» *Världsboken*,
      p. 254.

la Tchécoslovaquie. C'est en revanche souvent dans de petits pays, qui ne prétendent pas ou ne peuvent pas être des grandes puissances, que l'on cultive les valeurs propres à faire progresser l'humanité. Le pôle positif de la culture occidentale se trouverait ainsi géographiquement sur le continent européen, et plus précisément, peut-être, dans sa partie la plus septentrionale.

En raison de leur faible importance démographique, il est exclu que les pays du Nord pratiquent l'impérialisme. Mais ils sont aussi sensiblement en avance sur les Etats-Unis en matière de politique sociale.

Au cours des années qui suivent la publication du «Livre du monde», Jörn Donner fait plusieurs reportages sur la Suède et la Finlande. Dans un essai de 1980[45], il tente de définir ce qu'est le sentiment national et d'expliquer et de justifier son attachement à sa terre natale, la Finlande. Il reconnaît qu'il est impossible de démontrer rationnellement le bien-fondé d'une préférence qui est d'abord d'ordre affectif. Mais il sait aussi apprécier à leur juste valeur et mettre en avant les qualités objectives de l'Europe du Nord. Les sondages et les études sociologiques, dit Donner, indiquent que les habitants du Nord, contrairement à une idée répandue, se considèrent comme des gens heureux, qui vivent comme ils souhaitent vivre. A ses yeux, il est absurde de prétendre que le bien-être matériel rende malheureux. Malgré ses défaut, le Nord est, pour Jörn Donner comme pour Sven Lindqvist, «un lieu merveilleusement idyllique»[46], où le seul risque sérieux que l'on court est «de devenir passif, de s'assoupir, de ne plus être conscient de l'existence du monde. C'est pour cela», explique-t-il, «que je voyage».[47]

La démarche de Donner est à l'opposé de celle de Jan Myrdal: venant d'une société qui a quelque chose d'une utopie, il se rend dans une réalité souvent désolante, dans laquelle il ne se sent véritablement à l'aise que lorsqu'elle ressemble aux contrées qu'il a quittées. Au Cambodge, en 1968, il apprécie les bienfaits que la neutralité apporte au pays, en le préservant de la guerre, une neutralité qu'il compare à celle de

---

45   Jörn Donner: *Jag, Jörn Johan Donner född den 5 februari 1933 i Helsingfors, Finland,* Stockholm, Wahlström & Widstrand, 1980.

46   «En förtjusande idyll», *Jag, Jörn Johan Donner...*, p. 112.

47   «Det är möjligt att bli passiv, att somna, att bli omedveten om världens existens. Därför reser jag.» *Jag, Jörn Johan Donner*, p. 112.

l'Autriche, de la Suède et de la Finlande. «Je suis heureux», écrit-il, «de me trouver dans ce petit espace de paix relative.»[48]

Donner est effectivement attaché au Nord et souligne le caractère exemplaire de ses sociétés. En tant que Suédois de Finlande, il a en outre toujours appartenu à deux cultures. Au cours de ses nombreux séjours en Allemagne et en Europe Centrale, il a cherché à comprendre en profondeur d'autres pays. Il se réclame aussi de la culture allemande. Mais plutôt que de se sentir écartelé entre les différents univers mentaux qu'il considère comme les siens, il choisit de s'intéresser à ce qu'ils ont en commun, de le mettre en évidence. Il se veut intellectuellement Européen.

En 1980, il reprend et développe la vision de la culture européenne qu'il avait exposée en 1968. Il rappelle que «le monde a été marqué par des idées européennes, des bonnes et des mauvaises».[49] Il s'agit là d'un fait que l'on peut juger regrettable ou réjouissant, mais que l'on ne peut nier. Le rôle mondial de l'Europe donne à sa culture une dimension spécifique, et il est l'un des constituants de cette identité européenne que Jörn Donner cherche constamment à cerner.

Mais à l'inverse, selon lui, l'Europe excelle aussi dans l'art de s'approprier ce qui appartenait à l'origine à d'autres cultures. Il remarque ainsi que «Marco Polo et d'autres voyageurs ont pris des idées à l'étranger et ont fait de l'Italie le plus important producteur mondial de pâtes, alors que ce devrait être la Chine».[50] Donner ne porte aucun jugement moral sur ce trait de caractère, que l'on pourrait qualifier de tendance à la kleptomanie culturelle, il paraît bien plutôt l'apprécier comme une source de richesses.

Pour Donner, se vouloir Européen et citoyen du monde ne sont pas des attitudes contradictoires, car le bon Européen, le représentant du «patrimoine européen» positif, a le devoir d'œuvrer à l'amélioration du sort de ceux qui sont moins bien lotis que lui. Mais il vit et prospère

---

48   «Jag är glad över denna lilla fläck av relativ fred.» *Världsboken,* p. 101.
49   «Världen har präglats av europeiska idéer, både goda och dåliga.» J. Donner: *Jag, Jörn Johan Donner...,* p. 148.
50   «Marco Polo och andra resenärer har övertagit andra idéer från främmande land och gjort Italien till världens största pastaproducent, trots att det borde vara Kina.» *Jag, Jörn Johan Donner...,* p. 148.

aussi grâce aux emprunts qu'il fait aux autres cultures, et qu'il adapte, améliore et s'approprie jusqu'à en faire oublier l'origine.

Le Vietnam dont parle Jörn Donner est assez différent de celui de Sara Lidman. La Chine de Jan Myrdal a peu de choses à voir avec celle de Sven Lindqvist. On ne peut pas dire qu'il y ait une manière suédoise de voir la Chine, l'Asie, le tiers monde, ni, comme on l'a cru, un regard qui serait typique des années 1960. Les livres-rapports de ces années, qui se veulent objectifs, sont produits par des écrivains, portent la marque de leurs auteurs, et sont très différents entre eux.

Toutefois, dans ces *rapportböcker*, si l'on excepte, peut-être, le cas de Jan Myrdal, l'admiration que peuvent éprouver les écrivains envers des cultures lointaines ne signifie pas le rejet de leur propre culture, pas même un manque d'intérêt envers cette culture d'origine. La fréquentation de l'étranger tend au contraire à renforcer l'attachement qu'ils éprouvent envers leur pays natal.

Chapitre 10

Les traits caractéristiques du reportage d'écrivain

La définition du reportage et du reportage d'écrivain en détermine partiellement la forme et le contenu. Certains traits du reportage découlent directement de sa définition et se retrouvent donc dans tous les textes qui y correspondent. D'autres traits, qui n'ont pas ce caractère de nécessité, se rencontrent cependant fréquemment. Ils sont en général liés, mais de façon moins directe, à la spécificité du genre, aux éventuels problèmes qu'il pose et aux solutions retenues par les écrivains pour les résoudre. Les solutions satisfaisantes étant en petit nombre, ce sont souvent les mêmes que l'on voit adopter par les différents reporters.

Les conditions dans lesquelles s'élabore le reportage et les objectifs qu'il se propose d'atteindre engendrent le plus souvent une forme particulière. Mais le genre est d'abord caractérisé par trois aspects fondamentaux: son caractère référentiel, son caractère non narratif, et le statut de l'énonciateur. Par ailleurs, les textes qui s'y rattachent constituent un corpus, dont il est intéressant de se demander comment il est structuré.

Aspects formels du reportage d'écrivain

Le reportage doit être écrit avec une relative rapidité, et il doit fournir des informations dans un domaine déterminé, non à des spécialistes, mais à un public assez large, ce qui semblerait autoriser à supposer qu'il utilise une langue simple.

Cela s'avère généralement vrai au niveau de la syntaxe. On trouve peu de phrases longues, peu de phrases d'une structure complexe, faites de subordonnées emboîtées les unes dans les autres. La coordination est souvent préférée à la subordination. Il s'agit par là de faciliter la lecture, mais aussi de susciter une impression de mouvement, de donner au lecteur l'illusion qu'il découvre la réalité nouvelle en même temps que le reporter. Cela vaut particulièrement pour les passages qui rendent compte d'un déplacement, par le train, ou par un quelconque moyen de transport local. Je me suis efforcée de montrer comment, dans *Bland franska bönder (Parmi les paysans français)*, Strindberg simule par l'écriture la découverte des paysages depuis la fenêtre d'un comparti-ment de train, en prenant l'exemple de sa description de la Vendée:

> A Clisson, nous sommes en Vendée. Des villages blancs avec des toits de tuiles rou-ges, d'aspect italien, rendent les images de la campagne plus vivantes. Le système des haies est ici combiné avec des plantations d'arbres en abondance, si bien que l'on comprend immédiatement que cette région offre un terrain de choix aux francs-tireurs et à la guérilla. Des cordons d'arbres fruitiers nains forment une clôture le long du remblai de la voie ferrée, comme ceux que j'ai vus auparavant entre Males-herbes et Orléans. Du bétail de petite taille et d'allure élégante, couleur antilope, pâ-ture dans les prés. Les puits romains, avec leurs margelles rondes en pierre et leurs treuils, font de nouveau leur apparition. Les célèbres oies de Vendée picorent du grain dans les champs déjà moissonnés. On voit aussi du topinambour et du chou poitevin, d'excellente qualité.[1]

Près de quatre-vingt ans plus tard, Sven et Cecilia Lindqvist utilise une syntaxe analogue pour présenter une région de la Chine traversée en chemin de fer à l'époque de Mao Tsé-toung:

> Toutes les demi-heures, le train traverse un gros village ou une petite ville avec des silos à grain, des usines et d'autres grandes bâtisses. Des gares avec des banderoles politiques rouges et des barrières, surveillées par des policiers armés de pistolets. Si le train s'arrête, on peut aller jusqu'au petit kiosque et regarder ses rayons vides: des porte-savons bleus sans savon, des concombres dans des pots en verre et quelques casquettes Mao. De petits enfants cherchent du charbon dans la cendre. Après un ar-rêt de ce genre, on est en un instant à nouveau au milieu des terres. [...] La ligne télé-phonique qui part de l'agglomération se ramifie dans la plaine. Les poteaux sont en bois et constitués de plusieurs tronçons, de manière à ce que l'on puisse changer la partie fixée à la terre, qui est la première à pourrir. Parfois, on voit aussi un câble électrique sur des poteaux en béton. Ce sont les mailles lâches du filet de la civilisa-tion moderne qui a été tendu sur la terre originelle.[2]

---

1   August Strindberg: *Bland Franska bönder*, Nationalupplagan bd. 23, p. 130.
2   Sven och Cecilia Lindqvist: *Kina inifrån*, Stockholm, Bonnier, 1963, p. 71: «En gång i halvtimmen passerar tåget en stor by eller en liten stad med sädesmagasin, fabrikanläggning och andra större byggnader. Stationshus med röda politiska ban-deroller och spärrar, bevakade av pistolpolis. Om tåget stannar kan man gå fram till

Comme chez Strindberg, la société est montrée par métonymie à partir d'éléments qui s'offrent au regard du voyageur: le kiosque presque vide et les enfants qui fouillent les tas de cendres signalent un état de pénurie économique, les policiers armés le caractère totalitaire du régime, les vastes étendues de terres sans habitations l'immensité du pays. Cette technique de présentation est fréquente dans le reportage. Elle permet de fournir de l'information dans le respect d'une exigence de simplicité que l'on peut dire pédagogique, tout en restant littéraire, en se démarquant de l'exposé scientifique par le caractère non systématique et l'apparence désordonnée, le désordre artistiquement arrangé de l'énoncé. Lorsque le reporter se livre à des considérations théoriques, lorsqu'il argumente ou se fait polémiste, sa syntaxe peut devenir plus complexe, hiérarchiser les propositions qui composent une phrase. Mais tel n'est pas toujours le cas, loin de là. Si la troisième partie de *Parmi les paysans français* est écrite dans une prose argumentative, qui utilise beaucoup les «nu», «alltså», «eftersom», «sålunda», «tvärtom» («or», «donc», «étant donné que», «ainsi», «au contraire») et autres adverbes portant l'articulation logique du discours, d'ailleurs fréquents chez Strindberg d'une manière générale, elle comporte aussi, en raison d'un usage abondant d'exemples destinés à illustrer et soutenir l'argumentation, de nombreuses juxtapositions de notations concrètes. Chez les écrivains-reporters de la seconde moitié du 20ᵉ siècle, les phrases courtes et la coordination semblent souvent l'emporter sur la subordination, même dans les passages de réflexion théorique. La simplicité de la syntaxe qui convient au reportage paraît rencontrer ici une tendance de la langue suédoise contemporaine à éviter les constructions de phrases trop complexes. Ainsi, lorsque Jörn Donner se rallie à la thèse selon laquelle, au début des années 1960, la division de l'Europe centrale, et de l'Europe en général, est un fait accompli, il formule sa pensée de la manière suivante:

---

den lilla kiosken och titta in på de tomma hyllorna: blå tvålkoppar utan tvål, gurka i glasburk och några Maomössor. Småbarn letar kol i askan. Efter ett sådant uppehåll är man på ett ögonblick ute i jorden igen. [...] Från samhället grenar telefonlinjen ut sig över slätten. Stolparna är av trä och skarvade så att den jordfasta delen som först ruttnar skall kunna bytas ut. Ibland ser man också en strömförande ledning på betongstolpar. Detta är de glesa maskorna av modern civilisation som spänts över urjorden.»

J'avais cherché l'unité, mais je trouvai la division. Quatorze ans de régime communiste en Hongrie et en Tchécoslovaquie ont balayé la plupart des traces du passé
commun. Les communistes au pouvoir sont passés maîtres dans l'art de réécrire
l'histoire et de traiter les époques antérieures comme si elles n'avaient pas existé.[3]

Le vocabulaire des reporters est en revanche dans l'ensemble moins
sobre que leur syntaxe. Sans doute emploient-ils presque toujours, lorsqu'ils ont le choix entre plusieurs mots pour désigner une chose ou une
notion, celui qui appartient à la langue standard. Selon Thomas Ferenczi,
le journaliste moderne fait sien le précepte de La Bruyère: «Vous voulez
dire: il pleut, dites: il pleut.»[4] On trouve rarement dans un reportage des
archaïsmes, pas plus que des termes familiers ou dialectaux. L'utilisation
de tournures dialectales en littérature est faite pour ancrer le texte dans
les spécificités d'une région. Il en va de même de l'emploi d'une langue
familière ou argotique, qui l'enracine dans un milieu social, auquel le
lecteur appartient, ou qu'il connaît bien. L'argot ou le dialecte ne sont
donc pas adaptés à la description d'une réalité étrangère, dont le vocabulaire idéal est au contraire neutre, capable de convenir à tous les lieux,
toutes les époques et toutes les classes sociales. Appliqués à cette réalité
autre, les mots courants perdent une grande partie de leur pouvoir évocateur et de leurs connotations. Dans le passage de *Kina inifrån* («La
Chine vue de l'intérieur») de Sven et Cecilia Lindqvist cité plus haut, le
mot *stationshus*, («gare», «gare d'une petite ville»), employé dans un
contexte chinois, ne fait plus surgir l'image d'une maison en bois rouge
avec des fenêtres blanches à proximité d'une forêt, comme lorsque Pär
Lagerkvist parle du Småland où il a grandi, mais désigne simplement un
endroit où on peut prendre le train.

Cette neutralisation partielle du vocabulaire, peut donner à la langue
du reportage un aspect sec. La dimension littéraire ne tient pas ici aux
mots particuliers, mais à la manière dont ils sont combinés, juxtaposés,
et dont se trouvent ainsi combinés les signifiés qui leur correspondent.

---

3   Jörn Donner: *Rapport från Donau*, Stockholm, Bonnier, 1962, p. 261: «Jag hade
     sökt enheten, men fann splittringen. Fjorton år kommunistisk regim i Ungern och
     Tjeckoslovakien har sopat undan de flesta spåren av det gemensamma förflutna. De
     kommunistiska makthavarna är mästare i att skriva om historien och behandla för-
     fluten tid som om den inte hade existerat.»
4   Cité par Thomas Ferenczi: *L'invention du journalisme en France. Naissance de la
     presse moderne à la fin du XIXᵉ siècle*, Paris, Plon, 1993, p. 111.

Dans la description de la gare chinoise que fait Lindqvist, c'est le rapprochement entre les policiers armés et les enfants qui remuent les tas de cendres qui, en quelques touches, fait sentir une atmosphère.

Se référant à une réalité extérieure, le reportage se doit d'employer des termes précis. La nature de son objet l'oblige également dans bien des cas à utiliser des mots rares, voire à en forger de nouveaux, ou à en introduire de nouveaux dans sa langue. Ceux-ci présentent en outre l'avantage de rappeler au lecteur la spécificité de ce dont traite le texte. Strindberg écrit ainsi «en gammal sous-préfet» («un vieux sous-préfet»), ou «under en dånande ‹Dansons La Carmagnole» («tandis que retentit un ‹Dansons la Carmagnole»)[5], pour désigner des institutions qui n'ont pas d'équivalent en Suède, en même temps qu'un grand nombre de gallicismes plus ou moins utiles et plus ou moins volontaires donnent à son texte une sorte de couleur locale française. Ivar Lo-Johansson emprunte cette technique à Strindberg dans *Vagabondliv i Frankrike*[6], où l'on retrouve «mären» («le maire») et «garçonen» («le garçon [de café]»).

Faire figurer «mären» ou «garçonen» dans un texte suédois suppose implicitement un lecteur qui a quelques notions de français et de culture française, ou une explication préalable de ces termes, ou un emploi dans un contexte qui en rende le sens évident. Mais même ainsi élucidés, les mots nouveaux, s'ils sont trop nombreux, risquent de nuire à l'intelligibilité de l'ensemble. Les reporters se trouvent ainsi confrontés à un problème central de la pédagogie, une incompatibilité relative entre l'impératif de fournir des connaissances nouvelles et celui d'être compréhensible[7]. Comme en pédagogie, la manière de surmonter cette difficulté dépend directement du public auquel on s'adresse et du savoir qu'il est supposé détenir avant la lecture. Le tome 23 des œuvres complètes de Strindberg, qui a paru en 1985, et qui contient *Bland franska bönder*, propose une grande quantité de notes expliquant des mots aujourd'hui incompréhensibles pour le lecteur suédois moyen, sans doute nettement

---

5   August Strindberg: *Bland Franska bönder*, Nationalupplagan tome 23, p. 34 et p. 62.
6   Stockholm, Wahlström & Widstrand, 1927.
7   Cf. Bernard Combettes, Roberte Tomassone: *Le texte informatif, aspects linguistiques*, Bruxelles, De Bœck-Wesmael, 1988.

plus ignorant du monde français que ne l'était le Suédois cultivé auquel s'adressait Strindberg en 1889.

Torsten Thurén a forgé la notion de «densité informative» («informationstäthet»)[8], qui désigne le rapport entre la quantité d'information nouvelle fournie et la longueur du texte. Plus la densité informative est élevée, plus le texte est difficile d'accès. Il y a des limites, supérieure et inférieure, que cette densité ne doit pas franchir: au delà de la limite supérieure, le reportage est incompréhensible, en deçà de la limite inférieure, il est sans intérêt.

Un reportage peut être d'une longueur qui varie de quelques pages à plusieurs centaines. Je n'ai néanmoins étudié que des textes suffisamment longs pour pouvoir être considérés comme constituant à eux seuls une œuvre de leur auteur, ce qui s'appelle en suédois «reportageböcker», «livres de reportage». Eux seuls peuvent entrer dans la catégorie de ce que j'ai défini comme reportage d'écrivain. Ils correspondent à une entreprise à laquelle leur auteur a consacré pendant plusieurs semaines au moins l'essentiel de son temps et de son énergie créatrice. Ils supposent un déplacement géographique, mais aussi, préalablement à l'enquête de terrain, l'acquisition des connaissances nécessaires pour la mener à bien.

Certains livres de reportage ont d'abord été publiés dans la presse, sous forme d'articles, qui sont ensuite réunis en un volume, et généralement remaniés à cette occasion. Tous les articles peuvent paraître dans le même journal, à intervalles courts, et être ainsi perçus dès le début comme formant une série cohérente. Ils peuvent au contraire paraître de façon irrégulière dans différents journaux. Pour que l'on puisse parler de reportage d'écrivain, ils doivent cependant constituer un ensemble présentant un minimum d'homogénéité de thèmes et de style, être issu d'un projet global. D'autres reportages d'écrivain, plus rares, ont d'abord été publiés sous forme de livres. Tel est notamment le cas des principaux reportages de Jörn Donner.

Pratiquement tous les livres de reportage présentent une division claire en chapitres, en général relativement brefs, qui peuvent être regroupés en plusieurs grandes parties. Chaque chapitre a le plus souvent

8   Cf. Torsten Thurén: *Reportagets rika repertoar. En studie av verklighetsbild och berättarteknik i sju reportageböcker*, Stockholm, Journalistik, medier och kommunikation, Stockholms universitet, 1992 , pp. 378-387.

un titre. Dans le cas de textes précédemment parus dans la presse, les chapitres correspondent aux différents articles.

Le reporter doit décider de l'ordre dans lequel vont figurer les chapitres. *Berlin som tysk Rigshovedstad* («Berlin capitale du *Reich* allemand»), de Georg Brandes, reprend simplement les articles dans l'ordre chronologique de leur publication par des journaux danois, norvégiens et suédois, mais fait en cela figure d'exception. En outre, il n'est pas rare que plusieurs chapitres successifs y traitent le même sujet, ou des sujets proches, comme si Brandes s'était davantage intéressé à un aspect particulier de l'Allemagne pendant une certaine période de son séjour berlinois, puis avait plus tard fixé son attention sur un autre. Sous le désordre apparent, on trouve une ébauche de structure thématique.

Le reportage n'étant pas un récit, aucun ordonnancement des éléments qui le composent ne se propose naturellement à lui. Cet ordonnancement pose donc toujours un problème, dont la solution plus ou moins habile détermine pour une part non négligeable la qualité esthétique du texte. Alors que le reportage a sa syntaxe et son vocabulaire privilégiés, il n'y a pas de structure d'ensemble que l'on pourrait dire typique du genre, même si certaines structures s'y rencontrent plus fréquemment que d'autres. La structure du reportage est, quasiment par définition, indéterminée.

En revanche, le livre de reportage se distingue souvent d'autres ouvrages littéraires en ce qu'il n'est pas constitué exclusivement de texte rédigé. On y trouve parfois des documents tels que graphiques ou tableaux de statistiques, plus souvent des photos, généralement prises par l'auteur lui-même pendant son travail de terrain. Dans *Rapport från Donau* («Rapport du Danube») de Jörn Donner, les photos illustrent d'une manière particulièrement frappante le propos du livre, tandis que dans *Världsboken* («Le livre du monde»), également de Jörn Donner, elles peuvent exprimer une prise de distance ironique par rapport aux thèses défendues par le texte, comme la photo placée au milieu d'un passage qui examine l'attitude des Etats-Unis face aux pays du Tiers Monde et qui porte la légende: «Des crocodiles suivent notre conversation sur la démocratie.»[9] Dans *Tyska intryck 1936* («Impressions allemandes en

---

9 Jörn Donner: *Världsboken. Ett reportage*, Borgå, Wahlström & Widstrand, 1968, p. 115: «Krokodiler följer vårt samtal om demokrati.»

1936») de Bertil Malmberg, il y a un net décalage entre le texte, qui montre l'évolution de l'auteur, d'abord sympathisant du régime nazi, puis de plus en plus critique à son égard à mesure que s'approfondit son enquête, et les photos, qui ressemblent beaucoup à celles que produisait à la même époque la propagande allemande, et représentent des adolescents blonds et musclés resplendissants de santé en uniforme des jeunesses hitlériennes, ou l'architecture qui avait les faveurs du *Führer*, comme la *Königsplatz* à Munich. Les illustrations, dont la première raison d'être est de rendre encore plus présent le réel concret, remettent ainsi parfois en question les opinions qui se dégagent du texte.

Le caractère référentiel du reportage d'écrivain

Les divergences qui apparaissent entre les photos et le texte, ou entre des parties de celui-ci, sont des différences dans l'appréciation et la représentation d'une même réalité, dont il est possible, sans doute, de donner de multiples images, mais non pas n'importe quelle image. En tant que texte qui se réfère au réel, le reportage peut être jugé selon les critères de la vérité ou de l'erreur. Un romancier prête à un personnage fictif les faits et gestes qu'il lui plaît. On pourra éventuellement lui reprocher son incohérence, son invraisemblance, mais pas d'avoir commis une erreur. L'historien ne peut en revanche faire exécuter par une figure historique des actes dont rien n'indique qu'elle les a exécutés. De même, le reporter n'a pas le droit d'attribuer à ceux qu'il a observés un comportement autre que celui dont il a été témoin. Il ne peut pas modifier à sa guise le décor dans lequel se déroulent des événements qu'il rapporte.

Il est vrai qu'il n'y a pas de frontière absolument nette entre fiction et faction. Même le plus fantastique des romans emprunte des éléments au réel. A l'inverse, un reporter peut être conduit, par exemple, à donner dans son texte à une personne interviewée un nom imaginaire, pour des raisons de sécurité ou de discrétion, ou à changer le nom d'un lieu, ou une date. Mais il n'en reste pas moins que le reportage est soumis aux contraintes inhérentes aux textes factuels, qui déterminent sa nature.

Gérard Genette, qui a été l'un des principaux théoriciens de la narratologie, a surtout étudié des récits fictifs, mais a cependant été conduit par là-même – puisque, pour définir la fiction, il fallait bien l'opposer à ce qu'elle n'était pas – à aborder ce qu'il nomme le «récit factuel». Il entend par là essentiellement les récits historiques ou autobiographiques[10], qui ont en commun de rapporter des faits qui appartiennent au passé, voire à un passé éloigné. Tel n'est pas le cas du reportage, dont Genette parle très peu, ce qui explique que ce qu'il dit sur la «faction» se trouve partiellement démenti par ce dernier genre.

Pour Genette, qui reprend une idée développée par Käte Hamburger, la présence dans un texte de descriptions détaillées et exhaustives et de dialogues rapportés *in extenso* constitue un «indice de fictionalité». Il est en effet peu vraisemblable qu'un narrateur soit informé de faits réels ou s'en souvienne d'une manière aussi précise. Le texte factuel se caractériserait donc par une quasi absence de dialogues et des descriptions sommaires, supposition qui se trouve évidemment réfutée par le reportage, dont la description détaillée est un élément indispensable. Elle est rendue possible par la proximité dans le temps entre le vécu et l'écriture et par la prise de notes sur le terrain. Bien sûr, ni Strindberg, ni Brandes, ni Bertil Malmberg, ni même Stig Dagerman ne disposaient d'un magnétophone, et il est vrai que l'on ne trouve pas chez eux de longues interviews rapportées au style direct, ce qui va dans le sens de la remarque de Genette. Aujourd'hui cependant, l'utilisation d'enregistrements permet la reproduction fidèle de la parole d'autrui, quelle qu'ait été la durée de l'intervention. Dans les cas extrêmes, le livre peut consister uniquement en une série d'interviews, comme *Rapport från kinesisk by* (*Un village de la Chine populaire*, 1963) de Jan Myrdal ou *Gruva* («Mine de fer», 1968) de Sara Lidman. Il est vrai que certains chercheurs ne considèrent pas les ouvrages de ce type comme des reportages. Pour Torsten Thurén, ce sont des *Rapportböcker*[11], des «livres de rapport». Mais d'autres, comme Gunnar Elveson, les rattache au genre du reportage, dans la mesure où c'est le reporter qui met en forme les déclarations recueillies, choisit celles qui figureront dans le livre, et où il a pris l'initiative de

---

10 Cf. Gérard Genette: «Récit fictionnel, récit factuel», in *Fiction et diction*, Paris, Seuil, 1991, pp. 65-93.

11 Torsten Thurén: 1992, p. 12.

l'interview, l'a conduite lui-même et en a certainement influencé le cours par sa présence[12]. Ces recueils d'interviews comportent en outre de brèves interventions de l'auteur, qui expliquent dans quelles circonstances et dans quelles conditions se sont déroulés les entretiens. Il ne me paraît donc pas injustifié d'y voir des reportages.

Gérard Genette mentionne un autre indice de fictionalité, qui est l'attitude du narrateur face aux personnages et aux faits qu'il présente. Celui-là ne peut connaître avec certitude les sentiments et les pensées de ceux-ci que parce qu'il les invente. Le monologue intérieur ou le style indirect libre signalent la fiction. Mais celle-ci se manifeste aussi à travers la technique narrative qui consiste à considérer les choses de l'extérieur, objectivement, sans essayer de les expliquer ou de les interpréter, car toute personne qui rapporte des faits réels tend spontanément à en donner une explication ou une interprétation, même si elle en relativise la validité par des formules comme «on peut supposer que...» ou «à mon avis...». Faire un récit factuel, c'est «ne rapporter que ce que l'on sait, mais tout ce que l'on sait, de pertinent et dire comment on le sait».[13] Tout comme Philippe Lejeune définit l'autobiographie comme une narration dans laquelle il apparaît clairement que le narrateur et l'auteur ne font qu'un[14], Genette voit dans leur identité rigoureuse un critère de factualité. Dans un texte factuel, «l'auteur assume la pleine responsabilité des assertions de son récit, et par conséquent n'accorde aucune autonomie à un quelconque narrateur. Inversement, leur dissociation [...] définit la fiction, c'est-à-dire un type de récit dont l'auteur n'assume pas sérieusement la véracité»[15].

Le reportage est effectivement caractérisé par l'identité entre l'auteur et celui qu'il vaut mieux dire «scripteur», plutôt que «narrateur» – car il ne fait pas de récit. La personne qui écrit est la même que celle qui a procédé aux recherches et à l'enquête de terrain relatées par l'écriture. C'est cette identité qui constitue ce que l'on peut appeler le «pacte de

---

12   Gunnar Elveson: *Reportaget som genre*, Uppsala, Avdelningen för litteratursociologi vid Litteraturvetenskapliga institutionen, 1979, p. 19.
13   Gérard Genette: 1991, p. 77.
14   Cf. Philippe Lejeune: *Le pacte autobiographique*, nouvelle édition augmentée, Paris, Seuil, 1996.
15   Gérard Genette: 1991, p. 80.

reportage», par analogie au pacte autobiographique défini par Philippe Lejeune. Il existe sans doute des reporters qui décrivent la situation d'un pays où ils ne sont en réalité pas allés. Mais ils sont alors contraints soit de s'en tenir à des généralités assez imprécises, soit d'inventer ce qu'ils n'ont pu observer. Dans le premier cas, leur texte est sans intérêt, dans le second leur fraude peut être découverte. Parmi ces pseudo-reporters, on ne trouve pas d'écrivains-reporters, car un écrivain reconnu ne s'expose pas au risque de passer pour un imposteur et répugne à produire une œuvre qui n'aurait rien d'original.

Rien n'empêche toutefois un écrivain d'imiter délibérément la forme et le contenu du reportage dans un roman, une nouvelle ou un essai. Gérard Genette relève, comme le remarquait déjà Morten Nøjgaard[16], qu'il n'est pas rare qu'une fiction qui s'affiche comme telle emprunte le masque de la faction. Dans ce cas, l'imitation affichée signale à elle seule la fiction. A l'inverse, on a vu, dans les années 1960 et 1970, le *New Journalism*[17], né aux Etats-Unis, utiliser des modes de relation qui semblaient réservés aux récits de fiction, comme le monologue intérieur ou le style indirect libre, pour rendre compte de faits réels. Dans le même pays, à peu près au même moment, on parle aussi de *non-fiction novel*, «roman non fictif». Si l'on se souvient par ailleurs qu'il arrive qu'un reporter n'indique pas les véritables noms de ceux qu'il a interrogés dans le cadre de ses investigations, que ce soit par respect de leur vie privée ou pour leur éviter des représailles, qu'il peut même être conduit, pour des raisons analogues, à modifier des dates ou des noms de lieux, on voit que la relation factuelle n'est pas toujours aussi aisée à distinguer de l'histoire inventée qu'il y paraît au premier abord. Genette remarque qu'il n'y a pas de «frontière étanche qui empêcherait tout échange et toute imitation réciproque».[18] Le roman de Jörn Donner, *Jag, Erik Anders*[19], accorde une très large place à la vie politique italienne en 1953, qui, dans certaines parties du livre, cesse de servir de toile de fond à l'intrigue romanes-

16 Cf. Morten Nøjgaard: *Litteraturens univers. Indføring i tekstanalyse*, Odense, Odense universitetsforlag, 1975, p. 55.
17 Cf. Tom Wolfe: *The New Journalism*, with an anthology edited by Tom Wolfe and E. W. Johnson, London, Pan Books, 1975.
18 Gérard Genette: 1991, pp. 88-89.
19 Stockholm, Wahström & Widstrand, 1955.

que pour venir occuper le premier plan. On sait en outre que Donner se trouvait lui-même en Italie comme reporter[20] à l'époque où se situe l'action de son roman. Il paraît en fin de compte difficile de trouver d'autres critères de factualité que l'intention de l'auteur explicitement déclarée dans le texte, ou dans un éventuel paratexte, de chercher à rapporter des faits.

Toutefois, s'il est acquis qu'un reportage se réfère à une réalité particulière précisément située dans l'espace et dans le temps, la nature de cette relation de référence pose des questions qui ressortissent à l'épistémologie et à la théorie du langage. L'idée d'un réel existant en soi, substantiel, stable, qui serait susceptible d'être perçu comme tel par l'observateur attentif, et d'un langage que transcrirait la perception, constituait encore l'un des postulats de base du courant esthétique dont le reportage, et en particulier le reportage d'écrivain, est à l'origine issu, le naturalisme, qui concevait implicitement la langue comme un simple outil permettant de représenter fidèlement un réel doué d'une existence objective indépendante de toute observation et de toute formulation verbale. Cette idée a rapidement été battue en brèche, à la fois par la pratique de la poésie moderniste et dans la théorie des sciences humaines. Le genre du reportage est partie prenante dans le long débat sur l'herméneutique qui n'est pas encore clos au début du 21ᵉ siècle.

A la fin du 19ᵉ siècle, Wilhelm Dilthey attaque le positivisme, qui prétend appliquer aux sciences humaines les méthodes de recherche propres aux sciences de la nature. Il établit une distinction fondamentale entre *erklären*, qu'on traduit généralement en français par «rationalité explicative», et *verstehen*, rationalité interprétative, ou compréhensive. La rationalité explicative s'applique avec profit aux sciences exactes, tandis que les sciences de l'homme demandent une approche interprétative, ou compréhensive, de l'objet culturel. L'interprète fait lui-même partie du champ qu'il observe, il n'est pas un entendement abstrait et intemporel, il s'inscrit dans une histoire et une culture. Pour Dilthey, la démarche herméneutique consiste à voir dans ce qu'étudient les sciences humaines non un objet, comparable aux objets naturels, mais un autre sujet, auquel le sujet de la connaissance peut s'identifier et qu'il peut,

---

20   Cf. Jörn Donner: *Sagt och gjort*, Helsinki: Söderström & Co, 1976, p. 20.

dans un second temps, comparer à lui-même, afin de dégager ce en quoi il lui est semblable et ce en quoi il est différent de lui.

L'épistémologie de Dilthey se trouve systématisée par la phénoménologie. Pour Edmund Husserl, il est impossible de dissocier la conscience et le monde, le sujet et l'objet. Il n'existe pas de perception qui enregistrerait simplement une réalité extérieure sans la lier à un sens. Les faits sont ainsi inséparables de leur interprétation.

Cette pensée peut prendre la forme d'un cercle fermé: le choix de la portion de réalité à observer est dicté par des présupposés explicites ou implicites, que l'observation vient confirmer. Mais elle peut aussi prendre la forme d'une hélice et combiner la circularité avec un mouvement de progression: l'examen du réel en fonction d'une hypothèse de départ aboutit à une modification de cette hypothèse.

L'interprétation est inévitablement subjective. Elle doit se soumettre à la réflexion et au dialogue, elle n'est donc pas le produit d'un sujet individuel. Mais sa validité ne peut pas être vérifiée objectivement, s'il n'existe pas de monde objectif. Elle est attachée à une culture déterminée et ne peut avoir de valeur absolue et définitive.

Le problème de l'interprétation, qui se trouve au cœur des sciences humaines, est abondamment illustré par le reportage, genre qui est dès le début conscient de sa subjectivité et la revendique comme une spécificité. Strindberg donne à *Parmi les paysans français* le sous-titre de «Subjektiva reseskildringar», «Descriptions de voyage subjectives».

Mais il y a différentes manières d'assumer l'inévitable subjectivité. En 1983, Jan Myrdal, après beaucoup d'autres, attaque le naturalisme et sa prétention à l'objectivité, et constate:

> Le terme de rapport [dans le sens de ‹livre de rapport›, reportage] a souvent été mal compris. C'est comme s'il y avait des rapports qui seraient des tranches directes de réalité brute que l'on pourrait poser sur une table et observer. Mais tout rapport a un auteur. Ses vues déterminent ce qu'il choisit de voir. Dans le cas présent, c'est moi qui, avec mes présupposés, vois une réalité chinoise. Cela ne signifie pas que je déforme. Cela signifie seulement que je n'ai jamais commis l'erreur naturaliste (Zola!) qui consiste à se dissimuler que la façon de voir structure la vision.[21]

21 Jan Myrdal: *Kinesisk by 20 år senare. Rapport med frågetecken*, Stockholm, Norstedt & Söner, 1983, p. 15: «Ordet rapport har ofta feltolkats. Det är som om det funnes rapporter vilka var direkta skivor av rå verklighet som kunde läggas

Substituer une image à une autre, modifier ses propres vues n'a de sens que si l'on espère se rapprocher ainsi de la vérité objective. Mais celle-ci étant une «erreur naturaliste», il est illusoire et inutile de la rechercher, ce qui autorise à ne pas remettre en cause sa façon de voir. Jan Myrdal juge imperturbablement la Chine de 1983 à l'aune de ses convictions «maoïstes». Sven Lindqvist, en revanche, tout aussi conscient que Myrdal de l'impossibilité d'une vision indépendante du regard qui la produit, n'en condamne pas moins la partialité délibérée:

> Des préjugés brouillent la vue, on est tenté, par loyauté envers telle ou telle cause, de manquer d'objectivité. C'est pourquoi on ne peut éviter que des erreurs surgissent. Mais le Chinois doit apprendre à rechercher délibérément la partialité [...] et à nier même l'aspiration à la vérité. Tout mon organisme spirituel se révolte contre la doctrine qui proclame que le respect des faits et le respect de la conviction d'autrui est une vermine de la pensée qu'il faut extirper de l'âme humaine.[22]

Pour Lindqvist, si toute image du réel est subjective, toutes les images qui en sont données ne se valent pas. S'il n'existe pas d'image vraie, certaines sont clairement fausses et en contradiction avec les faits, dont le respect permet seul au reporter de rendre compte d'une réalité d'une manière moins inexacte que d'autres. C'est dans cet effort pour se rapprocher de la vérité, ou plutôt, pour éviter l'erreur, que réside la tâche du reporter, alors que la conception défendue par Jan Myrdal réunit de façon paradoxale deux attitudes intellectuelles qui risquent de rendre le reportage impossible, le relativisme absolu et le dogmatisme. Le sociologue Bernard Lahire formule dans le cadre de sa discipline un postulat qui pourrait être celui de la plupart des grands reportages suédois du 20ᵉ

---

fram på disken och iakttas. Men varje rapport har en upphovsman. Synen bestämmer vad han väljer att se. Det är i detta fall jag som med mina förutsättningar ser en kinesisk verklighet. Detta innebär inte att jag förvränger. Det innebär bara att jag aldrig begått det naturalistiska misstaget (Zola!) att blunda för att synen strukturerar seendet.»

22   Sven och Cecilia Lindqvist: *Kina inifrån*, p. 119: «Fördomar skymmer ens syn, lojaliteter frestar till osaklighet. Därför kan det inte undvikas att osanning uppstår. Men kinesen får lära sig att avsiktligt sträva efter att bli partisk [...] och förneka själva strävan till sanning. Hela min andliga organism gör uppror mot denna lära: att respekt för fakta och respekt för andras övertygelse är en tankens ohyra som bör brännas bort ur mänskosjälen.»

siècle: «L'arbitrarité effective de toute description n'implique pourtant pas l'inexistence ou le caractère amorphe du réel décrit.»[23]

La phénoménologie affirmait que la perception des faits est toujours liée à la signification qu'on leur attribue. Mais elle ne s'intéressait pas à la forme concrète, linguistique, que prend l'exposé de cette totalité constituée par les faits et leur signification, et tendait à ne voir dans la langue qu'un instrument de transcription, retombant en cela dans l'illusion naturaliste. Au contraire, pour l'herméneutique contemporaine, et son principal représentant, Hans-Georg Gadamer[24], la perception n'a pas d'existence autonome, indépendante du langage dans lequel elle se dit.

A la fin du 20ᵉ siècle, l'ethnographie cesse de voir les textes qu'elle produit comme des comptes rendus neutres d'une vision des phénomènes observés qui aurait en elle-même quelque chose de substantiel. L'ethnologue Clifford Geertz remet en cause les présupposés de ses prédécesseurs, qu'il résume ainsi: «Les anthropologues croient dur comme fer que les problèmes méthodologiques centraux de la description ethnographique concernent le processus de connaissance [...] S'il est possible de gérer la relation entre l'observateur et l'observé [...] la relation entre l'auteur et le texte [...] ira, croit-on, de soi.»[25] Geertz estime qu'il faut cesser de considérer les textes ethnographiques comme des vitres transparentes à travers lesquelles on verrait, non pas, certes, le monde extérieur, mais tout au moins la perception qu'en a l'auteur, comme si l'écriture n'avait pas fait l'objet d'un travail spécifique: «Lorsque l'on commence à regarder les textes ethnographiques au lieu de regarder à travers eux, lorsque l'on a constaté qu'ils sont élaborés, et élaborés en vue de convaincre, la responsabilité qui incombe à ceux qui les écrivent est beaucoup plus lourde.»[26] Les ethnologues, qui ne sont plus indifférents

---

23 Bernard Lahire: «Décrire la réalité sociale? Place et nature de la description en sociologie», in Yves Reuter, éd.: *La description. Théories, recherches, formation, enseignement*, Villeneuve d'Ascq, Presses Universitaires du Septentrion, 1998, p. 178.

24 Cf. Hans Georg Gadamer: *Wahrheit und Methode*, Tübingen 1960. Traduction française: *Vérité et méthode*, Paris, Editions du Seuil, 1976.

25 Clifford Geertz: *Works and Lives: The Anthropologist as Author*, Leland Stanford Junior University 1988. Traduction française: *Ici et Là-bas. L'anthropologue comme auteur*, Paris, Métailié, 1996, p. 17.

26 Clifford Geertz: *Ici et Là-bas*, p. 137.

aux questions de stylistique et de rhétorique, sont désormais confrontés à des problèmes analogues à ceux que rencontrent les écrivains-reporters, qui aiment employer des figures de style telles que la comparaison ou la métaphore. «Tout mon organisme spirituel se révolte contre la doctrine...»[27] ne transcrit pas un contenu substantiel qui pourrait aussi bien s'exprimer par «Ma pensée n'admet pas la doctrine...». «Un être humain affamé ne peut être tenu pour pleinement responsable de ses actes et de ses paroles» ne signifie pas exactement la même chose que «la faim est en effet une forme d'irresponsabilité»[28].

L'adhérence des faits à leur signification, et de celle-ci à l'énoncé qui l'exprime, explique la relative autonomie que peuvent prendre des représentations ou des formulations par rapport au réel. Lorsque le cercle herméneutique est fermé sur lui-même, l'interprétation produit l'image des faits qui permet une interprétation semblable à la première.

Un exemple souvent donné pour illustrer ce type de pensée circulaire est celui du voyageur qui arrive dans un pays étranger et n'y voit que ce qui correspond à l'image qu'il en avait au préalable. La construction mentale de l'objet de la perception détermine cette perception. Cette construction mentale est généralement collective, et non individuelle. Les images ainsi constituées sont des stéréotypes. Ce ne sont pas obligatoirement des images fausses, mais plutôt des images indépendantes du réel. Le stéréotype est une image, alors que le cliché est une combinaison de mots fréquemment utilisée, du type «un teint de rose», «fondre comme neige au soleil»..., qui peuvent finir par devenir des expressions idiomatiques dans une langue déterminée.

Le stéréotype n'est pas toujours un phénomène négatif. Les sciences sociales ont pu constater qu'il permettait dans certains cas aux membres d'un groupe de se constituer une identité[29]. Mais il recèle très souvent un jugement de valeur.

La littérature, quant à elle, n'aime pas les stéréotypes ni les clichés, et ne les cite ou ne s'y réfère que pour s'en distancier, moins en raison du

---

27   Voir plus haut.
28   Stig Dagerman: *Tysk höst* (paru en 1947), Stockholm, Pan/Norstedt, 1990, p. 20: «Hunger är ju en form av otillräknelighet».
29   Cf. Ruth Amossy, Anne Herschberg Pierrot: *Stéréotypes et clichés*, Paris, Nathan, 1997.

caractère éventuellement contestable des représentations qu'ils véhiculent qu'à cause de leur manque d'originalité. Leur usage est l'un des indices auxquels on reconnaît la «mauvaise» littérature, celle qui n'est pas créatrice. Aucun «bon» romancier n'oserait sans doute écrire – sauf dans une intention ironique ou parodique – «le rouge lui monta aux joues» ou «elle était d'une pâleur mortelle». Dans la bonne littérature, les Ecossais ne sont pas avares.

La qualité d'un texte journalistique peut elle aussi être liée à l'absence ou à la présence de stéréotypes. Bengt Nerman a montré qu'un texte de ce type recèle quatre significations fondamentales, ou messages fondamentaux: il informe sur une réalité, il exprime l'opinion de celui qui parle, il essaie d'influencer le lecteur et il invite ce dernier à venir partager des vues communes. Il dit au lecteur: «– ‹voici le monde› – ‹voici mon monde› – ‹voici ce que doit être ton monde› – ‹viens partager ce monde qui nous est commun›.»[30] Le caractère stéréotypé d'un écrit journalistique est souvent lié à l'importance qu'y revêt la quatrième signification. Il tient à l'accent qui est mis sur un ensemble de valeurs, de sentiments et de représentations commun à un groupe, et qui fait passer au second plan la réalité extérieure. Nerman remarque que «l'écriture communautaire» *(gemenskapsskrivande)* domine dans la presse populaire et dans une partie de la presse du soir en Suède, donc dans une presse réputée être d'un niveau assez bas. Pour Nerman, le bon journaliste doit au contraire «*voir* et essayer de *mettre en évidence*, c'est-à-dire faire ce que les rites, l'écriture stéréotypée et la propagande *ne font pas*».[31] Il remet en cause les représentations qui fondent la communauté, car c'est seulement ainsi qu'il peut rendre visible ce qui jusqu'alors se trouvait caché.

L'écrivain-reporter passe outre au stéréotype au nom de l'éthique journalistique et l'évite par souci esthétique. Il produit un texte qui se situe au-delà de ce que Hans Robert Jauß nomme «l'horizon d'attente».

---

30 Bengt Nerman: *Massmedieretorik* (paru en 1973), Stockholm, Awe/Gebers, 1981, p. 20: «– ‹detta är världen› – ‹detta är min värld› – ‹detta bör vara din värld› – ‹kom och dela denna vår gemensamma värld›.»

31 Bengt Nerman: *Massmedieretorik*, p. 168: «*se och försöka göra tydligt*, dvs göra vad riter, schablonskrivande och propaganda *inte gör*.» (Les italiques sont de Nerman.)

Ce terme désigne tout ce qu'un public peut attendre d'une œuvre, sur tous les plans, celui du style, de la composition, du schéma narratif, des idées exprimées, des images du réel, et surtout des éléments implicites, acceptés par tous à l'intérieur d'une communauté. L'art inauthentique utilise des formes, des thèmes, des motifs avec lesquels le public est familiarisé et qu'il éprouve de la satisfaction à retrouver. La véritable littérature se caractérise par le fait qu'elle ne répond pas aux attentes de ses lecteurs, qu'elle les déçoit ou les dépasse, qu'elle provoque un changement d'horizon.[32] Si celui-ci ne garantit pas à lui seul la littérarité d'un texte, il en est toutefois sans doute une condition nécessaire.

Il est évident que le reportage est particulièrement apte à susciter un tel changement d'horizon. La question de l'image du réel y est en effet centrale, puisqu'il s'agit d'y montrer une réalité que le lecteur ne connaît généralement pas, ou connaît mal, mais qu'il se représente malgré tout le plus souvent sous un certain nombre de traits précis. Le reporter est directement confronté aux stéréotypes, face auxquels il lui est difficile de rester neutre. Il ne peut que les confirmer ou tenter de les briser.

Aucun bon reporter n'échappe vraisemblablement à ce problème, mais les écrivains-reporters semblent se distinguer des autres en ce que l'attitude iconoclaste est chez eux constante et particulièrement affirmée, est même parfois donnée pour être à l'origine du reportage. La liberté dont jouit l'écrivain reconnu joue ici un rôle: dans la mesure où il peut choisir son genre et son sujet, il serait inexcusable qu'il se borne à répéter des banalités. *Nya boken om vårt land*[33] («Le nouveau livre sur notre pays»), de Jörn Donner, fait directement référence au livre de Zacharias Topelius, paru en 1875, *Boken om vårt land* («Le livre de notre pays»), mais pour mieux s'en démarquer par son sous-titre «Läsebok för vuxna i Finland» («Livre de lecture pour adultes de Finlande»): alors que l'ouvrage de Topelius était une sorte de manuel scolaire qui donnait de la patrie une image idyllique, dans «le nouveau livre», l'auteur affiche son intention de porter un regard adulte et lucide sur la nation dans laquelle il a grandi. Son livre est divisé en cinq parties, appelées *försök*, «tentatives». Il considère que la faiblesse du livre de Topelius – qui est en même

---

32   Cf. Hans Robert Jauß: *Pour une esthétique de la réception*, Paris, Gallimard, 1978, p. 53.
33   Jörn Donner: *Nya Boken om vårt land*, Stockholm, Wahlström & Widstrand, 1967.

temps ce qui a fait son succès – tient à ce que celui-ci distingue mal la réalité des idées préconçues qu'il en a et qu'il omet de soumettre ses représentations a priori à un examen critique. «Topelius pouvait écrire sans être inhibé par la réalité.»[34] Topelius n'était pas un bon reporter, ou il n'en était pas un du tout.

Je me suis efforcée de montrer que *Rapport från Donau*, également de Donner, était entre autres une entreprise de démolition d'une image traditionnelle de l'Autriche comme patrie de la valse viennoise et d'une aimable convivialité[35]. La volonté de détruire des stéréotypes y apparaît avec une netteté particulière, mais elle est présente dans pratiquement tous les reportages d'écrivain, qui en font souvent explicitement mention.

Strindberg décide de peindre les paysans, parce que, estime-t-il, personne ne s'intéresse à eux. L'image de la France qui domine en Scandinavie dans les années 1880 est celle de la vie parisienne, urbaine, frivole, tournée vers la technique et l'industrie, que décrit le journaliste danois Richard Kaufmann dans des ouvrages aux titres révélateurs, tels que *Pariserliv i firsene; nye skizzer fra det moderne Frankrig* («La vie parisienne dans les années 80; nouvelles esquisses de la France moderne») de 1885, ou *Paris under Eiffeltaarnet* («Paris sous la tour Eiffel») de 1889. *Parmi les paysans français* doit montrer une France qui n'est pas visible dans les livres de Kaufmann. D'une manière analogue, Ivar Lo-Johansson déclare en 1927 dans la préface de *Vagabondliv i Frankrike* («Vie de vagabond en France») que les Suédois ne connaissent de la France que Paris, et de Paris que le côté brillant et élégant, et qu'il va donc tenter «une présentation des conditions de vie les plus quotidiennes de l'ouvrier français».[36] Dans *Tyska intryck 1936* («Impressions allemandes en 1936»), Bertil Malmberg entreprend d'abord de montrer à ses compatriotes, majoritairement hostiles à Hitler, les aspects positifs de

---

34   Jörn Donner: *Nya Boken om vårt land*, p. 75: «Topelius kunde skriva utan hämningar av verkligheten.»

35   Voir le chapitre «Le reportage de Jörn Donner sur l'Europe centrale: *Rapport från Donau*».

36   Ivar Lo-Johansson: *Vagabondliv i Frankrike*, Stockholm, Wahlström & Widstrand, 1927: «en framställning av den franske arbetarens allra vardagligaste förhållanden.»

l'Allemagne nationale-socialiste – avant que ce dont il est témoin ne lui fasse comprendre la véritable nature du régime. En 1991, dans *Jorsala-färder. Ett reportage 1984-1991* («Expéditions à Jérusalem. Un reportage, 1984-1991»), Lars Andersson se propose de parler d'Israël en adoptant le point de vue des Israéliens. «Mais», affirme-t-il, «raisonner sur Israël – et sous l'aspect de l'histoire contemporaine [...] juive, et non palestinienne – est, dans les milieux intellectuels suédois dominants *profondément* compromettant. C'est un grave délit moral.»[37] *Tysk höst (Automne allemand)* de Stig Dagerman, qui semble inviter à la compassion envers des Allemands qui vivent dans des ruines, a beaucoup choqué lors de sa parution en 1947.

A l'inverse, lorsque Georg Brandes entreprend de montrer que les Allemands sont des gens qui obéissent aveuglément à leurs supérieurs, idée qui, fondée ou non, est incontestablement un stéréotype, il est quasiment contraint de compenser la banalité du contenu par l'originalité de la forme: ce qui fait l'intérêt du chapitre «Klaverspil og Underdanighed» («Pratique du piano et mentalité de subalterne»)[38] de *Berlin som tysk Rigshovedstad*, ce sont les anecdotes, l'ironie et le procédé stylistique qui fait de l'omniprésence des pianos à Berlin une métaphore de l'omniprésence de l'esprit de soumission.

Il importe assez peu de savoir si les images dominantes auxquelles s'attaquent beaucoup d'écrivains-reporters sont véritablement aussi dominantes qu'ils le laissent entendre. Ce qui est déterminant, c'est leur volonté affichée d'adopter un point de vue original. Cela étant, modifier l'horizon d'attente de ses lecteurs potentiels n'est pas synonyme de provocation, même si aucun de ces reportages n'est totalement exempt d'intentions qui vont dans ce sens. Vouloir se démarquer des stéréotypes est une chose. Mais l'esprit de contradiction ne suffit pas. Il s'agit de donner d'une réalité une image nouvelle, originale, qui soit en même

---

37   Lars Andersson: *Jorsalafärder. Ett reportage 1984-1991*, Stockholm, Norstedt, 1991, pp. 6-7: «Men att resonera om Israel – och ur aspekten av judisk, inte palestinsk, samtidshistoria [...] – är i den dominerande svenska intellektuella miljön *djupt* komprometterande. Svårt sedlighetsbrott.» (Les italiques sont de Lars Andersson.)

38   Cf. Georg Brandes: *Berlin som tysk Rigshovedstad*, in *Samlede Skrifter*, tome 14, Copenhague, Gyldendal, pp. 178-182.

temps cohérente, crédible, qui semble vraie, bien que ne correspondant pas aux idées reçues, et finalement acceptable et susceptible de se substituer à des représentations antérieures. Un stéréotype simplement inversé resterait un stéréotype.

Ce qui s'oppose au stéréotype, c'est «l'autopsie», dans le double sens que Strindberg donnait à ce mot, le sens étymologique, le fait de voir de ses propres yeux, et le sens courant, la dissection.

Aux termes des définitions que j'en ai retenues, le reportage requiert obligatoirement l'autopsie, dans le premier sens. Cette notion pose toutefois problème, puisque, comme j'ai tenté de le montrer plus haut, la confrontation directe avec la réalité de ce qui est conçu comme autre ne suffit pas à elle seule à briser les stéréotypes, elle peut même parfois les renforcer. La volonté de se distancier des représentations préconçues paraît bien indispensable pour rompre, ou au moins entrouvrir le cercle herméneutique. Elle ne garantit sans doute pas à elle seule le succès de l'entreprise, mais elle en est une condition nécessaire. Strindberg annonce: «Je n'ai pas d'opinions toute faites, pas d'arcane, et c'est mon grand mérite»[39], ce qui n'est pas tout à fait honnête, car il a des opinions précises sur le monde paysan. Mais il est vrai qu'il semble souvent les oublier lorsqu'il est sur le terrain, ce qui ne signifie évidemment pas qu'il perçoit alors une réalité en soi, indépendante de toute interprétation, mais qu'il est capable de modifier son regard, d'adopter des points de vue différents, parce qu'il n'est pas prisonnier d'un système de valeurs unique, refermé sur lui-même, parce qu'il a, certes, ses convictions du moment, mais sait qu'il en existe d'autres, par sa propre expérience et par ses contacts avec des pensées différentes de la sienne, qui ne seront jamais totalement effacées de son esprit. Ainsi, lorsqu'il est confronté à la réalité, différents schémas d'interprétation, différentes orientations du regard se proposent spontanément à lui. Par autopsie, il faut vraisemblablement entendre l'activation de regards de nature diverse dont l'observateur dispose potentiellement, et dont l'entrecroisement peut seul donner des choses une image qui ne soit pas totalement prévisible. L'objet est aussi «disséqué» dans la mesure où se trouve brisée la représentation

---

39   August Strindberg: *Bland Franska bönder*, p. 20: «Att jag icke har några åsikter färdiga, något arcanum, det är min stora förjänst.»

unique et cohérente qu'en produirait un regard qui ne dévierait jamais de son orientation d'origine.

Dans *Berlin som tysk Rigshovedstad*, on remarque clairement une tendance à l'auto-correction: Brandes est conscient de ne pas être neutre, il sait qu'en tant que Danois de la fin des années 1870 et d'intellectuel francisé il a des idées préconçues sur la Prusse et l'Allemagne, mais il s'efforce de voir ce qu'elles ont de contestable et ce qui, dans la réalité qu'il a sous les yeux, paraît les réfuter.

De même que le genre du roman suppose, selon Mikhaïl Bakhtine, une société multiforme, dans laquelle des couches sociales différentes les unes des autres par leur mode de vie et leurs modes d'expression marquent de leur langue spécifique le récit littéraire[40], le reportage, tel qu'il apparaît dans la seconde moitié du 19e siècle, semble bien supposer une société où cœxiste une pluralité de visions du monde. La démarche qui consiste à adopter successivement plusieurs points de vue se retrouve avec plus ou moins de netteté chez la plupart des écrivains-reporters. Elle culmine chez Jörn Donner, avec des textes comme *Rapport från Berlin* ou *Sverigeboken*. Son absence compromet la qualité du reportage. L'ennui que l'on peut éprouver à la lecture de *Rapport från kinesisk by*, de Jan Myrdal, tient en grande partie au caractère prévisible du tableau de la Chine qu'en brosse un auteur qui ne se départ jamais de sa conviction de la supériorité du système maoïste.

Le reportage se démarque de l'essai théorique en ce qu'il montre souvent les images en train d'apparaître, d'évoluer et de se modifier. Cela vaut particulièrement pour les reportages d'écrivains, car leurs auteurs consacrent souvent plus de temps au voyage d'investigation, et surtout à sa préparation, que les reporters professionnels. Ces reportages s'inscrivent en outre dans le cadre général d'une confrontation avec le monde par l'intermédiaire de l'écriture. Rien ne révèle mieux l'aptitude effective d'un reporter à se défaire de préjugés que les textes qui captent les moments successifs d'une évolution au terme de laquelle sa vision des choses a changé. Il est dans la nature du reportage d'écrivain de ne pas offrir une photographie nette et précise du réel, car le «photographe» bouge au cours de la prise de vue, et l'image qu'il finit par proposer est

---

40   Cf. Mikhaïl Bakhtine: *Esthétique et théorie du roman*, Paris, Gallimard, 1978.

dans bien des cas assez floue. L'un des exemples les plus frappants de ce phénomène est *Tyska intryck 1936* de Bertil Malmberg, qui arrive à Munich en sympathisant du régime nazi, mais devient fortement critique à son égard après avoir visité le camp de concentration de Dachau – et avoir rendu compte par écrit de cette visite[41].

Jörn Donner conclut son *Rapport från Berlin* («Rapport de Berlin») par cette constatation: «Je suis venu pour avoir une réponse à la question que pose Berlin, mais j'ai oublié en quoi consistait la question et ce que devait être la réponse.»[42] On trouve aussi une inflexion du propos au fil du texte dans *Rapport från Donau*, du même auteur, qui, au début des années 1960, se rend à Vienne, Prague et Budapest pour y mettre en évidence la persistance d'une communauté culturelle entre les pays de l'ancienne monarchie danubienne, mais termine son livre par le constat des profondes différences qui séparent la Tchécoslovaquie et la Hongrie de l'Autriche. On peut remarquer que Strindberg donne une image plutôt sombre de la situation des paysans français dans le reportage qu'il leur consacre, bien qu'il déclare en introduction et en conclusion que le paysan français est le plus heureux d'Europe. Dans tous ces cas, il ne s'agit pas d'inconséquence, mais au contraire d'une pratique conséquente de l'autopsie.

Les reportages d'écrivains illustrent par l'exemple les problèmes que pose l'écriture référentielle. Leurs auteurs s'efforcent de faire apparaître le réel, mais aucun ne prétend donner une image fidèle d'une réalité objective. A partir de la fin du 19e siècle, au moment même où naît le genre du reportage d'écrivain, la littérature a commencé à se défaire de «l'illusion naturaliste», qui sera ensuite fondamentalement remise en cause par le modernisme.

A la suite de Wolfgang Welsch, et d'autres, on peut entendre par modernisme le courant artistique qui ne croit plus à la possibilité pour l'art de reproduire le réel, voit le monde comme un mystère indéchiffrable que l'homme ne peut comprendre et sur lequel il ne peut agir. Par son

---

41   Voir le chapitre «Un poète reporter: les impressions allemandes de Bertil Malmberg en 1936».

42   Jörn Donner: *Rapport från Berlin*, Helsinki, Söderström & Co, 1958, p. 266: «Jag har kommit för att få svar på den fråga som Berlin ställer men jag har glömt bort vad frågan innebar och hur svaret skulle lyda.»

pessimisme, il s'oppose à la modernité, qui est la pensée issue de Descartes et des Lumières et qui croit dans le progrès humain, dans l'aptitude de l'homme à comprendre le monde dans lequel il vit et à le maîtriser grâce à la connaissance. Selon Welsch, le modernisme anticipe la postmodernité, la pensée postmoderne, qui abandonne la modernité et sa confiance dans la raison[43].

On conçoit mal que le reportage puisse être d'inspiration postmoderne, être donc moderniste, sauf à changer radicalement de nature. Mais il est pratiqué par des écrivains auxquels le modernisme n'est pas étranger, qui sont parfois eux-mêmes auteurs d'œuvres modernistes. Il n'est pas rare qu'en art ils soient modernistes, alors que leur pensée demeure pour l'essentiel moderne. La plupart d'entre eux sont humanistes, défendent des valeurs comme la justice, la vérité, la liberté d'opinion, les droits inaliénables de la personne. Mais le reportage d'écrivain se situe à l'intersection de l'art et de l'investigation du réel. Modernité et modernisme y sont donc directement confrontés. Les écrivains-reporters n'ont plus la naïveté de croire que leurs écrits livrent des tranches de vie, mais faire apparaître les choses telles qu'elles sont reste cependant leur objectif déclaré. Stig Dagerman, le romancier moderniste de *Ormen (Le serpent)*, qui montre combien l'être humain a peu de prise sur le monde, s'insurge en tant que journaliste contre l'idée selon laquelle une réalité trop terrible serait indescriptible:

> Des médecins qui parlent à des journalistes étrangers des habitudes alimentaires de ces familles disent que ce qu'elles préparent dans ces marmites est indescriptible. En réalité, ce n'est pas indescriptible, pas plus que leur façon de subsister n'est indescriptible. La viande anonyme qu'ils peuvent réussir à se procurer d'une manière ou d'une autre, ou les légumes sales qu'ils ont trouvés dieu sait où ne sont pas indescriptibles, ils sont profondément répugnants, or ce qui est répugnant n'est pas indescriptible, mais simplement répugnant.[44]

43   Cf. Wolfgang Welsch: «Die Geburt der postmodernen Philosophie aus dem Geist der modernen Kunst», in *Philosophisches Jahrbuch* 97/1 (1990), pp. 15-37; également dans Wolfgang Welsch: *Ästhetisches Denken*, Stuttgart, Reclam, Universal-Bibliothek Nr. 8681, 1990, pp. 79-113.

44   Stig Dagerman: *Tysk höst* (paru en 1947), Stockholm, Pan/Norstedt, 1990, p. 9: «Läkare som berättar för utländska intervjuare om dessa familjers matvanor säger att det de kokar i dessa grytor är obeskrivligt. I själva verket är det inte obeskrivligt, lika lite som hela deras sätt att existera är obeskrivligt. Det anonyma kött som

Les meilleurs reportages d'écrivain montrent que le genre était bien adapté à l'expression de la tension, de la charnière entre la modernité et la postmodernité, qui comporte des anticipations et des retours en arrière. De même que le roman documentaire de Per Olov Enquist *Legionärerna (L'extradition des Baltes)*, comme l'a montré Peter Hansen[45], ne raconte pas l'extradition des Baltes, mais l'enquête que mène celui qui tente de savoir ce qui s'est véritablement passé et qui finit par comprendre qu'il ne le comprendra jamais[46], on trouve dans bien des reportages d'écrivain, entrelacé à la relation des faits, un exposé des difficultés de tous ordres que rencontre le reporter dans l'exécution de sa tâche, qu'il ne surmonte qu'imparfaitement, et auxquelles il n'a pas véritablement trouvé de solution au moment où s'achève son texte.

Torsten Thurén, qui étudie des reportages sur la guerre en Afghanistan au début des années 1980, dont trois ont été écrits par des journalistes professionnels et un par Sven Lindqvist, écrivain-reporter, relève que «Sven Lindqvist est le seul [...] à consacrer des raisonnements développés à une critique explicite de ses sources».[47]

Claude Jullien, journaliste au *Monde*, déclarait au cours d'une conférence dans les années 1980 qu'il venait de passer une douzaine de jours en Albanie, mais qu'il n'écrirait rien sur ce séjour, car il estimait qu'il n'avait pas eu la possibilité de visiter librement tous les endroits qu'il aurait souhaité visiter. Cette attitude est celle d'un professionnel soucieux de faire correctement son métier, mais elle n'est peut-être pas le seul moyen de refuser la censure. On peut supposer avec quelque vraisemblance que, dans une situation analogue, Per Olov Enquist ou Jörn

---

de på ett eller annat sätt kan lyckas komma över eller de smutsiga grönsaker som de hittat gud vet var är inte obeskrivliga, de är djupt oaptitliga, men det oaptitliga är inte obeskrivligt, bara oaptitligt.»

45 Cf. Peter Hansen: *Romanen och verklighetsproblemet*, Eslöv: B. Östlings bokförlag Symposion, 1996.

46 Cf. Per Olov Enquist: *Legionärerna* (paru en 1968), Stockholm: Norstedt, pocketutgåva 1996, p. 415. Voir mon article «Loin et tout près»: les pays baltes dans la littérature suédoise après 1945», in Marc Auchet, Annie Bourguignon, éd.: *Les pays nordiques dans le contexte de la Baltique*, Nancy, Presses Universitaires de Nancy, 2001, pp. 71-86.

47 Torsten Thurén: 1992, p. 204: «Sven Lindqvist är den ende [...] som genomför explicita källkritiska resonemang.»

Donner, ou d'une manière générale beaucoup d'écrivains-reporters, auraient écrit un livre sur l'impossibilité de connaître la réalité albanaise.

Dans *Sverigeboken* («Le livre de la Suède»), Jörn Donner consacre
un long chapitre intitulé «Avertissement et exhortation à l'usage des
auteurs de livres sur des pays»[48], à examiner les difficultés et les obstacles qui s'opposent à l'élaboration d'une image objectivement fidèle
d'une société. On peut y lire «qu'en tant qu'auteur de livres sur des pays,
il est objectivement un incapable, étant donné qu'il traîne son moi avec
lui»[49], mais aussi que «malgré la difficulté, J essaie de trouver des traits
symboliques et généraux de la réalité suédoise, avec l'espoir de réussir là
où d'autres ont échoué. Il croit qu'il est important de savoir des choses
importantes sur cette société».[50]

Dans son *Rapport från Berlin* («Rapport de Berlin»), écrit à la fin des
années 1950, il considère d'abord la ville comme un miroir dans lequel il
voit «le destin de notre monde, sa division et ses craintes».[51] Mais s'il
s'avère rapidement que les images qui sont données de Berlin à l'ouest et
à l'est sont mensongères, les constatations que croit faire le reporter ne
servent qu'à susciter des objections, qui appellent à leur tour de nouvelles interprétations, de nouvelles constatations et de nouvelles objections,
si bien que la réalité de Berlin – et celle du monde – lui échappe, qu'il en
oublie de la chercher et qu'il substitue à cette recherche un enchaînement
sans fin de données factuelles et de remises en cause d'interprétations
qui semblent fallacieusement s'imposer. Aucune image globale ne se
dégage en fin de compte du texte, qui fournit en revanche un grand nombre d'informations sur de multiples aspects particuliers de la réalité berlinoise et exprime une prise de position claire de l'auteur en faveur de
valeurs fondamentales telles que la liberté et le respect de l'autre. Le réel

---

48   Jörn Donner: *Sverigeboken*, Stockholm, Wahlström & Widstrand, 1973, pp. 69-77:
      «Varning och uppmaning till författare av böcker om länder.»

49   Jörn Donner: *Sverigeboken*, p. 76: «Som författare till böcker om länder är han
      objektivt sett oduglig eftersom han släpar på sig själv.»

50   Jörn Donner: *Sverigeboken*, p. 73: «Trots svårigheten försöker J finna symboliska
      och allmänna drag i den svenska verkligheten, i hoppet att han skall lyckas där an-
      dra har misslyckats. Han tror att det är viktigt att veta något viktigt om detta sam-
      hälle.»

51   Jörn Donner: *Rapport från Berlin*, Helsinki, Söderström & Co, 1958, p. 18: «vår
      världs öde, dess delning och fruktan.»

s'avère difficile, voire impossible à saisir, mais il n'est pas question pour autant de se détourner de lui avec indifférence ou de décréter son inexistence.

La volonté d'examiner dans tous ses détails et de juger une réalité dont ils considèrent pourtant qu'ils ne peuvent véritablement la saisir résume sans doute l'attitude de la plupart des écrivains-reporters suédois face à la tâche impossible qu'ils s'assignent.

Le reportage d'écrivain comme texte descriptif

L'information, avec toutes les réserves qui s'imposent, sur la situation politique, sociale, économique d'un pays à un moment déterminé restant un objectif central du reportage, celui-ci sera un texte essentiellement descriptif, ce qui ne va pas sans poser certains problèmes.

L'esthétique classique se méfiait de la description, la tolérait si elle s'intégrait dans une narration et en facilitait la compréhension, mais la proscrivait en tant que fin en soi. Le 18ᵉ siècle exclut encore largement du domaine littéraire les récits de voyage, précisément en raison de leur caractère essentiellement descriptif, qui les place dans la catégorie des textes scientifiques. Lessing reconnaît au discours la capacité d'énumérer les différents constituant d'un tout matériel, mais un tel discours ne peut être à ses yeux ce qu'il appelle de la poésie, au sens étymologique, car il lui manque la faculté spécifiquement poétique de créer l'illusion de la présence des choses. La peinture par les mots n'est acceptable que dans un texte à visée didactique, et tend à transformer en écrit didactique tout écrit qui y recourt[52]. Il faut attendre Rousseau, puis le romantisme, pour que la description acquiert droit de cité dans la littérature.

La description est considérée comme littéraire lorqu'elle est capable de faire surgir une représentation dans l'esprit du lecteur, comme le ferait un objet réel. C'est ce sur quoi insiste Sara Lidman. Pour elle, le bon reporter possède la faculté de voir quelque chose «qu'il parvient à re-

---

52 Cf. Gotthold Ephraim Lessing: *Laokoon oder über die Grenzen der Malerei und Pœsie*, in *Gesammelte Werke*, Band 5, Berlin, Aufbau-Verlag, 1955, pp. 126-128.

créer par les mots avec tant de force que le lecteur voit la même chose, qu'une chose éloignée devient proche, sensible»[53].

Mais la description, même à visée littéraire, court, plus que la narration, le risque d'être ennuyeuse, et ce pour plusieurs raisons. Elle peut échouer à susciter l'image mentale dont parle Sara Lidman. Elle peut lasser par sa longueur: en théorie, on peut prolonger une description indéfiniment, car jamais une chose ne se trouve décrite de manière parfaitement exhaustive; cependant, si les détails s'accumulent en trop grande quantité, le lecteur ne parvient plus à les intégrer mentalement à la représentation qu'il avait commencé à se constituer de l'ensemble. Mais surtout, la description ne peut pas jouer avec les attentes du lecteur, soit pour y répondre, soit pour les surprendre ou les décevoir, avec autant de facilité que le fait le récit. Or ce jeu avec les attentes est pour beaucoup dans le plaisir de la lecture. Lorsqu'il n'est pas possible, l'écrivain est contraint de trouver d'autres procédés pour susciter et entretenir l'intérêt. Parfois, l'information apportée a un caractère suffisamment nouveau ou surprenant pour compenser à elle seule l'absence de «suspense». Le plus souvent toutefois, c'est par la manière de présenter sa matière, par son style, et par la structure générale de son ouvrage, que le reporter parvient à éviter que son texte ne soit ennuyeux. La structure est également importante dans la mesure où le reportage doit transmettre des informations de la façon la plus claire possible. Sur ce point, les exigences esthétiques et didactiques se rejoignent.

La structure du reportage n'entretient jamais de liens privilégiés avec le sujet qu'il traite. La chronologie par laquelle peut s'ordonner le récit d'une succession de faits est immanente à cette succession de faits, tandis que rien dans une maison n'incite a priori à la décrire en commençant par le toit plutôt que par les fondations, par la partie droite plutôt que par la partie gauche ou par le centre.

L'ordre chronologique n'est ni inévitable ni indispensable dans une narration, et la littérature romanesque offre de multiples exemples de récits qui procèdent par analepses et prolepses, retours en arrière et anticipations. Mais la chronologie est toujours sous-jacente, et il est possible

---

53   Sara Lidman: «Brev från andra stranden», in *Dagens Nyheter*, 12 september 1973. Cité par Gunnar Elveson, 1979, p. 47: «som han förmår med ord återskapa så starkt att läsaren ser detsamma, att något avlägset blir nära, kännbart.»

de la reconstituer. Le langage lui-même, qui se déroule de manière linéaire, d'un mot à l'autre et d'une phrase à l'autre, est mieux adapté à la relation d'une succession d'événements qu'à la représentation d'un objet qui s'étend dans l'espace. Comme le remarque Philippe Hamon: «L'essence du descriptif, s'il devait en avoir une, [...] serait dans un effort: un effort pour résister à la linéarité contraignante du texte.»[54] On sait depuis Lessing[55] que la littérature n'a pas pour vocation de peindre, pas plus que la peinture ne peut figurer une évolution dans le temps. La principale difficulté à laquelle se heurte la description est qu'elle doit représenter de l'étendue par de la durée.

La rhétorique classique avait des règles qui prescrivaient l'ordre dans lequel devaient figurer les différents éléments de ce qui était à décrire, selon qu'il s'agissait d'une chose ou d'une personne, mais ces règles n'étaient que des conventions. Lessing, l'un des adversaires les plus conséquents de la description pure, recommande pour sa part aux écrivains de la remplacer chaque fois que c'est possible par un récit qui fait apparaître l'un après l'autre les différents éléments de l'objet concerné, et se réfère à l'exemple paradigmatique du procédé dit de narrativisation, la fabrication du bouclier d'Achille par Héphaïstos au chant 18 de l'*Iliade*[56].

Il n'est pas rare de voir les ethnologues reprendre cette technique, qui permet de surmonter ce que Jean-Michel Adam nomme «l'enlisement descriptif». «Dans un genre aussi fondamentalement descriptif que l'écrit ethnographique, il n'est pas surprenant de voir les auteurs adopter [...] les mêmes solutions que les écrivains.»[57] Les reporters recourent eux aussi assez volontiers à la narrativisation, comme le constatent par exemple Egon Kötting et Ragnar Thoursie dans un passage de *Kulissbygget* («La construction d'un décor») que l'on pourrait qualifier de «métareportage», qui traite de la manière dont les reporters qui doivent rendre compte de la misère matérielle qui règne en Allemagne au lende-

---

54   Philippe Hamon: *Du Descriptif*, Paris, Hachette, 1993, p. 5.
55   Cf. Lessing: *Laokoon.*
56   Cf. Lessing: *Laokoon*, pp. 134-135.
57   Jean-Michel Adam: «Aspects du récit en anthropologie», in Jean-Michel Adam, Marie-Jeanne Borel, Claude Calame, Mondher Kilani: *Le discours anthropologique. Description, narration, savoir*, Paris, Méridiens Klincksieck, 1990, p. 271.

main de la seconde guerre mondiale narrativisent leurs comptes rendus, leur donnent des traits romanesques:

> Tous les reportages sur l'Allemagne d'aujourd'hui [1948] comportent la description d'un voyage en train, qui constitue un élément romanesque très efficace: on raconte la bousculade dans les gares et sur le quai, la lutte sans merci pour avoir une place, il est question de gens qui s'accrochent aux marchepieds et entre les wagons après avoir jeté leurs sacs de pommes de terre sur le toit des wagons et attaché leurs ballots aux tampons, de vieillards qui tombent parce qu'ils n'ont plus la force de se tenir et de jeunes gens trop téméraires qui sont fauchés dans les tunnels.[58]

La narrativisation permet traditionnellement de décrire, en restant dans le domaine de la littérature, un objet particulier. Les reporters dont parlent Kötting et Thoursie l'utilisent pour représenter une série de phénomènes caractéristiques d'une société à un moment déterminé de son histoire. Le reportage est en effet un genre qui non seulement comporte de nombreuses descriptions, mais qui est en lui-même, par essence, une description, si bien que la narrativisation peut apparaître comme un moyen de résoudre le problème que pose la structuration du texte dans son ensemble. En racontant un voyage en train à travers l'Allemagne de 1948, on est naturellement conduit à montrer différents aspects de la réalité allemande de l'époque.

Les écrivains-reporters recourent assez fréquemment à un parcours géographique pour structurer le compte rendu qu'ils font de leur enquête de terrain. L'un des exemples les plus typiques de ce procédé est le tour de France relaté par Strindberg dans la seconde partie de *Parmi les paysans français*[59], et on le retrouve aussi dans *Samtal i Hanoi* («Conversations à Hanoi»), de Sara Lidman, dans *Zahak*, de Sven Delblanc, et dans beaucoup d'autres reportages d'écrivain. Mais, comme je me suis

---

58 Egon Kötting, Ragnar Thoursie: *Kulissbygget. Tyskland mellan Molotov och Marshall*, Stockholm, Ljus, 1948, p. 86: «I alla reportage från Tyskland av idag [1948] ingår som ett mycket tacksamt novellistiskt element beskrivningen av en tågresa: man berättar om trängseln på stationerna och plattformen, om den hänsynslösa kampen för att få plats, om folk, som hänger på fotstegen och mellan vagnarna, med sina potatissäckar uppslängda på vagnstaken och sina knyten bundna vid kopplen, om hur gamla faller av därför att de inte orkar hålla sig kvar och hur unga människor som är för djärva blir nerslagna i tunnlarna.»

59 Voir le chapitre: «Images de la France rurale à la fin du 19e siècle: Le reportage d'August Strindberg *Bland franska bönder*».

efforcée de le montrer à propos du livre de Strindberg, dans les reportages, la relation d'un voyage n'est un récit qu'en apparence. En littérature, le récit n'est pas une simple succession chronologique de faits, il en présente en même temps l'enchaînement causal. Comme le souligne Paul Ricœur, les épisodes d'une intrigue doivent se succéder d'une manière nécessaire, conformément à une logique, «la structure de l'action repose sur le lien interne à l'action et non sur des accidents externes».[60] Dans le reportage, il n'y a pas d'enchaînement causal entre les épisodes successifs, et souvent d'ailleurs pas non plus d'enchaînement temporel: ce qui est montré au chapitre 4 n'est que rarement la conséquence de ce qui est montré au chapitre 3, et les réalités que présentent les chapitres 3 et 4 existent simultanément. Le contenu du reportage ne possède pas en lui-même de chronologie, que seul lui donne le trajet qu'effectue le reporter, qui constitue une ordonnance extérieure au contenu, et arbitraire, puisque ce dernier ne changerait en général pas fondamentalement si l'on modifiait l'ordre des étapes du parcours. C'est pourquoi, dans le genre du reportage, la relation d'un voyage constitue une structure tout à la fois commode et non obligatoire, c'est pourquoi on y trouve d'autres structures.

Kulissbygget, de Kötting et Thoursie, mentionné plus haut, s'ordonne selon un plan thématique systématique: le livre est divisé en six grandes parties, qui concernent chacune un aspect de l'Allemagne de l'après-guerre[61], elles-mêmes divisées en chapitres qui abordent successivement les points les plus importants de ces différents aspects. *Rapport från kinesisk by (Un village de la Chine populaire)*, de Jan Myrdal, est construit d'une manière analogue. On a ici une structure proche de celle d'un écrit scientifique ou didactique, qui risque de faire paraître le texte statique et rigide, et qui n'est utilisable avec profit que si les informations qu'il transmet sont particulièrement intéressantes et inédites. *Kulissbygget*, qui défend la thèse selon laquelle l'Allemagne ne sortira pas de sa

---

60   Paul Ricœur: *Temps et récit*, Paris, Seuil, 1983, tome 1, p. 70.
61   Les six parties ont les titres suivants: «Zoner och länder», «Industrin», «Försörjningskrisen», Flyktingar och krigsfångar», «Kulturlivet», «De nya politiska rörelserna» («Zones [d'occupation] et *Länder*», «L'industrie», «La crise du ravitaillement», «Réfugiés et prisonniers de guerre», «La vie culturelle», «Les nouveaux mouvements politiques»).

misère aussi longtemps que chacun des Alliés n'y mènera que la politique qui sert ses propres intérêts, et qui utilise largement les descriptions concrètes pour illustrer cette thèse, a, tout en offrant une peinture poignante de la réalité, quelque chose d'une œuvre polémique. *Un village de la Chine populaire*, qui contient nombre d'informations déjà connues, ou prévisibles, frappe par un didactisme que souligne et renforce l'ordonnance générale du livre.

A l'opposé du plan thématique systématique, il y a l'absence, réelle ou simulée, de tout plan, que l'on trouve surtout dans les livres de reportage qui ne sont que des recueils d'articles sur un sujet déterminé, précédemment publiés dans la presse par leur auteur, qui les réunit ensuite en un volume. *Berlin som tysk Rigshovedstad*, qui paraît en 1885, ne fait que reprendre les articles berlinois écrits par Georg Brandes entre 1877 et 1883, dans l'ordre de leur rédaction. Le désordre apparent qui règne dans le livre est cependant artistiquement arrangé, l'auteur sait changer totalement de sujet pour ne pas lasser, faire alterner les thèmes graves et les thèmes légers, mais aussi revenir à plusieurs reprises, éventuellement avec de longs intervalles qui traitent d'autre chose, sur des points importants, pour les approfondir ou les éclairer d'un jour nouveau, évitant ainsi tout à la fois d'être ennuyeux et superficiel. Le désordre arrangé exige un grand talent de styliste, qui fait que chaque partie du tout est par elle-même d'une lecture agréable. Il requiert également que l'auteur sache éviter les deux écueils de la répétition et de l'éparpillement.

La structure thématique peut se combiner avec celle du voyage, dont chaque étape fournit l'occasion – ou le prétexte – de traiter un thème particulier. Tel est le cas dans la seconde partie de *Parmi les paysans français*, ou dans *Samtal i Hanoi*. En fait, dans la plupart des reportages qui se présentent sous la forme d'une relation de voyage, la structure pseudo-chronologique se double plus ou moins d'une structure thématique, qui convient beaucoup mieux au genre, lequel ignore la durée, puisqu'il se propose de produire des instantanés, de saisir une réalité déterminée à un moment déterminé.

Ordonner un reportage en fonction des différents thèmes qu'il aborde n'entraîne pas nécessairement une structure de type didactique, systématique, présentant quelques grandes questions divisées en sous-questions, elles-mêmes éventuellement subdivisées en un certain nombre de points. Dans *Rapport från Berlin* (1958, «Rapport de Berlin»), puis, plus tard, dans *Sverigeboken* (1973, «Le livre de la Suède»), Jörn Donner passe d'un thème à l'autre comme par association d'idées, par des transitions souples, il développe dans un chapitre un point qui avait été brièvement évoqué au chapitre précédent. Ainsi les premier chapitres de *Rapport från Berlin* partent d'une observation de la ville à la fin des années 1950, relèvent les traces de la république de Weimar, puis celles du Berlin populaire et prolétaire du début du 20ᵉ siècle, et en arrivent ainsi à parler des visites guidées et du regard que portent les touristes occidentaux sur l'ancienne capitale du *Reich*, ce qui conduit à traiter de l'urbanisme dans le secteur oriental et de la question des réfugiés. Le texte progresse par enchaînement thématique libre. Au lieu d'un parcours géographique, il utilise un parcours mental à travers une réalité qui constitue un tout fondamentalement indivisible, dont il n'est pas possible d'isoler les différents éléments, et qui présente simplement des aspects qui se modifient peu à peu selon le cours que prend la réflexion. L'un des intérêts des œuvres de Donner est d'avoir offert une solution qui paraît satisfaisante au problème de la structuration du reportage.

De même que la structure d'ensemble du reportage ne peut être un récit, il n'y a pas, dans ce genre, d'actants qui auraient un statut comparable à celui des personnages dans le roman ou le théâtre. Dans le roman ou dans le drame, personnages et récit, intrigue, sont étroitement liés. Le récit est d'abord le récit de ce qui leur arrive, ou de ce qui arrive de leur fait, il révèle peu à peu leurs relations multiples avec le monde. Or c'est du monde dont traite d'abord le reportage. Les êtres humains qui y apparaissent sont simplement utilisés pour en préciser l'image. Ils y sont au service de la description, tandis que dans un texte narratif la description est en principe au service du récit et des personnages qui le portent. Le reportage peut, en théorie au moins, se passer d'individus présentés en tant que tels. Il n'y en a quasiment pas dans *Kulissbygget*, de Kötting et Thoursie, tandis que Jörn Donner aime mettre en scène des gens qui lui semblent représentatifs des phénomènes qu'il examine, que ce soit dans

Rapport från Berlin, *Rapport från Donau*, *Sverigeboken* ou dans *Nya boken om vårt land* («Le nouveau livre sur notre pays»)[62].

On trouve dans le reportage deux catégories distinctes de personnes, les figures historiques et les figures emblématiques. Les premières sont des personnes publiques, les secondes des gens ordinaires. Par «personnes publiques», j'entends celles qui jouissent d'une certaine notoriété dans leur pays, et sont aussi le plus souvent connues des lecteurs auxquels s'adresse le reporter; ce sont les dirigeants politiques et économiques, les écrivains et les artistes. Ils sont en eux-mêmes un aspect de la réalité de leur société, leur description a le même statut que celle des institutions ou des conflits sociaux, elle ne renvoie qu'à eux-mêmes, ne symbolise rien et est intéressante en elle-même. Les gens ordinaires ne présentent au contraire un intérêt que dans la mesure où leur cas particulier illustre un phénomène plus général. Le paysan, le médecin, l'ouvrier, l'enseignant, l'opposant politique apparaissent souvent dans le reportage sous les traits d'un individu que le reporter a eu l'occasion d'observer, avec lequel il a pu s'entretenir, et qu'il individualise en citant son nom, son âge, l'endroit où il vit, sa situation de famille ou d'autres caractéristiques qui marquent sa singularité. Mais il s'agit essentiellement, à travers les portraits de ce type, de rendre sensible un phénomène qui resterait une abstraction s'il était exposé en termes généraux. Le reportage ne dit rien du destin d'un tel individu dans sa globalité, il n'en garde que la partie qui a valeur d'exemple dans le cadre de la question dont il traite. Lorsque, dans *Berlin som tysk Rigshovedstad*, Georg Brandes parle de Bismarck, il ne parle de rien d'autre que de Bismarck, il intervient dans le débat qui a lieu à cette époque en Europe à propos de Bismarck et du jugement qu'il convient de porter sur lui. En revanche, ce qu'il rapporte d'Anton von Werner, directeur de l'académie des beaux-arts qui s'est vu infliger un blâme pour avoir déclaré publiquement qu'un tableau de Rubens nouvellement acquis par la direction des musées était un faux, a uniquement pour fonction d'illustrer la loyauté totale, parfois poussée jusqu'à l'absurde, que le *Reich* bismarckien exige de ses fonctionnaires[63]. De même, dans *Rapport från Berlin*, de Jörn Donner, un livre qui

62   Jörn Donner: *Nya Boken om vårt land*, Stockholm, Wahlström & Widstrand, 1967.
63   Cf. Georg Brandes: *Berlin som tysk Rigshovedstad*, p. 328.

présente beaucoup de gens qui n'ont jamais été célèbres, Willy Brandt n'est que Willy Brandt.

La frontière entre les personnes publiques et les gens ordinaires n'est pas objectivement très nette, puisqu'il y a bien des degrés dans la notoriété, et qu'il arrive qu'un reportage présente des personnages connus dans certains milieux sans l'être toutefois mondialement, ni même nationalement. C'est la fonction que donne le reporter à un individu dans son texte qui le range dans la catégorie des figures historiques ou dans celle des figures emblématiques. Ainsi, à la fin des années 1950, Otto John est connu de bien des Allemands, mais, à l'inverse de Willy Brandt, très peu de Nordiques savent qui il est. Donner choisit clairement d'en faire une figure emblématique, et déclare au début du chapitre qui lui est consacré: «Otto John incarne la névrose allemande, la psychologie de la fuite et de la trahison.»[64]

La figure emblématique du reportage, avec sa valeur représentative, ressemble au personnage du roman réaliste, en particulier à ses personnages secondaires. Elle est à la charnière entre le véritable cas particulier et le symbole, elle est un cas particulier choisi pour son caractère typique. La figure emblématique est par bien des aspects une figure littéraire, et ce n'est sans doute pas un hasard si on en trouve en grand nombre chez les écrivains-reporters.

En revanche, la figure historique est d'une autre nature que les personnages des romans ou drames historiques. Ces derniers renvoient le plus souvent, au-delà d'eux-mêmes, à des types humains, à des attitudes devant l'existence. Dans la figure historique du reportage, comme dans toute réalité que le genre s'efforce de saisir, seul est véritablement intéressant ce qui est original. Ce qui la rend semblable à d'autres peut être mentionné, mais n'a pas besoin d'être décrit. En pratique, le reporter ne peut s'abstenir totalement de rattacher la figure historique à un type. Il est incontestable que Bismarck, aux yeux de Brandes, incarne «le grand homme», «det store Menneske», au sens qu'il donnera un peu plus tard à ce mot, tout comme Georg Lukács représente pour Donner, dans *Rapport från Donau*, le penseur libre. Mais le reporter cherche toujours à montrer la figure historique dans sa singularité. Cette figure étant vivante

---

64 Jörn Donner: *Rapport från Berlin*, p. 69: «Otto John förkroppsligar den tyska neurosen, flyktens och förräderiets psykologi.»

au moment où il écrit, il n'est du reste pas possible de la définir par un destin achevé sans en faire une figure imaginaire et sortir par là du genre du reportage. La figure emblématique l'est explicitement dans le texte du reportage lui-même, tandis que la figure historique ne devient éventuellement typique ou symbolique que dans l'ensemble plus vaste constitué par le corpus des œuvres de son auteur, voire dans le contexte intellectuel et culturel d'une époque.

Il convient également de remarquer que certains types de figures – emblématiques ou historiques – se retrouvent d'un texte à l'autre, chez le même reporter ou chez des reporters différents, et qu'il serait vraisemblablement possible d'esquisser une typologie de ces figures, ou au moins d'examiner les plus fréquentes, telles que l'opposant politique, le jeune, l'habitant de la «tour d'ivoire», la personne de condition modeste... L'ami du reporter sur le terrain joue dans bien des reportages un rôle particulier, puisqu'il sert d'intermédiaire entre le reporter et la réalité qu'il veut explorer, qu'il lui en montre les aspects cachés et lui en suggère des interprétations. Il est une sorte d'équivalent de celui que les ethnologues nomment «l'informateur».

L'enquêteur, c'est-à-dire le reporter en train d'effectuer ses recherches de terrain, est aussi une figure du reportage, et la plus indispensable. Il n'est pas rare qu'elle soit définie en partie par opposition à une autre, le mauvais journaliste. Le mauvais journaliste est celui que sa tâche n'intéresse pas véritablement, qui ne l'accomplit que pour gagner de l'argent, c'est celui qui est au fond assez indifférent au monde inhabituel qui l'entoure, qui ne fait pas l'effort d'aller le regarder de près, d'interroger les gens du pays et de les écouter, qui voyage trop vite et ne recueille que des impressions superficielles, qui ne fréquente que d'autres journalistes étrangers, que l'on trouve plus souvent au bar du grand hôtel que dans le café du village ou le bistrot du coin de la rue. C'est aussi celui qui a insuffisamment préparé son enquête de terrain, qui ne s'est pas sérieusement documenté avant son départ et s'avère pour cette raison incapable de voir dans la réalité qu'il aborde autre chose qu'une confirmation des quelques représentations stéréotypées qu'il en a a priori. L'écrivain-reporter enquêteur est évidemment le contraire de ce mauvais journaliste: il n'est pas poussé à entreprendre son enquête par la nécessité de gagner de l'argent, il a choisi d'enquêter sur un sujet qui l'intéresse, il a fréquenté les bibliothèques avant de se rendre sur le terrain, il sait prendre le temps nécessaire à un examen approfondi des choses, il multiplie les interviews et les contacts avec la population locale...

Dans son reportage sur l'Afghanistan du début des années 1980, *Elefantens fot* («Le pied de l'éléphant»), Sven Lindqvist écrit:

> Ici on trouve toutes les vérités et tous les mensonges – les rumeurs se répandent avant d'avoir eu le temps de devenir réalité, le pouvoir s'avance dévoilé et nu, les secrets sont révélés, les exagérations ont des ailes.
>
> C'est dans cette marmite en ébullition que viennent pêcher leurs nouvelles d'Afghanistan les agences de presse et les diplomates qui arrivent de leurs bureaux d'Islamabad et la petite troupe de journalistes en visite qui s'incrustent au Dean's Hotel et à l'Intercontinental.[65]

Après avoir décrit la misère des réfugiés qui vivent dans les ruines des grandes villes allemandes à l'automne 1946, Stig Dagerman poursuit:

> En effet, l'image automnale de la famille dans la cave pleine d'eau ne serait pas complète sans un journaliste, qui, en équilibre précautionneux sur des planches placées à cet endroit, interviewe les membres de la famille sur leurs points de vue sur les débuts de la démocratie allemande, leur demande quels sont leurs espoirs et leurs illusions – et surtout: demande si cette famille vivait mieux sous Hitler. La réponse qu'obtient alors le visiteur fait qu'il se hâte, avec un geste de salutation où s'expriment la colère, le dégoût et le mépris, de sortir à reculons de la pièce malodorante, prend place dans sa voiture anglaise de location ou sa jeep américaine, pour, une demi-heure plus tard, devant un drink ou un bon verre de vraie bière allemande au bar de l'hôtel réservé à la presse, rédiger des considérations sur le sujet «Le nazisme est vivant en Allemagne».[66]

---

65 Sven Lindqvist: *Elefantens fot: resa i Baluchistan och Afghanistan*, Stockholm, Bonnier, 1985, p. 81: «Här finns alla sanningar och lögner – ryktena sprids innan de har hunnit bli verklighet, makten går avslöjad och naken, hemligheterna uppenbaras, överdrifterna får vingar.
Det är ur denna sjudande gryta som nyheterna från Afghanistan fiskas upp av nyhetsbyråer och diplomater som kommer resande från sina kontor i Islamabad och av den lilla skara besökande journalister som häckar på Dean's Hotel och Intercontinental.»
Cité par T. Thurén: 1992, p. 284.

66 Stig Dagerman: *Tysk höst*, pp. 13-14: «Till den höstliga bilden av familjen i den vattenfyllda källaren hör nämligen också en journalist som försiktigt balanserande på utlagda plankor intervjuar familjemedlemmarna om deras synpunkter på den nystartade tyska demokratin, frågar om deras förhoppningar och illusioner – och framför allt: frågar om denna familj hade det bättre under Hitler. Det svar som be-

Le «métareportage», le reportage sur l'activité des autres reporters, est assez fréquent chez les écrivains-reporters, auxquels il permet de mettre en avant la singularité de leur propre attitude. Il peut dans certains cas conduire à une prise de distance ironique de l'auteur face à son rôle de reporter. Lars Andersson écrit ainsi à propos d'un reportage à Jerusalem pendant la guerre du Golfe, en janvier 1991: «Kay Glans de *Svenska Dagbladet*, Richard Haas de *Politiken* et Lars Andersson de *Dagens Nyheter* marchaient, tels les trois fantômes de la presse internationale, jusqu'au Mur Occidental.»[67]

Le statut de l'énonciateur

Il paraît utile de distinguer, chez le reporter, entre l'enquêteur et le scripteur. L'enquêteur est celui qui se rend sur le terrain et y effectue ses recherches, le scripteur celui qui, à sa table de travail, relate son enquête et la commente. L'enquêteur et le scripteur sont obligatoirement une seule et même personne, mais leurs activités sont différentes. En toute rigueur, il faut aussi distinguer entre l'enquêteur réel, l'enquêteur sur le terrain, et l'enquêteur dans le texte. Ce dernier est une figure du texte, et c'est à lui que je me réfère, sauf indication contraire, par le terme simple «d'enquêteur». En effet, à de rares exceptions près, je n'ai pas cherché à savoir comment les écrivains-reporters dont j'ai étudié les œuvres se sont effectivement comportés lors de leurs investigations et n'ai retenu que la représentation de cette activité que donnent leurs reportages.

---

sökaren därvid får gör att han med en bugning av vrede, vämjelse och förakt hastigt drar sig baklänges ur det illaluktande rummet, tar plats i sin förhyrda engelska automobil eller amerikanska jeep för att en halvtimma senare vid en drink eller ett gott glas äkta tyskt öl i baren på presshotellet författa en betraktelse över ämnet ‹Nazismen lever i Tyskland›.»

67   Lars Andersson: *Jorsalafärder*, p. 148: «Kay Glans från Svenska Dagbladet, Richard Haas från Politiken och Lars Andersson från Dagens Nyheter vandrade som världspressens tre våldnader till Västra Muren.» *Svenska Dagbladet* et *Dagens Nyheter* sont les deux plus grands quotidiens du matin suédois, *Politiken* est l'un des plus grands quotidiens danois.

L'enquêteur est presque toujours une figure importante dans le reportage d'écrivain. La réussite de l'entreprise dépend de la qualité du travail de l'enquêteur sur le terrain. Il doit savoir pratiquer «l'autopsie», prendre en compte ses propres préjugés pour tenter de corriger l'influence qu'ils peuvent exercer sur sa manière de regarder et de voir, ne pas ménager sa peine et se rendre dans des lieux insolites, savoir parler avec ceux qu'il rencontre et les écouter. Il doit aussi s'interroger sur ses méthodes d'investigation, en percevoir les limites, au besoin les modifier. Il utilise sa propre sensibilité et ses réactions spontanées pour détecter des phénomènes qui échapperaient à un observateur à distance.

Le scripteur rapporte ensuite ces expériences à la première personne, ce qui est légitime, puisqu'elles ont bien été faites par lui, l'auteur. L'emploi de la première personne est quasiment obligatoire dans le reportage, car elle semble être le seul moyen d'indiquer l'identité entre le scripteur et l'enquêteur, de rappeler la référence à un vécu authentique, et aussi d'assumer la responsabilité de l'enquête, de ses résultats et de leur présentation. Dans quelques cas extrêmes, la distance entre enquêteur et scripteur est mise en évidence par un procédé qui consiste à ne pas désigner l'enquêteur par «je». Ce dernier est par exemple nommé «J», et «il» dans *Sverigeboken*, de Jörn Donner. On peut sans doute voir là une adaptation au reportage d'une tradition du roman autobiographique suédois à la troisième personne, qui remonte au *Fils de la servante* de Strindberg et a été reprise par beaucoup d'écrivains autodidactes dans les années 1930, notamment par Eyvind Johnson dans la série romanesque *Romanen om Olof* («Le roman d'Olof»[68]). Dans le cas de *Sverigeboken*, il est toutefois évident que la lettre majuscule choisie pour désigner l'enquêteur invite directement à reconnaître en lui l'auteur du livre: son prénom commence en effet par «J», et, en suédois comme en français, «j» est la première lettre du pronom personnel sujet de la première personne du singulier. Dans *Zahak*, Sven Delblanc appelle l'enquêteur «Turisten», «le Touriste», mais après avoir pris soin d'indiquer en introduction que le «Touriste», c'était lui: «dans une génération de voyageurs, je

---

68   Le volume paru en français sous ce titre est en fait la traduction du premier roman seulement de la série, qui en comprend quatre.

suis tout au plus Touriste.»[69] Ce terme est destiné à rappeler à intervalles réguliers que l'observateur suédois qui voyage en Iran se trouve face à une société radicalement différente de celle à laquelle il appartient et qu'il n'est donc pas toujours capable de percevoir ou d'interpréter correctement une réalité qui lui est étrangère, qu'on ne peut attendre de lui une image objective et exhaustive du pays. Le qualificatif de touriste qu'il s'applique ne l'empêche d'ailleurs pas de mettre en évidence la supériorité de son attitude en l'opposant à celle de véritables touristes: l'enquêteur fait halte dans une auberge dont les murs sont couverts d'inscriptions à la gloire du Shah. Son chauffeur lui explique que le propriétaire ne possède pas la licence nécessaire pour tenir une auberge, mais que des policiers hésiteraient beaucoup à procéder à des vérifications chez lui, précisément à cause des proclamations qui figurent sur les murs. Sven Delblanc ajoute: «A côté de ma table, il y a deux étudiants ouest-allemands qui, à l'aide d'un dictionnaire, d'un *Sprachführer* et en conjuguant leurs efforts réussissent à déchiffrer les inscriptions. Après quoi ils parlent, très affectés, du royalisme dans les couches profondes du peuple persan.»[70]

Peut-être davantage encore que le simple reporter, l'écrivain-reporter insiste volontiers sur le fait qu'il voit plus et mieux que les autres. Il parvient à saisir ce qui échappe aux touristes étrangers et aux journalistes mal préparés à leur tâche, mais aussi à une grande partie de la population du pays sur lequel il enquête, voire à certains de ses dirigeants. Révéler ce qui a longtemps été ignoré fait évidemment partie du métier du reporter, qui, comme l'anthropologue selon Clifford Geertz, «s'aventure là où des âmes moins bien trempées n'osent pas aller»[71]. Ainsi, Sara Lidman s'expose physiquement au danger lorsqu'elle parcourt en chemin de fer le Vietnam du Nord soumis à des bombardements intensifs. Mais les régions inexplorées qu'il s'agit de découvrir ne sont pas seulement les

---

69   Sven Delblanc: *Zahak*, p. 11: «bland en generation av resenärer är jag på sin höjd Turist.»

70   Sven Delblanc: *Zahak*, p. 91: «Bredvid mitt bord sitter två västtyska studenter, som med ordbok, Sprachführer och gemensamma krafter lyckas tyda inskriptionerna. Därpå talar de med gripenhet om rojalismen i det persiska folkets djupa led.»

71   Clifford Geertz: *Works and Lives: The Anthropologist as Author*, Leland Stanford Junior University 1988. Traduction française: *Ici et Là-bas. L'anthropologue comme auteur*, Paris, Métailié, 1996, p. 43.

lieux physiquement difficiles d'accès, ce sont aussi, et surtout, les phénomènes cachés derrière les apparences. Le geste du dévoilement de ce qui est dissimulé est commun au reporter et à l'écrivain moderne, et celui-ci peut parfois, au cours d'un reportage, renouer avec une vocation fondamentale de montreur de l'invisible.

Au début de l'année 1879, Bismarck, dans le contexte du *Kulturkampf*, déclare officiellement que les négociations avec la Curie romaine sont rompues, et sa déclaration est reprise par de grands journaux. Georg Brandes réussit à parler avec un homme politique proche du chancelier et apprend ainsi – ce dont il va informer ses lecteurs – que Bismarck est en réalité prêt à faire les concessions nécessaires pour mettre fin au *Kulturkampf*, car il a besoin des voix du *Zentrum*, le parti catholique, pour faire accepter sa politique commerciale au parlement. Brandes ne fait ici rien d'autre qu'un travail de bon journaliste. En revanche, lorsqu'il relate les festivités du mariage du prince Guillaume (le futur empereur Guillaume II), en mars 1881, et décrit la manière dont la princesse, dans son carrosse, semble s'incliner inlassablement, pendant plusieurs heures, pour saluer la foule, alors qu'en réalité le dossier sur lequel elle s'appuie a été équipé d'un système de ressorts qui lui font automatiquement déplacer le buste, «l'initié» pour lequel se donne Brandes est plus qu'un observateur bien informé. «Pour les rares personnes», déclare-t-il, «qui étaient dans ce secret, cela avait indéniablement une touche comique; mais la foule [...] prit tout au sérieux.»[72] Ce qu'il montre là est anecdotique, a en soi peu d'intérêt, et invite pour cette raison à voir dans la situation présentée une image symbolique de la qualité d'initié du poète, qui, contrairement à la «foule», connaît, non par un heureux hasard, mais comme par essence, les «ressorts» qui déterminent le cours des choses. D'une manière analogue, Karin Palmkvist relève, chez l'auteur d'*Automne allemand*, «le talent de voir ce qu'il y a de symbolique dans les petits faits».[73]

---

72   Georg Brandes: *Berlin som tysk Rigshovedstad*, p. 295: «For de faa, der var ind-
     viede i denne Hemmelighet, havde dette unegtelig et Stænk af noget Komisk; men
     Mængden [...] optog alt som Alvor.»
73   Karin Palmkvist: *Diktaren i verkligheten. Journalisten Stig Dagerman*, Stockholm,
     Federativ, 1989, p. 130.

Elle remarque aussi que Stig Dagerman expose les pensées et les réflexions des gens qu'il rencontre, et ne se contente pas de rendre compte
de ce qu'ils disent, comme doit le faire un journaliste au sens strict. Son
texte nous fait ainsi sentir ce que vivent ces gens d'une manière plus
immédiate que d'autres textes, d'une même ou d'une plus grande richesse informative[74]. Sur le terrain, Dagerman fait tout ce que doit faire
un reporter, il parle avec beaucoup de gens de milieux différents, relève
les prix des denrées courantes et les rations quotidiennes dont disposent
les différentes catégorie de la population, mais Karin Palmkvist constate
en outre que «les talents d'écrivain de Stig Dagerman reporter ne se manifestent pas par des épisodes inventés au moment de l'écriture [...] C'est
plutôt sa faculté de penser ce que pensent et de ressentir ce que ressen-
tent les gens qui révèle qu'il est plus qu'un reporter ordinaire».[75] Sous
l'écrivain-reporter affleure parfois le romancier omniscient du réalisme.
Si ce dernier prend trop de place, il risque de faire sortir le texte du genre
du reportage. La volonté de montrer l'invisible doit s'entendre au sens
littéral, matériel, dans le cas du reporter, qui dévoile du réel dans le
monde réel, mais plutôt dans un sens métaphorique dans le cas de
l'écrivain, qui inscrit dans son texte ce qui n'apparaît pas dans la réalité
et n'accède à l'existence que dans le texte. Le *New Journalism* américain
a sans doute tenté, dans les années 1970, d'analyser des sentiments et de
reproduire des monologues intérieurs, mais ces tentatives ont ensuite été
abandonnées. Il semblerait que, dans le reportage, la description ne
puisse pas s'éloigner beaucoup du concret observable. Il est licite, il est
même habituel d'y interpréter les faits observés, mais pas d'y considérer
comme acquises leurs conséquences supposées, mais non constatées, ce
que fait l'écrivain qui dépeint un état d'âme provoqué par une expérience vécue. Une telle peinture va nécessairement à l'encontre de l'impératif de référentialité. Elle est acceptable si elle n'est pas trop fréquente, si elle est brève, si elle ne relègue pas au second plan l'information factuelle, et surtout si elle ne modifie pas le message qui se dégage de celle-ci, mais sert simplement à la rendre plus sensible et plus
présente, comme c'est effectivement le cas dans *Automne allemand*: Si
l'on enlevait de ce texte les passages qui décrivent de l'invisible, il per-

74 Cf. Karin Palmkvist: *Diktaren i verkligheten*, p. 159.
75 Karin Palmkvist: *Diktaren i verkligheten*, p. 130.

drait beaucoup de sa qualité littéraire, mais son contenu informatif resterait intact. Le bon écrivain-reporter est celui qui parvient à susciter la présence des choses dans l'esprit du lecteur sans quitter le domaine du reportage.

S'identifier à ceux qu'il observe n'est pas le privilège exclusif de l'écrivain. Un journaliste ordinaire en est certainement tout à fait capable, et l'on pourrait donc théoriquement trouver dans les textes qu'il produit la marque de cette identification. C'est cependant en pratique rarement le cas. On peut supposer que le reporter ordinaire qui réussirait à produire un reportage littéraire, dans le sens où l'est celui de Dagerman, finirait par éprouver le besoin de pratiquer d'autres genres et deviendrait écrivain-reporter. Par ailleurs, le reporter ordinaire, surtout s'il n'est pas très connu du public, est beaucoup plus soumis que l'écrivain-reporter aux règles conventionnelles du reportage, qu'on l'autorise ou qu'il s'autorise moins facilement à transgresser. L'écrivain-reporter, qui a l'ambition de produire un véritable reportage, peut dans certains cas ne pas réussir à faire taire totalement, ou peut se permettre de ne pas faire taire totalement l'auteur de récits de fiction qui est en lui.

Il n'est pas rare non plus que la réalité particulière qu'il observe le conduise à une méditation sur la condition humaine en général, qui sort du propos qu'il s'est fixé – qui en sort brièvement, car il s'interdit de s'écarter longtemps de son sujet. Tout comme Strindberg, dans la seconde partie de *Parmi les paysans français*, évoque tous les pleurs qui, depuis des temps immémoriaux, ont été versés «dans cette vallée de larmes»[76], Sven Delblanc exprime le sentiment de l'insignifiance de l'existence individuelle qui l'envahit lors de la visite du cimetière d'un village iranien, dans lequel la plupart des tombes, en terre, se confondent au bout de quelques années avec le sol: «Le Touriste sent son identité se dissoudre, son nom disparaître. Des milliards d'êtres sans noms qui sont retournés à la glèbe pèsent sur son dos, font ployer l'orgueil qu'il éprouve d'être distinct et seul, différent des autres, porteur d'une personnalité et d'un nom.»[77]

---

76 A. Strindberg: *Bland franska bönder*, p. 127: «i denna jämmerdalen».

77 Sven Delblanc: *Zahak*, p. 85: «Turisten känner sin identitet upplösas, sitt namn försvinna. Miljarder namnlösa som återvänt till leran tynger på hans rygg, böjer

D'une manière générale, le reportage d'écrivain tend à accorder davantage de place que le reportage ordinaire aux interventions de l'auteur
en tant que personne spécifique, même s'il y a des exceptions, comme
les livres composés exclusivement, ou presque exclusivement, d'interviews, tels que *Un village de la Chine populaire*, de Jan Myrdal, ou
Gruva[78] («Mine de fer») de Sara Lidman. Lars J. Hultén considère que le
reportage est constitué par un mélange, dans des proportions variables,
de ce qu'il appelle des textes de première main et des textes de seconde
main[79]. Le texte de première main, fondé sur le contact direct avec la
réalité, se divise à son tour en exposé des observations et perceptions
d'une part et commentaires d'autre part. Le texte de seconde main rend
compte de ce que disent de cette même réalité les sources consultées par
le reporter, ouvrages écrits ou personnes interviewées. Le texte de seconde main peut prendre lui aussi deux formes différentes, celle de la
citation directe et celle que Hultén désigne en anglais par le terme de
«paraphrase», c'est-à-dire une transposition des déclarations de la source
dans le langage de l'auteur qui les rapporte. Cette distinction proposée
par Hultén entre quatre types d'énoncés journalistiques doit sans doute
être nuancée. Il est en particulier impossible de séparer rigoureusement
l'exposé d'une observation du commentaire, car le choix des mots, plus
ou moins connotés positivement ou négativement, qui servent à désigner
les choses observées, constitue déjà une forme de commentaire. Il reste
néanmoins exact, comme le montre l'étude de Hultén, que la place oc-
cupée, respectivement, par l'observation, le commentaire, la citation et la
paraphrase dans un reportage en détermine dans une large mesure la
nature. L'article journalistique de simple information est constitué pour
l'essentiel de citations et de paraphrases, qui sont en revanche nettement
moins fréquentes dans le reportage d'écrivain, lequel recourt souvent
plus largement au commentaire que ne le fait le reportage ordinaire, et ce
aussi bien sur le plan quantitatif que sur le plan qualitatif: dans les reportages d'écrivains, les commentaires sont nombreux, mais ils figurent

---

hans högmod att vara urskiljbar och ensam, annorlunda än andra, bärare av person-
lighet och namn.»
78   Sara Lidman: *Gruva*, Stockholm, Bonnier, 1968.
79   Cf. Lars J. Hultén: *Reportaget som kom av sig*, Stockholm, JKM skriftserie, 1990.

aussi souvent à des endroits clés du texte, par exemple dans la conclusion finale, ou dans la conclusion d'une sous-partie.

C'est généralement dans le commentaire que l'écrivain se donne le plus clairement à reconnaître. C'est là qu'il reprend éventuellement des thèses qu'il a déjà défendues dans d'autres œuvres, ou que l'on voit au contraire sa vision du monde évoluer sous l'effet des expériences qui sont les siennes au cours de l'enquête. Sa notoriété l'autorise à exprimer des opinions, en même temps qu'elle leur confère un poids particulier. Les mots de l'écrivain reconnu font par nature autorité, même lorsque cette autorité est mise au service d'un anti-autoritarisme. Le lecteur accorde du crédit à ce que dit Sara Lidman des Vietnamiens dans la mesure où non seulement son texte apporte des preuves concrètes de ce qu'elle affirme, mais encore où il l'estime comme écrivain et la croit a priori douée d'honnêteté intellectuelle et de discernement. S'il est au contraire en désaccord avec ses prises de position, il aura tendance a priori à mettre en doute ce qu'elle écrit.

Lorsque le journal suédois *Expressen*, qui veut envoyer un reporter en Allemagne à l'automne 1946, choisit Stig Dagerman pour cette tâche, ce n'est pas seulement parce que les visas étaient alors difficiles à obtenir et que Dagerman était de ceux dont on savait qu'ils en auraient un, c'est aussi parce que celui-ci était l'un des écrivains les plus en vue de sa génération[80]. Même si son reportage a été vivement critiqué, il a pu défendre des points de vue qui auraient été inacceptables sous la plume de bien d'autres, qui n'étaient pas connus comme lui pour leur opposition au nazisme. Ce n'était pas seulement son engagement politique, mais toute son œuvre, avec son pessimisme kafkaïen, sa dérision, son rejet des autorités, et en particulier des autorités militaires, qui lavait le reporter Dagerman de tout soupçon. Il était difficilement concevable que l'auteur du *Serpent* et du *Condamné à mort* ait jamais eu des sympathies pour le régime hitlérien, et c'est précisément cela qui lui permet de critiquer la politique des Alliés en Allemagne. D'une manière analogue, dans des circonstances moins dramatiques, il fallait, autour de 1880, avoir la notoriété de Georg Brandes pour dire à des Danois que Berlin était la ville d'Europe où régnait la plus grande liberté d'esprit. Dans bien des cas, la

---

80   Cf. Karin Palmkvist: *Diktaren i verkligheten*, p. 94.

hardiesse intellectuelle dont fait preuve l'écrivain-reporter ne peut s'expliquer sans la conscience qu'il a d'être un écrivain reconnu, statut dont cette hardiesse est entre autres une manifestation dans le texte.

Le pouvoir qu'exerce ainsi l'écrivain-reporter n'est évidemment pas toujours sans danger. Torsten Thurén estime que le reportage est, de tous les genres, celui qui se prête le mieux à la manipulation mentale du lecteur, car, bien qu'il ne soit pas soumis, comme le texte scientifique, à l'obligation de prouver ce qu'il affirme, son contenu n'est toutefois pas implicitement donné pour fictif[81]. Cette remarque, qui concerne le reportage en général, vaut encore plus pour le reportage d'écrivain.

Celui-ci pèse de tout le poids de personnage public de son auteur, qui est en revanche, rappelons-le, aussi absent de son œuvre en tant que personne privée que le reporter ordinaire. La figure de l'enquêteur est clairement identifiable à la personne de l'auteur du texte, lequel rapporte un vécu authentique, mais seulement la part du vécu qui met en lumière, révèle la réalité qu'il s'agit d'explorer et qui constitue l'objet central du reportage. Si Sun Axelsson, dans *Eldens vagga*[82] («Le berceau du feu»), décrit l'appartement de Santiago dans lequel elle sous-loue une chambre et raconte ses démêlés avec les autres sous-locataires, c'est pour montrer ce que sont les conditions de logement et les rapports humains au Chili, et non pour retracer un épisode de son existence, un moment de son destin individuel. Même Strindberg s'abstient totalement, dans son reportage, de parler de sa vie privée[83].

Si l'auteur, particulièrement lorsqu'il est écrivain-reporter, est bien présent dans le reportage, il ne l'est pas en tant qu'individu dont l'histoire nous serait narrée, mais bien, justement, en tant qu'auteur, à la fois par le contenu et par la forme de son texte, par son style, ses thèmes, ses motifs, ses allusions directes ou indirectes à ses activités créatrices. La notion de «figure auctoriale» *(Autorfigur)*, forgée par Wolfgang Behschnitt pour étudier la dimension autobiographique de l'œuvre de Strindberg, me paraît utile pour cerner le statut du scripteur dans le reportage d'écrivain. Behschnitt la définit ainsi: «une figure du texte, com-

---

81   Cf. Torsten Thurén: 1992, pp. 390-392.
82   Sun Axelsson: *Eldens vagga. En bok om Chile* (paru en 1962), Stockholm, Bonnier, 1993.
83   Voir le chapitre «La poétique du reportage chez Strindberg».

parable à une figure rhétorique, [...] qui organise un répertoire limité d'éléments du contenu d'une manière telle que la présence d'un auteur aux contours caractéristiques est suggérée au lecteur dans le texte.»[84] Cette notion permet de préciser celle de «reportage d'écrivain», que l'on peut ainsi définir comme un reportage dans lequel une figure auctoriale est reconnaissable. On peut aussi l'exprimer par le terme de «signature», qui est celui qu'emploie l'ethnologue Clifford Geertz pour désigner la présence de l'auteur en tant que tel dans le texte ethnographique[85].

Le reportage d'écrivain et ses lecteurs

Le reportage d'écrivain s'adresse ainsi implicitement à un public auquel l'auteur est déjà familier, ou qui tout au moins connaît son nom et l'associe à des œuvres, au public pour lequel l'auteur fait autorité. Par ailleurs, le reportage étant un écrit référentiel, à forte dimension informative, il s'adapte nécessairement à ses lecteurs présumés: pour instruire quelqu'un, il faut savoir ce qu'il sait déjà et ce qu'il ignore.

Tout texte, littéraire ou non, tient compte d'une manière ou d'une autre de son destinataire, de ses connaissances, mais aussi de son appartenance sociale et culturelle, de ses représentations mentales, de ses goûts, de ses attentes, que ce soit pour lui plaire, le choquer, l'émouvoir, l'indigner, l'amuser, l'éduquer. Tout texte possède un lecteur implicite, ou lecteur postulé, qui est celui, comme le précise Torsten Thurén après d'autres, «auquel s'adresse l'auteur, *à en juger par le texte*».[86]

En raison de son caractère descriptif et didactique, le reportage n'est pas reçu de la même façon que le récit. Philippe Hamon relève que le récit fait appel à une compétence de type logique: un événement invite à

---

84   Wolfgang Behschnitt: *Die Autorfigur. Autobiographischer Aspekt und Konstruktion des Autors im Werk August Strindbergs*, Basel, Schwabe & Co AG-Verlag, 1999 (Beiträge zur nordischen Philologie, 27. Band), p. 298: «eine Figur des Textes, vergleichbar einer rhetorischen Figur, die ein begrenztes Repertoire inhaltlicher Elemente [...] auf solche Weise organisiert, daß dem Leser die Präsenz eines Autors mit charakteristischen Konturen im Text suggeriert wird.»

85   Cf. Clifford Geertz: *Ici et là-bas*, pp. 17-18.

86   Torsten Thurén: 1992, p. 372. Les italiques sont de Thurén.

prévoir ses conséquences, qui interviennent ou non, une blessure fait espérer une guérison, un départ un retour. La description quant à elle ne s'articule pas selon la double chaîne temporelle et causale, elle ne requiert pas la compréhension, mais l'aptitude à reconnaître des choses déjà connues d'une part et à acquérir de nouveaux savoirs d'autre part[87]. La compétence logique qui est à la base de la compréhension du récit est, sinon un attribut véritablement universel et invariable de l'esprit humain, du moins relativement indépendante du milieu et de l'époque. C'est pourquoi un récit élaboré en un lieu et à un moment donnés peut être compris dans ses grandes lignes partout et en tout temps. En revanche, la réactivation de connaissances assimilées et l'acquisition de connaissances nouvelles supposent un contexte de communication déterminé. Si nous lisons aujourd'hui une saga sans être spécialistes de l'Islande ancienne, bien des allusions nous échappent, et nous interprétons certainement de manière erronée bien des détails, mais nous sommes tout à fait capables de suivre l'intrigue en tant que telle, qui constitue le cœur du texte, alors que *Rapport från Berlin*, de Jörn Donner, est véritablement incompréhensible si l'on ignore que la seconde guerre mondiale a eu lieu, quels étaient ses enjeux, que l'Allemagne et son ancienne capitale sont divisées en zones d'occupation, que, dans les années 1950, les Américains et les Soviétiques s'affrontent dans la guerre froide. Ces faits supposés connus servent de base à la constitution d'une image détaillée et nuancée du Berlin de l'époque.

Umberto Eco parle de «l'encyclopédie implicite» du lecteur pour désigner l'ensemble des connaissances dont ce dernier est censé disposer et à partir duquel le romancier peut édifier un univers romanesque. Ainsi – c'est l'exemple donné par Eco – dans *Les trois mousquetaires* d'Alexandre Dumas, dont l'action se déroule au 17ᵉ siècle, la mention de la rue Servandoni n'est pas gênante, bien que Servandoni ait vécu au 18ᵉ siècle, car le nom de la rue est sans importance pour l'intrigue, et Servandoni est inconnu de la plupart des lecteurs. Dans le même contexte, une «rue Bonaparte» serait toutefois inacceptable, car le lecteur est présumé savoir quand vivait Bonaparte[88]. L'encyclopédie implicite existe

---

87 Cf. Philippe Hamon: *Du Descriptif*, pp. 40-42.
88 Cf. Umberto Eco: *Six promenades dans les bois du roman et d'ailleurs*, Paris, Grasset, 1996, essai V, «L'étrange cas de la rue Servandoni».

aussi dans le reportage, et elle y est en général plus vaste et plus précise que dans le roman, ce qui revient à dire que le reportage s'adresse généralement à un public plus spécifiquement déterminé que celui du roman.

La description étant potentiellement infinie, le descripteur doit retenir certains éléments du réel et en éliminer d'autres. Dans ce choix, ce que le lecteur est supposé savoir ou ignorer, donc son identité concrète, joue un rôle central.

Par la simplicité de sa langue, en particulier de sa syntaxe, par ses intentions pédagogiques, le reportage est le contraire d'un genre élitiste, mais il n'a pas non plus de vocation universelle, le public qu'il vise se restreint généralement aux gens qui partagent la culture, au sens large, de celui qui écrit. Son lecteur modèle, au sens que donne Eco à ce terme, est un compatriote contemporain du reporter. Ce dernier n'écrit pas pour la postérité. Il parle du présent et veut être entendu dans le présent. Lorsqu'il est Suédois, il s'adresse d'abord aux autres Suédois, éventuellement à d'autres Nordiques. Ragnar Thoursie déclare dans la préface de *Kulissbygget*: «Les analyses ont été effectuées dans le cadre d'une discussion de ce qui était considéré comme présentant un intérêt particulier pour le public suédois.»[89] Dans le même ouvrage, Egon Kötting explique par exemple que la *Freideutsche Jugend* (la «jeunesse allemande libre»), apparue dans l'Allemagne wilhelmienne, est un mouvement véritablement né au sein de la jeunesse «d'une manière dont ici en Suède nous n'avons pas eu et n'avons pas d'équivalent».[90]

Le stéréotype, l'horizon d'attente, dont la remise en cause constitue un critère de la qualité du reportage, sont des notions relatives à un lieu et un moment. Telle représentation stéréotypée dans un contexte donné a pu être originale ailleurs à une autre époque. L'horizon d'attente que déplace l'activité littéraire créatrice et l'enquête de terrain féconde est celui d'un public précis, que le reporter doit connaître s'il veut parvenir à ses fins. Dans *Zahak*, Sven Delblanc joue sans cesse avec les jugements tout faits de ses compatriotes sur l'Iran. Il feint de les confirmer, pour les relativiser ensuite avec d'autant plus d'efficacité. Il rapporte ainsi qu'en

---

89   Egon Kötting, Ragnar Thoursie: *Kulissbygget*, p. 6: «Analyserna har genomförts under diskussion av vad som ansetts vara av särskilt intresse för svensk publik.»

90   Egon Kötting, Ragnar Thoursie: *Kulissbygget*, p. 174: «på ett sätt som vi här i Sverige varken har haft eller har en motsvarighet till.»

Iran «un enfant stupide ou désobéissant peut, en guise de punition, se voir accusé d'être Turc ou Arabe»[91]. Une telle manifestation de racisme et de xénophobie ne peut que susciter l'indignation du Suédois soucieux de démocratie et de respect de l'autre qui lit ces lignes et le conforter dans le jugement négatif qu'il porte vraisemblablement déjà sur le pays du Shah. Mais Delblanc poursuit: «Dans le Södermanland, la région natale du Touriste, on avait une accusation analogue: ‹mais là, je crois que tu es complètement Russe, mon garçon!›»[92] Les nombreux mendiants que l'on voit en Iran constituent un spectacle choquant pour des yeux nordiques. La mendicité, explique Sven Delblanc, est due au fait que la famille est dans ce pays la seule institution qui prenne en charge ceux qui ne sont pas capables de subvenir à leurs propres besoins. Celui qui n'a pas de famille et ne peut travailler en est réduit à mendier. Delblanc ajoute: «En Suède nous mettons nos personnes âgées dans des camps de concentration hygiéniques où elles n'ont plus qu'à s'étioler et mourir en silence. En Perse les familles doivent organiser elles-mêmes l'assistance aux personnes âgées.»[93]

La remise en cause de l'image stéréotypée de l'étranger est en pratique inséparable de celle de l'image de soi, tout comme le reporter détecte d'autant mieux ces stéréotypes qu'il en est, ou en a été lui-même porteur. Confronté à la réalité d'un autre pays, il devient le représentant de ses compatriotes, il ressent, dans un premier temps au moins, ce qu'ils ressentiraient à sa place, et qu'il éprouve pour cette raison le besoin de dire en priorité à eux, qui sont vraisemblablement les seuls susceptibles de comprendre. Le regard que porte le reporter sur l'étranger est lié aux relations qu'il entretient avec sa patrie[94].

---

91 Sven Delblanc: *Zahak*, p. 64: «Ett dumt eller olydigt barn kan straffas med bes-kyllningen att vara turk eller arab.»

92 Sven Delblanc: *Zahak*, p. 64: «I Turistens sörmländska hembygd hette en analog beskyllning: ‹Men nu tror jag du är riktigt rysk, pojke!›» En suédois, l'expression «vara rysk», littéralement «être russe», signifie au sens figuré à peu près «être fou».

93 Sven Delblanc: *Zahak*, p. 103: «I Sverige sätter vi våra åldringar i hygieniska koncentrationsläger, där de stillatigande får tyna bort och dö undan. I Persien måste familjerna organisera sin egen åldringsvård.»

94 J'ai tenté d'illustrer ce point dans le chapitre «Quelques *rapportböcker* des années 1960».

Le reportage s'adresse à un lecteur dont le reporter partage ouvertement une part de l'identité. Ce compatriote contemporain est en quelque sorte le premier destinataire du texte, son destinataire obligatoire, celui sans lequel le reportage n'est pas concevable. Si celui-ci vient à faire défaut, le texte a manqué son objectif, qui était de se manifester dans un débat qui se joue chez lui au moment où il écrit.

Cela ne signifie cependant pas que le reporter ne s'adresse qu'à ses compatriotes contemporains. Ce qu'écrit un Suédois sur la Chine peut intéresser des Français ou des Britanniques, ce qu'atteste l'existence de traductions de reportages. Se faire connaître à l'étranger est particulièrement important pour les Nordiques, qui ne disposent pas chez eux d'un vaste public. Le reportage est aussi toujours d'une certaine manière destiné aux lecteurs du pays sur lequel il porte, auxquels il présente une image d'eux-mêmes à laquelle ils ne peuvent demeurer indifférents, qui les invite instamment à réagir. La France est ainsi, et cela n'a rien d'étonnant, après la Suède, le pays où l'on a le plus commenté *Parmi les paysans français* de Strindberg, alors que c'est, en dehors de la Scandinavie, l'Allemagne qui a le plus lu *Berlin som tysk Rigshovedstad*[95] de Georg Brandes. Par ailleurs, ce qui a d'abord été une représentation d'une réalité directement observée et vécue peut devenir avec le temps un document historique. Les bons reportages restent, lorsque l'information qu'ils apportent a perdu sa valeur de nouveauté, des témoignages sur une époque. La description de la vie dans le camp de concentration de Dachau donnée par Bertil Malmberg dans *Tyska intryck 1936* n'a plus aujourd'hui le caractère de révélation qu'elle avait lors de sa première publication en 1936, mais elle compte parmi les documents qui permettent de connaître le fonctionnement du troisième *Reich*.

Le reporter qui est en même temps écrivain a en général encore plus que les autres le souci de ne pas écrire pour un public trop étroitement situé dans le temps et l'espace. Il souhaite évidemment être traduit dans les langues de grande diffusion, comme le montre l'exemple de Strindberg, qui avait prévu dès le début une version française et allemande de

---

95   La dernière traduction allemande de ce texte a été publiée à Berlin en 1989 sous le titre *Berlin als deutsche Reichshauptstadt. Erinnerungen aus den Jahren 1877-1883*.

son reportage sur le monde rural français[96], ou celui de Jörn Donner, qui constate avec amertume en 1986[97] que son *Rapport från Berlin* n'a jamais été traduit en allemand. Quant au *Helsingfors, Finlands ansikte*[98] («Helsinki, visage de la Finlande») de ce dernier, il paraît bien avoir été écrit autant pour des Européens qui ne vivent pas dans le Nord que pour des Nordiques. Ceux-ci savent en effet déjà tous un certain nombre de choses qui figurent pourtant dans le livre, et ce n'est pas pour eux que Donner explique que le climat de son pays présente de fortes différences entre l'hiver et l'été, que la durée du jour y varie beaucoup selon les saisons, pas plus que le rappel des grandes lignes de l'histoire de la Finlande ne s'adresse aux Finlandais.

Elargir son audience dans l'espace permet dans bien des cas de l'élargir aussi dans le temps, d'étendre la réception du texte dans la durée. Si les reporters ne peuvent écrire exclusivement pour un public futur, il est peu d'écrivains qui ne souhaitent pas que leurs œuvres leur survivent, et cela reste vrai pour leurs reportages. L'information en tant que telle est plutôt destinée aux contemporains, tandis que la description littéraire peut être lue à d'autres époques que celle de sa rédaction.

Il arrive même qu'un écrivain-reporter s'adresse plus ou moins explicitement à des lecteurs à venir. Centré sur la peinture d'une situation présente, le reportage semble dans certains cas inviter à prévoir le futur qui en sera la conséquence. Dans *Parmi les paysans français*, Strindberg se refuse prudemment à toute prédiction. En revanche, Georg Brandes déclare dès le début des années 1880 que le conservatisme et le militarisme des classes dirigeantes allemandes conduiront à une guerre qui opposera l'Allemagne à l'ensemble des autres pays européens[99]. Or la prédiction, dans un texte référentiel, suppose une confirmation ou une infirmation ultérieure par les faits, et donc un lecteur qui, dans l'avenir, pourra comparer ce qui se produit dans la réalité avec ce qui avait été

---

96   Dans ce cas précis, la publication du volume *Bland franska bönder* en suédois en 1889 a effectivement été précédée de la publication de certaines de ses parties dans des journaux étrangers, en particulier dans le journal autrichien *Wiener Allgemeine Zeitung*. Cf. Strindberg: *Bland franska bönder*, p. 188.
97   Cf. Jörn Donner: *Jörn Donner Tyskland*, Helsingfors (Helsinki), 1998, p. 23.
98   Jörn Donner, Karl-Gustav Roos: *Helsingfors, Finlands ansikte*, Helsingfors, Söderström & Co, 1961.
99   Cf. Georg Brandes: *Berlin som tysk Rigshovedstad*, p. 325.

annoncé. Brandes ne prédirait rien s'il ne pensait pas être encore lu plusieurs décennies plus tard.

On ne peut donc établir une opposition radicale entre le lecteur du reportage, qui serait précisément situé géographiquement, historiquement et socialement, et le lecteur de récits de fiction, supposé être de tous les lieux et de tous les temps. En revanche, le reportage, étant un texte référentiel, s'adresse à son lecteur selon un autre schéma de communication que les œuvres de fiction. Il diffère de celles-ci par sa pragmatique.

La pragmatique du reportage

La pragmatique est la branche la plus récente de la linguistique et peut être définie en première approximation comme l'étude de la signification des énoncés dans le contexte de leur énonciation. Une pragmatique de conception plus ancienne partait du postulat selon lequel tout texte, même poétique, avait son origine dans l'intention de produire un effet sur ses destinataires. Elle partait donc de la rhétorique classique, mais s'en distinguait en faisant du lecteur ou de l'auditeur un être non plus abstrait, mais historiquement et socialement situé[100]. Aujourd'hui, la pragmatique est essentiellement la discipline qui rend compte de la différence entre le sens d'une combinaison de mots qui se déduit de la sémantique et de la syntaxe et la signification qu'elle prend dans la situation concrète où elle est produite. Par exemple, dans la France d'aujourd'hui, la phrase «Pourriez-vous éteindre votre cigarette?» ne signifie pas, comme on devrait le croire si l'on se fondait exclusivement sur la sémantique et la syntaxe du français, «Auriez-vous la possibilité matérielle, si vous le souhaitiez, d'éteindre votre cigarette?», mais bien «Eteignez votre cigarette immédiatement!».

Dans notre culture, la formule «Il était une fois...» veut dire «Je vais maintenant vous raconter un conte dont le personnage principal est...», donc le contraire de son sens littéral, «Il a existé dans le passé...». Début rituel du conte, le genre fictif par excellence, elle empêtre d'emblée le

---

100 Voir par exemple: Dieter Breuer: *Einführung in die pragmatische Texttheorie*, München, Wilhelm Fink Verlag, 1974.

lecteur, ou l'auditeur, dans un enchevêtrement inextricable de faux-semblants: le narrateur raconte une histoire inventée, en sachant qu'elle l'est, mais en faisant semblant de la tenir pour vraie, tout en sachant que le lecteur sait qu'elle est inventée et que le narrateur sait qu'il le sait, etc.

Le récit de fiction reproduit fréquemment l'usage pragmatique de la langue, entre autres dans ses dialogues. Mais il a en outre souvent, dans son ensemble, en tant que totalité textuelle, une pragmatique particulière, ce que l'on pourrait appeler sa rhétorique, mais qui est en fait son rapport au lecteur dans une situation déterminée. On peut utiliser la grammaire du récit de la narratologie pour analyser *Germinal* d'Emile Zola ou *Berlin Alexanderplatz* d'Alfred Döblin, mais cette analyse des fables respectives ne permettra vraisemblablement pas de saisir l'essentiel de ce que ces romans «veulent dire». En effet, bien que se présentant sous la forme d'une narration, avec des personnages et une intrigue, ils ont évidemment pour objectif premier de montrer des milieux sociaux. Ils fonctionnent pragmatiquement à peu près comme une phrase du type: «J'ai senti qu'il faisait froid quand je suis descendue de ma Rolls Royce», dans laquelle la proposition «principale» est pragmatiquement secondaire, et qui signifie principalement «Je possède une Rolls Royce». Dans le roman naturaliste, la «proposition principale», la fable qui est au premier plan et structure le texte, sert en fait surtout à introduire, par le biais de ses «subordonnées», remarques, personnages secondaires, descriptions diverses qui en constituent la toile de fond, la peinture de la société que l'auteur entend faire connaître au lecteur. Ce renversement pragmatique de la subordination est particulièrement visible dans les œuvres de propagande, dans le «réalisme socialiste», mais on le trouve aussi dans la bonne littérature de fiction.

L'encyclopédie implicite du lecteur fait aussi partie de la pragmatique du texte. Mais à côté de la véritable encyclopédie implicite dont parle Eco, on trouve fréquemment dans les romans ou les nouvelles des simulacres d'encyclopédie, des choses que le lecteur, à en juger par le texte, est supposé savoir, alors qu'en réalité il les ignore, que l'auteur sait qu'il les ignore, mais qu'il l'invite à faire comme s'il les connaissait. James Joyce ne destinait certainement pas la lecture de son *Ulysse* aux seules personnes pour lesquelles les rues de Dublin n'ont aucun secret, mais il parle pourtant de ces rues d'une manière allusive, comme on fait allusion, dans l'usage de la langue à d'autres fins que la fiction, à une chose connue à la fois du locuteur et de celui auquel il s'adresse. Il est encore moins douteux que Göran Tunström ne réserve pas *L'oratorio de Noël* ou *Le voleur de Bible* aux seuls lecteurs qui fréquentent régulièrement la petite bourgade de Sunne dans le Värmland, dont l'église, la gare, la rue principale, les boutiques sont supposées connues dans ses romans. Mais la supposition est évidemment feinte, et le fait de ne jamais avoir été à Sunne ne gêne pas la lecture des romans. On peut parler d'encyclopédie fictive à propos de la stratégie textuelle qui contraint le lecteur à faire semblant de connaître ce qu'il ne connaît pas et que l'auteur sait qu'il ne connaît pas.

D'une manière générale, les débuts de romans emploient souvent, contre les règles de la syntaxe, des articles définis pour désigner des choses dont il n'a pas été question précédemment, des pronoms personnels dont on ne sait à qui ils renvoient, tous moyens d'imposer au lecteur un simulacre de familiarité.

On ne trouve rien de tel dans le reportage. Dans un texte à visée référentielle et informative, le jeu avec l'encyclopédie fictive n'est pas permis. La représentation du réel étant en cause, on ne peut feindre de croire à la présence d'un savoir là où l'on sait qu'il n'est pas. Le reportage se fonde sur ce que son lecteur postulé sait véritablement et ignore véritablement. La comparaison du début de deux œuvres d'Ulla-Lena Lundberg, toutes deux liées à l'Afrique, est à cet égard éclairante. Le premier des «trois récits africains» commence ainsi: «Il [qui?] se rendit en voiture jusqu'à la piste d'atterrissage [quelle piste d'atterrissage?] et y déversa les derniers touristes [quels touristes?]. Là, c'était le bon vieux désordre habituel [...]»[101] Les deux premières phrases du récit de voyage *Öar i Afrikas inre* («Iles à l'intérieur de l'Afrique») sont les suivantes: «A vol d'oiseau, les montagnes d'Aberdare ne sont pas très loin de la côte kenyane. Mais si l'on mesure le trajet au temps qu'il fallut aux premiers voyageurs non africains pour se frayer un chemin depuis la côte

---

101 Ulla-Lena Lundberg: *Tre afrikanska berättelser*, Stockholm, Alba, 1978: «Han körde ner till landningsbanan och lämpade av de sista turisterna. Där var det den gamla vanliga röran [...]» Les questions qui figurent entre crochets sont insérées par moi dans le texte.

vers l'intérieur et les hauts-plateaux, on doit alors parler d'un long voyage.»[102]

Le lecteur n'est pas supposé connaître l'intérieur du Kenya, c'est pourquoi le récit de voyage, dont la pragmatique est ici semblable à celle du reportage, peut et doit le décrire. Le reportage pratique ce que j'appellerai la description informative, par opposition à la description évocative, qui peint en quelques traits une réalité familière à son destinataire, chez qui elle la fait resurgir en imagination. La description évocative est la plus fréquente dans le roman, où elle peut se combiner, en particulier dans le roman réaliste ou naturaliste, avec la description informative, tandis que cette dernière est fortement prédominante dans le reportage.

Le reportage expose de manière directe ce qu'il «veut dire», sa structure place au premier plan ce qui est l'essentiel de son propos. Dans son architecture globale, sa conception d'ensemble, il évite largement les sous-entendus, les doubles sens, les insinuations, sa pragmatique tend idéalement à coïncider avec sa syntaxe. L'auteur n'emprunte pas le costume d'un personnage ou d'un narrateur, il parle en son nom propre et se donne pour ce qu'il est, à l'instar de Per Wästberg, qui déclare dans la première phrase de *I Sydafrika: resan mot friheten* («En Afrique du Sud: le voyage vers la liberté»): «Je suis dans ma ville natale de Stockholm et je vois que Nelson Mandela se trouve être de retour dans son île natale, Robben Island.»[103]

L'écrivain-reporter dissimule si peu ses intentions qu'il les formule presque toujours explicitement, et ce en tant qu'auteur, non par l'intermédiaire d'une figure fictive[104]. Pratiquement tous les livres de reportage

102 Ulla-Lena Lundberg: *Öar i Afrikas inre*, Stockholm, Alba, 1981: «Fågelvägen ligger Aberdarebergen inte så långt från den kenyanska kusten. Men om man mäter sträckan i den tid det tog de första icke-afrikanska resenärerna att från kusten arbeta sig in mot högländerna blir det fråga om en lång resa.»

103 Per Wästberg: *I Sydafrika: resan mot friheten*, Stockholm, Wahlström & Widstrand, 1995, p. 9: «Jag sitter i min hemstad Stockholm och ser att Nelson Mandela är tillfälligt tillbaka på sin hemö, Robben Island.»

104 Les exceptions sont rares, mais il en existe une d'importance: dans l'introduction de *Parmi les paysans français*, Strindberg expose sa poétique du reportage par l'intermédiaire d'un récit et d'un dialogue fictifs. Cette exception semble procéder, comme je me suis efforcée de le montrer dans le chapitre «La poétique du repor-

comportent une préface, ou à défaut une introduction, un chapitre liminaire, ayant fonction de préface. L'auteur n'entend pas laisser le lecteur
lire le texte comme il lui plaira, il lui explique au contraire comment il
doit le faire, ce qu'il peut en attendre et ce qu'il ne doit pas en attendre, il
expose les termes du pacte qu'il lui propose. La première phrase de la
préface de *Berlin som tysk Rigshovedstad* de Georg Brandes déclare: «Le
lecteur ne doit pas laisser le titre de ce livre lui faire supposer à tort que
l'auteur est capable ou soucieux de lui donner une description de l'extérieur ou historique de la capitale de l'Allemagne.»[105]

Comme dans l'écrit scientifique, la délimitation du champ sur lequel
porte l'enquête, la présentation des méthodes de l'investigation, la reconnaissance des difficultés auxquelles elle se heurte, de ses limites,
constituent dans le reportage un gage de la qualité référentielle des résultats obtenus. La question des résultats obtenus se pose bien dans ce
genre, puisqu'il constitue une tentative, d'une manière qui peut sans
doute beaucoup varier, pour représenter le réel. C'est une représentation
du réel, et non pas seulement un texte, que le reporter soumet à son lecteur. C'est pourquoi les méthodes qu'il a employées pour parvenir à cette
représentation ne sont pas sans importance. On a le droit de douter de la
sincérité des propos de paysans chinois recueillis par Jan Myrdal en
1963 lorsqu'on apprend dans la préface de *Un village de la Chine populaire* que Myrdal a toujours recouru à un interprète pour effectuer ses
interviews[106]. Conscient des objections que pourrait susciter sa façon de
procéder, il répond que la pression sociale qui s'exerce sur l'individu
pour le contraindre à donner une certaine image des choses existe certes
en Chine, mais qu'elle n'y est pas plus forte qu'ailleurs[107], affirmation
dont lui, l'auteur, Jan Myrdal, assume pleinement la responsabilité.
L'auteur, l'écrivain-reporter, étant tout à la fois le scripteur, l'enquêteur

tage chez Strindberg», de la volonté, constante chez Strindberg, de remettre en
cause la séparation entre l'auteur et la personne.

105 Georg Brandes: *Tyskland som tysk Rigshovedstad*, p. 1: «Læseren maa ikke af
denne Bogs Titel lade sig forlede til den Antagelse, at Forfatteren formaar eller
agter at give en udvortes beskrivende eller historisk Skildring af Tysklands Hovedstad.»

106 Cf. Jan Myrdal: *Rapport från kinesisk by*, Stockholm, Norstedt, 1963, pp. 12-13.

107 Cf. Jan Myrdal: *Rapport från kinesisk by*, Stockholm, Norstedt, 1963, p. 14.

sur le terrain et l'enquêteur dans le texte, ses déclarations d'intention ou ses réflexions sur son travail font intrinsèquement partie de son œuvre. Les rares reportages d'écrivains qui ne comportent pas de préface ou de chapitre liminaire qui en tienne lieu – tel est par exemple le cas d'*Automne allemand* – abordent au fil des pages les questions d'objectifs et de méthodes, précisent la nature du travail de l'enquêteur et du scripteur. Dans *Zahak*, Sven Delblanc présente ses objectifs, ses méthodes de travail et les limites auxquelles elles se heurtent non dans des pages liminaires séparées du corps du texte, mais dans le premier chapitre, ce qui est une manière d'indiquer que le travail de reportage comprend cette réflexion méthodologique et l'interrogation sur la nature de la vérité.

La fréquence des préfaces chez les écrivains-reporters s'explique bien sûr aussi par le fait qu'ils pratiquent un genre relativement nouveau, dont les règles de base ne sont pas encore universellement connues et acceptées. L'immense majorité des œuvres dramatiques[108] se passent d'un prologue qui serait destiné à faire comprendre aux spectateurs que ceux qu'ils vont voir sur la scène ne vivent pas leur propre vie devant eux, mais ne font que prêter leur apparence à des actions et des émotions imaginées par un autre et conçues comme un tout cohérent et signifiant. Une remarque analogue pourrait être faite à propos du roman. Dans le reportage au contraire, il ne va pas toujours de soi que le reporter a lui-même été témoin de ce qu'il rapporte, qu'il a étudié la question dont il traite, mais qu'il n'est pas en mesure de fournir une représentation objective de la réalité observée, toutes choses que l'auteur éprouve le plus souvent le besoin de dire, ou de rappeler.

---

108 L'immense majorité seulement, il est vrai, car il y a de célèbres exceptions, les prologues et le «théâtre dans le théâtre» de Shakespeare, certains drames romantiques, bien des œuvres de Pirandello. Il faut toutefois noter que, dans tous ces cas, lorsque l'artifice du jeu théâtral est explicitement indiqué en tant que tel, cette indication devient un élément central de l'œuvre dramatique, et ce précisément parce qu'elle est feinte, que l'auteur sait que les spectateurs connaissent les conventions théâtrales, dont le premier joue bien davantage qu'il ne les expose.

Le corpus des reportages d'écrivains

Le rappel des règles d'un genre qui en est encore à ses débuts n'exclut cependant pas chez les écrivains-reporters, en particulier chez ceux qui écrivent après 1950, la conscience que leur œuvre vient s'intégrer dans un corpus déjà constitué. Entre les différents reportages d'écrivains, les liens intertextuels sont nombreux, et il n'est pas rare qu'ils soient explicites. Certains passages de *Vagabondliv i Frankrike* («Vie de vagabond en France») d'Ivar Lo-Johansson font directement allusion au reportage français de Strindberg, comme le titre du chapitre IV, «Bland franska byggnadsarbetare», «Parmi les ouvriers du bâtiment français». Dans son livre, Lo-Johansson remarque que «la plupart des villages français [ressemblent] à un morceau de ville jeté dans la campagne»[109], tout comme Strindberg constatait que «quand on se trouve non loin du village sur la grand' route, [...] on a immédiatement sous les yeux un village français typique, [...] la ville en miniature».[110] Chez Jan Myrdal, la référence à Strindberg est constante. C'est en grande partie à lui qu'il emprunte son intérêt pour le monde rural, et le titre *Rapport från kinesisk by* (*Un village de la Chine populaire*, littéralement: «Rapport d'un village chinois») évoque celui de la première partie de *Parmi les paysans français*, «Bondeliv i en fransk by», «Vie paysanne dans un village français». Jörn Donner met en exergue à son «Rapport de Berlin» une citation de Georg Brandes tirée de «Berlin capitale du *Reich* allemand». Le titre du *Nya boken om vårt land* («Le nouveau livre sur notre pays») du même Donner constitue une référence directe au *Boken om vårt land* («Le livre sur notre pays») de Zacharias Topelius.

Il n'y a rien d'étonnant à ce que des auteurs qui écrivent sur un même pays à des époques différentes, ou sur des classes sociales similaires dans différents pays, avec pour objectif de donner à voir une part de la réalité, comparent les relations de leurs expériences et les conclusions auxquelles ils parviennent éventuellement. Les textes de ses prédéces-

---

109 Ivar Lo-Johansson: *Vagabondliv i Frankrike*, Stockholm, Wahlström & Widstrand, 1927: «de flesta franska byar [liknar] ett stycke stad, utslungat på landet.»

110 Strindberg: *Bland franska bönder*, p. 24: «När man står utanför byn på landsvägen [...] får man strax typen för en fransk by, [...] miniatyrstaden.»

seurs font partie de la documentation que le reporter doit connaître avant d'entreprendre son enquête de terrain. Le reportage se rapproche par là de la science, tandis que l'imitation plus ou moins appuyée d'une attitude, d'un style, d'une figure d'auteur connue ressortit à l'intertextualité littéraire. Ainsi, Jan Myrdal ne reprend en rien les méthodes d'investigation qui étaient celles de Strindberg à Grez-sur-Loing, mais il se fait délibérément l'héritier spirituel de ce dernier en reproduisant la démarche de l'écrivain qui quitte sa «tour d'ivoire» pour entrer directement en contact avec la paysannerie et en critiquant la civilisation urbaine[111]. Les liens qu'entretiennent les reportages d'écrivains entre eux sont multiples et divers, d'une nature parfois plutôt scientifique, parfois plutôt littéraire.

La pluralité d'aspects des reportages d'écrivains fait qu'aucune typologie du corpus ne paraît s'imposer d'elle-même. On peut classer les œuvres qui s'y rattachent selon différents critères, qui semblent largement indépendants les uns des autres: un certain type de contenu n'exige pas nécessairement une forme déterminée, pas plus qu'il n'existe de formes qui ne conviendraient qu'à certains contenus. Quant aux critères de contenu, ils se combinent librement entre eux: un reportage peut être politiquement engagé ou non, quels que soient l'époque à laquelle il a été écrit et le pays sur lequel il porte.

Sur le plan formel, on peut distinguer les livres d'interviews et les livres de description. J'entends par livre d'interviews un ouvrage exclusivement constitué par le texte des interviews recueillies par le reporter, et par livres de description tous les autres reportages, qui peuvent aussi comporter des interviews, mais dans lesquels le reporter prend lui-même la parole. J'ai indiqué précédemment les raisons pour lesquelles il me paraissait acceptable de considérer les livres du premier type comme de véritables reportages. Par cette technique d'exposition, le reporter souligne sa position d'extériorité par rapport à la réalité présentée, dont seuls parlent ceux qui la vivent. Ces livres donnent l'impression que l'auteur s'efface en tant que regard subjectif. L'apparence d'objectivité s'y trouve encore renforcée lorsque des opinions divergentes s'y expriment. En réalité, l'auteur y intervient non seulement par le choix et la rédaction des interviews, mais encore par l'ordre dans lequel il les place. La majo-

---

111   Sur ce dernier point, cf. Jan Myrdal: *Kinesisk by 20 år senare. Rapport med fråge-tecken*, Stockholm, Norstedt & Söner, 1983.

rité des déclarations recueillies par Sara Lidman dans la ville minière de Svappavaara fin 1967 ne figurent pas dans *Gruva* («Mine de fer»). Il est difficile d'être d'accord avec Marianne Thygesen lorsqu'elle affirme qu'on ne peut, dans ce texte et dans ceux de même nature, «analyser l'attitude de l'auteur»[112], puisqu'ils ne font que rapporter une série de témoignages authentiques. C'est sans doute au contraire dans le livre d'interviews que culmine l'aptitude du reportage à la manipulation mentale du lecteur relevée par Torsten Thurén[113], car l'auteur y est bien présent, mais il est dissimulé.

Parmi tous les classements possibles, le classement chronologique est le plus incontestable, mais il reste, précisément, purement chronologique. Il n'est pas possible de faire coïncider les différentes époques avec différents types de reportages. Bien sûr, le livre d'interviews n'existe pas, pour des raisons techniques, avant la seconde moitié du 20ᵉ siècle. Les *rapportböcker*, «livres de rapport», reportages dont l'auteur en tant qu'individu particulier se veut absent, abondent dans les années 1960 et 1970, ce qui, pour Marianne Thygesen, marque une évolution et un progrès si on les compare aux reportages de Jörn Donner écrits autour de 1960, *Rapport från Berlin* et *Rapport från Donau*, où s'affirme constamment un point de vue subjectif[114]. Outre que l'objectivité des *rapportböcker* dont parle Marianne Thygesen est contestable, on doit constater que dans *Zahak,* paru en 1971, Sven Delblanc est tout aussi présent en tant qu'enquêteur et scripteur subjectif que l'avait été précédemment Jörn Donner, lequel continue à produire des reportages de la même veine au tournant des années 1960 et 1970[115]. On peut aussi procéder à un classement géographique des reportages, en fonction des régions du monde dont ils traitent. Un écrivain-reporter a souvent une zone géographique de prédilection, comme la Chine pour Jan Myrdal, l'Asie et l'Amérique du Sud pour Sven Lindqvist, l'Afrique pour Per Wästberg, qui écrit:

---

112 Cf. Marianne Thygesen: *Jan Myrdal og Sara Lidman. Rapportgenren i svensk 60-tals litteratur*, Århus, GMT, 1971, pp. 12-13.
113 Cf. Thurén: 1992, pp. 390-392.
114 Cf. M. Thygesen: 1971, p. 7.
115 Citons *Nya boken om vårt land* (Stockholm, Wahlström & Widstrand, 1967), *Världsboken. Ett reportage* (Borgå, Wahlström & Widstrand, 1968), *Sverigeboken* (Stockholm, Wahlström & Widstrand, 1973).

«Bien qu'avec le temps j'aie pu voyager et aller un peu partout sur la terre, c'est en Afrique, et en particulier en Afrique du Sud, que je me suis senti chez moi.»[116] Il semble en outre que certains pays, générale-ment ceux où se produisent des événements remarquables, ceux qui con-naissent des transformations profondes, attirent davantage que d'autres les écrivains-reporters.

L'Italie, sans doute l'un des pays sur lesquels a été écrit le plus grand nombre de récits de voyage, a suscité assez peu de reportages d'écri-vains, comme s'il était particulièrement difficile d'y résister à la tenta-tion de parler pour l'essentiel des paysages, des monuments, de l'anti-quité, c'est-à-dire de sujets intemporels qui sortent du cadre du repor-tage. Dès 1884, Strindberg est conscient de la difficulté. En mars de cette année, il entreprend avec sa famille un voyage en Italie du Nord, à la suite duquel il publie dans *Dagens Nyheter* en mars et avril 1884 une série d'articles, à la limite entre le récit de voyage traditionnel et le re-portage. Il y exprime sans doute sa volonté de rompre avec l'image qu'ont donnée de l'Italie les écrivains d'époques antérieures et de lui opposer l'absence de préjugés de l'homme de la «percée moderne», et se demande si «l'homme contemporain, avec ses regards acérés, trouverait le même ravissement que les autres» ou si «même l'Italie serait une illu-sion».[117] Il s'applique à réfuter les idées toute faites et déclare que Turin a le même climat que Hambourg, que les enfants n'y paraissent pas plus joyeux que dans d'autres pays[118]. Mais il fait encore une trop large place, d'une part, à la description des paysages et de l'architecture, d'autre part, aux anecdotes, pour que l'on puisse vraiment parler de reportage à pro-pos de ces articles, écrit environ deux ans avant *Parmi les paysans fran-çais*. Il est révélateur de constater que, quelques quatre-vingts ans plus tard, les livres de Henrik Tikkanen sur l'Italie, *På jakt efter etrusker*[119]

---

116 Per Wästberg: *I Sydafrika: resan mot friheten*, p. 11: «Trots att jag med tiden fick resa kors och tvärs över jorden, var det i Afrika, särskilt Sydafrika, jag kände mig hemmastadd.»

117 Cité dans Carl Olov Sommar: *Strindberg på resa. August Strindbergs resor i Euro-pa 1883-87 skildrade av honom själv och andra*, Stockholm, Carlsson, 1995, p. 33: «Skulle nutidsmannen med sina vassa blickar finna samma tjusning som de andra? Skulle även Italien vara en illusion?»

118 Cf. Carl Olov Sommar: 1995, p. 34 et p. 37.

119 Stockholm, Natur och kultur, 1967.

(«A la recherche des Etrusques»), *Dödens Venedig*[120] («La Venise de la mort»), *Med ett leende i Toscana*[121] («Avec un sourire en Toscane»), sont, comme leurs titres le laissent supposer, des récits de voyage, tandis que *Texas*[122] et *I Sovjet*[123] («En Union Soviétique»), du même auteur, sont beaucoup plus près du véritable reportage. La Russie du 19e siècle se prête bien au récit de voyage, tandis que l'URSS du 20e siècle n'a plus ni paysages ni folklore et semble se réduire à son présent, à la société qu'elle met en place, à sa politique étrangère et intérieure et à ses problèmes économiques.

Au 20e siècle, l'Allemagne est l'une des destinations les plus recherchées par les écrivains-reporters suédois. J'ai choisi d'étudier pour l'essentiel leurs reportages sur ce pays non seulement parce qu'ils sont nombreux, mais aussi parce qu'on trouve parmi eux quelques-uns des chefs-d'œuvres du genre, comme *Automne allemand*, de Stig Dagerman. Cela s'explique facilement par la position centrale qu'occupe l'Allemagne dans l'histoire de l'Europe et du monde pendant tout le siècle. Les écrivains suédois ayant souvent eu le sentiment de se trouver, pour leur bonheur, à l'écart du monde et de l'histoire, ils ont peut-être éprouvé quelque fascination envers le pays d'Europe qui a connu les bouleversements les plus terribles et les plus dramatiques, en même temps que les plus représentatifs du 20e siècle européen en général.

La France occupe une place quantitativement moins importante dans les reportages d'écrivains suédois, mais elle y a valeur de symbole dans la mesure où *Parmi les paysans français* est à bien des égards l'œuvre qui fonde le genre, sur le plan théorique comme sur le plan pratique, et doit donc impérativement figurer dans une étude sur le reportage d'écrivain.

Il peut être intéressant de prendre en considération, plutôt que la région, plus ou moins vaste, où se fait le reportage, la nature des déplacements à l'intérieur de cette région, et plutôt que l'époque à laquelle le texte est produit, la durée de l'enquête de terrain, ainsi que la manière dont le texte rend compte de ces déplacements et de cette durée. Il est en

---

120 Helsinki, Söderström, 1973.
121 Stockholm, Alba, 1891.
122 Stockholm, AB Lindqvist, 1961.
123 Helsinki, Söderström, 1969.

effet évident qu'un reporter qui parcourt plusieurs milliers de kilomètres en une à deux semaines ne produira pas le même type de reportage que celui qui séjourne longuement en un même lieu. Il me semble que l'on pourrait distinguer dans le reportage différents types «d'espaces-temps», en s'inspirant, avec les adaptations nécessaires, de la notion de chrono-tope, qui sert de base chez Mikhaïl Bakhtine à une typologie du roman. Chez Bakhtine, le chronotope est un lieu paradigmatique auquel est étroitement associée une certaine forme de durée, «la corrélation essen-tielle des rapports spatio-temporels, telle qu'elle a été assimilée par la littérature».[124] Citons à titre d'exemples, pour le roman, la grand'route, le salon, le seuil... Pour ce qui concerne le reportage d'écrivain, je distin-guerai quatre espaces-temps, le train, le foyer de l'hôtel, la résidence et les grands chemins, étant bien entendu qu'il s'agit là des espaces-temps qui caractérisent les textes, et non des circonstances matérielles réelles des enquêtes.

Le voyage en avion ne constitue pas en soi un espace-temps, il a es-sentiellement une valeur de récit-cadre. Lorsqu'il est mentionné, il ne l'est que très rapidement et marque, d'une manière devenue presque traditionnelle, au début du livre, le passage du pays d'origine au lieu du reportage, ou, à la fin, le retour vers le pays d'origine.

Dans l'espace-temps du train, c'est un parcours géographique relative-ment rapide d'un point à un autre du territoire étudié, sans séjour pro-longé à aucune des étapes, qui structure le texte. On peut dire que cet espace-temps est emprunté au récit de voyage, qui, précisément, raconte un voyage, mais il est fréquent dans le reportage. Le scripteur ne prétend pas à l'exhaustivité, mais transmet une impression d'ensemble. Il est et se sait extérieur à la réalité qui défile sous ses yeux, il se montre générale-ment prudent dans l'interprétation de ses observations, mais il parvient facilement à présenter son objet sous de multiples facettes. Cet espace-temps se prête bien à la mise en évidence par le texte des difficultés liées à l'entreprise du reportage et au travail de terrain. Parmi les œuvres qui s'y rattachent, on peut citer la deuxième partie de *Parmi les paysans français*, *Automne allemand* de Stig Dagerman, *Rapport från Donau*, de

---

124 Mikhaïl Bakhtine: *Esthétique et théorie du roman* (traduit du russe, original paru en 1975), Paris, Gallimard, 1999, p. 237.

Jörn Donner, *Zahak*, de Sven Delblanc, *Slagskuggan*[125] («Ombre portée») de Sven Lindqvist.

Dans l'espace-temps du foyer de l'hôtel – dont j'emprunte la dénomination au chapitre de *Samtal i Hanoi* de Sara Lidman intitulé «Samtal i foajén» («Conversation au foyer») – le reporter fait un séjour, dont la durée n'excède généralement pas quelques semaines, dans un lieu déterminé, avec pour objectif principal d'étudier les phénomènes politiques et sociaux qui le caractérisent, éventuellement à l'occasion d'un événement particulier, ou dans des circonstances particulières. Il s'agit du type de reportages le plus courant chez les reporters professionnels. Comme dans le type précédent, l'enquêteur est extérieur à ce dont il doit rendre compte. Mais contrairement au reporter qui effectue un circuit en train, et qui semble s'en remettre aux hasards du voyage pour le choix et l'ordonnance de sa matière, le reporter du second type, qui reste sur place, ou n'entreprend que de courtes excursions dans les environs de son lieu de séjour, a tendance à effectuer ses recherches, et à les exposer, dans un ordre plus ouvertement thématique. Il lui arrive aussi de rencontrer des collègues, ce qui est l'occasion de présenter, voire de remettre en cause, ses propres méthodes de travail, en les comparant à d'autres. Le foyer de l'hôtel est, de tous les espaces-temps, celui qui se prête le moins à la transformation du «je» du scripteur en un personnage, une figure d'individu doté d'un destin singulier, car la séparation entre l'hôtel et le monde environnant correspond à une séparation nette entre la sphère privée et ce qui constitue le lieu de travail de l'enquêteur, alors qu'une séparation aussi claire n'existe pas dans le train. On trouve cet espace-temps, entre autres, dans *Rapport från Berlin* de Jörn Donner, dans *Un village de la Chine populaire* de Jan Myrdal, dans *La cathédrale olympique*, de Per Olov Enquist.

Dans le reportage structuré par l'espace-temps de la résidence, le reporter séjourne aussi pour l'essentiel dans un même lieu, mais il y passe un temps assez long, qui peut être de plusieurs années, il ne vit pas à l'hôtel, mais a sa propre demeure, et il n'est pas venu uniquement en tant que reporter, il exerce d'autres activités. Il est plus ou moins intégré à la société qui l'entoure et qu'il peut ainsi dépeindre «de l'intérieur»,

---

125 Sven Lindqvist: *Slagskuggan*, Stockholm, Bonnier, 1969.

comme l'indique le titre du livre de Sven Lindqvist, *Kina inifrån*, «La Chine vue de l'intérieur». C'est le cas de Strindberg à Grez-sur-Loing, de Willy Kyrklund en Grèce, de Sun Axelsson à Santiago du Chili, de Jörn Donner à Stockholm dans *Sverigeboken*. Dans la préface de *Berlin som tysk Rigshovedstad*, Georg Brandes prend soin de rappeler que son regard n'est pas celui d'un touriste, mais d'un «enfant adoptif de la ville», qui en a «inspiré l'atmosphère vitale»[126]. Dans les reportages de ce type, l'auteur peut parler de son sujet avec l'autorité qu'est supposée conférer une longue expérience. Il fait dans une certaine mesure partie de la réalité qu'il décrit, mais reste, comme tout reporter, le représentant de ceux pour qui il écrit, en général ses compatriotes, et est donc aussi capable de voir les choses avec leurs yeux. Souvent, il montre, explique, juge la culture du pays où il séjourne en la comparant à celle de son pays d'origine. C'est pourquoi ce type de reportages peut parfois déboucher sur une réflexion plus large sur les systèmes politiques, les cultures et les valeurs qu's'y incarnent, et évoluer vers l'essai.

L'espace-temps des grands chemins est d'apparition plus récente. Il s'est développé à mesure que les voyages à travers le monde devenaient plus faciles, notamment grâce à l'avion. Dans les reportages qui s'y rattachent, ce n'est plus un lieu unique, plus ou moins vaste, qui fait l'objet des observations de l'enquêteur, mais une série de lieux, qui peuvent être éloignés les uns des autres, à la fois géographiquement et culturellement, qui se succèdent à une cadence rapide, et sont présentés dans un ordre qui semble arbitraire. Contrairement à l'espace-temps du train, dans lequel la relation est structurée par un parcours d'un point à un autre, qui passe par des étapes figurant logiquement sur le trajet, l'espace-temps des grands chemins donne l'impression que le reporter a erré au hasard sur un continent ou sur la terre entière. Il aborde des sujets très divers, sans jamais en approfondir véritablement aucun. L'unité de l'œuvre doit être cherchée ailleurs que dans la réalité présentée, elle réside dans quelques thèmes centraux, qui dépassent le plus souvent le cadre spatio-temporel limité du reportage. Ainsi, le propos principal de *Världsboken* («Le livre du monde») de Jörn Donner, est une réflexion sur la culture européenne. Cet espace-temps produit des reportages à la limite d'autres

---

126 Georg Brandes: *Berlin som tysk Rigshovedstad*, p. 1: «adopteret Byesbarn», «indsuget dens Livsluft.»

genres, de l'essai, du récit de voyage, du recueil d'anecdotes ou de scènes de genre. *Berättelse från Europa* («Récit d'Europe») de Stig Claesson porte en exergue les phrases: «Description de voyage montée. Dédiée à Alice, serveuse au Maulbeerbaum. Elle était malade et nous avons collé la carte de l'Europe sur du contre-plaqué, que nous avons scié pour en faire un puzzle. Puis nous avons voyagé de cette manière.»[127] Ce «collage», comme l'appelle son auteur, fournit sans doute des informations factuelles, mais les combine avec des évocations d'atmosphères et de petites histoires qui ne sont intéressantes que par la manière dont elle sont racontées, si bien que le texte dans son ensemble ne peut être considéré comme un reportage.

Des reportages structurés par un même espace-temps peuvent toutefois être différents les uns des autres par bien des aspects, tout comme peuvent l'être des reportages qui portent sur un même pays, comme le montrent ceux qui ont été faits sur l'Allemagne. *Automne allemand* de Stig Dagerman et *Kulissbygget*, de Ragnar Thoursie et Egon Kötting, n'ont en commun que le pays et la période de l'après-guerre dont ils traitent, mais diffèrent profondément par la manière dont ils rendent compte de la réalité observée. *Kulissbygget* présente une image que l'on peut dire cohérente, qui s'appuie sur la thèse selon laquelle seul le remplacement des quatre zones d'occupation par un Etat fédéral qui recouvrerait une partie au moins de sa souveraineté peut permettre à l'Allemagne de ne plus être le lieu privilégié de l'affrontement entre le bloc de l'ouest et celui de l'est, et de sortir de sa misère, et illustre en même temps cette thèse, d'ailleurs proche de l'analyse faite à la même époque par Kurt Schumacher, alors chef du parti social-démocrate d'Allemagne, qui est exposée à la fin du livre[128]. Dans *Automne allemand*, Stig Dagerman critique lui aussi la politique des Alliés, mais il est moins soucieux d'expliquer que de montrer et de faire ressentir les réalités auxquelles il est confronté, et qui suscitent une interrogation sur la condition humaine, sur le mal, la culpabilité et l'absurde proche de celle

---

127 Stig Claesson: *Berättelse från Europa*, Stockholm, Bonnier, 1956, p. 9: «Monterad reseskildring. Tillägnad Alice, servitris på Maulbeerbaum. Hon låg sjuk och vi klistrade upp Europakartan på plywood och sågade ett puzzle. Så reste vi på detta sätt.»

128 Cf. Egon Kötting, Ragnar Thoursie: *Kulissbygget*, pp. 276-285.

qui s'exprime dans ses œuvres de fiction, et qui ne trouve pas plus de
réponse ici que là. *Kulissbygget* est une prise de position claire dans un
débat politique contemporain, *Automne allemand* fait apparaître, par la
relation d'expériences vécues, dont le reporter n'a ni la possibilité ni la
volonté de détourner les yeux, l'incommensurabilité de l'homme et du
monde. Le livre se termine par une image d'un symbolisme appuyé:
«Nous volons au-dessus de Brême, mais Brême est invisible. Ce Brême
lacéré est caché sous d'épais nuages allemands, aussi impénétrablement
caché que la muette souffrance allemande. L'avion arrive au-dessus de la
mer et nous disons adieu à l'Allemagne automnale, gelée jusqu'en son
tréfonds, nous roulons sur ce sol de marbre fait de nuages et de lune.»[129]
On est bien loin de la dernière phrase de *Kulissbygget*: «On n'est ni
sympathisant nazi ni utopiste parce que l'on refuse de se joindre à
l'adhésion courante à l'un des deux pôles de la puissance politique et que
l'on préfère au contraire se diriger vers un avenir incertain avec un ‹troisième› point de vue clairement formulé.»[130]

La comparaison du reportage de Kötting et Thoursie avec celui de
Dagerman permet de mettre en évidence deux grands courants à
l'intérieur du genre, ou même de la littérature documentaire en général,
déjà relevés par Marianne Thygesen et Gunnar Elveson. Pour ce dernier,
il y a des reporters qui veulent montrer concrètement la complexité du
réel, dont ils considèrent qu'il est difficile, voire impossible de rendre
compte, et d'autres pour lesquels les faits et leur signification sont évidents, ne peuvent et ne doivent pas être remis en cause, mais seulement
exposés clairement[131]. La distinction entre image claire et image problématique permet elle aussi une typologie du reportage, puisque la plupart

---

129 Stig Dagerman: *Tysk höst*, p. 145: «Vi flyger över Bremen men Bremen syns inte
      till. Det sargade Bremen ligger dolt under tjocka tyska moln, lika ogenomträngligt
      dolt som det stumma tyska lidandet. Vi flyger ut över havet och tar farväl av det
      höstliga, bottenfrusna Tyskland på detta rullande marmorgolv av moln och måne.»
130 Egon Kötting, Ragnar Thoursie: *Kulissbygget*, p. 293: «Man är varken dagspos-
      tenman eller utopist för det att man vägrar ansluta sig till den gängse fixeringen vid
      någon av maktpolitikens båda poler utan föredrar att gå en oviss framtid till mötes
      med en klart uttalad ‹tredje› inställning.» *Dagsposten* était un quotidien suédois
      qui, pendant la seconde guerre mondiale, était subventionné par l'Allemagne et
      tentait de diffuser les idées nazies.
131 Cf. Gunnar Elveson: *Reportaget som genre*, pp. 59-60.

des œuvres du genre tendent à produire l'une ou l'autre, et cette typologie paraît moins arbitraire que la classification chronologique ou géographique, car elle repose sur la conception et l'élaboration mêmes du reportage, à la fois comme enquête de terrain et comme texte.

L'image claire ne comporte pas, ou comporte peu d'éléments incompatibles les uns avec les autres, se remettant en cause mutuellement. Si l'on pose une question portant sur la réalité envisagée par le reportage à image claire et que l'on cherche une réponse dans le texte, il n'y a que deux possibilités: ou bien le texte ne donne pas de réponse, ou bien il donne une réponse unique. Dans le cas du reportage à image problématique, le texte peut, selon la question, ou ne donner aucune réponse, ou donner une réponse, ou en suggérer plusieurs, éventuellement divergentes.

Le reportage à image claire a souvent une structure thématique, et se rapproche par là de l'exposé scientifique ou didactique. Il est fortement prédominant chez les reporters professionnels, tandis que le reportage à image problématique est par sa nature plus littéraire: si son auteur ne s'estime pas en mesure de transmettre *une* image du réel, mais écrit malgré tout sur ce réel, c'est bien qu'il a quelque chose d'autre à transmettre que cette image unique à l'existence incertaine, quelque chose qui touche à la relation entre la représentation et le monde et entre le langage et la représentation. Or l'interrogation sur cette relation a d'abord été le fait de la littérature, avant de finir par être reprise par les sciences humaines. En outre, la science relève les difficultés méthodologiques en principe dans l'intention de les résoudre, ce qui n'est pas toujours le cas pour la littérature, en particulier pour la littérature moderniste, qui aime, en tant que tels, l'inexpliqué et le contradictoire. Comme je l'ai remarqué précédemment, les meilleurs reportages d'écrivains tendent davantage à détruire des images qui leur préexistent qu'à en offrir de nouvelles, ils enseignent moins qu'ils ne rendent caducs des savoirs erronés. Le reportage à image problématique est littéraire parce que, si l'auteur en est absent en tant que personnage, destin individuel, la figure auctoriale, la signature, s'y manifeste avec une insistance particulière en exposant les péripéties de ses relations au réel.

Conclusion

Le reportage d'écrivain, phénomène «littéraire»?

Par l'analyse de quelques textes et quelques réflexions théoriques, j'ai tenté de montrer l'existence du phénomène que j'appelle «reportage d'écrivain», qui me paraît avoir pris dans la littérature suédoise une place nettement plus importante que dans d'autres littératures. Mais il serait sans doute aisé de trouver ailleurs aussi des œuvres qui peuvent être considérées comme des manifestations de ce phénomène.

Situé à la frontière entre la littérature et l'usage non littéraire de la langue écrite, texte que l'on peut dans bien des cas, comme je me suis efforcée de le montrer, considérer comme littéraire, mais qui n'est pas de fiction, le reportage d'écrivain fournit l'occasion de s'interroger sur ce qu'il faut entendre par littérature, à un moment où la notion même semble parfois être remise en cause. Les sciences humaines ont cessé de croire qu'elles s'exprimaient dans une langue neutre, que la neutralité de l'expression verbale était possible, et commencent à appliquer certaines méthodes d'analyse littéraire aux textes qu'elles produisent. Mais la référence au réel, malgré toutes les difficultés qu'elle comporte, reste un impératif que s'assignent les sciences humaines, ce qui les distingue de la grande majorité des œuvres littéraires. Le fait que littérature ne soit toutefois pas synonyme de fiction contribue à rendre encore plus incertaine une hypothétique frontière qui séparerait clairement l'usage littéraire de la langue de ses autres usages.

Notre culture nous donne cependant le sentiment intuitif que la «littérature» n'est pas une notion vide, en même temps que cette notion s'avère extrêmement difficile à définir ou à saisir, sans doute aussi à délimiter.

Lorsque l'écrivain se fait enquêteur de terrain, tout en restant écrivain, il brouille encore davantage, le plus souvent volontairement, les distinctions que les poétiques classiques avaient opérées. L'écrivain-reporter se veut reporter à part entière, il se plie aux exigences du reportage. Mais la plupart des textes examinés dans la présente étude, et tout particulièrement ceux de Stig Dagerman ou Jörn Donner, montrent nettement que le reporter qui est en même temps écrivain s'interroge sur la nature et les possibilités de son entreprise tandis qu'il s'efforce de la mener à bien. Il adopte en outre souvent un point de vue inhabituel dans le milieu et au moment où il écrit, obligeant ainsi le lecteur au «changement d'horizon» qui constitue pour Hans Robert Jauss le trait caractéristique du texte littéraire.

Dans le domaine du reportage d'écrivain, où se rejoignent et se conjuguent des écritures traditionnellement opposées, il reste certainement bien des recherches à mener.

Bibliographie

Reportages d'écrivains

Lars ANDERSSON: *Jorsalafärder. Ett reportage 1984-1991*, Stockholm, Norstedt, 1991
Sun AXELSSON: *Eldens vagga* (paru en 1962), Stockholm, Bonnier pocket, 1993
Stig DAGERMAN: *Tysk höst* (paru en 1947), in *Samlade skrifter*, bd. 3, Stockholm, Norstedt, 1981
Sven DELBLANC: *Åsnebrygga: dagboksroman*, Stockholm, Bonnier, 1969
– *Zahak*, Stockholm, Bonnier, 1971
Jörn DONNER: *Rapport från Berlin*, Helsingfors, Söderström & Co, 1958. Nouvelle édition avec une préface nouvelle: Stockholm, Wahlström & Widstrand, 1966
– *Helsingfors, Finlands ansikte*, Helsingfors, Söderström & Co, 1961 (avec Karl-Gustav ROOS)
– *Rapport från Donau*, Stockholm, Bonnier, 1962
– *Nya Boken om vårt land*, Stockholm, Wahlström & Widstrand, 1967
– *Världsboken. Ett reportage*, Borgå, Wahlström & Widstrand, 1968
– *Sverigeboken*, Stockholm, Wahlström & Widstrand, 1973
– *Rapport från Europa*, Stockholm, Bromberg, 1990
Willy KYRKLUND: *Aigaion*, Stockholm, Bonnier, 1957
– *Till Tabas*, Stockholm, Bonnier, 1959
Egon KÖTTING, Ragnar THOURSIE: *Kulissbygget. Tyskland mellan Molotov och Marshall*, Stockholm, Ljus, 1948
Olof LAGERCRANTZ: *China-Report: Bericht auf Reise*, Frankfurt/Main, Suhrkamp, 1971 (Traduction allemande de 14 articles sur la Chine parus dans *Dagens Nyheter* fin 1970 et début 1971, et dont quatre figurent dans O. Lagercrantz: *Mina egna ord*)
Sara LIDMAN: *Samtal i Hanoi*, Stockholm, Schildt, 1966
– *Gruva*, Stockholm, Bonnier, 1968, édition augmentée en 1969
Sven LINDQVIST: *Kina inifrån*, Stockholm, Bonnier, 1963 (avec Cecilia LINDQVIST)
– *Asiatisk erfarenhet*, Stockholm, Bonnier, 1964 (avec Cecilia LINDQVIST)
– *Slagskuggan. Latinamerika inför 70-talet*, Stockholm, Bonnier, 1969
– *Jord och makt i Sydamerika*, Stockholm, Bonnier, 1973
– *Jordens gryning*, Stockholm, Bonnier, 1974
– *Kina nu*, Stockholm, Förlags AB Marieberg, 1980 (avec Cecilia LINDQVIST)
– *Elefantens fot*, Stockholm, Bonnier, 1985
Ivar LO-JOHANSSON: *Kolet i våld: skisser från de engelska gruvarbetarnas värld*, Stockholm, Wahlström & Widstrand, 1928
– *Nederstigen i dödsriket. Fem veckor i Londons fattigvärld*, Stockholm, Wahlström & Widstrand 1929
Artur LUNDKVIST: *Negerkust* (paru en 1933), Stockholm, Bonnier, 1952
– *Vulkanisk kontinent*, Stockholm, Tiden, 1957

Bertil MALMBERG: *Tyska intryck 1936*, Stockholm, Bonnier, 1936
Jan MYRDAL: *Kulturers korsväg. En bok om Afghanistan*, Stockholm, Norstedt, 1960
– *Rapport från kinesisk by*, Stockholm, Norstedt, 1963
– *Turkmenistan*, Stockholm, Norstedt, 1966
– *Ansikte av sten. Staden Angkor i Kambodja. Uppgång, storhet, fall. En berättelse om vår tid,* Stockholm, Pan/Norstedt, 1968 (avec Gun KESSLE)
– *Albansk utmaning*, Stockholm, Pan/Norstedt, 1970 (avec Gun KESSLE)
– *Sidenvägen*, Stockholm, Norstedt, 1977
– *Indien väntar*, Stockholm, Norstedt, 1980
– *Kinesisk by 20 år senare. Rapport med frågetecken,* Stockholm, Norstedt & Söner, 1983
– *På resa: anteckningar och bilder,* Stockholm, Norstedt, 1991
Vilgot SJÖMAN: *Flygblad*, Stockholm, Norstedt, 1956
August STRINDBERG: *Bland franska bönder* (paru en 1889), *Samlade verk (National-upplagan)*, bd. 23, Stockholm, Almqvist & Wiksell, 1985
Per Olof SUNDMAN, Yngve BAUM: *Människor vid hav. Lofoten*, Stockholm, Bonnier, 1966
– *Lofoten, sommar*, Stockholm, Norstedt, 1973
Henrik TIKKANEN: *Texas*, Stockholm, AB Lindqvist, 1961
– *I Sovjet*, Helsingfors, Söderström, 1969
Per WÄSTBERG: *Förbjudet område*, Stockholm, Wahlström & Widstrand, 1960
– *På svarta listan*, Stockholm, Wahlström & Widstrand, 1960
– *Afrika – ett uppdrag: reflexioner, beskrivning, gissningar,* Stockholm, Wahlström & Widstrand, 1976
– *I Sydafrika: resan mot friheten*, Stockholm, Wahlström & Widstrand, 1995

Reportages

Per LANDIN: *Sista tangon i DDR; ett PS*, Stockholm, Brutus Östlings Symposion, 1992
Ester Blenda NORDSTRÖM: *En piga bland pigor*, Stockholm, Wahlström & Widstrand, 1914
Per SVENSSON: *Europeisk höst*, Stockholm, Norstedt, 1996

Œuvres qui sont en partie des reportages d'écrivains

Stig CLAESSON: *Berättelse från Europa*, Stockholm, Bonnier, 1956
– *Från nya världen, en reseberättelse av Stig Claesson*, Malmö/Lund, Bo Cavefors bokförlag, 1961
Leif och Stig CLAESSON: *Till Europa; en återkomst*, Stockholm, Bonnier, 1994

Olof LAGERCRANTZ: *Mina egna ord. Ett urval DN-artiklar från åren 1952-1975*, Stockholm, Wahlström & Widstrand, 1994
Ivar LO-JOHANSSON: *Vagabondliv i Frankrike*, Stockholm, Wahlström & Widstrand, 1927

Récits de voyages

Vilhelm EKELUND: *Tyska utsikter* (paru en 1913), in *Böcker och vandringar*, Lund, Ellerström, 1991 (fac similé de l'édition de 1923)
Ulla-Lena LUNDBERG: *Öar i Afrikas inre*, Stockholm, Alba, 1981
Henrik TIKKANEN: *Paddys land. Irländska skisser*, Stockholm, Natur och kultur, 1957
– *På jakt efter etrusker*, Stockholm, Natur och kultur, 1967
– *Dödens Venedig*, Helsingfors, Söderström, 1973
– *Med ett leende i Toscana*, Stockholm, Alba, 1891
Göran TUNSTRÖM: *Indien – en vinterresa*, Stockholm, Bonnier, 1994
– *En prosaist i New York*, Stockholm, Bonnier, 1996

Etudes sur le récit de voyage, le reportage et le reportage littéraire

Gunnar ELVESON: *Reportaget som genre*, Uppsala, Avdelningen för litteratursociologi vid Litteraturvetenskapliga institutionen, 1979
– *Bilden av Indien U-landsreportaget i tidningen Vi och 1960-talets världsbild*, Uppsala, Avdelningen för litteratursociologi vid Litteraturvetenskapliga institutionen, 1979
Thomas FERENCZI: *L'invention du journalisme en France. Naissance de la presse moderne à la fin du 19ᵉ siècle*, Paris, Plon, 1993
Otto von FRIESEN, Christer HELLMARK, Jan STOLPE, red.: *Tio reportage som förändrade världen. Från Strindberg till Hemingway*, Stockholm, Ordfront, 1982
Stig HANSÉN, Clar THOR: *Att skriva reportage*, Stockholm, Ordfront, 1990
– «Reporter i nio roller», in Sven LINDQVIST: *Av nyfikenhet öppnade jag dörren i muren. Reportage 1960-1990*, Ordfront 1991
Stig HANSÉN, Clar THOR, red.: *Århundradets reportage*, Stockholm, Ordfront, 1990
Britt HULTÉN: *Förändra verkligheten! Det sociala reportaget från Zola till Zaremba*, Stockholm, Ordfronts förlag, 1995
Lars J. HULTÉN: *Reportaget som kom av sig*, Stockholm, JKM skriftserie, 1990
May-Brigitte LEHMAN: «Ivar Lo-Johansson, vagabond et écrivain en France. Le voyage dans la formation d'un écrivain prolétaire suédois», in Jean-Marie MAILLEFER, éd.: *Le voyage dans les littératures scandinaves au 20ᵉ siècle*, Germanica 29/2001, pp. 55-65
Jean-Marie MAILLEFER, éd.: *Le voyage dans les littératures scandinaves au 20ᵉ siècle*, Germanica 29/2001, Lille, Université Charles-de-Gaulle-Lille 3

Christine MONTALBETTI: *Le voyage, le monde et la bibliothèque*, Paris, PUF, 1997

Bengt NERMAN: *Massmedieretorik* (paru en 1973), Stockholm, Awe/Gebers, 1981

Karin PALMKVIST: *Diktaren i verkligheten. Journalisten Stig Dagerman*, Stockholm, Federativ, 1989

Torsten THURÉN: *Vinklad verklighet: journalisten, sanningen och fantasin*, Solna, Esselte studium, 1986

– *Reportagets rika repertoar. En studie av verklighetsbild och berättarteknik i sju reportageböcker*, Stockholm, Journalistik, medier och kommunikation, Stockholms universitet, 1992

– *Tanken, språket och verkligheten. En bok om vår verklighetsbild och hur den byggs upp*, Stockholm, Tiger förlag, 1995

– *Källkritik*, Stockholm, Almqvist & Wiksell, 1997

Marianne THYGESEN: *Jan Myrdal og Sara Lidman. Rapportgenren i svensk 60-tals litteratur*, Århus, GMT, 1971

Théories littéraires, études sur les théories littéraires

Jean-Michel ADAM: *La description*, Paris, PUF («Que sais-je?» n° 2783), 1993

Ruth AMOSSY, Anne HERSCHBERG PIERROT: *Stéréotypes et clichés*, Paris, Nathan, 1997

Jan ARNALD: *Genrernas tyranni. Den genreöverskridande linjen i Artur Lundkvists författarskap*, Stockholm, Aiolos, 1995

Heinz Ludwig ARNOLD, Heinrich DETERING, Hg.: *Grundzüge der Literaturwissenschaft*, München, DTV, 1996

Erich AUERBACH: *Mimesis. Dargestellte Wirklichkeit in der abendländischen Literatur*, Bern, Francke Verlag, (veröffentlicht 1946) 8. Auflage 1988

Mikhaïl BAKHTINE: *Esthétique et théorie du roman* (traduit du russe, original paru en 1975), Paris, Gallimard, 1999

Roland BARTHES: «L'effet de réel», in *Le bruissement de la langue*, Paris, Seuil, 1984 (recueil d'articles parus entre 1964 et 1980), pp. 167-174

Wayne C. BOOTH: *The Rhetoric of Fiction*, Chicago & London, The University of Chicago Press, 1961

Dieter BREUER: *Einführung in die pragmatische Texttheorie*, München, Wilhelm Fink Verlag, 1974

Maurice COUTURIER: *La Figure de l'auteur*, Paris, Seuil, 1995

Jacques DERRIDA: *L'écriture et la différence*, Paris, Seuil, 1967

Umberto ECO: *Lector in fabula ou la Coopération interprétative dans les textes narratifs* (paru en 1979), traduit par Myriem Bouzaher, Paris, Grasset, 1985

– *Six promenades dans les bois du roman et d'ailleurs*, Paris, Grasset, 1996

David FONTAINE: *La poétique. Introduction à la théorie générale des formes littéraires*, Paris, Nathan, 1993

Gérard GENETTE: *Fiction et diction*, Paris, Seuil, 1991

Peter HALLBERG: *Litterär teori och stilistik*, Göteborg, Akademiförlaget, 1970
- «Dokument – Engagemang – Fiktion», in *Nordisk tikskrift [för vetenskap, konst och industri]* 1970/2, pp. 77-98
Käte HAMBURGER: *Die Logik der Dichtung* (paru en 1957), Stuttgart, Klett-Cotta, 4. Auflage, 1994
Philippe HAMON: *Du Descriptif*, Paris, Hachette, 1993
Wolfgang ISER: *Der Akt des Lesens. Theorie ästhetischer Wirkung*, München, Wilhelm Fink Verlag, 1976
Hans Robert JAUSS: *Literaturgeschichte als Provokation*, Frankfurt/Main, Suhrkamp (edition suhrkamp 418), 1970 (traduction française partielle dans: Hans Robert Jauss: *Pour une esthétique de la réception*, traduit par Claude Maillard, Paris, Gallimard, 1978)
Atle KITTANG, Arild LINNEBERG, Arne MELBERG, Hans H. SKEI: *En introduktion till den moderna litteraturteorin*, Stockholm/Stehag, Brutus Östlings Bokförlag Symposion, 1997
Philippe LEJEUNE: *Le pacte autobiographique*, nouvelle édition augmentée, Paris, Seuil, 1996
Jocelyn LÉTOURNEAU: «Le texte historique comme objet de l'analyse littéraire» in Claude Duchet, Stéphane Vachon, éd.: *La recherche littéraire. Objets et méthodes*, Montréal, XYZ et Paris, Presses Universitaires de Vincennes, 1993, pp. 131-142
Georg LUKÁCS: «Reportage eller gestaltning?» et «Fakta, totalitet och gestaltning», in *Ord och bild*, 1-2/1974, pp. 49-52 et pp. 54-56
Morten NØJGAARD: *Litteraturens univers. Indføring i tekstanalyse*, Odense, Odense universitetsforlag, 1975
Réal OUELLET: «Qu'est-ce qu'une relation de voyage?» in Claude Duchet, Stéphane Vachon, éd.: *La recherche littéraire. Objets et méthodes*, Montréal, XYZ et Paris, Presses Universitaires de Vincennes, 1993, pp. 235-246 et 250-252
Daniel-Henri PAGEAUX: *La littérature générale et comparée*, Paris, Armand Colin, 1994
Paul RICŒUR: *Temps et récit*, Paris, Seuil, 1983
Jean-Paul SARTRE: «Qu'est-ce que la littérature?», in *Situations II*, Paris, Gallimard, 1948
Jean-Marie SCHAEFFER: *Qu'est-ce qu'un genre littéraire?* Paris, Seuil, 1989
Emile ZOLA: «Le roman expérimental», in *Œuvres complètes*, tome 41, Paris, 1928

Etudes linguistiques

Françoise ARMENGAUD: *La pragmatique*, Paris, PUF («Que sais-je?»), 1985
Robert de BEAUGRANDE, Wolfgang DRESSLER: *Introduction to Text Linguistics*, Londres et New York, Longman, 1981
Noam CHOMSKY: *Reflections on Language*, New York, Random House, 1975. Traduction française: *Réflexions sur le langage*, Paris, Flammarion, 1981

Bernard COMBETTES, Roberte TOMASSONE: *Le texte informatif, aspects linguisti-ques*, Bruxelles, De Bœck-Wesmael, 1988

Roman JAKOBSON: «Closing statements: Linguistics and Poetics», in T. A. Sebeok, ed.: *Style in Language*, New York 1960. Traduction française: «Linguistique et Poétique», in R. Jakobson, *Essais de linguistique générale I*, Paris, éditions de Minuit, 1963, pp. 209-248

François LATRAVERSE: *La pragmatique, histoire et critique*, Bruxelles, Pierre Mardaga, 1987

Etudes sur les sciences humaines

Jean-Michel ADAM, Marie-Jeanne BOREL, Claude CALAME, Mondher KILANI: *Le discours anthropologique. Description, narration, savoir*, Paris, Méridiens Klincksieck, 1990

Marc ANGENOT: *1889. Un état du discours social*, Québec, Editions du Préambule, 1989

Michel FOUCAULT: *Les mots et les choses. Une archéologie des sciences humaines*, (paru en 1966) Paris, Gallimard *(tel)*, 1990

Clifford GEERTZ: *Works and Lives: The Anthropologist as Author*, Leland Stanford Junior University 1988. Traduction française: *Ici et Là-bas. L'anthropologue comme auteur*, Paris, Métailié, 1996

Bernard LAHIRE: «Décrire la réalité sociale? Place et nature de la description en sociologie», in Yves Reuter, éd.: *La description. Théories, recherches, formation, en-seignement*, Villeneuve d'Ascq, Presses Universitaires du Septentrion, 1998, pp. 171-179

François LAPLANTINE: *La description ethnographique*, Paris, Nathan, 1996

Yves REUTER, éd.: *La description. Théories, recherches, formation, enseignement*, Villeneuve d'Ascq, Presses Universitaires du Septentrion, 1998

Bibliographie pour les reportages analysés

(Quelques références figurent à la fois dans la rubrique qui concerne le reportage comme genre et dans celle qui concerne l'étude de reportages particuliers, car elles valent à la fois pour un reportage déterminé et pour le genre en général.)

Sur *Berlin som tysk Rigshovedstad,* de Georg Brandes

Georg BRANDES: *Samlede Skrifter*, Copenhague, Gyldendal, 1899-1902 (I-XII), 1903-1910 (XIII-XVIII)
– *Levned*, Copenhague, Gyldendal, 1905-1907-1908
Henning FENGER: *Georg Brandes et la France. La formation de son esprit et ses goûts littéraires (1842-1872)*, Paris, Presses Universitaires de France, 1963
Flemming HANSEN: «Georg Brandes in der literarischen Öffentlichkeit Berlins», in Peter WRUCK, Hrsg.: *Literarisches Leben in Berlin 1871-1933*, Berlin/DDR, Akademie-Verlag, 1987, tome I, pp. 126-156
Bernd HENNINGSEN, Janine KLEIN, Helmut MÜSSENER, Solfrid SÖDERLIND, utg.: *Tyskland og Skandinavia 1800-1914. Impulser og brytninger*, Berlin, Jovis Verlagsbüro, 1997, ISBN 3-931321-60-6 (édition allemande en librairie), 3-86102-095-5 (version allemande du catalogue de l'exposition), 91-7100-542-0 (version scandinave du catalogue de l'exposition)
Hans HERTEL, Sven MØLLER KRISTENSEN, ed.: *The Activist Critic. A symposium on the political ideas, literary methods and international reception of Georg Brandes*, Copenhagen, Munksgaard, 1980
Jørgen KNUDSEN: *Georg Brandes*, bd. 1: *Frigørelsens vej 1842-77*, bd. 2: *I modsigelsernes tegn 1877-83*, Copenhague, Gyldendal, 1985-1988
– *Georg Brandes: symbolet og manden*, Copenhague, Gyldendal, 1994
Sven MØLLER KRISTENSEN: *Georg Brandes. Kritikeren, liberalisten, humanisten*, Copenhague, Gyldendal, 1980
Lars Peter RØMHILD: *Georg Brandes og Goethe*, Copenhague, Museum Tusculanums forlag, 1996

Sur la poétique du reportage chez Strindberg et *Bland franska bönder*

Eva AHLSTEDT, Pierre MORIZET: «Postface», in August Strindberg: *Parmi les paysans français*, traduit par E. Ahlstedt et P. Morizet, Arles, Actes Sud, 1988, pp. 259-278
Lars ARDELIUS: «Bondejakten. Med Strindberg bland franska bönder», in *Ord och bild*, n° 8, 1972, pp. 487-508

Jean-François BATTAIL: «Naturalismens s. k. vetenskaplighet», in *Samlaren* 104/1983, pp. 49-60.
– «Avènement de la machine et nostalgies pastorales. Strindberg témoin critique de son temps», in *Germanica* 4/1988, Villeneuve d'Ascq, Université Charles de Gaulle – Lille 3, pp. 53-64
Wolfgang BEHSCHNITT: *Die Autorfigur. Autobiographischer Aspekt und Konstruktion des Autors im Werk August Strindbergs*, Basel, Schwabe & Co AG-Verlag, 1999 (Beiträge zur nordischen Philologie, 27. Band)
Régis BOYER: «En lisant *Bland franska bönder*: en français dans le texte», in Gunnel Engwall, éd.: *Strindberg et la France. Douze essais*, Stockholm, Almqvist & Wiksell International, 1994, pp. 15-28
Gunnar BRANDELL: *På Strindbergs vägar genom Frankrike*, Stockholm, Wahlström & Widstrand, 1949
– *Strindberg. Ett författarliv*, Stockholm, Alba, 1983-89
Sven-Gustaf EDQVIST: *Samhällets fiende. En studie i Strindbergs anarkism till och med Tjänstekvinnans son*, Stockholm, Tidens förlag, 1961
– «Strindberg i Schweiz», in Harry JÄRV, red.: *Fenix* n° 4, 1987, Stockholm, Atlantis, pp. 112-159
Gunnel ENGWALL: «Bland franska förord. Några nya aspekter på Strindbergs *En dåres försvarstal*», in *Studier i modern språkvetenskap*, Acta Universitatis Stockholmiensis, Ny serie, volym 10, Stockholm, Almqvist & Wiksell International, 1993, pp. 45-75
– éd.: *Strindberg et la France. Douze essais*, Stockholm, Almqvist & Wiksell International, 1994
Revue *Europe*, Paris, n° 858, octobre 2000: *August Strindberg*
Martin KYLHAMMAR: *Maskin och idyll. Teknik och pastorala ideal hos Strindberg och Heidenstam*, Stockholm, Liber Förlag, 1985
Björn MEIDAL: «‹Mina ögon äro röda som mörtens och fodret i min rock är ruttet av svet›», in Otto von FRIESEN, Christer HELLMARK, Jan STOLPE, red.: *Tio reportage som förändrade världen. Från Strindberg till Hemingway*, Stockholm, Ordfront, 1982, pp. 11-23
Michael MEYER: *Strindberg. A Biography*, London, Secker & Warburg, 1985
Elie POULENARD: *«Bland franska bönder»*, in Strindbergssällskapet, utg.: *Essays on Strindberg*, Stockholm 1966
Michael ROBINSON: *Strindberg and Autobiography*, Norwich, Norvik Press, 1986
– ed.: *Strindberg and Genre*, Norwich, Norvik Press, 1991
Carl Olov SOMMAR: *Strindberg på resa. August Strindbergs resor i Europa 1883-87 skildrade av honom själv och andra*, Stockholm, Carlsson, 1995
August STRINDBERG: *Likt och olikt*, tome 1 et tome 2, Stockholm, Bonnier, 1884
– *Samlade verk, Nationalupplagan*, Stockholm, Almqvist&Wiksell, à partir de 1982
    – band 16: *Giftas*, 1982
    – band 23: *Bland franska bönder*, 1985
    – band 29: *Vivisektioner. Blomstermålningar och djurstycken. Skildringar av naturen. Silverträsket*, 1985
Emile ZOLA: «Le roman expérimental», in *Œuvres complètes*, tome 41, Paris 1928

– *Carnets d'enquêtes. Une ethnographie inédite de la France*, textes établis et présentés par Henri Mitterand, Paris, Plon, 1986

Sur *Tyska intryck 1936*, de Bertil Malmberg

Ingemar ALGULIN: *Tradition och modernism. Bertil Malmbergs och Hjalmar Gullbergs lyriska förnyelse efter 1940-talets mitt*, Stockholm, Natur och Kultur, 1969
Werner ASPENSTRÖM: *Bertil Malmberg*. Svenska Akademiens Minnesteckningar, Stockholm, Norstedt, 1987
Enar BERGMAN: *Diktens värld och politikens. Bertil Malmberg och Tyskland 1908-1928*, Stockholm, Natur och Kultur, 1967
Bertil MALMBERG: *Tyska intryck 1936*, Stockholm, Bonnier, 1936
– *Utan resolution. Uppsatser 1938-1949*, Stockholm, Bonnier, 1949
– *Ett författarliv*, Stockholm, Bonnier, 1952
– *Dikter 1908-1941, Dikter 1942-1953*, Stockholm, Bonnier, 1954

Sur *Tysk höst*, de Stig Dagerman

Philippe BOUQUET: «Stig Dagerman och anarkismen», in *Tidskrift för Litteraturvetenskap* 1990/3, pp. 24-30
– éd.: *Stig Dagerman: dossier*, Châteauneuf-sur-Charente, Plein Chant, 1986 (numéro spécial de la revue *Plein Chant*)
Stig DAGERMAN: *Samlade skrifter*, Stockholm, Norstedt, 1981-1983
– band 1: *Ormen*
– band 2: *De dömdas ö*
– band 3: *Tysk höst*
– band 9: *Dagsedlar*
– band 11: *Essäer och journalistik*
Lars-Olof FRANZÉN, red.: *40-talsförfattare: ett urval essäer om svenska författare ur 40-talsgenerationen*, Stockholm, Bonnier, 1965
Knut JAENSSON: «En diktare i verklighetens land. Stig Dagerman: Tysk höst», in «Bokrecensioner», *BLM* 1947/6, pp. 513-514
Per Erik LJUNG: «Politiskt engagemang och litterärt universum. Några synpunkter på Stig Dagermans poetik», in *Tidskrift för litteraturvetenskap* 1990/3, pp. 31-40
Karin PALMKVIST: *Diktaren i verkligheten. Journalisten Stig Dagerman*, Stockholm, Federativ, 1989
– red.: *Tidskrift för Litteraturvetenskap* 1990/3 (numéro consacré à Stig Dagerman, qui reprend 5 contributions au colloque international Stig Dagerman à l'université de Mons Hainaut, 27-28 avril 1990)
Georges PERILLEUX: *Stig Dagerman et l'existentialisme*, Paris, Les Belles lettres, 1982

– éd.: *Stig Dagerman et l'Europe. Perspectives analytiques et comparatives*, Paris, Didier, 1998
Agneta PLEIJEL: «Djuret och skräcken. En studie i Stig Dagermans författarskap», in *Samlaren* 1965, pp. 96-114
Hans SANDBERG: *Den politiske Stig Dagerman*, Stockholm, Federativ, 1979
Georges UEBERSCHLAG: «Stig Dagerman ou les incertitudes de l'engagement», in *Germanica* 10/1992, Université Charles-de-Gaulle – Lille III, pp. 135-153

Sur *Rappport från Berlin* et *Rapport från Donau*, de Jörn Donner

Jörn DONNER: *Rapport från Berlin*, Helsingfors, Söderström & Co, 1958 Nouvelle édition avec une préface nouvelle: Stockholm, Wahlström & Widstrand, 1966
– *Rapport från Donau*, Stockholm, Bonnier, 1962
– *Jag, Erik Anders*, Stockholm, Wahström & Widstrand, 1955
– *Bordet*, Helsingfors, Söderström & Co, 1957
– *På ett sjukhus. Dagbok för vuxna*, Stockholm, Bonnier, 1960
– *Sommar av kärlek och sorg*, Stockholm, Wahlström & Widstrand, 1971
– *Sagt och gjort*, Helsingfors: Söderström & Co, 1976
– *Jörn Donner Tyskland*, Helsingfors, 1998
– *Jörn Donner Europa*, Helsingfors, 1998

Sur les reportages d'écrivains dans les années 1960

Jörn DONNER: *Världsboken. Ett reportage*, Borgå, Wahlström & Widstrand, 1968
– *Jag, Jörn Johan Donner född den 5 februari 1933 i Helsingfors, Finland*, Stockholm, Wahlström & Widstrand, 1980
Sara LIDMAN: *Samtal i Hanoi*, Stockholm, Schildt, 1966
– *Gruva*, Stockholm, Bonnier, 1968, édition augmentée en 1969
Sven LINDQVIST: *Hemmaresan*, Stockholm, Bonnier, 1959
– *Kina inifrån*, Stockholm, Bonnier, 1963
– *Myten om Wu Tao-tzu*, Stockholm, Bonnier, 1967
Lars LÖNNROTH, Sverker GÖRANSSON, red.: *Den svenska litteraturen*, vol. 6, Stockholm, Bonnier, 1990
Carin MANNHEIMER: «Älskandes fromma raseri (recension av Sara Lidman: Samtal i Hanoi)», in *BLM* 1966/10, pp. 795-796
Jan MYRDAL: *Rapport från kinesisk by*, Stockholm, Norstedt, 1963
– *Samtida bekännelser av en europeisk intellektuell*, Stockholm, Norstedt, 1964
– *Kinesisk by 20 år senare. Rapport med frågetecken.* Stockholm, Norstedt och Söner, 1983

Gunnar THORELL: «Samtal med Sara (före gruvstrejken)», *in Ord & bild* 1970/1, pp. 36-39

Marianne THYGESEN: *Jan Myrdal og Sara Lidman. Rapportgenren i svensk 60-tals litteratur*, Århus, GMT, 1971

Index des noms de personnes[*]

A

ADORNO Theodor W., 174
ALVING Barbro, 3, 20, 33
ANDERSSON Lars, 33, 41, 298, 316
ARISTOTE, 23, 24, 103
AXELSSON Sun, 324, 344

B

BAKHTINE Mikhaïl, 300, 342
de BALZAC Honoré, 12
BANG Herman, 32
BÄR Heinrich, 223
BARTHES Roland, 13
BAUDELAIRE Charles, 78
van BEETHOVEN Ludwig, 71, 74
BERGMAN Ingmar, 198
von BISMARCK Otto, 51, 55, 61, 63,
    66-68, 72, 74-76, 79, 82, 88, 312,
    313, 319
BJØRNSON Bjørnstierne, 77, 135
BOILEAU Nicolas, 24
BOOTH Wayne C., 21
BÖRNE Ludwig, 61
BRANDES Edvard, 48, 97
BRANDES Georg, 5-7, 10, 29, 36, 38,
    41, 47-92, 152, 203, 204, 213, 285,
    287, 298, 300, 310, 312, 313, 319,
    323, 329, 330, 331, 335, 337, 344
BRANDT Willy, 224, 225, 313
BREMER Fredrika, 41
BRUNO Giordano, 85
BYRON George, 79

C

CÉSAR, 74
CHARLES X, roi de France, 156
CHOMSKY Noam, 21
CLAESSON Stig, 43, 345
COMTE Auguste, 85, 153
COPERNIC Nicolas, 74

D

DAGERMAN Stig, 1, 3, 4, 6, 7, 20, 28,
    33, 185-195, 287, 294, 298, 302,
    315, 319-321, 323, 341, 342, 345,
    346, 350
DANTE ALIGHIERI, 1
DARWIN Charles, 73
DELBLANC Sven, 308, 317, 318, 321,
    327, 328, 336, 339, 343
DIBELIUS Otto, 221, 223
DICKENS Charles, 95
DILTHEY Wilhelm, 290, 291
DÖBLIN Alfred, 332
DONIOL Henry, 108
DONNER Jörn, 6, 7, 10, 38, 39, 92,
    197-233, 235-250, 252, 253, 260,
    271-277, 281-282, 284, 285, 289,
    290, 296, 297, 300, 301, 304, 311-
    313, 317, 326, 330, 337, 339, 343,
    344, 350
DRACHMANN Holger, 32
DÜHRING Eugen, 84-88, 91

[*]   Cet index ne tient pas compte des noms de critiques cités dans le texte ou la bibliographie.